राष्ट्र-साधक
नरेंद्र मोदी

राष्ट्र-साधक
नरेंद्र मोदी
आधुनिक भारत के शिल्पकार

आर. बालाशंकर

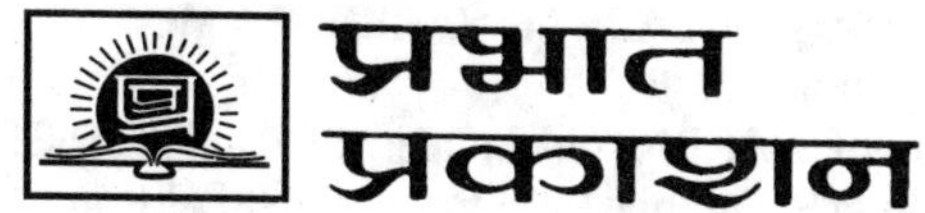

प्रकाशक • **प्रभात प्रकाशन प्रा. लि.**
4/19 आसफ अली रोड,
नई दिल्ली–110002

संस्करण • 2022
अनुवाद • संजय कुमार सिंह
मूल्य • पाँच सौ रुपए
मुद्रक • आर–टेक ऑफसेट प्रिंटर्स, दिल्ली

RASHTRA-SADHAK NARENDRA MODI
by Dr. R. Balashankar ₹ 500.00
(Hindi translation of 'NARENDRA MODI : CREATIVE DISRUPTOR')
Published by Prabhat Prakashan Pvt. Ltd., 4/19 Asaf Ali Road, New Delhi-2
e-mail: prabhatbooks@gmail.com ISBN 978-93-5322-419-6

डॉ. मंगलम स्वामीनाथन

को समर्पित,

जो हमेशा मेरे साथ रहती हैं—

मेरे लिए आशीर्वाद, प्यार, प्रेरणा और गाइड के रूप में।

Pen

प्रस्तावना

मुझे खुशी है कि अपनी पुस्तक **'राष्ट्र-साधक नरेंद्र मोदी'** के जरिए लेखक आर. बालाशंकरजी ने कांग्रेस के बाद के भारत की राजनीति में आए बदलाव पर एक वाजिब अध्ययन प्रस्तुत किया है। वैसे तो प्रधानमंत्री नरेंद्र मोदी ने 2014 में जो जोरदार जनादेश हासिल किया, उससे राजनीतिक पंडित चौंक गए, पर बहुत कम लोगों ने इसे भारतीय राजनीति में तेजी से बदलती चाहत और आदर्शों के बदलाव के रूप में देखने की कोशिश की। संभवत: 'गार्जियन' ने सबसे पहले इस पर बिल्कुल स्पष्ट और जानकार तरीके से टिप्पणी की थी और लिखा था, 'आज, 18 मई, 2014 का दिन इतिहास में एक ऐसे दिन के रूप में दर्ज हो सकता है, जब ब्रिटेन ने आखिरकार भारत को छोड़ा। चुनाव में नरेंद्र मोदी की जीत एक लंबे युग का अंत है, जिसमें ब्रिटेन, जिनके जरिए इस उपमहाद्वीप में राज करता था, उस सत्ता की संरचना ज्यादा नहीं बदली थी। कांग्रेस पार्टी के तहत भारत में कई तरह से अंग्रेजी राज को दूसरे ढंग से जारी रखने जैसा था।'

प्रधानमंत्री मोदी अर्थव्यवस्था और विकास को चुनावी चर्चा के केंद्र में ले आए। उन्होंने भारत में चुनाव अभियान की शैली और उसकी सामग्री को भी बदल दिया। यह सब इस पुस्तक में विश्लेषणात्मक ढंग से बताया गया है।

सरकार की आर्थिक पहल पर यह समृद्ध और विस्तृत है। पी.एम. मोदी की आर्थिक नीतियों की प्रशंसा करनेवाले कई लोग हैं और कुछ लोग ऐसे भी हैं, जो इनकी निंदा करते हैं पर दोनों ही तरह के लोगों के लेखन में सूचना, तर्क और उलझे हुए मुद्दों, जैसे नोटबंदी, एन.पी.ए., जी.एस.टी. और बजट तथा कानूनी ढाँचे में सुधार पर तथ्यों की ऐसी भरमार नहीं है।

यह पुस्तक एक उपयोगी सार-संग्रह है, जो बताती है कि मोदी सरकार ने कैसे बुनियादी नीति की पहचान को बदल दिया और व्यवस्था को आधुनिक करने के लिए उन्नत सोच की पेशकश की। मोदी सरकार के तहत पुराने और बेमतलब हो चुके कानून बदले गए, कारोबार में सहूलियत और लाभदेयता लाने की कोशिश की गई और

आखिरकार भारतीय अर्थव्यवस्था को दुनिया में सबसे तेजी से बढ़नेवाली अर्थव्यवस्था बनाया गया। मोदी सरकार ने कैसे यू.पी.ए. की गलतियों के घातक प्रभावों को सुधारने के लिए काम किया, उस पर एक अध्याय खासतौर से बहुत शिक्षाप्रद है। रफाल सौदे, विदेश नीति और 2019 के चुनाव पर नजरिया तथा कैसे इसके नतीजे भारत के महान् आर्थिक शक्ति बनने की संभावना को प्रभावित कर सकते हैं, बतानेवाले अध्याय समान रूप से दिलचस्प हैं।

यह पुस्तक काफी विस्तार से इस बात का विश्लेषण करती है कि कैसे गुजरात मॉडल देश भर में वोट पानेवाला बन गया। यही नहीं, इसमें तथाकथित असहिष्णुता और संबद्ध मुद्दों पर सरकार की आलोचना का बहुत ही संतोषजनक ढंग से जवाब दिया गया है।

चुनाव-दर-चुनाव भा.ज.पा. की सफलता, पार्टी संगठन का बढ़ता आधार, इसके आदर्शों की बढ़ती समझ और आदर्शवादी परिवार की भिन्न शाखाओं का सद्भावपूर्ण काम-काज, कुछ ऐसे पहलू हैं, जिन्हें इस पुस्तक में खासे विस्तार से कवर किया गया है।

जो चीज सबसे उल्लेखनीय है, वह है प्रधानमंत्री नरेंद्र मोदी ने जो बदलाव लाने की कोशिशें की हैं और उन पर परिश्रम किया है, उसका जानकारीपूर्ण विश्लेषण—राजनीतिक वर्ग के साथ-साथ नौकरशाही में विकसित आदतें, जिसका मकसद बदलाव को ज्यादा व्यापक और मजबूत बनाना है।

एन.डी.ए. सरकार के प्रदर्शन का निष्पक्ष विश्लेषण करने के लिए प्रधानमंत्री नरेंद्र मोदी या इस हिसाब से कहूँ तो भा.ज.पा. का समर्थक होने की आवश्यकता नहीं है। लेखक आर. बालाशंकर एक जाने-माने और स्थापित पत्रकार हैं। उन्होंने अपना विश्लेषण ईमानदारी से एवं बिल्कुल सही ढंग से सफलतापूर्वक प्रस्तुत किया है। यह जरूरी नहीं है कि मैं इस पुस्तक के सभी निष्कर्षों और कथनों से सहमत होऊँ। यह एक स्वतंत्र कृति है और देश के राजनीतिक व आर्थिक परिदृश्य की उनकी अपनी समझ है। निष्कर्ष उनके अपने हैं और जरूरी नहीं है कि पार्टी पूरी तरह उनसे सहमत हो।

इस तरह का कोई भी प्रयास प्रशंसनीय है, क्योंकि तथ्यों से छेड़छाड़ नहीं की गई है और विचार पूर्वग्रह से मुक्त हैं। कुल मिलाकर यह पुस्तक पाठक के समक्ष सही तसवीर रखने की गंभीर कोशिश के रूप में सामने आई है।

संदर्भ सामग्री के लिहाज से भी यह पुस्तक समृद्ध है। यह स्पष्ट है कि पुस्तक तैयार होने से पहले अच्छा-खासा अनुसंधान किया गया है। इसमें सभी पहलुओं, यथा राजनीति, सामाजिक, आर्थिक और यहाँ तक कि प्रधानमंत्री मोदी जिस अच्छे शासन के लिए मेहनत करते रहे हैं, उस प्रशासनिक पहलू को भी कवर किया है। इस पुस्तक

की खासियत यह है कि इसमें उन प्रयासों के बारे में भी बताया गया है, जो प्रधानमंत्री मोदी करते रहे हैं और यह न सिर्फ भारत में शासन की व्यवस्था के बारे में है, बल्कि आमतौर पर भारतीय राजनीति के बारे में भी है। मुझे यकीन है कि इससे उन सभी लोगों को सहायता मिलेगी, जो मोदी सरकार के प्रदर्शन का निष्पक्ष मूल्यांकन करना चाहते हैं।

—अमित शाह

राज्यसभा सदस्य और राष्ट्रीय अध्यक्ष,
भारतीय जनता पार्टी

परिचय

लेखक डॉ. आर. बालाशंकर की पुस्तक **'राष्ट्र-साधक नरेंद्र मोदी'** भारत में 2014 के बाद से कांग्रेस की राजनीति का एक व्यापक अध्ययन है। अभी तक किसी भी अन्य पुस्तक में सत्ता का हस्तांतरण इतनी जीवंतता और वास्तविकता के साथ नहीं दिया गया है।

बड़े बदलावों और सुधारों का करीबी विवरण तथा आनुभविक **अध्ययन** तथा डाटा से इसकी पुष्टि, हमारे समय को समझने के लिए एक मूल्यवान **योगदान है**। 2014 का जनादेश हासिल करनेवाली राजनीति, एन.डी.ए. ने जब चार्ज सँभाला, तब अर्थव्यवस्था की स्थिति, ढेरों घोटाले, बैंकिंग क्षेत्र में एन.पी.ए. की समस्या, नोटबंदी, जी.एस.टी., सामाजिक सुधार के उपाय और भारत का चेहरा बदलनेवाली कल्याण योजनाओं की इस पुस्तक में विस्तार से चर्चा की गई है।

वैसे तो यह पुस्तक मोदी के चमत्कारों पर केंद्रित है, पर यह अर्थव्यवस्था पर भी केंद्रित है। जी.एस.टी., नोटबंदी और एन.पी.ए. से संबंधित आशंकाओं और शक को सहज, सरल, वर्णनात्मक शैली में स्पष्ट किया गया है और इसे पढ़ना दिलचस्प है।

जीवन से जुड़े साध्यों, अनुसंधान और करीबी निजी अनुभवों के साथ लेखक ने भारी बदलाववाली भावना को कैद करने की कोशिश की है, जिसने हरेक महत्त्वाकांक्षी भारतीय की कल्पनाशीलता को आकर्षित किया था। पुस्तक में मोदी के प्रधानमंत्री बनने के बाद से चलाए गए घृणा अभियान, अफवाह, पुरस्कार वापसी, लिचिंग, दंगे, चर्च पर हमले और यहाँ तक कि जाति के नाम पर भेदभाव आदि के नाम पर फैलाई जानेवाली अफवाह का खुलासा किया है।

प्रधानमंत्री नरेंद्र मोदी के नेतृत्ववाली एन.डी.ए. सरकार स्वतंत्र भारत की सबसे साफ सरकार रही है। इसके सुधारों ने भारत को दुनिया की सबसे तेजी से बढ़नेवाले अहम अर्थव्यवस्था की श्रेणी में पहुँचा दिया है। सिस्टम की सफाई और केंद्र तथा राज्य सरकारों के राजस्व में बड़े पैमाने पर वृद्धि से संरचना और सामाजिक क्षेत्र की योजना एवं कृषिक्षेत्र में अब तक का सबसे बड़ा निवेश संभव हुआ है। इससे भारत के लिए एक

बड़ा मध्यम वर्ग और उससे भी बड़ा नियो मिडिल क्लास तथा एक आकांक्षी वर्ग बनाना संभव हुआ है, जो अपनी क्रय शक्ति, मानव संसाधन और उद्यमिता से कुछ वर्षों में भारत को तीसरी सबसे बड़ी अर्थव्यवस्था बना देगा।

इस पुस्तक ने भविष्य में देखने की कोशिश की है और स्पष्ट किया है कि कैसे भारत का एक आर्थिक सुपर पावर के रूप में उभरना 2019 के चुनाव नतीजों पर निर्भर करता है। यह नई सदी में राजनीति का एक दिलचस्प विवरण है और समकालीन राजनीति के पाठकों के लिए इसे पढ़ना इतना दिलचस्प है कि वे रुक नहीं पाएँगे। इसमें कुछ प्रेरित और कम जानकारीवाले आलोचकों द्वारा एन.डी.ए. की आलोचना का तर्कसंगत और तथ्यों के साथ मुकाबला किया गया है।

शानदार ढंग से लिखी और जोरदार तर्कोंवाली यह पुस्तक पढ़ने लायक है। मैं इस प्रयास की हर सफलता की कामना करता हूँ।

—अरुण जेटली

केंद्रीय वित्त और कॉरपोरेट मामलों के मंत्री,

भारत सरकार

प्रशंसा

इसमें कोई दो राय नहीं हैं कि श्री आर. बालाशंकर की पुस्तक **'राष्ट्र-साधक नरेंद्र मोदी'** पढ़ने में दिलचस्प है, क्योंकि इसमें 2014 के बाद के भारत के बदलाववाले पहलुओं के सामने आने की कहानी का जीवंत और व्यापक वर्णन है।

निश्चित रूप से यह पुस्तक जमीनी वास्तविकताओं के सघन अनुसंधान और विश्लेषणात्मक अध्ययन का नतीजा है। यह पिछले पाँच वर्षों के दौरान देश की राजनीति, अर्थव्यवस्था और सामाजिक जीवन में आए प्रभावी बदलावों का नतीजा है।

यह पुस्तक अवश्य पढ़ने लायक है, क्योंकि वर्णन का इसका स्टाइल और विचारों के मुक्त प्रवाह का चित्रण साफ और सरल भाषा में है, ताकि मुश्किल आर्थिक मामले तथा अन्य मुद्दों को आम आदमी भी आसानी से समझ सके।

मैं इस तथ्य से वाकई प्रभावित हूँ कि इस पुस्तक का मुख्य फोकस प्रधानमंत्री नरेंद्र मोदी और राजनेता के रूप में उनकी उपलब्धियों पर केंद्रित है। लेखक ने जो अनुभव संबंधी अध्ययन किया, उसमें पिछले चार वर्षों के दौरान समाज के सबसे उपेक्षित वर्ग के सामाजिक उत्थान की सफलता और इसके सकारात्मक प्रभाव पर जोर दिया गया है।

पाठकों को जो अंश खास पसंद आएँगे, उनमें संरचना, कल्याण परियोजनाओं तथा हाईवे और ग्रामीण सड़क निर्माण में लाई गई नई गतिशीलता तथा बंदरगाह क्षेत्र में विकास की रफ्तार से जुड़े अध्याय शामिल हैं।

इस दिलचस्प और सूचनाप्रद पुस्तक के लिए मैं लेखक की प्रशंसा करता हूँ और भविष्य के उनके सभी प्रयासों की सफलता की कामना करता हूँ।

—नितिन गडकरी

केंद्रीय मंत्री

सड़क परिवहन और राजमार्ग;

जहाजरानी और जलसंसाधन;

नदी विकास और गंगा संरक्षण, भारत सरकार

प्राक्कथन

मैं भविष्य में नहीं देखता, न ही देखना चाहता हूँ, पर एक चीज मेरी समझ में बिल्कुल साफ है, जीवन की तरह; वह यह कि पुराने समय की माँ एक बार फिर जग गई है, अपने सिंहासन पर बैठी है; पूरी ताजगी के साथ, हमेशा के मुकाबले ज्यादा गौरवशाली। शांति और मंगलकामना की आवाज के साथ उन्हें पूरे विश्व में प्रचारित करें।

—स्वामी विवेकानंद

नरेंद्र मोदी सरकार की पिछले करीब पाँच साल की उपलब्धियों ने इस पुस्तक को लिखने के लिए प्रेरित किया है। हरेक चुनाव के बाद सरकारें आती जाती रहती हैं, पर 2014 का चुनाव देश के राजनीतिक इतिहास के लिए अलग था। मोदी के नेतृत्व में जो सरकार बनी, उसने वह सब किया, जो किसी आदर्श के प्रति कटिबद्ध और सघन राष्ट्रवादी नेतृत्व अपने कार्यकाल के दौरान कर सकता है।

हर गुजरते दिन के साथ इस कार्य को पूर्ण करने का लगाव, उत्साह और कारण ज्यादा आवश्यक होता गया। मैंने भारत को कई क्षेत्रों में बदलते देखा है, जो पहले कभी नहीं हुआ।

एक सपना, जिसके साथ लोग चार दशक से दिल्ली में रह रहे थे, वास्तविकता बनना शुरू हुआ।

मैंने 1998 के बसंत की शुरुआत देखी थी, जब अटल बिहारी वाजपेयी प्रधानमंत्री बने और उन्होंने कुछ अभिनव परियोजनाएँ शुरू कीं, जो भारत में काफी कुछ बदल रहा था—इससे वास्तविक बदलाव हो रहा था और 100 करोड़ से ज्यादा लोगों का जीवन प्रभावित हो रहा था। उसे देखने के बाद नरेंद्र मोदी ने पिछले चार साल में जो कुछ हासिल किया है, उसका गवाह बनने के बाद मैं सोचता हूँ कि पहले की सरकारें भी ऐसी ही प्रतिबद्ध होतीं, भारत को महान् बनाने के लिए ऐसी ही दृढता और मिशनरी उत्साह दिखाया होता तो अभी तक हम कहाँ पहुँच गए होते। शायद गौरव के शिखर पर

सर्वोच्च खुशी के साथ होते। हैप्पीनेस (खुशी का) क्वोटेंट अब पश्चिम में चुनाव जीतने की राजनीतिक रणनीति बन गया है और बहुत सारी सरकारें अधिकतम संख्या में लोगों को अधिकतम खुशी देने का प्रयोग कर रही हैं।

वाजपेयी ने बुनियाद रखी और नरेंद्र मोदी उसके ऊपर शानदार इमारत बनवा रहे हैं, जो पूरी दुनिया के लिए एक आश्चर्य साबित हो रहा है। इस अवधि में मोदी ने आधे भारत को—यह वह आबादी है, जो पूरे यूरोप की आबादी की लगभग दूनी है, पहले के मुकाबले बेहतर जीवन जीने का मौका दिया है। बिजलीकरण, मुफ्त गैस कनेक्शन, स्वास्थ्य बीमा, कर्ज योजना, नि:शुल्क आवास, साफ शौचालय, बेहतर सड़क और डिजिटल भारत से उन्होंने लोगों का जीवन ऐसे बदला है, जैसे पहले कभी नहीं हुआ। यही नहीं, शासन हरेक जरूरतमंद भारतीय के दरवाजे पर पहुँचा है। पहले कभी इतनी बड़ी आबादी को गरीबी, नैराश्य और अभावग्रस्तता से बाहर नहीं निकाला गया है।

अंतरराष्ट्रीय मुद्रा कोष (आई.एम.एफ.) ने अगस्त 2018 में ऐलान किया था, 'भारत अगले 30 वर्षों तक दुनिया भर के विकास को आगे बढ़ाएगा'। इतिहास में वापस जाएँ तो अंग्रेजों द्वारा आखिरकार गुलाम बनाए जाने और लूटे जाने से पहले तकरीबन 2,000 साल तक, भारत विश्व अर्थव्यवस्था को संचालित करता था। हम उसी विरासत पर फिर से दावा जता रहे हैं। पिछली सदी खत्म होने से पहले स्वामी विवेकानंद ने भविष्यवाणी की थी कि भारतमाता फिर अपनी नींद से जागेगी। लगता है, नरेंद्र मोदी इस काम के लिए चुने गए हैं और 1.30 अरब भारतीयों के लिए इस भविष्यवाणी को सच करेंगे।

नरेंद्र मोदी को 2014 के चुनावों में जिन कारणों से भारी कामयाबी मिली, वे लंबे समय से तैयार हो रहे थे। यह 1925 में विजयादशमी के दिन नागपुर में शुरू हुए एक मिशन का पूरा होना था। उसके 90 साल के बाद मोदी शिखर पर पहुँचने को आतुर हालात की सामूहिक इच्छा के प्रतीक बने, पर राख की मोटी परत के नीचे आग अभी जल रही थी। यह एक अरब लोगों की चाहत थी, जो 2014 की चुनावी आँधी में अचानक सामने आई।

मोदी वह बने, जिसका इंतजार भारत कर रहा था, जिसका प्रारब्ध था। यही कहानी है, जिसे हम लोगों को पकड़ना है। कैसे उन्होंने हवा का रुख बदल दिया, कैसे निराशावाद, नकारात्मकता और कुटिलता ने बड़े बदलाव को रोकने तथा नाकाम करने की कोशिश की, कैसे वे अब भी कोशिश करते हैं और यथास्थिति बनाए रखने की साजिश करते हैं और कैसे निर्लज्ज दुराग्रह के बीच उन्होंने साहसिक ढंग से उम्मीद की किरण जगाई और 'सबका साथ, सबका विकास' के नाम पर आबादी के सभी वर्गों को साथ लेकर आगे बढ़ते रहे।

यह कहानी बिना लिखी नहीं रह सकती। बौद्धिक ईमानदारी और ऐतिहासिक आवश्यकता थी कि इसे लिखा जाए। खासकर तब, जब बदलाव को स्वीकार नहीं करनेवाले और नकारनेवाले हैं, जो इसे एक गुजरता हुआ चरण और 'कुछ नहीं बदलेगा' मानते हैं, क्योंकि उन्होंने तय कर रखा है कि वे किसी भी परिवर्तन को रोकने के लिए ही हैं। वे अपनी बात कह चुके, जो चाहते थे, कर चुके। छह दशक तक राज कर लिया। वाकई यह बहुत बड़ी अवधि है, पर वे देश को पिछड़ा रखना चाहते हैं। वे लोगों को गरीब रखना चाहते हैं। वे अपनी वंश-परंपरा, सुविधाओं और विशेषाधिकार को कायम रखना चाहते हैं, जबकि लोग मामूली सहायता और कृपा के इंतजार में रहते हैं।

मोदी ने लोगों के सशक्तीकरण के उपाय किए। उन्होंने लोगों को अपना महत्त्व जानने और उसके लिए संघर्ष करने लायक बनाया। भारतीय समाज में जो लोग अभी तक अभागे थे, अब देख रहे हैं कि उनकी आवाज सुनी जा रही है और यह स्थापित निहित स्वार्थियों के खिलाफ है। मोदीजी एक नई राजनीतिक संभावना की शुरुआत कर रहे हैं।

सबूत के रूप में वाजपेयी सरकार के छह साल और मोदी सरकार के तकरीबन पाँच साल ने दिखाया है कि दृढ निश्चयवाला देशभक्त नेतृत्व किसी देश के लिए क्या कुछ हासिल कर सकता है। हरेक हाथ में एक मोबाइल फोन से लेकर सबके लिए घर, एड्स की दवाइयों की लाइसेंसिंग से लेकर आयुष्मान भारत योजना, स्वर्ण चतुर्भुज से सागरमाला प्रोजेक्ट, परमाणु भारत से विश्व शक्ति, प्रधानमंत्री ग्राम सड़क योजना से 100 स्मार्ट शहर, सर्व शिक्षा अभियान से सबका विकास—हम लोगों ने दूरदृष्टि को सच होते हुए देखा है और जैसा कि पूर्व राष्ट्रपति एपीजे अब्दुल कलाम ने कहा, "देश को एक दूरदृष्टि दीजिए, इसके बिना देश खत्म हो जाएगा।" यह एक दिलचस्प, भावोत्तेजक और प्रेरक विवरण है।

मोदी एक्सीडेंटल प्राइम मिनिस्टर नहीं हैं। उन्हें अपनी हर इंच जगह के लिए लड़ना पड़ा है, इसीलिए वे इस परीक्षा में पास हो सके। उनकी कोई वंशावली नहीं है।

उनका जन्म गरीब पिछड़े परिवार में हुआ। राष्ट्रीय स्वयंसेवक संघ (आर.एस.एस.) से उनका शुरुआती संबंध बहुत फायदेमंद रहा; इससे देश की मौजूद समस्याओं के प्रति उनकी आँखें खुलीं, पर कैडर-आधारित संगठन में शिखर पर आना एक मुश्किल काम था।

मोदी अपनी राय नहीं बदलते। वे न तो धोखा देते हैं और न टाल-मटोल करते हैं। एक बार वे तय कर लें तो उसे तर्कसंगत अंत तक ले जाते हैं। अकेले वही मानते थे कि भारतीय जनता पार्टी (भा.ज.पा.) अपने दम पर सत्ता में आ सकती है। बहुत कम लोगों को इसका भरोसा था, पर वे इस विश्वास पर चलते रहे।

1 अप्रैल, 2012 को 'ऑर्गनाइजर' के संपादक के रूप में जब मैं गुजरात के मुख्यमंत्री के आधिकारिक आवास पर उनसे मिला तो उन्होंने अपने विचार साझा किए थे और उन्हें यकीन था कि अकेले वही बड़ा बदलाव ला सकते हैं। अपनी जबरदस्त लोकप्रियता से वे पूरी तरह वाकिफ थे और जानते थे कि भारत उनका इंतजार कर रहा है। संघ परिवार ने तय नहीं किया होता तो उन्होंने डर जताया था कि एक अच्छा मौका हाथ से निकल जाएगा। मैंने भी उस आशावाद को साझा किया था। अप्रैल 2014 में मैं अकेला पत्रकार था, जिसने चुनाव-प्रचार के बीच में लिखा था कि भा.ज.पा. अपने स्तर पर बहुमत पाने जा रही है। भा.ज.पा. में भी बहुत लोगों ने मुझ पर विश्वास नहीं किया। उन्हें लगता था कि यह अति उत्साह है।

फरवरी 2014 के पहले हफ्ते में मैंने गांधीनगर में मोदी से मुलाकात की थी और उनसे कहा था कि उत्तर प्रदेश में भा.ज.पा. 60 लोकसभा स्थान जीतेगी। मेरा आकलन तीन सर्वेक्षण पर आधारित था, जो अक्तूबर और दिसंबर 2013 में किए गए थे। ये सर्वेक्षण दिल्ली विश्वविद्यालय के अमित अवस्थी और छात्रों की उनकी टीम ने मेरे दिशा-निर्देशन में किए थे। मैंने जब उन्हें ब्योरा दिया तो वे खुश हुए कि यह उनके अपने आकलन से मेल खाता है। असल में भा.ज.पा. ने अपने सहयोगी, अपना दल के साथ 73 सीटें जीतीं। मोदी इतिहास बनाने की ओर बढ़ रहे थे।

राजनीति सैद्धांतिक भौतिकी की तरह है और किसी उपन्यास की तरह दिलचस्प। ऑक्सफोर्ड यूनिवर्सिटी प्रेस की एक दिलचस्प किताब, जियोवान्नी विगनाले की 'द ब्यूटीफुल इनविजिबल' भौतिकशास्त्र (फिजिक्स) की तुलना फिक्शन से करती है। रचनात्मकता, कल्पनाशीलता और सैद्धांतिक भौतिकशास्त्र पर अपनी किताब में विगनाले ने लिखा है, "एक अच्छा वैज्ञानिक सिद्धांत प्रतीकात्मक वृत्तांत की तरह होता है, वास्तविकता का एक दृष्टांत। इसके चरित्र ऐसी कल्पना हो सकते हैं, जो वास्तविक जीवन में नहीं भी हो सकते हैं, पर वे हमें सोचने का एक तरीका देते हैं। वास्तविकता के बारे में ज्यादा गंभीरता से। एक अच्छी कलात्मक कृति की तरह, सिद्धांत अपनी दुनिया तैयार करता है, वास्तविकता को कुछ और में बदल देता है—संभवत: एक भ्रम में, लेकिन यह एक ऐसा भ्रम होता है, जिसका मूल्य तथ्य से ज्यादा होता है।"

नरेंद्र मोदी द्वारा 2014 का चुनाव जीतने की कहानी का अभी तक ठीक से विश्लेषण नहीं किया गया है। इस घटना की सहानुभूतिपूर्ण शैक्षिक पुष्टि अभी तक देखने को नहीं मिली है, क्योंकि ज्यादातर समकालीन इतिहासकारों ने इसे संयोग कहकर खारिज कर दिया। लोगों ने यह दावा भी किया कि भा.ज.पा. को मिले वोट कुल पड़े वोट के एक तिहाई से भी कम थे। इसके बाद 2014 से 2018 तक, जब मोदी एक-एक कर कई राज्यों में जीतते गए तो राजनीतिक पंडितों ने इसे ध्रुवीकरण, असहिष्णुता, हिंदुओं की

आक्रामकता और लिंच सिंड्रोम कहकर खारिज कर दिया। किसी ने भी इसके पीछे के असाधारण व्यक्ति को समझने की कोशिश नहीं की।

गुजरात के एक दूरदराज के गाँव का कोई सामान्य व्यक्ति यह सब हासिल कर सके, इसके लिए एक दिव्य विलक्षणता की आवश्यकता थी। महान् लेखकों की कृतियाँ भी विज्ञान में सबसे निराकार सैद्धांतिक भौतिकशास्त्र की तरह होती हैं और जैसा कि विगनाले ने ऐलान किया, कल्पनाशीलता और लगाव ने एक ऐसी वैज्ञानिक यात्रा की शुरुआत की, जो दोलन से रीलेटिविटी और क्वांटम मेकैनिक्स की तरह असाधारण, भावनाओं का गैर–परंपरागत गुरुत्वाकर्षण था। भारत के भौगोलिक विस्तार में मोदी के आगमन के बाद फुर्ती, रफ्तार और सक्षमता की आवश्यकता देश भर में महसूस की गई। सिर्फ मोदी ने कल्पना की थी कि भा.ज.पा. अपने दम पर बहुमत पा सकती है और यह हुआ।

सार्वजनिक जीवन में बहुत सारे लोग नियति से निपटते हैं, पर कुछ ही लोग इतिहास बनाते हैं। अब्राहम लिंकन ने अमेरिकी राष्ट्रपति को नया रूप दिया और देश के हालात बदल दिए। फ्रैंकलिन रूजवेल्ट ने मंदी का मुकाबला किया और आर्थिक सुपर पावर के रूप में अमेरिका की स्थिति बहाल की। डेंग जियाओपिंग ने चीनी कम्युनिज्म को नए सिरे से पारिभाषित किया और चीन में आधुनिक नव पूँजीवादी आर्थिक तेजी के युग की शुरुआत की। भारतीय प्रधानमंत्री ने अभी वह ऊँचाई हासिल नहीं की है, पर इस बात की पूरी संभावना है कि वे इतिहास बनाएँगे। अगर वे 2019 के लोकसभा चुनाव जीत जाते हैं और उनकी नीतिगत पहल भारत के 1.30 अरब लोगों को अनुमानित लाभ देती है तो वे भारत को 21वीं सदी की आर्थिक सुपर पावर के रूप में स्थापित करेंगे।

मोदी के राज में भारत दुनिया की छठी सबसे बड़ी अर्थव्यवस्था के रूप में उभरा है और फ्रांस की जगह ली है। उनका लक्ष्य भारत को अमेरिका के बाद दूसरी सबसे बड़ी अर्थव्यवस्था बनाना है और देश के सकल घरेलू उत्पाद को तीन गुना करके 10 ट्रिलियन डॉलर प्रति वर्ष करना है। मोदी राज में भारत ईज ऑफ डूइंग बिजनेस की नवीनतम रैंकिंग में 23 स्थान कूदकर 77वें पर पहुँच गया है। विश्व बैंक के प्रमुख जिम योंग किम ने इसे 'ऐतिहासिक' कहा है। मोदी के राज में पिछले तीन साल के दौरान भारत ने अपनी ईज ऑफ बिजनेस रैंकिंग में 65 प्वॉइंट का सुधार किया है। भारत दुनिया भर में सबसे तेजी से बढ़ती अर्थव्यवस्था है और ऐसे में आज आकांक्षी भारत आत्मविश्वास में है। मुद्रास्फीति कम है, पाँच प्रतिशत से नीचे, देश के पास विदेशी मुद्रा का विशाल भंडार है, कर्ज देने की दर कम है, कृषि उत्पादन सबसे ज्यादा है, वित्तीय घाटा नियंत्रण में है और भारत पसंदीदा विदेशी प्रत्यक्ष निवेश (एफ.डी.आई.) की जगह बन गया है।

जोरदार राजनीतिक जोखिम लेकर नोटबंदी और जी.एस.टी. जैसे दो साहसिक

आर्थिक सुधार करके मोदी ने विरोधियों को गलत साबित कर दिया है। मुद्रा योजना और स्टैंड अप तथा स्टार्ट अप इंडिया पहल शुरू करके मोदी ने रोजगार बाजार को नए सिरे से परिभाषित किया है और स्वरोजगार को सभी गौरवशाली, आकांक्षी भारतीयों का पहला कॅरियर विकल्प बनाया है।

ऐसा बहुत कम होता है कि इतिहास ऐसे घटकों का मेल मुहैया कराए और एक लीडर बनाए तथा फिर उसे उम्मीदों के अग्रदूत के रूप में पेश करे। मोदी को विशिष्ट परिस्थितियों की ऐसी जटिलता मिली कि उनके पास दूसरा कोई रास्ता नहीं था और उन्हें जीतना ही था।

डॉ. मनमोहन सिंह के यूनाइटेड प्रोग्रेसिव अलायंस (यू.पी.ए.) ने 2014 में देश के साथ बेहद दगा की थी और अर्थव्यवस्था की बुरी हालत कर दी थी। विकास घटकर 4 प्रतिशत पर रह गया था, मुद्रास्फीति 14 प्रतिशत पर थी, निवेशकों ने भरोसा खो दिया था, क्योंकि पूँजी का गायब होना आम बात हो गई थी। ऊर्जा क्षेत्र बुरे हाल में था, कोयला घोटाला और पॉलिसी पैरालिसिस नियम बन चुका था। भारत की कहानी त्रासद रूप से रुकी हुई थी, इसलिए हर तरफ निराशा थी।

मोदी ने हवा का रुख बदला और अर्थव्यवस्था को वापस पटरी पर लाए। उनकी शिक्षा, आर.एस.एस. प्रचारक के रूप में उनका जीवन नव निर्माण, भ्रष्टाचार विरोधी आंदोलन में उनकी भूमिका, 1975 से 1977 तक इमरजेंसी के खिलाफ भूमिगत संघर्ष और संघ प्रचारक के रूप में राजनीति से जुड़ना; ऐसी चीजें हैं, जिसके बारे में काफी लिखा जा चुका है और यह इस पुस्तक का विषय नहीं है।

इस पुस्तक का मुख्य फोकस लोकप्रिय जनादेश के सहारे सत्ता तक मोदी का रास्ता है और यह भी कि कैसे वे राष्ट्र के प्रति अपना प्रण पूरा करने में सफल हुए।

गुजरात के मुख्यमंत्री के रूप में 12 वर्षों के उनके शानदार प्रदर्शन ने ऐसी स्थितियाँ बनाईं, जिससे वे राष्ट्रीय स्तर पर उभर सके। वे अपनी और दूसरी पार्टी के ज्यादातर सहकर्मियों से बिल्कुल अलग थे और स्पष्ट रूप से वे जल्दी में थे।

क्या मुख्यमंत्री के रूप में अपने शुरुआती दिनों में वे खुद को बड़ी भूमिका के लिए तैयार कर रहे थे? इसकी थाह लेना आसान नहीं है। मोदी ने अकसर सार्वजनिक रूप से कहा है कि वे सपने नहीं देखते। वे सिर्फ कुछ करने का निर्णय करते हैं।

एक बार मैंने उनसे पूछा कि उनकी सफलता का राज क्या है? उनका जवाब बहुत अच्छा था—मैं स्वयं को मिटाने की क्षमता रखता हूँ। उनका मतलब था कि वे नतीजे की परवाह किए बिना एक कर्मयोगी की तरह काम करते हैं और कोशिश चाहे जैसी हो, सफलता पाने के लिए अपनी पूरी ऊर्जा लगा देते हैं। उन्हें शायद इसी तरह परिभाषित किया जा सकता है।

कई मौकों पर मोदी की चौंकानेवाली सफलता को आमतौर पर कहा ही नहीं गया है या अकसर निश्चित माना गया है। आमतौर पर यही कहा जाता है कि उन्हें सफल होना ही था। ऐसा क्यों है कि राजनीतिक विश्लेषक अकसर मोदी की महान् उपलब्धियों को भी कम करके आँकते हैं? उन्होंने कई नई शुरुआत की हैं। आप इनसे सहमत या असहमत हो सकते हैं, पर बौद्धिक ईमानदारी माँग करती है कि सफलता की समकालीन कहानियों से प्रतिभा के आधार पर निपटा जाए और सैद्धांतिक रूप से स्पष्ट किया जाए। अकसर मोदी की सफलता का सामना गहरी चुप्पी से होता है और यह नियम जैसा बन गया है।

मोदी ने जानबूझकर अपनी छवि बाहरी की बनाई। वे दिल्ली के विशिष्ट वर्ग के नहीं हैं। सामान्य तौर पर इसका कोई खास मतलब नहीं है, पर सत्ता प्रतिष्ठान और मीडिया में एक वर्ग की मानसिकता है और यह पागलपन इस हद तक है कि देश के सबसे शक्तिशाली प्रधानमंत्री के रूप में कार्यकाल लगभग पूरा कर लेने के बावजूद एक वर्ग और विपक्ष 'मोदी हटाओ' (यह दिलचस्प है कि एन.डी.ए. हटाओ नहीं) पर काम कर रहा है। भारत के 21वीं सदी के सवर्णों द्वारा इस तरह अलग कर दिए जाने की कुख्याति का मोदी ने अधिकतम राजनीतिक लाभ उठाया है।

यह शैली विडंबनापूर्ण सामाजिक राजनीति का संधि का विषय हो सकती है। इसमें दिलचस्प यह है कि उनके विरोधियों को मालूम है कि इस अंधी घृणा से मोदी को भारी लाभ हो रहा है, फिर भी वे इसे न छिपा पाते हैं और न कम कर पाते हैं। इससे मोदी और उनके अभियान खुद को पीड़ित या सताया हुआ दिखा पाते हैं।

जिस देश की 22 प्रतिशत आबादी गरीबी रेखा के नीचे रहती है और जहाँ आबादी का 90 प्रतिशत सामूहिक तौर पर सिर्फ 10 प्रतिशत संपदा का स्वामी है, वैरो देश में यह संभावित राजनीतिक हथियार है।

मोदी ने राजनीति अलग ढंग से की। वे परंपरागत तरीके से नहीं चले, जिसे कई लोग राजनीतिक तौर पर सही होना कहते हैं। उन्होंने अपने नियम लागू करने की कोशिश की। हजारों वर्षों की राष्ट्रीयता से हासिल भारत के लोगों की अनंत अच्छाई और समझदारी पर उनका भरोसा उनकी राजनीतिक रणनीति का आधार बना।

भारत को वे एक भौगोलिक, भावनात्मक इकाई की तरह देखते हैं। उन्होंने अपना एजेंडा भारतीयता के सांस्कृतिक धरातल पर तय किया, जिसकी व्याख्या कइयों ने हिंदुत्व के रूप में की। जब मोदी ने सबका साथ, सबका विकास की बात की तो वे सिर्फ भा.ज.पा. के आदर्शों की बुनियादी खासियतों पर जोर दे रहे हैं, जिसे 1980 में अटल बिहारी वाजपेयी, लालकृष्ण आडवाणी और डॉ. मुरली मनोहर जोशी के नेतृत्व में मंजूर किया गया था। भा.ज.पा. की स्थापना वास्तविक धर्मनिरपेक्षता, गांधीवादी समाजवाद के

सिद्धांतों पर की गई थी, जिसे एकीकृत मानवता और सकारात्मक राष्ट्रवाद का नाम दिया गया था और इसकी पहचान सांस्कृतिक राष्ट्रवाद के रूप में की गई थी।

मोदी ने अपनी जादुई भाषा में इन मूल्यों को नई जान दी, जोरदार ढंग से प्रस्तुत और व्यक्त किया। उनकी वाक्पटुता, यकीन दिलानेवाला उनका परिचय और उनकी विशेष खासियतों ने इसे अग्रणी स्थिति दी। यह अभियान की विषय वस्तु बन गई।

भा.ज.पा. की विचारधारा से जुड़े लगावों की पहले कभी इस तरह सार्वजनिक जाँच नहीं हुई। मोदी को जो जनादेश मिला, वह असल में उन्हीं मूल्यों का समर्थन था और बदलाव की भारत की आवश्यकता की मजबूती से पुष्टि हो गई थी। इस पर पुस्तक में विस्तार से चर्चा की गई है।

सत्ता में हुए इस बदलाव से राजनीतिक प्रतिष्ठान सकते में आ गए। उन्हें समझ ही नहीं आया कि प्रतिक्रिया कैसे करें। 2014 तक, अकेले भा.ज.पा. को छोड़कर, भारतीय राजनीति 30 से ज्यादा राज्यों और केंद्र शासित प्रदेश में तीन से भी कम परिवारों का खेल थी। कांग्रेस भी परिवार की जागीर बन गई थी। कांग्रेस की सर्वोच्चता समाप्त होने के बाद राष्ट्रीय राजनीति राज्यों में खेली गई। सत्तारूढ़ परिवार की पूर्वाभिरुचि, अवगुण उनके सहयोगियों के विशेषाधिकार और निजी पसंद व नापसंद से राष्ट्रीय राजनीति संचालित होती थी। भ्रष्टाचार और हक आम बात हो गई थी। नतीजतन राष्ट्रीय हित प्रभावित हुआ। यू.पी.ए. के नेतृत्व में भारत धीरे-धीरे 'फेल्ड स्टेट' की स्थिति में जा रहा था।

मोदी ताजी हवा के झोंके की तरह नई राजनीतिक संस्कृति लेकर आए। क्या मोदी ने जो वादे किए थे, उम्मीदें जो निजी तौर पर जगाई थीं, उन्हें पूरा कर पाए और क्या अच्छे दिन का वादा पूरा हुआ? क्या वे अपने काम और पिछले पाँच साल की उपलब्धियों के दम पर 2019 में मतदाताओं को अपने पक्ष में कर पाएँगे। क्या विपक्ष, जो अब मोदी को हटाने के एक सूत्री लक्ष्य पर काम कर रहा है, मतदाताओं को यह यकीन दिला पाएगा कि मोदी को बदलने की जरूरत है? क्या मोदी को जो जनादेश मिला था, वह उनके दोबारा चुने जाने से पूरी तरह न्यायोचित रहेगा, वरना उनकी उपलब्धियाँ चाहे जितनी बड़ी हों, 2014 का जनादेश 'बेकार' कहा जाएगा। मोदी और विपक्ष दोनों के लिए 2019 का चुनावी युद्ध 2014 वाले मुकाबले में मुश्किल होगा।

इस पुस्तक में उन सभी पहलुओं की चर्चा की गई है, जो 2019 के चुनावी युद्ध में मायने रखते हैं। इसके लिए प्रयोगसिद्ध अध्ययन, वास्तविक सबूत और करीबी निजी टिप्पणियों का सहारा लिया गया है।

आभार

यह पुस्तक प्रेरणा और नैराश्य की कृति है। डॉ. मंगलम स्वामीनाथन, जो इस पुस्तक को देखकर सबसे ज्यादा खुश होतीं, वे अब इस दुनिया में नहीं हैं। मेडिकल माफिया के कारण मैंने उन्हें अचानक खो दिया, हालाँकि मैक्स हॉस्पिटल साकेत में वे पेट की मामूली गड़बड़ी के लिए गई थीं। मैं अब भी न्याय के लिए संघर्ष कर रहा हूँ। हम 30 साल से साथ थे। मंगला और मैं प्रेमियों और जीवनसाथी की तरह साथ रहते थे। मंगला मेरे लिखने से मेरी संपादक, स्रोत और हमवतन के रूप में जुड़ी हुई थीं। मेरे इस पुस्तक को लिखने के प्रति वे बहुत उत्साह में थीं। वे मोदी की बड़ी प्रशंसक थीं। मोदी फेनोमिना के बारे में 2012 से 2018 के बीच अंग्रेजी और मलयालम में मैंने जितना लिखा है, उतना शायद किसी और ने नहीं लिखा होगा; चूँकि मैं और मंगला चाहते थे कि मैं अपने विचारों को एक पुस्तक में व्यक्त करूँ। यहाँ मैं सिर्फ प्रेरणावाला हिस्सा लिख रहा हूँ।

मंगला के निधन के बाद एक और व्यक्ति, हमारे अच्छे मित्र और शुभचिंतक नजीर वेलियिल मुझसे पुस्तक लिखने के लिए कहते रहे हैं। उन्होंने मेरे लिखे के लिए अनुसंधान, प्रकाशन और विपणन का सारा खर्च देने का भी वादा किया। हम पहले अपने मलयालम लेखन से मित्र बने, फिर वे मेरे परिवार का अंग बन गए, पर मैं उन्हें इस पुस्तक का भार देना नहीं चाहता था, क्योंकि यह मेरी बहुत ही निजी खुशी है।

पर नजीर ने इस पुस्तक को पश्चिम एशियाई देशों में ले जाने का निर्णय किया, क्योंकि उनका मानना है कि मैं जो कुछ भी लिखता हूँ, उसका वहाँ अच्छा पाठक वर्ग है। वे इसकी बारीकियों पर काम कर रहे हैं। मैं उन्हें शुक्रिया नहीं कह सकता, क्योंकि हम एक अलग भावनात्मक तार से जुड़े हुए हैं।

मैं भा.ज.पा. अध्यक्ष अमित शाह का बेहद आभारी हूँ कि उन्होंने इस पुस्तक के लिए एक उदार और जानकारी पूर्ण प्रस्तावना लिखी। मैं केंद्रीय वित्त मंत्री अरुण जेटली का भी आभारी हूँ कि उन्होंने इस पुस्तक का परिचय लिखकर प्रोत्साहन दिया और पुस्तक के लिए आवश्यक जानकारी भी दी। इससे यह पुस्तक अपनी सामग्री के लिहाज

से खासी समृद्ध हुई है। केंद्रीय भूतल परिवहन और जहाजरानी मंत्री तथा पूर्व भा.ज.पा. अध्यक्ष नितिन गडकरी ने भी अपने अनुमोदन से इस पुस्तक को आशीर्वाद दिया है। मैं इसके लिए उनका बेहद आभारी हूँ।

मैं एन.डी.टी.वी., आउटलुक, डेली ओ.के. लिए नियमित रूप से और डी.एन.ए., इंडियन एक्सप्रेस डेक्कन क्रोनिकल, इकोनॉमिक टाइम्स और हिंदुस्तान टाइम्स में यदा-कदा राजनीतिक मुद्दों पर लिखता रहता हूँ। उनमें से कुछ को मैंने इस पुस्तक में शामिल किया है। हालाँकि मूल रूप से यह एक नई कृति है। मैं इस सिलसिले में उनके सहयोग को स्वीकार करता हूँ और उनका शुक्रिया अदा करता हूँ।

एक और मित्र सोविचेन, जो बहरीन में अमेरिकी नौसेना में अटॉर्नी हैं, इस पुस्तक के लिए प्रेरणा के एक और स्रोत हैं। वे इसे बहरीन के अंतरराष्ट्रीय पुस्तक मेले में ले जाना चाहते हैं।

पत्रकारिता की ही तरह यह भी जल्दबाजी में किया गया काम है। वैसे इसमें मुझे अपने अनुसंधान, लेखन और दस्तावेजों से सहायता मिली। मैं रंजना का आभारी हूँ कि उन्होंने इस पर पूरी नजर रखी, विषय की उन्हें अच्छी जानकारी है और उन्होंने कई मूल्यवान सुझाव दिए, संपादन तो जोरदार है ही। अच्छे संपादन के लिए मैं जीजा जॉय का भी आभारी हूँ। मैं समीर अरोड़ा और कोणार्क की टीम का भी उसके प्रयासों के लिए शुक्रगुजार हूँ।

मुझे अपने अनुसंधान में श्री प्रमोद शर्मा, सत्य प्रकाश पांडे, देव सिंह पाटिल, संयुक्त कुमार केशरी, सौम्या सैनी की सहायता मिली। इनके कठिन परिश्रम और खोज से मुझे पुस्तक में कई निष्कर्ष निकालने में सहायता मिली। हालाँकि यह पुस्तक एक सहानुभूतिपूर्ण अध्ययन है, न कि कोई जोरदार परीक्षण। मैंने खुद को पूरी तरह समकालीन राजनीति और स्थितियों पर सीमित रखा है, जिससे नियति ने आकार लिया। यहाँ मैंने इतिहासकार की भूमिका नहीं निभाई है। वह 2019 के चुनाव के तुरंत बाद आएगा।

मैं अपने मित्र और सहकर्मी हेमंत गोस्वामी का उनके मूल्यवान सुझावों के लिए आभारी हूँ।

अनुक्रम

1

नियति के साथ एक और वास्ता

सबसे लंबी रातें लगता है, निकलती जा रही हैं; सबसे ज्यादा दुःख देनेवाली समस्याएँ लग रहा हैं, खत्म होने पर हैं, लाश जैसे दिखनेवाले लोग जगे हुए लग रहे हैं और हमारे पास एक आवाज आ रही है—दूर पीछे से, जहाँ इतिहास और यहाँ तक कि परंपरा पूर्व के छाए में झाँकने में नाकाम रहती हैं। वहाँ से चली आ रही आवाज ज्ञान, प्रेम तथा कार्य के हिमालय के शिखर-दर-शिखर से टकराती हुई चली आ रही है। हम लोगों की यह मातृभूमि, भारत या इंडिया—एक आवाज है, जो हमारे अंदर आ रही है। यह एक सामान्य, सरल पर दृढ़ तथा इसमें गलती की कोई संभावना नहीं है। जैसे-जैसे समय निकल रहा है, इसकी आवाज तेज हो रही है और हाँ, ठहरिए सोनेवाला जाग रहा है! हिमालय की ठंडी हवा के झोंकों की तरह इससे लगभग मर चुकी हड्डियों और मांसपेशियों में जान आ रही है। आलस्य जा रहा है और सिर्फ दृष्टिहीन नहीं देखेंगे या उन्हें नहीं दिखेगा, जो विकृत दिमाग हैं कि हमारी मातृभूमि जाग रही है। हमारी मातृभूमि गहरी, लंबी नींद से जाग गई हैं। अब कोई भी उन्हें रोक नहीं सकता है और न ही वे अब सोने जा रही हैं, कोई भी अनुचित अधिकार उन्हें अब नहीं रोक सकता है, क्योंकि विशाल आकार अपने पाँवों पर खड़ा हो रहा है।

—स्वामी विवेकानंद

मोदी परिवर्तन के एजेंट बने या बदलते भारत का लाभ उठाया, इस पर बहस हो सकती है। लंदन आधारवाले 'द गार्जियन' अखबार ने अपने संपादकीय 'इंडिया : अनदर ट्रायस्ट विद डेस्टिनी' में कहा, "आज 18 मई, 2014 का दिन इतिहास में दर्ज किया जाएगा, जब ब्रिटेन ने आखिरकार भारत को छोड़ दिया। चुनावों

में नरेंद्र मोदी की जीत एक लंबे युग का समापन है। पहले के सत्ता-परिवर्तन में सत्ता की संरचना बहुत ज्यादा नहीं बदली और अंग्रेज पहले उपमहाद्वीप पर जिनके जरिए जैसे राज करते थे, वे बने रहे। कांग्रेस पार्टी के राज में भारत कई तरह से ब्रिटिश राज को दूसरे तरीके से जारी रखे था। उस समय पैदा होनेवालों में से अब कुछ ही बचे रह गए हैं और 70 साल से ऊपर के हो चले हैं, पर मामला आजादी के समय की पीढ़ी के गुजर जाने का नहीं है, जिससे अंतर आता है। एक तर्क है कि यह भारतीयों के सोच में आया बड़ा बदलाव है, जिससे मोदी सत्ता में आए हैं।

2014 के बाद जो सबसे बड़े बदलाव हुए हैं, वह यह कि सरकार नागरिकों से एक क्लिक, एक फोन कॉल, एक ट्वीट की दूरी पर है। सत्ता के दलालों का जमाना, जिसे राजीव गांधी ने 1984 में खत्म करने का वादा किया था, आखिरकार 2014 में मोदी के सत्ता में आने से खत्म हुआ। शासक और शासित के बीच का अंतर खत्म हो गया है।

मैंने इसे खुद महसूस किया है। जुलाई 2015 में केंद्रीय मानव संसाधन विकास मंत्री स्मृति ईरानी को संबोधित मेरे एक ट्वीट का असर हुआ और घंटे भर के अंदर उनका जवाब आ गया। यह गरीबी की रेखा के नीचे (बी.पी.एल.) जीनेवाले परिवारों के बच्चों का दिल्ली के केंद्रीय विद्यालयों में दाखिले का मामला था। इससे पहले दिल्ली के मुख्यमंत्री अरविंद केजरीवाल को राज्य सरकारों के स्कूलों में दाखिले के लिए किए गए ट्वीट पर कोई प्रतिक्रिया नहीं आई थी।

मोदी सरकार के गठन के तुरंत बाद केरल के लोगों ने इसे महसूस किया। भारत सरकार ने पश्चिम एशिया में फँसे भारतीयों और विदेशियों को मुक्त कराया, जो आई.एस.आई.एस. के कब्जे में थे। विदेश मामलों के राज्य मंत्री जनरल वी.के. सिंह ने उस समय प्रभावित क्षेत्र में डेरा डाला, ताकि बगैर किसी देरी के सहायता पहुँचाई जा सके। विदेश मंत्रालय ने आधी रात में भी फोन कॉल के जवाब दिए। विदेश मंत्री सुषमा स्वराज ने ट्वीटर पर तत्काल प्रतिक्रिया दी थी, जो अब यादगार बन गए हैं। उनके पास बचाव की दर्जन भर कहानियाँ सुनाने लायक हैं, जो भारत के इतिहास में अच्छे शासन का सिग्नेचर ब्रांड बन गया है। हम इस बात की चर्चा कर रहे हैं कि कैसे मोदी ने भारत को बदल दिया।

लोग अधीर हैं। वे शीघ्र दिखाई देनेवाले नतीजे चाहते हैं। मोदी ने बदलाव की इस आवश्यकता और शीघ्रता को समझ लिया है। यह कभी कहीं से संबंधित नहीं था। वह यहाँ और अभी है। लोगों की भागीदारी का असर हो रहा है। यू.पी.ए. शासन में प्रधानमंत्री कार्यालय (पी.एम.ओ.) में एक लाख याचिकाओं के औसत से अब यह एक मिलियन याचिका प्रतिवर्ष हो गया है। इसकी वजह यह है कि पी.एम.ओ. का जन शिकायत केंद्र सिर्फ एक क्लिक की दूरी पर है। 50 सदस्यों की एक टीम याचिकाओं

पर काररवाई करती है और दो दिन के अंदर एस.एम.एस. से या ऑनलाइन जवाब देती है। मोदी के तहत डिजिटल इंडिया एक वास्तविकता बन चुकी है।

इससे पहले सरकार की योजनाएँ देश की कुख्यात लाल फीताशाही में उलझ जाती थीं, जो अंग्रेजों की विरासत है। अब कोई लाल फीताशाही की बात भी नहीं करता। शीघ्र निपटान और निर्णय लेना नियम बन गया है। दुनिया ने इस परिवर्तन को समझ लिया है। इसीलिए भारत के बाहर रह रहे 25 मिलियन भारतीय भारत को लेकर खुश हो रहे हैं।

भारतीय अमेरिकी पत्रकार फरीद जकारिया, मशहूर पुस्तक 'द पोस्ट-अमेरिकन वर्ल्ड' के लेखक भारत पर नजर रखनेवाले हैं। उन्होंने मोदी का इंटरव्यू किया था और मोदी शासन के तहत भारत के बारे में सकारात्मक रूप से लिखा था। उन्होंने लिखा था, भारत चीन से आगे निकल सकता है पर रुका रहा, क्योंकि यहाँ का राजनीतिक नेतृत्व निर्णय लेने में धीमा था। ऐसा उन्होंने 2008 में लिखा था। ऐसा मोदी शासन के तहत हुआ। जी.डी.पी. में ग्रोथ के मामले में भारत चीन से आगे निकल गया है और चीन धीमा हो रहा है।

एक अर्थव्यवस्था के रूप में क्या भारत चीन से आगे निकल सकता है? जैसा विदेश नीति एक्सपर्ट ऐशले जे टेलिस (राइजिंग इंडिया : फ्रेंड्स एंड फोज) कहते हैं, "भारत में लोकतंत्र, न्यायपालिका, फ्री प्रेस और अन्य स्वतंत्र संस्थाएँ हैं, जो चीन में नहीं हैं और यह सिर्फ समय का मामला है कि एक अर्थव्यवस्था के रूप में भारत चीन से मजबूत होकर उभरे। कई पश्चिमी टीकाकार समझते हैं कि चीनी आर्थिक आधार नाजुक है। भारत तुलना में मजबूत है और मुश्किल हमले झेल सकता है।"

भारत के आकार और महत्त्व का कोई देश जब कदम बढ़ाता है तो वह दुनिया के साथ बढ़ाता है। आकार में सातवाँ सबसे बड़ा देश और आबादी में दूसरा सबसे बड़ा तथा युवा देश दुनिया से वादा करता है। टेलिस के शब्दों में, ''मोदी ने न सिर्फ भारत की कहानी को पुनर्जीवित कर दिया है, बल्कि भारत में दिलचस्पी भी जगा दी है।''

यह संभवत: बदलाव का ही डर था, जिसने पश्चिमी मीडिया के एक वर्ग को मोदी के चुनाव का विरोध करने के लिए चुना। 'दि इकनोमिस्ट' पत्रिका ने 2014 के भारतीय चुनावों के मौके पर मोदी का विरोध किया और भारतीयों से राहुल गांधी के लिए वोट करने की अपील की। ब्रेक्सिट पर और डोनाल्ड ट्रंप के अमेरिका के राष्ट्रपति के रूप में चुने जानेवाले चुनाव पर भी 'दि इकनोमिस्ट' बेवकूफ दिखा, लेकिन वह अलग कहानी है। मोदी के आगमन पर भारत में इस्टेबलिशमेंट अनिश्चित था। उनसे भी मोदी को रोकने की अपील की थी। चुनाव के मौके पर तथाकथित बुद्धिजीवियों और बॉलीवुडवालों के मशहूर विज्ञापन अभियान पर्याप्त शक्तिशाली थे, हालाँकि जनादेश उन्हें शांत नहीं कर पाया।

क्या कुछ बदल गया है?

क्या भारत अब रहने के लिए बेहतर जगह है, क्या कुछ बदला है, क्या मोदी उन वादों पर खरे उतरे, जो उन्होंने किए थे? कांग्रेस प्रमुख राहुल गांधी कहेंगे, नहीं।

मोदी ने विरासत में यू.पी.ए. से सिर्फ समस्याएँ ही पाई हैं, कोई समस्या खड़ी नहीं की है। उन्होंने उन्हें दूर करने की एक प्रक्रिया शुरू की है, अभी और यहीं। मोदी के आलोचक, जैसे नोबल विजेता अमर्त्य सेन, कहते हैं कि बांग्लादेश और इंडोनेशिया ने शौचालयों पर भारत से बेहतर किया है। ऐसे, जैसे सभी शौचालय 2014 में और उसके बाद बनाए जाने थे। क्यों डॉ. सेन मोदी के पूर्ववर्ती और अपने मित्र डॉ. मनमोहन सिंह पर आरोप नहीं लगाते हैं, जो 10 साल भारत के प्रधानमंत्री रहे? आरोप उन पर लगना चाहिए। यह एक किस्म का पूर्वग्रह है, जिससे मोदी के विरोधियों की साख खराब हुई। उन्हें तथ्यों के लिहाज से कमजोर और आलोचना के लिहाज से पूरा माना जा रहा है।

कांग्रेस इसी अंदाज में मोदी सरकार पर हमला करती है, जैसे गरीबी, खराब सड़क, कमजोर सड़क और रेल यातायात, बिजली की कमी और बैंकों के एन.पी.ए. (नॉन परफॉर्मिंग एसेट्स), ये सब समस्याएँ हैं, जो 26 मई, 2014 को सामने आईं। सच तो यह है कि मोदी ने इन सबकी पहचान की है और युद्ध स्तर पर इनका समाधान तलाश रहे हैं, हालाँकि इसके लिए उन्हें समय चाहिए।

किसी भी अन्य प्रधानमंत्री ने व्यवस्था को बदलने की वैसी कोशिश नहीं की, जैसी मोदी ने की। उनके काम उनकी बातों से ज्यादा साफ दिखाई देते हैं।

उन्होंने 1200 से ज्यादा पुराने नियम बदल दिए और बदलने के लिए 1800 अन्य की पहचान की गई है। इसका मकसद प्रशासन को सहज बनाना और कारोबार करने की सहूलियतों को बेहतर करना है। एक वास्तविक और व्यावहारिक रुख से आम आदमी को राहत मिली है। दस्तावेजों के 'स्व-अभिप्रमाणन' की व्यवस्था से नोटरी के प्रमाणन की आवश्यकता खत्म हुई, निचले स्तर की नियुक्तियों के लिए इंटरव्यू के नियम को खत्म करना तथा ऑनलाइन आवेदन के आधार पर सीधी नियुक्ति से काफी अंतर आया है। यही नहीं, नियुक्ति में पारदर्शिता भी आई है और पक्षपात तथा भ्रष्टाचार कम हुआ है।

पूर्व दूरसंचार मंत्री कपिल सिब्बल 2जी स्पेक्ट्रम सौदे में 'शून्य नुकसान' की बात करते थे। सिब्बल पूछा करते थे, "जब कीमत तय ही नहीं थी तो नुकसान कैसे हो सकता है।" पर उसी स्पेक्ट्रम की नीलामी करके मोदी सरकार ने लगभग 2.4 लाख करोड़ रुपए का राजस्व हासिल किया। ऐसा तीन नीलामी के जरिए संभव हुआ।

इसी तरह कोल ब्लॉक की नीलामी पर पूर्व वित्त मंत्री पी. चिदंबरम कहा करते थे, "जो कोयला धरती माँ के पेट में है, उसकी कीमत कौन जानता है?" यू.पी.ए. सरकार

ने जो कोल ब्लॉक आवंटित किए थे, उसके छोटे हिस्से की नीलामी करके मोदी सरकार ने सरकारी खजाने के लिए 2 लाख करोड़ रुपए प्राप्त किए। इन नीलामियों से हासिल धन से ही सरकार के लिए सार्वजनिक संरचना, स्वास्थ्य और समाज कल्याण की योजनाओं पर अब तक की सबसे ज्यादा राशि आवंटित करना संभव हुआ। डॉ. मनमोहन सिंह ने कहा था, 'पैसे पेड़ पर नहीं उगते' पर सरकारों को अपने खजाने भरने के लिए भिन्न तरीके तलाशने होते हैं।

मोदी जो अंतर लाए, उनके कुछ उदाहरण भर हैं। आगे इन मुद्दों की चर्चा विस्तार से की गई है।

राष्ट्रीय सुरक्षा

राष्ट्रीय सुरक्षा के मोर्चे पर मोदी सरकार ने बड़ा प्रभाव बनाया है। देश पहले के मुकाबले ज्यादा शांतिपूर्ण रहा। जम्मू और कश्मीर में कुछ घटनाओं को छोड़कर कोई आतंकवादी हमला नहीं हुआ, जो पहले यू.पी.ए. के दस साल के शासन के दौरान एक दिनचर्या सा हो गया था। इनमें हजारों जानें चली गई थीं और कई अन्य जख्मी हो गए थे। सरकारी और निजी धन का भारी नुकसान हुआ था। अगर राजनाथ सिंह भारत के अब तक के सबसे अच्छे गृहमंत्री हैं, तो नितिन गडकरी और सुषमा स्वराज को आमतौर पर उनके संबंधित क्षेत्रों में सबसे संवेदनशील, कार्यकुशल और सफल मंत्रियों में गिना जाता है।

पीयूष गोयल के तहत कोयला और ऊर्जा मंत्रालयों में उल्लेखनीय कायापलट हुई है। इसने सभी लक्ष्य पूरे किए हैं, कोयले का आयात कम किया है और बिजली के मामले में भारत अतिरिक्त उत्पादनवाला हो गया है। यह कोई मामूली उपलब्धि नहीं है। डॉ. मनमोहन सिंह के राज में यह सबसे गड़बड़ और अव्यवस्थित क्षेत्रों में था।

अरुण जेटली के नेतृत्व में वित्त क्षेत्र में इतिहास के सबसे जोरदार सुधार किए गए हैं। सरकारी क्षेत्र के बैंकों को व्यवस्थित और मजबूत करने का नया तरीका जोरदार है। मोदी सरकार को बैंकों का विशाल एन.पी.ए. पिछली सरकार से विरासत में मिला। यह एक सामूहिक लूट थी और इसमें राजनीतिक प्रतिष्ठान के साथ बैंक के अधिकारी तथा यू.पी.ए. के संरक्षणवाले क्रोनी कॉरपोरेट शामिल थे।

डॉ. मनमोहन सिंह ने जब पद छोड़ा तो अनुमान है कि सरकारी क्षेत्र के बैंकों का एन.पी.ए. 15 लाख करोड़ रुपए के आस-पास था। यू.पी.ए. के 10 साल के शासन के दौरान 10 लाख करोड़ रुपए के करीब की राशि बट्टे खाते में डाल दी गई, जो एक तरह से साथी पूँजीपतियों के लिए लाटरी खुलने की तरह था। मोदी ने सत्ता में आते ही बैंकों की पूँजी दुरुस्त करने और उनका स्वास्थ्य ठीक करने के लिए कारवाई की

शुरुआत कर दी। जाँच-पड़ताल हुई, लेकिन जन-धन की इस आपराधिक लूट के लिए किसी को सजा नहीं दी गई। मोदी उनके पीछे नहीं पड़े। बदले की काररवाई जैसी कोई बात नहीं की।

मोदी सरकार ने पहली बार सरकारी धन की वसूली, बैंकों की वित्तीय स्थिति ठीक करने और उन्हें फिर से कर्ज देने के योग्य बनाने के लिए कदम उठाए। डॉ. मनमोहन सिंह सरकार के अंतिम दिनों में अर्थव्यवस्था को जब लकवा मार गया था, तब बैंकों से कर्ज लेना-देना लगभग रुक गया था। एन.पी.ए. से निपटने और पैसों की वसूली के लिए कदम मोदी सरकार के तहत उठाए गए।

यू.पी.ए. राज में क्रोनी पूँजीवाद की स्थिति का सबसे अच्छा चित्रण मशहूर राडिया टेप्स मामले से होता है। इस मामले की जाँच कछुआ गति से चल रही है, जबकि विस्तृत जाँच से कइयों के चेहरे का नकाब हट गया होता। राडिया टेप में जो गंदगी, मसाला और घोटाला है, वह बॉलीवुड के किसी थ्रिलर से ज्यादा दिलचस्प है।

समाज कल्याण के इस जमाने में मोदी सरकार ने सबसे ज्यादा प्रभाव छोड़ा है। नरेंद्र मोदी के विरोधी यह साबित करने पर आमादा हैं कि गरीबों के लिए बनाई गई बड़ी योजनाएँ जमीन पर काम नहीं कर रही हैं। चुनाव के मौके पर उन लोगों ने अखबारों में विज्ञापन छपवाया था कि मोदी फिर से चुन लिए गए तो सामाजिक तनाव, सांप्रदायिक दंगे और बड़े पैमाने पर तनाव पैदा होगा। लगभग पाँच वर्ष तक सत्ता में रहने के बाद मोदी ने देश को पूरी तरह एकजुट रखा है। विरोधियों ने छिट-पुट घटनाओं को देश भर की स्थिति पेंट करने के लिए उठा लिया। उदाहरण के लिए, किसी चर्च में पत्थर फेंकने या चोरी की घटना, पशुओं की तस्करी को लेकर मार-पीट या फिर कथित बच्चा चोरी के आरोप में किसी राज्य में लिंचिंग या गोकशी या बच्ची से बलात्कार जैसे जघन्य अपराध को देश भर में होनेवाली घटना के रूप में पेंट कर दिया गया; अखिल भारतीय घटना के रूप में पेश किया गया और कहा गया कि यह सब मोदी के कारण हो रहा है। वे कहते हैं, अचानक भारत असहिष्णु हो गया है।

सच तो यह है कि भारत में हाल के समय में जो पहला लिंचिंग हुआ, वह अप्रैल 1982 में मार्क्सवादियों के शासनवाले पश्चिम बंगाल में हुआ था, जब ज्योति बसु मुख्यमंत्री थे। मार्क्सवादियों ने 17 आनंदमार्गियों को दिन-दहाड़े कोलकाता की सड़कों पर मार डाला था। भारतीय कम्युनिस्ट पार्टी (मार्क्सवादी) के शासन में अकेले पश्चिम बंगाल में मॉब लिंचिंग के 630 मामले हुए थे, तब किसी ने सभ्यता से संबंधित मुद्दा नहीं उठाया था। लिंचिंग का लंबा इतिहास है और इसका एक अमेरिकी अर्थ भी है। इस तरह के अपराध बर्बर होते हैं और न्यायोचित नहीं ठहराए जा सकते हैं। इन्हें रुकना चाहिए और सरकार इस बारे में बेहद गंभीर है।

मोदी ने ऐसी सभी हिंसा की सख्ती से निंदा की है और उनकी सरकार ने तुरंत ऐसे में तेजी से ट्रायल करने तथा मौत की सजा देने का कानून बनाया। इसके लिए नए कानून पास किए गए और मध्य प्रदेश में बच्ची से बलात्कार के मामले में अपराधी को फास्ट ट्रैक कोर्ट के जरिए, महीने भर के अंदर मौत की सजा दी गई।

उनके सभी कार्यक्रम लक्षित हैं। वे निश्चित समयवाले हैं और डिजिटली निगरानी की जाती है। वे टेक्नोलॉजी का उपयोग भी शुरू कर रहे हैं, ताकि कार्यक्रमों को पारदर्शी और अच्छी साखवाला बनाया जा सके।

'द राइज एंड फॉल ऑफ नेशंस : टेन रूल्स ऑफ चेंज इन पोस्ट-क्राइसिस वर्ल्ड' के लेखक रुचिर शर्मा ने लगातार तीन वर्षों—2016, 2017 और 2018 तक विकास की संभावनाओं पर भारत की उच्च रेटिंग की है। 10 मुद्दों—लोकतंत्र, स्थिरता, मजबूत संस्थान, भ्रष्टाचार, ब्याज दर, पूँजी निर्माण, निवेश, मुद्रास्फीति और विदेशी मुद्रा भंडार में से छह में भारत की स्थिति एक्सीलेंट, यानी बहुत बढ़िया है। हमारी आबादी युवा है और क्रय शक्तिवाले मध्यम वर्ग की संख्या 500 मिलियन है। यही मोदी क्रांति की मुख्य ताकत है।

मोदी के पहले कार्यकाल के बाद क्या आम लोग खुश हैं, क्या ये लोग 2019 में फिर उनका समर्थन करेंगे या मोदी के समर्थन का आधार क्या मध्य वर्ग से निम्न मध्य वर्ग और गरीब की ओर चला गया है ? मध्यम वर्ग मोदी सरकार के दो प्रमुख वित्तीय सुधारों—नोटबंदी और जी.एस.टी. (माल एवं सेवाकर) को कैसे देखता है, क्या इससे आर्थिक गतिविधियाँ और अमीरों की खपत शैली प्रभावित हुई हैं, क्या लोगों के बटुए में धन की कमी बाजार और जीवनशैली को बदल रही है ?

ये वो मुद्दे हैं, जो आम लोगों के दिलो-दिमाग में छाए हुए हैं। इनके जवाब में मोदी के सत्ता पाने के रास्ते का भविष्य है। हमारे अध्ययन से पता चलता है कि लोगों ने नरेंद्र मोदी के मुश्किल निर्णयों की प्रशंसा की है, क्योंकि वे उन्हें निस्स्वार्थ देशभक्त के रूप में देखते हैं, जो नागरिकों के बृहत् हित के लिए काम कर रहा है। अभी तक के बड़े सुधारों का नागरिकों ने उत्साह के साथ स्वागत किया है, क्योंकि उन्हें मोदी में भरोसा है। मोदी के फायदे के लिए टिना (देयर इज नो अल्टरनेटिव या कोई विकल्प नहीं है) फैक्टर भी काम कर रहा है। उनके कद या लोकप्रियता का कोई नेता दृश्य में नहीं है। उनकी साख बनी हुई है।

मोदी सत्ता के विकेंद्रीकरण की बात करते हैं। राज्यों का आवंटन गुजरे चार वर्षों में 10 प्रतिशत बढ़ गया है। अपने बढ़ते खजाने से राज्य खुश हैं, पर वे श्रेय साझा करना नहीं चाहते हैं। पेट्रोल ईंधन को जी.एस.टी. के तहत लाने का गतिरोध एक बढ़िया उदाहरण है। हर किसी का राजस्व कम होगा, पर कच्चे तेल की कीमत पिछले चार

साल से कम है तो इसकी कीमत ज्यादा होने का कोई वाजिब कारण है ? ईंधन पर ज्यादा टैक्स भारत में पूर्व समाजवादी प्रभाव है। अब ईंधन लक्जरी नहीं रहा और न ही यह विशिष्ट वर्ग के उपयोग का आइटम है कि इस पर टैक्स ज्यादा रखा जाए। मोदी से उम्मीद की गई थी कि ईंधन की कीमत में भारी कमी करेंगे और यह संभव था। अभी यह देखा जाना है कि वित्तीय समझदारी लागू करने और घाटे को संतुलित करने की सरकार की उत्सुकता को चुनाव में राजनीतिक रूप से कैसे देखा जाएगा। विपक्ष गलत ढंग से ईंधन की ऊँची कीमत का लाभ उठाने और इसके लिए केंद्र पर आरोप लगाने की कोशिश कर रहा है।

विकास और बराबरी के स्वतंत्र भारत के इतिहास में पहली बार मोदी ने टीम इंडिया की अवधारणा का विकास किया। इससे मुख्यमंत्री 'मेक इन इंडिया' प्रोजेक्ट में साझेदार बन गए हैं। राज्य निवेश और विकास के काम पूरे कर सकते हैं और केंद्र सहायता के हाथ मुहैया कराएगा। द नेशनल इंस्टीट्यूटशन फॉर ट्रांसफॉर्मिंग इंडिया, जिसे नीति आयोग भी कहा जाता है, अब ऐसा संस्थान नहीं रह गया है, जिसके समक्ष राज्यों के मुख्यमंत्रियों को गिड़गिड़ाना पड़े। यही कारण है कि मोदी से मिलने के बाद केरल के मुख्यमंत्री पिनरायी विजयन यू.डी.एफ. के अपने पूर्ववर्ती ओमेन चांडी की तरह खुश थे। मोदी से मिलने के बाद जून 2015 में दिल्ली में अपनी पहली प्रेस कॉन्फ्रेंस में उन्होंने मोदी की तारीफ करके अपने कॉमरेड्स को असहज कर दिया था। इससे मा.क.पा. के आम कार्यकर्ताओं को असुविधा हुई। शुरू में विजयन ने खुद को मोदी के पीछे मॉडल करने की कोशिश की। उन्होंने मा.क.पा. से संबद्ध ट्रेड यूनियन को नियंत्रित रखने और कार्यालय में कार्य-संस्कृति शुरू करने की कोशिश की।

हम भारत निर्माण में सहयोग की बात कर रहे हैं। यहाँ राजनीति की कोई जगह नहीं है।

नीति आयोग राज्यों की समस्याएँ समझने और उनकी सहायता करने वहाँ जा रहा है। यह टीम इंडिया है। बिजली, पानी, सड़क और यहाँ तक कि भूमि भी राज्य की सूची में हैं। परिवहन और शिक्षा कॉन्करंट लिस्ट में हैं। व्यावहारिक तौर पर यह सच है कि राज्यों के सक्रिय तौर पर साझेदार हुए बगैर कोई विकास संभव नहीं है और मोदी के पास प्राथमिकताओं की लंबी सूची है, ताकि 10 साल के यू.पी.ए. शासन के दौरान मुश्किल में छोड़ दी गई अर्थव्यवस्था को नए सिरे से गति दी जा सके। मोदी अनुपयुक्त योजना, असंतुलित विकास आदि के प्रभावों को ठीक करने की कोशिश कर रहे हैं, क्योंकि यू.पी.ए. के योजना आयोग की 2012 की रिपोर्ट के मुताबिक देश भर के एक-तिहाई जिले अविकसित रह गए हैं और काफी बड़ा वर्ग, जो आबादी का आधे से ज्यादा है, भूखों मर रहा है। आयोग ने गणना की थी कि 22 रुपए रोज से ग्रामीण क्षेत्र

का व्यक्ति गरीबी की रेखा के नीचे होने की पहचान से मुक्त हो जाएगा।

इस गणना को मोटे तौर पर स्वीकार नहीं किया गया और असंवेदनशील कहकर खारिज कर दिया गया था। बाद में इस सीमा को बढ़ाकर 27 रुपए कर दिया गया था। पर इसका और मजाक बनाया गया। देश की आजादी के बाद के 70 वर्षों में 60 वर्ष कांग्रेस ने देश पर राज किया। अगर वह देश को एक कल्याणकारी राज्य बनाने की सफलताओं का श्रेय ले सकती है, तो असफलताओं के लिए भी वही जिम्मेदार है। मोदी ने जिम्मेदारियों की पहचान की है। यू.पी.ए. अपने वादों को पूरा करने में लापरवाह रहा और ये 'गरीबी हटाओ' नारे की तरह कागजों पर रहे, जबकि इसी नारे के दम पर इंदिरा गांधी 1971 में सत्ता में आई थीं।

नई शुरुआत के लिए मोदी ने सबसे पहले बी.आर. आंबेडकर और सरदार बल्लभ भाई पटेल को आधुनिक इतिहास में उनकी सही जगह दिलवाई। इसका मतलब हुआ सामाजिक सशक्तीकरण और राष्ट्रीय एकता नई सरकार के प्राथमिक फोकस हैं। स्वतंत्रता सेनानी, शिक्षाविद् पंडित मदनमोहन मालवीय को मरणोपरांत 'भारत रत्न' से सम्मानित किया गया।

दि इकॉनोमिस्ट ने 5 मार्च, 2016 के अपने अंक में डिजिटल इंडिया पर कवर स्टोरी की थी। इसमें कहा गया था, 'हरेक सेकेंड तीन भारतीय इंटरनेट प्रयोग करते हैं। 2030 तक इनमें से एक अरब से ज्यादा लोग ऑनलाइन होंगे। गए साल जून में भारत में उपयोग किए जानेवाले चार में से एक मोबाइल फोन स्मार्ट था, छह महीने पहले ही यह पाँच में से एक होता था। इसमें दो और तथ्य जोड़ दीजिए—भारत दुनिया की सबसे तेजी से बढ़ती सबसे बड़ी अर्थव्यवस्था है, जहाँ 90 के बाद पैदा हुए युवाओं की संख्या सबसे ज्यादा है और आप समझ सकते हैं कि क्यों फेसबुक, उबर और गूगल आदि वहाँ पाँव जमाने के लिए एक-दूसरे पर गिर रहे हैं।' आज भारत में एक अरब से ज्यादा का मोबाइल आधार है। गुजरात के मुख्यमंत्री के रूप में मोदी जानते थे कि टेक्नोलॉजी विकास और सकारात्मक कारखाई का साधन है।

विश्व परिदृश्य पर एक नया आत्मविश्वास था। मोदी जहाँ कहीं गए, उनकी तारीफ की गई और लोगों ने ऐसे सराहा, जैसे वे नई सदी के रॉक स्टार हों। वे जानते थे कि मोदी के पीछे भारत खड़ा है। पिछले तीन दशक में किसी भी अन्य प्रधानमंत्री को ऐसा जनादेश नहीं मिला था। उन्होंने कांग्रेस की जगह ली और भा.ज.पा. दो तिहाई भारतीय राज्यों के साथ केंद्र में सत्तारूढ़ दल के रूप में उभरी। कोई भी प्रधानमंत्री, यहाँ तक कि जवाहर लाल नेहरू भी इतने लोकप्रिय नहीं रहे।

भारत पर वर्ल्ड फोकस अच्छे शासन की उम्मीद है और यह दुनिया भर में चल रही मंदी के बीच में है। जैसा कि 2015 की वर्ल्ड बैंक की रिपोर्ट ने कहा, 'भारत

आर्थिक विकास की चमकती रेखा बना रहा।' मोदी का मंत्र 'सबका साथ, सबका विकास' दुनिया भर में लोकप्रिय हुआ है और ब्रिटिश प्रधानमंत्री डेविड कैमरून के साथ अमेरिकी राष्ट्रपति डोनाल्ड ट्रंप ने इसे अपने प्रचार अभियान में शामिल किया है।

मोदी सरकार का लक्ष्य भारतीय सामाजिक-आर्थिक प्रतिमान को पूरी तरह बदलना है—भारी राजनीतिक कीमत और स्थापित राजनीतिक सहमति को बाधित करने की कीमत पर भी जिसे चुनौती देने की हिम्मत अभी तक किसी भी नेता ने नहीं दिखाई थी। नई योजनाओं का मकसद द्रुत डिलीवरी था। मोदी ने यह कोशिश भी की कि मनोवैज्ञानिक तौर पर बड़े बाधक की भूमिका में रहे गरीबों से जुड़ा जाए। वंचितों की लंबी पंक्ति के अंतिम आदमी (अंत्योदय—भा.ज.पा. की आइडियोलॉजी का एक अहम पहलू), जिसे अपनी सूची में शामिल करने का खयाल किसी ने भी नहीं किया। इसी तरह स्वच्छ भारत, जिसमें महात्मा गांधी को मैसकॉट (शुभंकर) बना दिया गया है, मोदी का पहला मिशन था।

इसके बाद गरीब महिलाओं को स्वास्थ्य संबंधी खतरों से मुक्त करने की बारी थी। उन्हें खाना बनाने के परंपरागत तरीके और इस कारण धुआँ तथा गरमी से राहत दिलाई गई। इसके लिए महत्त्वाकांक्षी 'उज्ज्वला योजना' की पेशकश की गई, जो गरीब महिलाओं के सपने में भी नहीं था। इसके तहत 50 मिलियन बी.पी.एल. परिवारों को खाना पकाने की रसोई गैस निःशुल्क मुहैया कराई गई। इसमें चोरी रोककर सरकार ने 58,000 करोड़ रुपए बचाए। सब्सिडी छोड़ने की प्रधानमंत्री की अपील पर 10 मिलियन सक्षम लोगों ने गैस सिलेंडर पर सब्सिडी छोड़ दी। पी.एम.ओ. के अनुमान के अनुसार 2018 तक 200 मिलियन लोगों को डायरेक्ट नकद सब्सिडी पहुँच चुकी है।

करीब 22,000 गैर-बिजलीकृत गाँवों की पहचान की गई और मोदी ने 2019 तक देश के सभी गाँवों को बिजली मुहैया कराने का वादा किया था। इसका असर हुआ कि 19,000 गाँवों में रहनेवाले लोगों ने अपने जीवन में पहली बार अपने घरों में बिजली के बल्ब जलते देखे हैं।

मुद्रा योजना इनमें सबसे अभिनव है। इसने 140 मिलियन लोगों को आजीविका कमाने का छोटा उपक्रम शुरू करने के लिए वित्तीय जीवनरेखा मुहैया कराई है। यह एक लाख रुपए तक के और कुछ मामलों में ज्यादा के छोटे कर्ज हैं, जो बिना किसी रेहन के दिए गए हैं। यह कर्ज छोटे व्यापारियों के लिए रक्षक की तरह हैं। इसके बिना वे आमतौर पर गाँव के साहूकार की शरण में जाने के लिए मजबूर होते, जो 200 प्रतिशत तक का ब्याज लेते हैं।

मोदी की कल्याणकारी योजनाओं की कुंजी जागरूकता, चाहत और आश्वासन है। ऐसा नहीं है कि पहले की सरकारें इन मामलों पर ध्यान नहीं देती थीं और ऐसा भी

नहीं है कि इस दिशा में हमने प्रगति नहीं की है, पर मोदी ने यह सब काम जल्दी और दृढ निश्चय के साथ करने की भावना का विकास किया है और बुनियादी लक्ष्य हासिल करने के लिए लक्ष्य तय करने का काम किया है। पहले सरकार की पंचवर्षीय योजनाएँ लक्ष्य तय करती थीं, जिन्हें अगली योजना में संशोधित और रीसेट कर दिया जाता था।

मोदी सरकार ने जून 2014 में योजना आयोग को खत्म कर दिया और उसकी जगह 'नीति आयोग' पेश किया, जो अब लागू करनेवाली एजेंसी के मुकाबले थिंक टैंक ज्यादा है। अब यह आइडिया तैयार करने तथा देश की प्रगति में सहायक की भूमिका निभाने के लिए है।

पहले की सरकारों ने भी कई बड़े काम किए हैं। ऐसी कुछ उपलब्धियों में हरित क्रांति, श्वेत क्रांति, बाँग्लादेश की आजादी और परमाणु परीक्षण शामिल हैं, जिससे भारत परमाणु शक्ति के रूप में स्थापित हो गया। भारतीय परिदृश्य को वी.एस. नायपॉल के शब्दों में, 'मिलियन म्युटिनीज' कहा जाए तो उपरोक्त कुछ खास क्षण रहे हैं।

मोदी ने भारतीय राष्ट्रत्व की नए सिरे से खोज करने और उसे नए ढंग से कहने का काम भी हाथ में लिया है। लंबे समय तक बिना किसी सूची के रहने के बाद वे राष्ट्रीय गौरव पर फिर से जोर दे रहे हैं, जिसे वे 'आइडिया ऑफ इंडिया' कहते हैं और जिसने उप राष्ट्रवाद तथा बँटवारे को देश की पहचान पर जोर देने से ज्यादा बढ़ावा दिया। भारतीय होने पर गर्व का विकास करने की उनकी कोशिश और भारतीयता की इस समझ पर जोर देने की मोदी विरोधियों के बड़े वर्ग ने निंदा की, उपहास उड़ाया। यह हर किसी से जुड़ा हुआ है और यह भारत के भविष्य के आकार से संबंधित है। मोदी इक्कीसवीं सदी के भारत को आकार देंगे कि नहीं, यह 2019 के चुनावों के बाद ही कहा जा सकेगा।

1991 में बैलेंस ऑफ पेमेंट संकट और दुनिया भर में कम्युनिज्म के गिरने के कारण भारत वाशिंगटन कनसेन्सस क्लब का सदस्य बन गया और अर्थव्यवस्था का उदारीकरण कर दिया। इसका श्रेय पी.वी. नरसिंहराव को जाता है, जो कांग्रेस के दूसरे प्रधानमंत्री थे, जो नेहरू-गांधी परिवार से नहीं आते थे। यह इस बात की स्वीकारोक्ति थी कि गुजरे पाँच दशक में कांग्रेस जिन नीतियों पर चल रही थी, उससे भारत गरीब, पिछड़ा और आर्थिक रूप से कमजोर रहा है। इससे आधी आबादी गरीबी से पीड़ित रही है और देश की संरचना का बुरा हाल रहा है। भारत के चेहरे को बदलनेवाले वास्तविक सुधार बाद में वाजपेयी के राज में आए।

पी.वी. नरसिंहराव पहले कांग्रेसी नेता थे, जिन्होंने बारीकी से, पर निर्णायक रूप से नेहरूवादी सर्वसम्मति को अस्थिर करने की कोशिश की। राव ने इजराइल के लिए भी दरवाजे खोल दिए, जो एक ऐसा देश है, जिसके साथ अभी तक गुटनिरपेक्षता के नाम

पर भारत के राजनयिक संबंध नहीं थे, जबकि व्यवहार में इसका मतलब था आदर्शों के आधार पर झुकाव न कि भारत-केंद्रित नीति प्रारूप पर।

वाजपेयी के नेतृत्व में राष्ट्रीय जनतांत्रिक गठबंधन (एन.डी.ए. या राजग) और बाद में नरेंद्र मोदी ने सघन विदेश नीति की पहल की, जिससे भारत एक अलग पावर लीग में पहुँच गया। मोदी की विदेश नीति पहल राजनयिक क्षेत्र में एनिमेटेड चर्चा का मामला है। मोदी ने अंतरराष्ट्रीय स्तर पर अच्छा-खासा प्रभाव बनाया। डेंग जियाओ पिंग ने जब चीन को पूरी तरह खोल दिया था तो वे कहा करते थे, जो देश अच्छा कर रहा होता है, वह दुनिया की ओर देखता है, जबकि जिसकी हालत खराब हो रही होती है, वह अंदर की ओर देखता है।

चुनावी समर्थन हासिल करने के लिए मोदी ने एक बार भी जाति, धर्म या क्षेत्र के नाम पर अपील नहीं की। प्रचार अभियान के दौरान उनकी एकमात्र थीम 'विकास और बदलाव' थी। उनकी तमाम भव्य चुनावी रैलियों के बारे में काफी कुछ लिखा गया है, जिनमें मोदी ने मतदाताओं को यह विश्वास दिलाने की कोशिश की कि वे और उनकी सरकार कितनी अलग होगी। हम इसी पहलू की विस्तार से चर्चा कर रहे हैं।

व्यक्तित्व का मतलब तो था ही। एक बार फिर, शायद पहली बार भारतीय चुनाव अभियान असल में प्रधानमंत्री, केंद्रित हो गया। हर जगह मोदी ही थे—कोई और नहीं। किसी और का कोई मतलब नहीं था। लोग चायवाले को मौका देना चाहते थे, जो बिल्कुल बाहर का था, जो अलग मुहावरों में बात करता था, लोगों को भरोसा दिलाता था और जिसका कोई निजी एजेंडा नहीं था। सांप्रदायिक ध्रुवीकरण और नकारात्मक प्रचार की बातें बकवास थीं। हाँ, हरेक राष्ट्रवादी मतदाता के दिमाग में यह डर था कि देश हाथ से निकल सकता है। उनकी मन:स्थिति बढ़ती महँगाई से प्रभावित हुई थी, क्योंकि ऐसा लगने लगा था, जैसे यू.पी.ए. के हाथ में कुछ है ही नहीं। यही नहीं, भ्रष्टाचार के बारे में मान लिया गया था कि कांग्रेस उसे बढ़ावा देती है और यह उम्मीद थी कि मोदी सत्ता में आए तो चीजें बदलेंगी।

तीन परियोजनाओं—प्रधानमंत्री आवास योजना, उज्ज्वला (नि:शुल्क गैस) और आयुष्मान भारत (स्वास्थ्य बीमा या मोदीकेयर) का 2019 के चुनावी नतीजों पर काफी असर होगा। 2014 में मोदी को उनकी बातों पर भरोसा कर चुना गया था, अब 2019 में उन्हें उनके काम के लिए फिर से चुना जाएगा। इस बात से कोई भी इनकार नहीं कर सकता है कि एक दशक के अवसान के बाद देश ने अपनी चाहतों को फिर से हासिल किया है।

हमें यह जाँचना है कि 2014 की भावना को बनाए रखने में मोदी कितने कामयाब रहे हैं। उन्होंने इतनी उम्मीद जगा दी थी कि इससे स्वाभाविक तौर पर एक हद तक

निराशा हुई। स्थिति रातोरात बदलनेवाली कोई जादू की छड़ी नहीं होती है। मुमकिन है, मोदी को यह अंदाजा भी नहीं होगा कि यू.पी.ए. ने किस हाल में छोड़ा था। सरकार जो पहला काम कर सकती थी, वह 2014 में अर्थव्यवस्था की स्थिति पर एक श्वेतपत्र जारी करना। ऐसा कोई दस्तावेज नहीं होने के कारण 2014 की आर्थिक स्थिति से संबंधित तथ्य अनकहे ही हैं।

□

2

न्यू इंडिया

महान् राष्ट्र अपनी आत्मकथा तीन तरह से लिखते हैं—अपने कर्मों की पुस्तक में, अपने शब्दों की पुस्तक में और अपनी कला की पुस्तक में। इनमें से किसी को भी तब तक नहीं समझा जा सकता है, जब तक हम दो अन्य को भी न पढ़ लें, पर इन तीनों में जो थोड़ा भरोसेमंद है, वह अंतिमवाला ही है।

—जॉन रस्किन

वर्ष 2014 ने साबित कर दिया कि नरेंद्र मोदी एक आइडिया हैं, जिनका समय आ चुका है। और अब 2019 यह साबित करेगा कि आइडिया कभी खत्म नहीं होते। पुनर्जीवन समय का एक पहलू है।

लोकतांत्रिक भारत के इतिहास में 2014 हमेशा एक विभाजक रहेगा। इस साल राजनीति ऐसी बदली, जैसी पहले कभी नहीं बदली थी। कई मिथक चूर हो गए। मोदी ने अपेक्षाओं को आवाज दी है और इसी कारण यह आग्रह और आकुलता है।

राष्ट्र अधीर है। युवा अब पहले की तरह बूँद-बूँद कर अपने समय पर अपनी रफ्तार से मिलनेवाली सुविधाओं का इंतजार करने को तैयार नहीं हैं, क्योंकि मोदी ने उन्हें दिखा दिया है कि राष्ट्र दृढ निश्चय हो तो क्या कुछ संभव है। मोदी बॉटम अप प्रक्रिया में विश्वास करते हैं। उलटे पिरामिड का आइडिया 2014 का संदेश है।

कहा जाता रहा है कि भा.ज.पा. 34 प्रतिशत मुसलिम आबादीवाले असम में कभी भी सत्ता पाने की उम्मीद नहीं कर सकती है, पर क्या हुआ? यहाँ तक कि बदरुद्दीन अजमल चुनाव हार गए और उनकी पार्टी ऑल इंडिया यूनाइटेड डेमोक्रेटिक फ्रंट (ए.आई.यू.डी.एफ.) जो सक्रिय रहती थी, सीटें हार गई। भा.ज.पा. दो-तिहाई बहुमत से जीत गई। जीतनेवाले मुसलिम उम्मीदवारों में एक भा.ज.पा. का है। उत्तर प्रदेश के राजनीतिक पंडितों को हमेशा से लगता रहा है कि 18 प्रतिशत मुसलिम आबादी के कारण राज्य में भा.ज.पा. नहीं जीत सकती है। 2014 के लोकसभा चुनाव में भा.ज.पा.

ने 80 में से 73 सीटें जीत लीं, लेकिन इन तथ्यों पर प्रकाश नहीं डाला गया। दो साल बाद भा.ज.पा. ने राज्य विधानसभा की 403 सीटों में से 300 सीटें जीतकर राज्य में भी अपनी सरकार बना ली।

मशहूर अमेरिकी अर्थशास्त्री जॉन मेनार्ड कीन्स कहा करते थे, "जब तथ्य बदलते हैं, मैं अपनी राय बदल लेता हूँ...।" पर तथ्य बदलने पर भा.ज.पा. के विरोधी उन्हें नहीं मानते और वही पुराने तर्क दोहराते हैं। वे पुराने पड़ चुके अपने प्रिय सिद्धांत दोहराते रहते हैं। वे हर किसी को बदलना चाहते हैं, पर खुद नहीं बदलते।

भा.ज.पा. को अल्पसंख्यक विरोधी दिखाया गया

भा.ज.पा. शासन में धार्मिक भेदभाव का एक भी मामला नहीं है। गोवा का मामला लीजिए, जहाँ ईसाइयों की आबादी लगभग 30 प्रतिशत है। भा.ज.पा. राज्य में पिछले सात वर्षों से सरकार चला रही है और उपमुख्यमंत्री का पद एक ईसाई के पास है। कोई ताज्जुब की बात नहीं है कि ईसाई मतदाताओं ने बड़ी संख्या में पिछले कई चुनावों में भा.ज.पा. का समर्थन किया है। वहाँ के अल्पसंख्यक भा.ज.पा. शासन से पूरी तरह खुश हैं। नागालैंड और अरुणाचल प्रदेश की सरकारें एन.डी.ए. के साथ हैं। यहाँ मोदी सरकार का विकास का एजेंडा पूरे उत्तर-पूर्व की राजनीति को बदल रहा है। इसमें पूरा सद्भाव है और कोई भी किसी भी तरह के भेदभाव की बात नहीं करता है।

जैसे ही एन.डी.ए. केंद्र की सत्ता में आया, फोकस भ्रष्टाचार, रिश्वतखोरी आदि को खत्म करने पर हो गया। राजीव गांधी ने 1985 में कहा था कि हमारी व्यवस्था में इतनी गड़बड़ी है कि एक रुपया खर्च किया जाता है तो लाभार्थी तक 15 पैसे पहुँचते हैं। पर उन्होंने इस बरबादी को रोकने के लिए कुछ नहीं किया। बाद की कांग्रेस सरकारों में यह समस्या और गंभीर हुई। मोदी सरकार की उपलब्धियों में यह सबसे बड़े लाभ में से एक है।

भ्रष्टाचार और कालाधन

भ्रष्टाचार से लड़ना और काले धन का पता लगाना, मोदी के चुनाव प्रचार की दो प्रमुख बातें थीं। विदेशों में रखे भारतीय धन का सही-सही आकलन कोई भी नहीं कर पाया है। 2011 में प्रकाशित डंबिसा मोयो की पुस्तक 'हाऊ द वेस्ट वाज लॉस्ट' में एसिमेट्रिक थ्रेट्स कांटिजेंसी अलायंस के हवाले से लिखा गया है कि अनुमान है कि भारत का 1.5 खरब डॉलर स्विस बैंकों में पड़ा है (बाकी सारी दुनिया के काले धन को मिला दिया जाए तो उससे भी ज्यादा) और यह राशि विदेशी कर्ज के मुकाबले 10 गुना ज्यादा है। यहाँ करीब 50 भारतीय अरबपति रहते हैं और हर साल करीब 80,000

भारतीय स्विट्जरलैंड जाते हैं तथा इनमें से 25,000 अकसर जानेवाले हैं।

भ्रष्टाचार की समस्या पुरानी है। आजादी के बाद भारत में भ्रष्टाचार के इतिहास की शुरुआत 1948 में होती है, जब लंदन में तैनात भारत के उस समय के उच्चायुक्त वी.के. कृष्णमेनन का नाम एक घोटाले में उछला। भारत सरकार ने लंदन की एक संदिग्ध फर्म को 2000 जीप की आपूर्ति के लिए ऑर्डर दिए थे। इस मामले में ज्यादातर पैसे एडवांस दे दिए गए थे, लेकिन सिर्फ 155 जीप की डिलीवरी हुई।

वर्ष 2010 उस साल प्रकाश में आनेवाले घोटालों के लिए खासतौर से कुख्यात रहा। उस साल जो सबसे बड़ा घोटाला सामने आया, वह भारतीय इतिहास का अब तक का सबसे बड़ा स्कैम है। यह 1.76 लाख करोड़ रुपए का 2जी स्पेक्ट्रम आवंटन घोटाला था। नतीजतन केंद्रीय दूरसंचार मंत्री ए राजा 14 नवंबर, 2013 को इस्तीफा देने के लिए मजबूर हुए थे। इसके अलावा कोलगेट स्कैम, कॉमनवेल्थ गेम्स स्कैम, आदर्श कोऑपरेटिव हाउसिंग सोसाइटी स्कैम, आई.पी.एल.-कोच्चि फ्रैंचाइज स्कैम आदि कुछ अन्य घोटाले हैं, जिनकी चर्चा रही।

काले धन से अपनी लड़ाई में मोदी सरकार ने ब्लैक मनी (अनडिस्क्लोज्ड फॉरेन इनकम एंड ऐसेट्स) और इंपोजिशन ऑफ टैक्स एक्ट 2015 (एक्ट) विंडो की शुरुआत की। पर 2015 तक 2000 करोड़ रुपए से कुछ ज्यादा मूल्य की बहुत ही थोड़ी घोषणा की गई। सरकार ने 2016 में इनकम डिक्लरेशन स्कीम (आई.डी.एस.) के जरिए अघोषित आय की घोषणा के लिए एक अनुपालन विंडो मुहैया कराई। इसके बाद 'प्रधानमंत्री गरीब कल्याण योजना' नाम की आम माफी योजना शुरू की गई (पी.एम.जी.के.वाई.)।

काला धन कानून के तहत 640 लोगों ने 4100 करोड़ रुपए की परिसंपत्तियों की घोषणा की, जबकि आई.डी.एस. के तहत 71,000 लोगों ने 67,300 करोड़ रुपए की घोषणा की। पी.एम.जी.के.वाई. के तहत कोई 21,000 लोगों ने करीब 4900 करोड़ रुपए की घोषणा की। यह एक तथ्य है कि यू.बी.एस. और क्रेडिट सुइस दो बड़े बैंक हैं और स्विस बैंकिंग सिस्टम में भारतीयों के जो पैसे हैं, उनमें दो-तिहाई इन्हीं दो बैंकों में हैं। इन्हें इनकी गहन गोपनीयता के लिए जाना जाता है। पदभार सँभालने के तुरंत बाद मोदी ने काले धन का पता लगाने के लिए कई कदम उठाए।

फ्रेमवर्क फॉर ऑटोमैटिक एक्सचेंज ऑफ इन्फॉर्मेशन (सूचना के स्वचालित विनिमय) के ढाँचे में यह आवश्यक है कि डाटा की गोपनीयता का सख्ती से अनुपालन हो। एसोसिएशन ऑफ स्विस प्राइवेट बैंक्स ने कहा कि जहाँ नियमानुसार ठीक से काम हुआ लगता हो, वैसे मामलों में खास चिंता नहीं है।

टैक्स हैवेंस को लेकर बढ़ती चिंता के मद्देनजर यह नोट किया जाना चाहिए कि

सिंगापुर, बहरीन, मलेशिया, हाँगकाँग और मकाऊ क्षेत्र से नए टैक्स हैवेन उभरे हैं और पनामा पेपर जैसे लीक ने कई टैक्स हैवेंस का खुलासा किया है तथा यह कालेधन के खिलाफ दुनिया भर में चल रही लड़ाई के हित में है और सऊदी अरब, अर्जेंटीना, ग्रीस, यूके, फ्रांस, रूस आदि में अपारदर्शी लेन-देन के भी खिलाफ है।

इससे पहले स्विट्जरलैंड ने कहा था कि उसने भारत के डाटा सुरक्षा और गोपनीयता कानून को सूचना करार के ऑटोमैटिक विनिमय के लिए 'पर्याप्त' पाया है। स्विस फेडरल कौंसिल ने जून 2017 में भारत और 40 अन्य क्षेत्राधिकारों के साथ ऑटोमैटिक एक्सचेंज ऑफ फाइनेंशियल अकाउंट इंफॉर्मेशन की अभिपुष्टि की।

विदेशी बैंकों में कालाधन रखनेवालों के खिलाफ सरकार की कारवाई का असर होने लगा था और इसके नतीजे आते रहे। आयकर अधिकारियों ने 2011 और 2013 में प्राप्त दो सूचना समूहों से 13,000 करोड़ रुपए से ज्यादा का पता लगाया था। 2014 में सरकार ने धनंजय महापात्रा, प्रदीप बर्मन और पंकज चिमनलाल लोधिया के नामों का खुलासा ऐसे लोगों के रूप में किया, जिनके विदेशी बैंकों में खाते थे। बर्मन की कथित कर चोरी और विदेश में पैसे रखने की सूचना फ्रेंच सूत्रों से मिली थी। काले धन के खिलाफ सरकार की निरंतर लड़ाई से विदेशी बैंकों में भारतीय जमा राशि में पिछले पाँच वर्षों में लगातार कमी आई है। सुप्रीम कोर्ट ने यू.पी.ए. शासन के दौरान 2011 में एक विशेष जाँच टीम (एस.आई.टी.) बनाने की सलाह दी थी, जिसका विरोध उस समय के सॉलिसीटर जनरल ने किया था। दरअसल, यू.पी.ए. ने 2013 में एस.आई.टी. की स्थापना से संबंधित आदेश में संशोधन की माँग की थी, हालाँकि यह अपील खारिज कर दी गई थी। एक मई, 2014 को सुप्रीम कोर्ट ने सरकार को निर्देश दिया कि जिन आठ लोगों के खिलाफ जाँच पूरी हो चुकी है, उनके नाम याचिकाकर्ता को दिए जाएँ। आश्चर्यजनक ढंग से यू.पी.ए. सरकार ने 8 मई को एक पुनर्विचार याचिका दायर की, जो एस.आई.टी. बनाने के सुप्रीम कोर्ट के आदेश को रद्द करने के लिए थी। इससे पता चलता है कि यू.पी.ए. सरकार ने तीन साल तक एस.आई.टी. का विरोध किया।

27 मई को रा.ज.ग. सरकार ने अपनी पहली कैबिनेट मीटिंग में तय किया कि सुप्रीम कोर्ट के आदेश के अनुपालन में एस.आई.टी. का गठन किया और जर्मनी तथा फ्रांस से प्राप्त सूचना के आधार पर उसे सूची सौंप दी। ऐसा जर्मनी के विरोध के बावजूद किया गया। जर्मनी का कहना था कि ये सूचनाएँ कर-संधि के तहत गोपनीयता की धाराओं के तहत थीं। इससे पता चला कि काले धन का पता लगाने में मोदी कितने गंभीर थे।

अक्तूबर 2010 में जब यू.पी.ए. सत्ता में थी, तो स्विस अधिकारियों ने एच.एस. बी.सी. बैंक के खाता धारकों के संबंध में एक जाँच में सहयोग करने की सहमति दी थी

और सूचना के ऑटोमैटिक विनिमय के लिए करार पर दस्तखत करने को तैयार थी, पर यू.पी.ए. ने इस दिशा में काररवाई नहीं की।

स्विट्जरलैंड के साथ भारत के दोहरे कराधान से बचनेवालों के करार और बहुस्तरीय सक्षम अधिकारी करार होने से सूचना का स्वचालित विनिमय संभव हुआ। सभी प्रमुख देशों के साथ ऐसे करार गुजरे चार वर्षों में हुए हैं।

2जी स्पेक्ट्रम घोटाला

2जी स्पेक्ट्रम घोटाला मामले में यू.पी.ए. सरकार पर यह आरोप लगा कि मोबाइल टेलीफोन कंपनियों से आवर्तता के आवंटन लाइसेंस के लिए कम पैसे लिये गए हैं। मोबाइल फोन की ग्राहकी के लिए उस समय 2जी स्पेक्ट्रम बनाए गए थे। आखिरकार एकत्र धन और भारत के नियंत्रक व महालेखा परीक्षक (सी.ए.जी.) ने अनुमान लगाया कि जो राशि एकत्र हुई और होनी चाहिए थी, उसका अंतर 1.76 लाख करोड़ रुपए है। सुप्रीम कोर्ट ने स्पेक्ट्रम के आवंटन को 'असंवैधानिक और मनमाना' करार दिया और 2008 में जारी 122 लाइसेंस रद्द कर दिए। उस समय ए राजा केंद्रीय संचार और सूचना टेक्नोलॉजी मंत्री थे तथा मुख्य रूप से घोटालो में सरकारी की ओर से आरोपी थे, जिन पर 'सरकारी खजाने से कुछ कंपनियों को लाभ पहुँचाने की कोशिश' का आरोप था, जिन्होंने 'एक तरह से राष्ट्रीय परिसंपत्ति उपहार में बाँट दी'।

लाभ पानेवाली कंपनियाँ थीं—स्वान टेलीकॉम, रिलायंस टेलीकम्युनिकेशंस और यूनिनोर। 2011 में कपिल सिब्बल ने 'जीरो लॉस' का सिद्धांत दिया। पूर्व संचार और सूचना टेक्नोलॉजी मंत्री ने दावा किया—पहले आओ, पहले पाओ आधार पर कि 2जी लाइसेंस बाँटने से सरकार को जीरो लॉस हुआ है। द्रमुक सांसद और तमिलनाडु के पूर्व मुख्यमंत्री एम. करुणानिधि की बेटी एम.के. कनिमोझी, जिसका परिवार के स्वामित्ववाले कलईन्यार टेलीविजन में 20 प्रतिशत हिस्सा था, पर भी आपराधिक साजिश का आरोप लगा। लोक सेवक राजा ने कथित रूप से आपराधिक साजिश कर विश्वासघात किया और स्वान टेलीकॉम द्वारा 217 करोड़ की रिश्वत कलईन्यार टी.वी. को दिया जाना संभव किया, जो डी.एम.के. पार्टी की प्रचार शाखा थी।

2जी स्पेक्ट्रम घोटाले ने मनमोहन सिंह की यू.पी.ए. टू सरकार को लपेटे में ले लिया था। समझा जाता है कि 2014 के लोकसभा चुनाव में यू.पी.ए. की हार का यह एक बड़ा कारण था। मोदी ने सभी आवंटन खोलकर, डिजिटल और नीलामी के जरिए किए। जिस स्पेक्ट्रम के लिए यू.पी.ए. ने 'शून्य मूल्य' का दावा किया, उसकी 2015 में नीलामी हुई तो 109,874 करोड़ रुपए इकट्ठे हुए और अभी भी 11 प्रतिशत स्पेक्ट्रम बिक्री के लिए उपलब्ध था। 2016 में स्पेक्ट्रम की नीलामी से 65,789 करोड़ रुपए प्राप्त हुए। इस तरह

दो सोची-समझी नीलामी से कुल राशि हुई 2,36,825 करोड़ रुपए।

अब कपिल सिब्बल को अपनी कुख्यात 'शून्य हानि' के सिद्धांत को वापस ले लेना चाहिए, जो क्रोनी कैपिटलिज्म से उभरी थी और जिसे यू.पी.ए. सरकार ने बेशर्मी से बढ़ावा दिया, यह तर्क दिया गया था कि स्पेक्ट्रम की ऊँची कीमत ग्राहक के लिए शुल्क बढ़ा देगी। पर रिलायंस जियो ने और भी सस्ती सेवा की पेशकश की और पूरे दूरसंचार उद्योग को हिला दिया। आधुनिक समय में इसकी सेवा सबसे सस्ती सेवाओं में है और इसमें भी खास बात यह कि मध्य-पूर्व में रहनेवाले अनिवासी भारतीय भी इसकी सेवा लेना चाहते हैं। इसका असर यह हुआ कि एयरटेल और वोडाफोन जैसी अन्य कंपनियाँ अपनी शुल्क दरों में अच्छी-खासी कमी कर रही हैं और आम आदमी को सबसे ज्यादा लाभ मिला है।

कोयला घोटाला

सुप्रीम कोर्ट ने 25 अगस्त, 2014 को फैसला दिया कि सरकार ने 1990 से लेकर 2010 के बीच जो कोल ब्लॉक आवंटित किए हैं, वे अवैध हैं। 1993 और 2005 के बीच कुल 70 कोयला खानें आवंटित की गई थीं। 2006 में 53, 2007 में 52 और 2008 में 24, 2009 में 16 और 2010 में एक खान का आवंटन किया गया था। मार्च 2012 में सी.ए.जी. की ड्राफ्ट रिपोर्ट में सरकार पर कोल ब्लॉक का 'अकुशल' आवंटन करने का आरोप लगाया गया और आवंटियों को 10.7 लाख करोड़ रुपए की कमाई का अनुमान जताया गया। केंद्रीय सतर्कता आयुक्त (सीवीसी) ने दो भा.ज.पा. सांसदों—प्रकाश जावेड़कर और हंसराज अहीर की शिकायत पर काररवाई करते हुए सी.बी.आई. जाँच के निर्देश दिए। अगस्त 2012 में सी.ए.जी. की फाइनल रिपोर्ट संसद् में रखी गई थी और सरकारी खानों को 1.86 लाख करोड़ रुपए के घोटाले का अनुमान था। उस समय के प्रधानमंत्री मनमोहन सिंह ने सी.ए.जी. के विचारों से असहमति जताई थी।

आवंटन के आधार पर सुप्रीम कोर्ट ने सी.बी.आई. द्वारा कोल ब्लॉक के आवंटन की जाँच की निगरानी शुरू की और उसने सी.बी.आई. से कहा कि जाँच के विवरण सरकार से साझा न करे; हालाँकि शीर्ष अदालत के आदेश के बावजूद, जैसा कि सी.बी.आई. के उस समय के निदेशक ने बाद में अदालत में स्वीकार किया, जाँच रिपोर्ट उस समय के कानून मंत्री अश्विनी कुमार के साथ साझा की गई थी। संसद् में रखी गई कोयला और इस्पात पर संसदीय समिति की रिपोर्ट में कहा गया था कि 1993 से 2008 तक बाँटे गए कोल ब्लॉक अनधिकृत रूप से बाँटे गए थे। इसमें उन आवंटनों को रद्द करने की सिफारिश की गई थी, जहाँ उत्पादन शुरू होना बाकी था।

सी.बी.आई. ने नवीन जिंदल, दसरी नारायण राव, उद्योगपति कुमार मंगलम बिड़ला

और पूर्व कोयला सचिव पीसी पारख के खिलाफ एफ.आई.आर. दर्ज की। आवंटित कोल ब्लॉक को रद्द करने की माँग करनेवाली एक पी.आई.एल. पर काररवाई करते हुए सुप्रीम कोर्ट ने 24 सितंबर, 2014 को 214 कोल ब्लॉक का आवंटन खारिज कर दिया और एक विशेष सी.बी.आई. अदालत की स्थापना की, ताकि वह कोयला खान आवंटन के सभी मामलों पर विचार करे।

अक्तूबर 2014 में नरेंद्र मोदी के नेतृत्व में एन.डी.ए. सरकार ने कोयला खान की इ-नीलामी करने का निर्णय किया। इसके लिए लोकसभा में एक विधेयक पास किया गया, जिसके मुताबिक 204 कोल ब्लॉक का फिर से आवंटन करने का प्रावधान था, जिसका आवंटन सुप्रीम कोर्ट ने पहले रद्द कर दिया था।

यहाँ यह नोट किया जाना चाहिए कि 25 नवंबर, 2014 को जब सी.बी.आई. ने विशेष अदालत को सूचित किया कि उसे श्री मनमोहन सिंह से सवाल करने की अनुमति नहीं है तो विशेष अदालत ने कहा, "इस बात की कोशिश चल रही थी कि पूरी सरकारी मशीनरी को इस ढंग से लगा दिया जाए कि हिंडाल्को के हितों की रक्षा हो सके" और उन्होंने सी.बी.आई. को मनमोहन सिंह से जिरह करने का आदेश दिया। इससे पता चलता है कि क्रोनी कैपिटलिज्म को बढ़ावा देने के लिए कांग्रेस पार्टी का समर्थन और संरक्षण कितना गहरा तथा मजबूत था। विशेष अदालत ने बाद में मनमोहन सिंह को अभियुक्त के रूप में समन किया, जिसे सुप्रीम कोर्ट ने स्टे कर दिया।

कोल ब्लॉक्स के पुन: इलेक्ट्रॉनिक नीलामी के बाद 9 मार्च, 2015 को मोदी प्रशासन में इंडियन एक्सप्रेस ने अगले दिन खबर लिखी, इस समय चल रही इलेक्ट्रॉनिक नीलामी के शुरू के दो दौर की कुल जमा राशि लगता है कि सोमवार को दो लाख करोड़ रुपए पार कर गई होगी और इससे राष्ट्रीय अंकेक्षक के इस दावे की पुष्टि होती है कि इतने वर्षों तक खान का आवंटन किए जाने से सरकारी खजाने को भारी नुकसान हुआ है। सी.ए.जी. ने तीन साल पहले अपनी एक रिपोर्ट में इस नुकसान को 1.86 लाख करोड़ कहा था और इसका कारण इतने वर्षों तक कोयला खान का अनुचित आवंटन बताया था।

राडिया टेप्स

राडिया टेप्स विवाद भारत की एक राजनीति लॉबिइस्ट रही नीरा राडिया की कई लोगों से फोन पर हुई बातचीत की रिकॉर्डिंग को लेकर है। उनकी बात जिन लोगों से हुई है, उनमें उस समय के केंद्रीय दूरसंचार मंत्री ए राजा, कई वरिष्ठ पत्रकार, राजनेता और कॉरपोरेट घराने शामिल हैं। आयकर विभाग ने यह वार्त्ता 2008-09 में टैप की थी।

ये टैप प्रेस को लीक हो गए और आखिरकार कुछ मीडिया में जगह पा गए और

टेलीविजन चैनल में भी दिखाए गए। टेप में किए गए खुलासों से कई लोगों पर गलत आचरण का आरोप लगा। नीरा राडिया एक जनसंपर्क फर्म चलाया करती थीं, जिसका नाम था—वैष्णवी कम्युनिकेशंस। इसके क्लाइंट्स में टाटा टेलीसर्विसेज और मुकेश अंबानी की रिलायंस इंडस्ट्रीज शामिल हैं। केंद्रीय गृह मंत्रालय से अधिकृत किए जाने के बाद आयकर विभाग ने 2008-09 में 300 दिन तक राडिया की फोन लाइनें टैप कीं। इसका मकसद था मनी लांडरिंग के संभावित मामलों, प्रतिबंधित वित्तीय व्यवहार और कर चोरी के मामलों की जाँच।

सी.बी.आई. ने कहा कि उसके पास फोन पर राडिया की बातचीत की 5851 रिकॉर्डिंग हैं। इनमें कुछ 2जी स्पेक्ट्रम की बिक्री के संबंध में करार कराने की राडिया की कोशिशों की भूमिका बताती हैं। इन टेप्स से पता चलता है कि कैसे राडिया ने मीडिया के कुछ लोगों की मदद से राजा को दूरसंचार मंत्री बनाने में कामयाबी पाई।

सोशल नेटवर्किंग साइट्स, जैसे ट्वीटर और फेसबुक पर निरंतर दबाव के कारण इस समाचार को काफी प्रमुखता मिली, जबकि कई भारतीय टी.वी. चैनल्स व अखबारों ने इसे ब्लैकआउट करने की भी कोशिश की थी। वाशिंगटन पोस्ट के मुताबिक, इसकी शुरुआत करने में ट्वीटर ने महत्त्वपूर्ण भूमिका निभाई है, जो इस मुद्दे पर अंतरराष्ट्रीय चर्चा बन पड़ा है, जबकि दुनिया भर में फैले भारत के लोग स्थिति का अनुमान लगाते रहते हैं।

भारतीय प्रसारण मीडिया और प्रमुख अंग्रेजी अखबारों द्वारा राडिया टेप को पूरी तरह गायब कर देना देश में भ्रष्टाचार की सही तसवीर पेश करता है।

'राडिया टेप्स' ने पत्रकारों, लॉबिइस्ट और उद्यमियों के बीच संबंधों पर पड़े परदे को हटा दिया था और एक ऐसी चीज के प्रति हर किसी की आँखें खोल दी थीं, जिसका शक लंबे समय से रहा है—नीतियों को प्रभावित करने की एक छोटे, पर शक्तिशाली लोगों के समूह की योग्यता।

धोखेबाजी से युद्ध

नरेंद्र मोदी ने 2014 में भ्रष्टाचार से कोई समझौता नहीं का आश्वासन दिया था और सत्ता में आने के बाद पाई-पाई का हिसाब रखने की प्रतिबद्धता जताई थी।

सुप्रीम कोर्ट ने जब राडिया टेप्स के खुलासों पर रोक लगा दी तो हम यह नहीं जान पाए कि राजनीतिकों और मीडिया के एक वर्ग की कॉरपोरेट वर्ग में कितनी घुसपैठ थी। 2जी स्कैम से इसके करीबी संबंध जग जाहिर हैं, लेकिन मोदी के सत्ता में आने के बाद उम्मीद थी कि यह मामला फिर से खुलेगा और अपराधियों के खिलाफ काररवाई होगी। कहीं ऐसा तो नहीं कि पुराना सत्ता प्रतिष्ठान इतना शक्तिशाली था कि पूरे मामले पर

परदा डालने में कामयाब रहा। यह पूरा मामला अब छिपा हुआ है, ऐसे जैसे किसी परदे के पीछे। कुछ पक्का नहीं है, पर अब यह मामला सरकारी जानकारी में है और पर्याप्त नुकसान पहुँचानेवाला है। 'आउटलुक' पत्रिका ने दिसंबर 2010 के अपने अंकों में वार्त्ता के तीन खास अंश प्रकाशित किए थे।

लालू प्रसाद यादव और पी. चिदंबरम पर भ्रष्टाचार के आरोप हैं। भारत के लोगों ने जब एक ऐसी पार्टी को सरकार बनाने के लिए सत्ता सौंप दी, जिसने भारत को भ्रष्टाचार, क्रोनी कैपिटलिज्म और कुछ खास परिवार के लोगों से मुक्त करने का वादा किया था तो बहुत सारे राजनीतिज्ञों का राजनीतिक कॅरियर खत्म होने और जेल में लंबी अवधी की उम्मीद की जा रही थी। यह पाँच साल पहले की बात है। भारत इंतजार कर रहा है और धैर्यपूर्वक कारखाई का इंतजार कर रहा है; कुछ निहित स्वार्थी तत्त्व हैं, जो बदले की कारखाई का शोर मचा रहे हैं। भारत में भ्रष्ट राजनीतिज्ञों के खिलाफ कारखाई न होने और थोड़े समय के बाद उनके फिर से सक्रिय होने का लंबा इतिहास रहा है।

पी. चिदंबरम सबसे लंबे समय तक भारत के वित्त मंत्री रहे हैं, पर उन्होंने अर्थव्यवस्था में बदलाव लानेवाले राजनीतिज्ञ के रूप में कोई पहचान नहीं बनाई है। वे एयरसेल मैक्सिस स्कैम, 2जी स्कैम, कोलगेट स्कैम और कई अन्य घोटालों की शृंखला के लिए कुख्यात हैं, जिसके जरिए देश को लूटा गया है। यह सब उनके संरक्षण में हुआ, जब मुट्ठी भर राजनेताओं ने काफी पैसे कमाए।

सूची लंबी है। 'द पायोनियर' अखबार ने चिदंबरम और उनके परिवार के लोगों की 14 देश में संपत्ति की लंबी सूची छापी थी। चिदंबरम ने मोदी सरकार के केंद्रीय बजट को आँकड़ों का खेल कहा है। यह कुछ ऐसा है, जो उन्होंने खुद सारे जीवन खेला है। इस बात से थोड़ी राहत है कि आखिरकार कारखाई हो रही है। चिदंबरम कम से कम इतना तो कर सकते हैं कि यह स्पष्ट करें कि उन्हें और उनके परिवार को इतनी संपत्ति कहाँ से मिली।

खेल का उस्ताद कौन है—लालू या चिदंबरम? बाद वाले की तरह, लालू भी बिहार में लंबे समय तक मुख्यमंत्री रह चुके हैं। वे भी थोड़ी शांति के बाद वापस आ गए और उन भले लोगों के विश्वास को चूर कर दिया, जो साफ राजनीति की बात सोचने लगे थे। चिदंबरम की ही तरह लालू को भी उनकी महान् प्रशासनिक उपलब्धियों के लिए नहीं जाना जाता है, बल्कि जंगलराज और चारा घोटाले के लिए जाना जाता है। सुप्रीम कोर्ट ने कारखाई नहीं की होती तो लालू यादव गँवई अंदाज में हँस-हँसा रहे होते।

इन छापों में राजनीतिक अंतर्दृष्टि या रणनीति नहीं देखी जा सकती है। अगर ऐसा कुछ होता तो कानून को अपना काम करने में इतना समय नहीं लगता। जे जयललिता को दोषी पाने में भी कोर्ट को 30 वर्ष लग गए। हमारे पास ओम प्रकाश चौटाला का एक

और उदाहरण है—यह एक दुर्लभतम मामलों में है, जहाँ किसी राजनेता को सजा हुई। यू.पी.ए. के ऐसे लोगों की लंबी सूची है, जिन्हें सजा होनी चाहिए, चिदंबरम पर अंतिम छापा जनवरी 2018 में पड़ा था। उसके बाद से कोई काररवाई नहीं हुई है।

हम लोगों ने इन क्रोनी कैपिटलवालों से ढेरों फालतू की बातें सुनी हैं, इनमें कश्मीरी आतंकवादियों को न्यायोचित ठहराना और नोटबंदी की निंदा करना शामिल हैं। लोगों को इस देश के नागरिकों के हिस्से के हरेक रुपए की रक्षा करने के नरेंद्र मोदी के वादे में काफी भरोसा है। वे पुराने समय के गजनियों और गोरियों से भी बर्बर तरीके से भारतमाता को लूटनेवाले इन दुर्जनों को छोड़कर लोगों को निराश नहीं कर सकते हैं।

□

3

बड़े सुधारवादी

राजनीति में जो भी व्यक्ति शामिल होना चाहता है, खासकर वह व्यक्ति, जो इसे पेशे के रूप में अपनाना चाहता है, उसे नीतिपरक विरोधाभासों को समझना होगा। उसे निश्चित रूप से यह जानना चाहिए कि इन विरोधाभास के असर से वह जो बन सकता है, उसके लिए वह खुद जिम्मेदार है।

—मैक्स वेबर, 'पॉलिटिक्स ऐज अ वोकेशन' (पेशे के रूप में राजनीति) में

इस समय भारत बड़े सामाजिक, राजनीतिक एवं आर्थिक बदलाव के मुहाने पर खड़ा है। यह सबसे तेजी से बढ़ते बड़े बाजारों में एक है, जो आई.एच.एस. ग्लोबल इनसाइट के अनुमान के मुताबिक सालाना 7.5 प्रतिशत की दर से बढ़ रहा है। अध्ययन में कहा गया है कि भारत तीन दशक में पहली बार चीन से आगे बढ़ जाएगा। भारत के बारे में इस तरह का सकारात्मक सोच अंतरराष्ट्रीय मुद्रा कोष (आई.एम.एफ.) और मूडीज जैसी रेटिंग एजेंसियों ने भी दिखाया है। यह प्रधानमंत्री नरेंद्र मोदी के बेहतर तरीके से आर्थिक संचालन का परिणाम है।

समाज के वंचित तबके की देखभाल करने के लिए एन.डी.ए. ने तमाम योजनाओं की शुरुआत की है। 'प्रधानमंत्री बीमा योजना' में स्वास्थ्य सेवा का लाभ और दुर्घटना से मौत होने पर लाभ दिया गया, जिससे कि गरीब व्यक्ति ज्यादा सुरक्षित जीवन जी सकें। अल्पसंख्यक कल्याण और शिक्षा छात्रवृत्ति योजनाओं के लाभार्थी अब तक के सर्वोच्च स्तर पर हैं। इ-गवर्नेंस से आम आदमी सरकार के और नजदीक आया है।

2012 में अन्ना हजारे के भ्रष्टाचार विरोधी आंदोलन के चरम पर पहुँचने पर राजनेताओं की छवि घमंडी, भ्रष्ट और देखने में संभ्रांत की बन गई थी, जिन्हें आलीशान जिंदगी जीने के लिए सभी सुविधाएँ मिली हुई हैं, जो समाज से कटे हुए हैं। यह उन नेताओं की छवि के विपरीत थी, जो महात्मा गांधी के नेतृत्व में स्वतंत्रता के लिए लड़े

थे। उनके लिए राजनीति का मतलब देश की सेवा था। मोदी ने उस विरासत को बहाल किया। उन्होंने एक मानक स्थापित किया। मुख्यमंत्री के रूप में उन्होंने अपने परिवार व मित्रों को सरकारी खर्च पर कोई लाभ नहीं पहुँचाया। उन्होंने कोई बैंक बैलेंस तैयार नहीं किया। उन्होंने अपने लिए कोई संपत्ति नहीं बनाई। उन्होंने अपने मित्रों व रिश्तेदारों से दूरी बनाए रखी।

वह प्रधानमंत्री के आधिकारिक आवास 7, लोक कल्याण मार्ग (जिसे पहले रेसकोर्स रोड के नाम से जाना जाता था) में एक सूटकेस लेकर आए। उन्होंने उस मकान का जीर्णोद्धार नहीं कराया, जहाँ मनमोहन सिंह एक दशक रहे थे। दिल्ली आने के पहले उन्होंने अपना बैंक खाता बंद कर दिया और जितनी भी बचत थी, उसे उन्होंने गुजरात सरकार के बालिका कल्याण कोष में जमा कर दिया। मुख्यमंत्री के रूप में उन्होंने सभी बच्चियों के स्कूल में पंजीकरण के मकसद से योजना शुरू की थी। मुख्यमंत्री के रूप में मिले सभी उपहार और बचत उन्होंने इसी कोष में डाल दिए, जो राज्य के बालिका शिक्षा कार्यक्रम के लिए था। यह मिशन उन्होंने तब शुरू किया था, जब वे 2001 में पहली बार मुख्यमंत्री बने थे।

प्रधानमंत्री बनने के कुछ साल बाद उन्होंने गांधीनगर के पॉश इलाके में मौजूद अपने दो प्लॉट भी लौटा दिए, जो उन्हें एम.एल.ए. आवास योजना के तहत मिले थे। वैसे तो वे अकेले रहते हैं, फिर भी उनकी बूढ़ी माँ भी उनके साथ नहीं रहती हैं। वे अभी भी आर.एस.एस. के प्रचारक की तरह जिंदगी बिता रहे हैं। वे बड़े नेताओं में आधुनिक दौर के गांधी हैं।

मोदी ने मीडिया के लोगों और अन्य गणयमान्य लोगों को सरकार के खर्च पर महँगे उपहार भेजने पर रोक लगा दी। इसे देखते हुए अन्य दलों के राजनेताओं ने भी दीपावली गिफ्ट का प्रचलन बंद कर दिया। सरकारी कार्यालयों पर मढ़े जानेवाले अनावश्यक खर्च को कम करने के लिए उन्होंने कई अहम कदम उठाए। वे जहाँ भी जाते हैं और जहाँ भी खाना खाते हैं, उसका भुगतान अपनी जेब से करते हैं। सरकारी खजाने के हर एक पैसे का हिसाब रखने का उनका वादा, "मैं भारत की जनता का प्रधानसेवक बना रहूँगा।" कानों में जोर-जोर से गूँजता है।

वे ऐसे प्रधानमंत्री हैं, जिन्होंने अपने पूरे कार्यकाल में अभी तक एक भी छुट्टी नहीं ली है। क्रिसमस के दौरान छुट्टी लेने और अंडमान द्वीप तथा लक्ष्य द्वीप पर कांग्रेसी प्रधानमंत्री राजीव गांधी का अपने इतालवी मित्रों के साथ समय बिताना चर्चा में रहा है। मोदी ने कभी ऐसा मौका नहीं दिया कि पीत पत्रकारिता की नजर उन पर पड़े। उन्होंने अपने लिए उच्च मानक तय किए। मोदी के काल में छूट और विशेषाधिकार को कोई जगह नहीं मिली।

मोदी ने गरीबों और वंचित महिलाओं के लिए कई योजनाएँ शुरू कीं। उनके द्वारा शुरू की गई कुछ अभिनव योजनाएँ इस प्रकार हैं—

प्रधानमंत्री उज्ज्वला योजना

भारत में करीब 25 करोड़ मकान (2011 की जनगणना के आँकड़ों के मुताबिक 24,84,08,494 मकान) हैं, इनमें से 10 करोड़ परिवारों के पास अभी भी रसोई गैस (एल.पी.जी.) नहीं है। वे लकड़ी, कोयले, गोबर के बने जलावन का इस्तेमाल खाना बनाने के लिए करते हैं। इस जलावन से उठनेवाला धुआँ प्रदूषण फैलाता है और स्वास्थ्य के लिए बहुत हानिकारक है। इसका महिलाओं और बच्चों के स्वास्थ्य पर बहुत बुरा असर पड़ता है; इससे साँस संबंधी बीमारी और शारीरिक विकृतियाँ होती हैं।

भारत के गाँवों के हजारों घरों की महिलाएँ और बच्चे हमेशा खाना बनाने के लिए लकड़ियाँ एकत्र करने के काम में लगे रहते थे। खाना बनाने का जलावन जुटाने और गोबर पाथने में कीमती वक्त बरबाद होता है और अगर ऐसा न करना हो तो उनके इस समय का इस्तेमाल ज्यादा रचनात्मक कामों में किया जा सकता है और महिलाएँ शिक्षण, सामाजिक कार्य, कला एवं हस्तशिल्प के काम कर सकती हैं। वहीं बच्चे पढ़ाई के साथ खेल में अपनी प्रतिभा दिखा सकते हैं।

प्रधानमंत्री उज्ज्वला योजना (पी.एम.यू.वाई.) का लक्ष्य खाना बनाने का स्वच्छ माध्यम रसोई गैस मुहैया करवाकर महिलाओं और बच्चों के स्वास्थ्य की रक्षा करना है, जिससे उन्हें अपने स्वास्थ्य को लेकर कोई समझौता न करना पड़े। उत्तर प्रदेश के बलिया जिले में एक मई 2016 को नरेंद्र मोदी ने यह योजना शुरू की थी, जिससे देश के हर परिवार को धुआँमुक्त जीवन मिल सके। इस योजना के तहत गरीबी रेखा के नीचे रह रहे लोगों को पाँच करोड़ रसोई गैस कनेक्शन देने का लक्ष्य आसानी से हासिल कर लिया गया है, जिसके लिए प्रति कनेक्शन 1,600 रुपए की आर्थिक सहायता की गई। अब यह लक्ष्य बढ़ाकर आठ करोड़ कनेक्शन देने का कर दिया गया है। यह योजना बहुत लोकप्रिय हो गई है और इसका राजनीतिक महत्त्व है। यह खासतौर से ग्रामीण इलाकों की महिलाओं का सशक्तीकरण सुनिश्चित कर रही है। इसके तहत कनेक्शन बी.पी.एल. परिवार की महिला के नाम से दिया जाता है, जिनकी पहचान सामाजिक, आर्थिक और जाति जनगणना के आँकड़ों के आधार पर की जाती है।

इस योजना से मशहूर 'मेक इन इंडिया' योजना को भी बढ़ावा मिला है। सिलेंडर, गैस स्टोव, रेगुलेटरों व अन्य संबंधित सामानों का विनिर्माण बढ़ा है। बजट भाषण में वित्त मंत्री अरुण जेटली ने रसोई गैस के धुएँ को खाना बनानेवाली महिलाओं के स्वास्थ्य के लिए 'अभिशाप' करार दिया था। विश्व स्वास्थ्य संगठन (डब्ल्यू.एच.ओ.) की

एक रिपोर्ट का उल्लेख करते हुए उन्होंने कहा कि लकड़ी के चूल्हे से एक रसोईघर से उठनेवाला धुआँ 60 मिनट में 400 सिगरेट जलाने के बराबर प्रदूषण करता है। उन्होंने इसका उल्लेख करते हुए दोहराया कि इस मसले का मुकाबला करने की जरूरत है।

4800 करोड़ रुपए के अतिरिक्त आवंटन के साथ प्रधानमंत्री उज्ज्वला योजना को 'गिव इट अप' पहल से भी जोड़ा गया। इस योजना के तहत अपील की गई कि जिन परिवारों की आर्थिक स्थिति अच्छी है, वे स्वेच्छा से रसोई गैस पर मिलनेवाली सब्सिडी को छोड़ दें। योजना को जबरदस्त जनसमर्थन मिला और इससे रसोई गैस सब्सिडी के बिल में 5,000 करोड़ रुपए की भारी गिरावट आई और सरकार ने गरीब परिवारों को रसोई गैस देने में इसका इस्तेमाल किया, जिससे उनकी बुनियादी जरूरतों की कमी को पूरा किया जा सके।

रसोई गैस कनेक्शन मुफ्त देने की यह योजना कई तरह से सराहनीय है। यह शायद पहली बार हुआ है कि केंद्रीय पेट्रोलियम एवं प्राकृतिक गैस मंत्रालय ने देश भर के सबसे गरीब परिवार की महिलाओं के लिए जनकल्याणकारी योजना शुरू की है। यह मोदी सरकार की बहुत ही सफल और बहुत ही प्रभावी तरीके से लागू की गई योजना हुई है। भा.ज.पा. को 2017 के उत्तर प्रदेश विधानसभा चुनाव में भारी जीत हासिल हुई, जिसका श्रेय मुख्य रूप से इस योजना को दिया जाता है।

कल्याणकारी योजनाओं के प्रभाव का आकलन करने के लिए देश के विभिन्न इलाकों में चार अनुभवजन्य अध्ययन कराए गए। उत्तर प्रदेश के सहारनपुर और अलीगढ़ जिलों में महिलाओं के सशक्तीकरण और उनकी सफलता का सर्वे किया गया। इसका मिला-जुला परिणाम सामने आया। मुख्य समस्या इस योजना के लाभों के प्रति जागरूकता की कमी और अधिकारियों की शिथिलता को लेकर थी।

राष्ट्रीय राजधानी दिल्ली और इसके आस-पास के इलाकों में दूसरा सर्वेक्षण कराया गया। मुद्रा योजना जहाँ बैंकों की वजह से कठिन हो गई, उज्ज्वला योजना से बी.पी.एल. महिलाओं को बहुत ज्यादा लाभ मिला। इससे तमाम परिवारों का रहन-सहन और जीवन शैली बदल गई। नई दिल्ली के एंड्रूयूज गंज की सामाजिक कार्यकर्ता संयुक्ता कुमारी केशरी द्वारा यह अध्ययन कराया गया था।

उन्होंने मालवीय नगर, नई दिल्ली के पास सरिता नगर निवासी नीलम और सीमा से बात की। दोनों ने कहा कि योजना शुरू किए जाने के पहले गैस सिलिंडर पाना मुश्किल होता था और उन्हें लंबे समय तक इंतजार करना पड़ता था। उन्हें अतिरिक्त पैसे देने के लिए मजबूर होना पड़ता था। ब्लैक मार्केट में सामान्यतया कीमत का दोगुना भुगतान करना होता था, उज्ज्वला योजना से बड़ी राहत मिली है।

सरिता विहार की सोनिया ने कहा कि उनके पिता विवाह पर उपहार के रूप में

उन्हें गैस कनेक्शन देना चाहते थे, लेकिन काले बाजार के कारण उनका सपना यू.पी.ए. सरकार में पूरा नहीं हुआ। अब यह मोदी जी की उज्ज्वला योजना से संभव हो पाया और उन्हें आवेदन करने के 15 दिन के भीतर कनेक्शन मिल गया।

रोजी–रोटी की तलाश में आईं मध्य प्रदेश की रश्मि दिल्ली के मालवीय नगर इलाके में रहती हैं। उन्हें खाना बनाने के लिए लकड़ी जुटाने में बहुत मुसीबत उठानी पड़ती थी। उज्ज्वला योजना के तहत उन्हें कनेक्शन मिल जाने से बड़ी राहत मिली।

रायपुर के कुशाभाऊ ठाकरे विश्वविद्यालय में काम कर रहे शोध छात्र देव सिंह पटेल और उनके दल ने मुद्रा योजना, उज्ज्वला योजना, स्वच्छ भारत अभियान और प्रधानमंत्री आवास योजना पर छत्तीसगढ़ के रायपुर और बस्तर जिलों में अध्ययन किया। उन्होंने पाया कि राज्य में ये योजनाएँ संतोषजनक तरीके से चल रही हैं। उन्होंने कहा, "छत्तीसगढ़ में अगर कोई आदमी भूख से मर रहा है तो वह मूर्ख ही होगा।" उन्होंने कहा कि सरकार ने राशन के लिए स्मार्ट कार्ड दिए हैं। उज्ज्वला योजना से गरीब लोगों को खाना बनाने का बेहतर माध्यम मिला है। मुद्रा योजना ने यह सुनिश्चित किया है कि छोटे कारोबार के लिए आराम से कर्ज मिल सकता है। वहीं प्रधानमंत्री आवास योजना से गाँव के लोगों को अपना घर बनाने में मदद मिली है।

पटेल कहते हैं कि सरकार इतना कुछ दे रही है तो कोई व्यक्ति भूखा कैसे रह सकता है। उनके पास ऐसा कहने की वजह है। उन्होंने एक भी परिवार ऐसा नहीं पाया, जो सरकार की योजनाओं से असंतुष्ट हो। रमन सिंह की वजह से राज्य सरकार कल्याणकारी योजनाओं की बेहतरीन निगरानी कर पा रही थी और उनकी कवायदों से योजनाएँ लोगों के लिए सुलभ और पहुँच के भीतर हो गईं। केंद्र की योजनाएँ राज्य के गरीबों में बहुत लोकप्रिय हैं।

उज्ज्वला योजना

वर्तमान परिस्थितियों में भारत में ऊर्जा कुशलता बहुत महत्त्वपूर्ण है, क्योंकि न सिर्फ इसकी कमी है, बल्कि जलवायु परिवर्तन को लेकर भी चिंता है। रोशनी के लिए ही भारत में कुल बिजली खपत का 20 प्रतिशत खर्च होता है। प्रधानमंत्री ने पाँच जनवरी 2015 को सबके लिए सस्ती एल.ई.डी. की उन्नत 'ज्योति योजना' (उजाला) शुरू की, जिसके तहत घरेलू ग्राहकों को एल.ई.डी. (लाइट एमिटिंग डायोड) बल्ब मुहैया कराया जा रहा है। इसका मकसद मार्च 2019 तक 770 मिलियन उद्दीप्त (सामान्य) बल्ब को प्रचलन से बाहर करना है। इस योजना का लक्ष्य लाइटिंग में ऊर्जा का प्रभावी इस्तेमाल करना है, क्योंकि एल.ई.डी. बल्ब ऊर्जा की बचत के अपार अवसर देते हैं। घरेलू और सार्वजनिक क्षेत्र की लाइटिंग की ज्यादातर जरूरतें ज्यादा बिजली खपतवाले परंपरागत इनकैंडेसेंट

या उद्दीप्त बल्ब से पूरी की जाती हैं। एल.ई.डी. से परंपरागत बल्बों की तुलना में बेहतर रोशनी मिलती है और इनकैंडेसेंट बल्ब की तुलना में 88 प्रतिशत कम बिजली की खपत होती है। इसके अलावा सी.एफ.एल. (कंपैक्ट फ्लोरेसेंट लैंप) की तुलना में एल.ई.डी. लाइट में 50 प्रतिशत कम बिजली की खपत होती है।

यह योजना घरेलू उपभोक्ताओं के लिए सस्ती दरों पर प्रभावी लाइटिंग तकनीक के इस्तेमाल को प्रोत्साहन देती है, जिससे घरेलू बिजली उपभोक्ताओं को घटे हुए बिल के रूप में लाभ मिलता है।

एल.ई.डी. लाइट की माँग में वृद्धि से देश भर में इसकी जरूरत बढ़ी है। उजाला योजना के माध्यम से एल.ई.डी. बल्ब के देसी विनिर्माताओं को प्रोत्साहन और समर्थन मिला है। इससे माँग स्थिर हुई है और यह सरकार की 'मेक इन इंडिया' नीति के अनुकूल है।

ऊर्जा मंत्रालय के प्रशासनिक नियंत्रणवाली सरकारी कंपनी एनर्जी इफिसिएंसी सर्विसेज लिमिटेड (ई.ई.एस.एल.) को इस कार्यक्रम को लागू करने की जिम्मेदारी दी गई है। सितंबर 2018 तक के आँकड़ों के मुताबिक 31 करोड़ एल.ई.डी. बल्ब बाँटे गए हैं, जिससे सालाना 16,059 करोड़ रुपए की बिजली बचेगी। राजस्व बचाने और इसका बेहतर इस्तेमाल तथा जनकल्याणकारी योजनाओं में उपयोग मोदी सरकार की पहचान बन गई है। यह ऐसी सरकार है, जो सबका खयाल रखती है।

स्वच्छ भारत अभियान

स्वच्छ भारत अभियान (एस.बी.ए.) या स्वच्छ भारत मिशन (एस.बी.एम.) का मकसद भारत के शहरों, छोटे कस्बों और ग्रामीण इलाकों की गलियों, सड़कों और बुनियादी सुविधाओं की साफ-सफाई सुनिश्चित करना है। स्वच्छ भारत के मकसद में मकानों में और सामुदायिक स्थलों पर शौचालय बनवाकर खुले में शौच खत्म करना और शौचालयों के इस्तेमाल की निगरानी के लिए जवाबदेह व्यवस्था विकसित करना है। केंद्र सरकार द्वारा संचालित इस मिशन का लक्ष्य दो अक्तूबर, 2019 तक खुले में शौच से मुक्ति (ओ.डी.एफ.) है, जब महात्मा गांधी की 150वीं जयंती मनाई जाएगी। इस योजना के तहत ग्रामीण इलाकों में नौ करोड़ शौचालयों का निर्माण कराया जाना है, जिस पर कुल 1.96 लाख करोड़ रुपए (27 अरब डॉलर) लागत आएगी।

यह विडंबना ही है कि नोबेल विजेता वी.एस. नॉयपाल 1962-64 में जब भारत आए थे तो खुले में शौच की समस्या से इतना निराश हुए थे कि अपनी पुस्तक, 'एन एरिया आफ डार्कनेस' में उन्होंने इसका विस्तार से उल्लेख किया। भारत उनकी राय में 'अँधेरे का एक क्षेत्र' था। स्वच्छ भारत मिशन भारत के स्थायी विकास में अहम भूमिका निभाएगा।

इस अभियान की औपचारिक शुरुआत दो अक्तूबर, 2014 को प्रधानमंत्री नरेंद्र मोदी ने नई दिल्ली के राजघाट से की थी। यह भारत का अब तक का सबसे बड़ा स्वच्छता अभियान है, जिसमें देश के विभिन्न इलाकों के 30 लाख सरकारी कर्मचारी, स्कूली बच्चे, कॉलेज के विद्यार्थी 4,041 शहरों, कस्बों और संबंधित ग्रामीण इलाकों में लगे हुए हैं। मोदी ने चंपारण सत्याग्रह को संदर्भित करते हुए इस अभियान का नाम 'सत्याग्रह से स्वच्छाग्रह तक' दिया है, जिसे 10 अप्रैल, 1917 को शुरू किया गया था। इस कवायद से भारत में ज्यादा पर्यटक आकर्षित हो रहे हैं। मोदी चाहते हैं कि भारत को वैश्विक पर्यटन में सबसे ज्यादा तरजीह दिया जानेवाला देश बनाया जाए।

इस मिशन में दो उप-मिशन शामिल हैं—स्वच्छ भारत अभियान (ग्रामीण या शहरी), जो पेयजल एवं स्वच्छता मंत्रालय के अधीन चलाया जा रहा है और स्वच्छ भारत अभियान (शहरी), जो आवास एवं शहरी मामलों के मंत्रालय के अधीन चलाया जा रहा है।

सितंबर 2018 तक कुल 8.66 करोड़ ग्रामीण शौचालय बनाए जा चुके हैं, जो पिछले चार साल में बने हैं। वहीं 1947 से लेकर 2014 तक 60 साल से ज्यादा समय में ग्रामीण इलाकों में 6.04 करोड़ शौचालय बनाए गए थे। सफाई का कवरेज 2014 के 38.70 प्रतिशत से बढ़कर 94.44 प्रतिशत हो गया है। 'स्वच्छ भारत, स्वच्छ विद्यालय' पहल के तहत 11.21 लाख सरकारी स्कूलों में 13.77 करोड़ बच्चों को शौचालय की सुविधा मिल गई है। ग्रामीण इलाकों में सफाई का कवरेज स्वच्छ भारत मिशन के तहत दो अक्तूबर, 2014 को यह योजना शुरू होने के बाद से दोगुने से ज्यादा बढ़कर 92 प्रतिशत हो गया है, जो पिछले कई दशकों में 39 प्रतिशत तक पहुँच पाया था। यह उपलब्धि भारत का तेजी से बदलता चेहरा है, जो विश्व रिकॉर्ड बना रही है।

प्रधानमंत्री आवास योजना

प्रधानमंत्री आवास योजना (पी.एम.ए.वाई.) मोदी सरकार की एक पहल है, जिसके तहत शहरी व ग्रामीण इलाकों में सस्ते आवास मुहैया कराए जाने हैं। इस योजना का लक्ष्य 31 मार्च, 2022 तक देश में तीन करोड़ सस्ते मकानों का निर्माण है। इसके दो घटक हैं—प्रधानमंत्री आवास योजना (शहरी) (पी.एम.ए.वाई.-यू), जो शहरी गरीबों के लिए है और प्रधानमंत्री आवास योजना (ग्रामीण) (पी.एम.ए.वाई.-जी) के साथ पी.एम.ए.वाई.-आर भी चलाई गई है, जो गरीब ग्रामीणों के लिए है। इस पहल के साथ अन्य योजनाओं को भी जोड़ा गया है, जिससे मकानों में शौचालय (स्वच्छ भारत), बिजली कनेक्शन (सौभाग्य योजना), रसोई गैस कनेक्शन (उज्ज्वला योजना) और पेयजल सुविधा मिल सके और वहाँ रहनेवालों को जनधन बैंकिंग सुविधा मिल सके।

इस योजना के तहत सरकार द्वारा आवास ऋण पर 6.5 प्रतिशत ब्याज सब्सिडी दी जाएगी, जो लाभार्थी को क्रेडिट लिंक सब्सिडी योजना (सी.एल.एस.एस.) के तहत लाभार्थियों को कर्ज की किस्त चालू होने से लेकर 20 साल तक के लिए मिलेगी। इस योजना के तहत आवास का निर्माण उस तकनीक से किया जाएगा, जो पर्यावरण के अनुकूल हों। पी.एम.ए.वाई. के तहत किसी भी आवासीय योजना में भूतल के आवंटन में दिव्यांग जनों को प्राथमिकता दी जाएगी। गरीबों के अपने घर का सपना जल्द-से-जल्द पूरा करने के लिए पिछले चार साल में ही ग्रामीण और शहरी क्षेत्र मिलाकर करीब एक करोड़ मकान बनाए गए हैं। लक्ष्य का करीब 50 प्रतिशत पहले ही हासिल किया जा चुका है।

प्रधानमंत्री मुद्रा योजना

माइक्रो यूनिट्स डेवलपमेंट एंड रिफाइनेंस एजेंसी लिमिटेड (मुद्रा) एक गैर-बैंकिंग वित्तीय कंपनी (एन.बी.एफ.सी.) है, जिसकी स्थापना देश के सूक्ष्म उद्योग क्षेत्र की मदद के लिए की गई है। प्रधानमंत्री मुद्रा योजना (पी.एम.एम.वाई.) सरकार की प्रमुख योजनाओं में से एक है, जिसकी पहल सरकार ने युवाओं में उद्यमशीलता को बढ़ावा देने के लिए की है। इस योजना के तहत बगैर गारंटी के युवाओं को आसान कर्ज मुहैया कराया जाता है।

सरकार ने अब तक 12 करोड़ कर्ज दिए हैं, जिन पर 5.75 लाख करोड़ रुपए खर्च किए गए हैं। इसमें 28 प्रतिशत कर्ज, यानी 3.25 लाख करोड़ रुपए पहली बार उद्यमी बन रहे लोगों को दिए गए हैं। दिए गए कुल कर्ज में 74 प्रतिशत लाभार्थी महिलाएँ हैं, जबकि 55 प्रतिशत कर्ज एस.सी./एस.टी. और ओ.बी.सी. समुदाय को दिया गया है।

यह योजना आठ अप्रैल, 2015 को शुरू की गई थी। इसका मकसद भारत के गैर-कॉरपोरट छोटे कारोबारियों की वित्तीय सहायता कर पहुँच सुनिश्चित करना है।

उपलब्ध कराया जा रहा कर्ज तीन श्रेणियों के लिए आसानी से उपलब्ध है—शिशु, किशोर और तरुण। बहरहाल सर्वे से पता चलता है कि इसका मिला-जुला परिणाम है। बैंकों को प्रशिक्षण देने की जरूरत है कि वे लोगों के प्रति मित्रवत् हों और उनके भीतर सेवा भाव रहे।

इस योजना के तहत आय सृजन की गतिविधियों के लिए 10 लाख रुपए तक का सभी कर्ज पी.एम.एम.वाई. कर्ज के रूप में दिया जाएगा। शिशु श्रेणी के तहत 50,000 रुपए तक का कर्ज और किशोर श्रेणी के तहत 50,000 रुपए से लेकर पाँच लाख रुपए तक कर्ज मुहैया कराया जा रहा है। तरुण श्रेणी के तहत 10 लाख रुपए का कर्ज दिया जाएगा।

अप्रैल 2016 के बाद से फसल ऋण, भूमि सुधार; जैसे नहर, सिंचाई, कुएँ और

इससे जुड़ी सेवाओं को छोड़कर आजीविका या आय–सृजन को प्रोत्साहन देनेवाली कृषि संबंधी गतिविधियों को भी मुद्रा योजना के तहत लाया गया है।

मोदी के साथ मुलाकात के दौरान 11 अप्रैल, 2018 को 100 से ज्यादा लाभार्थियों ने अपनी सफलता की कहानी बताई। मुलाकात के दौरान तमाम लाभार्थियों ने बताया कि मुद्रा योजना के तहत उन्हें कर्ज दिया गया है और कैसे इसके इस्तेमाल से उनकी जिंदगी बदल गई है।

झारखंड के बोकारो जिले की किरण कुमारी को इस योजना के तहत दो लाख रुपए कर्ज में मिला है, उन्होंने बताया कि किस तरह इससे उन्होंने अपनी खिलौनों और गिफ्ट की दुकान खोली। इसके पहले वे अपने पति के साथ हॉकर की तरह से खिलौने बेचकर जीवनयापन करती थीं। कर्ज पाने के बाद उन्होंने खुद को एक सफल कारोबारी के रूप में स्थापित किया।

सूरत जिले की मुनीरा बानू शब्बीर हुसैन मलेक को मुद्रा योजना के तहत 1.77 लाख रुपए कर्ज मिले। उन्होंने बताया कि किस तरह से उन्होंने एल.एम.वी. ड्राइविंग का प्रशिक्षण लिया और अब वह ऑटो रिक्शा चलाकर 25,000 रुपए महीने कमा रही हैं।

केरल के कन्नूर जिले के सिजेश पी कुमार पिछले आठ साल से विदेश में नौकरी कर रहे थे। भारत आने पर उन्होंने एक मेडिकल यूनिट में सेल्स मैनेजर के रूप में नौकरी शुरू की। उन्होंने प्रधानमंत्री को बड़े उत्साह के साथ बताया कि किस तरह से वे हर्बल टूथ पाउडर की इकाई स्थापित करने में सफल हुए। प्रधानमंत्री को धन्यवाद देते हुए उन्होंने बताया कि 8.55 लाख रुपए मुद्रा ऋण मिलने के कारण ही यह संभव हो पाया है। उन्होंने प्रधानमंत्री के सामने अपने उत्पाद का नमूना भी पेश किया।

तेलंगाना के सलेहनदम गिरिधरराव ने अपनी उद्यमिता की कहानी प्रधानमंत्री के सामने साझा की। उन्हें 9.10 लाख रुपए का कर्ज मिला, जिसका इस्तेमाल उन्होंने अपनी डाई कास्टिंग और मोल्ड एंटरप्राइज के विस्तार के लिए किया।

जम्मू–कश्मीर के कठुआ जिले की वीना देवी बुनकर का काम करती हैं। उन्हें एक लाख रुपए मुद्रा ऋण मिला। अब वे अपने इलाके की पश्मीना शॉल की प्रमुख विनिर्माता हैं। उन्होंने प्रधानमंत्री से मुलाकात के दौरान एक पश्मीना शॉल भेंट की।

देहरादून के राजेंद्र सिंह पूर्व सैनिक हैं। उन्होंने प्रधानमंत्री से झाड़ू के विनिर्माण और खुदरा विक्रेताओं तक उसे पहुँचाने की कहानी साझा की। उन्होंने पाँच लाख रुपए मुद्रा ऋण से अपना कारोबार स्थापित करने में सफलता पाई है। वे न सिर्फ अपना कारोबार स्थापित करने में सफल रहे हैं, बल्कि कुछ अन्य लोगों के लिए कारोबार का सृजन भी किया है।

मुलाकात के दौरान मोदी ने लाभार्थियों को बधाई दी और कहा कि मुद्रा योजना

से अब तक 11 करोड़ लोगों को लाभ मिला है। उन्होंने कहा कि इस योजना का एक मकसद लोगों का आत्मविश्वास बढ़ाना है।

चंडीगढ़ में सेना के पूर्व अधिकारी एच.एस. शेरगिल ने मुद्रा योजना के लाभार्थियों के बीच एक अध्ययन कराया। उन्होंने पाया कि प्रधानमंत्री मुद्रा योजना के कारण तमाम लोग अपने पैरों पर खड़े होने में समर्थ हुए हैं। यह स्वरोजगार करनेवालों के लिए वरदान साबित हुई है। शेरगिल के मुताबिक मुद्रा के तहत एक बैंक से गुरप्रीत सिंह को किराना की दुकान के लिए 50,000 हजार रुपए कर्ज मिले। उन्होंने पिछले दो साल में इस योजना का तीन बार इस्तेमाल किया है।

चंडीगढ़ के कबाड़ कारोबारी राम करन सिंह ने इस योजना का तीन साल में तीन बार लाभ लिया है और उन्होंने हर बार 50,000 रुपए कर्ज लिया।

चाय के दुकानदार रमेश कुमार ने तीन बार 50,000 रुपए कर्ज लिया। वे मुद्रा के चलते अपना कारोबार जारी रख पाने में सफल हुए। वे नियमित रूप से कर्ज का भुगतान कर रहे हैं और वे कुछ महीने बाद फिर से कर्ज लेंगे।

राम रतन पांडेय ने अपनी छोटी सी दवा की दुकान के लिए मुद्रा कर्ज लिया। वे कहते हैं, "मुझे कर्ज नहीं मिलता तो मैं कहीं का नहीं रहता"

इन सभी मामलों में पंजाब नैशनल बैंक नोडल बैंक था, जिसने योजना लागू की। शेरगिल कहते हैं कि मुद्रा योजना ने तमाम कारोबारियों को लाभ पहुँचाया और वे अपना कारोबार बढ़ाने में सफल रहे। यह योजना स्वरोजगार पैदा करने और बेरोजगारी से लड़ने का बेहतर हथियार साबित हुई है।

बहरहाल उन्होंने कहा कि 15 प्रतिशत मामलों में बैंकों ने 15,000 रुपए या 30 प्रतिशत कमीशन के रूप में लिया। इस तरह की शिकायतें कई और जगहों से भी आईं। इसके बावजूद लाभार्थी खुश हैं, क्योंकि अगर वे स्थानीय महाजन के पास जाते तो वह ज्यादा अपमानजनक होता और तमाम मामलों में तो नियमित रूप से 200 प्रतिशत ब्याज वसूला जाता है।

मोदी सरकार देश के मेहनतकश लोगों की कुछ तकलीफें दूर करने की कवायद में लगी है। यह संतोष की बात है कि उन लोगों को मदद मिल रही है, जो स्वतंत्रता के कई साल बाद तक सहायता नहीं पा सके थे। औसत भारतीय राजनेताओं के विपरीत नरेंद्र मोदी ऐसे नेता के रूप में जाने जा रहे हैं, जो जमीनी स्तर की समस्याओं को समझते हैं और मदद के लिए हाथ बढ़ा रहे हैं।

प्रधानमंत्री जन आरोग्य योजना (पी.एम.जे.ए.वाई.) उर्फ मोदीकेयर

मोदी ने आयुष्मान भारत योजना के तहत गरीब और हाशिए पर खड़े लोगों के लिए

23 सितंबर, 2018 को 'प्रधानमंत्री जन आरोग्य योजना' (पी.एम.जे.ए.वाई.) के नाम से स्वास्थ्य बीमा योजना की शुरुआत की, जिसे मोदी केयर नाम से भी जाना जाता है।

आयुष्मान भारत : यह विश्व की सबसे बड़ी स्वास्थ्य बीमा पहल बनने जा रही है, जिसके तहत एक परिवार को 5 लाख रुपए सालाना स्वास्थ्य बीमा लाभ मिलेगा। यह लाभ देश के 50 करोड़ लोगों को 1,50,000 स्वास्थ्य और कल्याण केंद्रों के माध्यम से मिलेगा और उन्हें समग्र प्राथमिक स्वास्थ्य सुविधाएँ मिल सकेंगी। यह योजना पूरे यूरोप और ऑस्ट्रेलिया के बराबर आबादी को शामिल करेगी।

प्रधानमंत्री सुरक्षित मातृत्व अभियान : यह योजना माँ और बच्चे का बेहतर स्वास्थ्य सुनिश्चित करने के लिए लाई गई है। अब तक 12,900 स्वास्थ्य केंद्रों पर 1.16 करोड़ से ज्यादा प्रसव-पूर्व जाँच कराई गई है और छह लाख से ज्यादा उच्च जोखिमवाली गर्भावस्थाओं की पहचान की गई है।

प्रधानमंत्री मातृ वंदना योजना : इस योजना के तहत गर्भवती/दूध पिलानेवाली माताओं को 6,000 रुपए प्रोत्साहन राशि दी जाती है, जिससे उन्हें देखभाल में मदद मिले और समय से स्वास्थ्य-जाँच सुनिश्चित हो सके। इस योजना के तहत हर साल 50 लाख महिलाओं को लाभ मिलने की उम्मीद है।

पोषण अभियान : प्रधानमंत्री ने राजस्थान के झुंझुनू में 8 मार्च, 2018 को सभी का पोषण सुनिश्चित करने के लिए योजना की शुरुआत की। यह अपनी तरह की अनोखी पहल है, जिससे कि कई तरह के हस्तक्षेपों के माध्यम से कुपोषण पर काबू पाया जा सके और भारत को 2022 तक कुपोषण से मुक्त किया जा सके।

मोदी सरकार में योग को एक संपूर्ण स्वास्थ्य देखभाल के उपाय के रूप में पहचान मिली। पूरी दुनिया में हर साल 21 जून को बड़ी जनभागीदारी के साथ योग दिवस मनाया जा रहा है। योग की वजह से कई तरह के स्वास्थ्य लाभ होते हैं।

सस्ती और गुणवत्तापूर्ण स्वास्थ्य सुविधा मुहैया कराने के लिए 1,054 आवश्यक दवाओं को जीवन रक्षक दवा की श्रेणी में लाया गया है, जो मूल्य नियंत्रण के दायरे में आ गई हैं। इससे ग्राहकों को लाभ हुआ है और उनका 10,000 करोड़ रुपए से ज्यादा दवा पर खर्च बचा है। कार्डियक स्टेंट और घुटना प्रत्यारोपण भी 50-70 प्रतिशत सस्ता हुआ है।

देश भर में प्रधानमंत्री भारतीय जन औषधि परियोजना केंद्रों पर जेनेरिक दवाओं की बिक्री की जा रही है। इससे गरीब तबके के लोगों को सस्ती दवाएँ उपलब्ध हो रही हैं।

प्रधानमंत्री नेशनल डायलिसिस प्रोग्राम से गरीब व्यक्तियों को मुफ्त डायलिसिस सेवाएँ मिल रही हैं और सभी मरीजों को सब्सिडीयुक्त सेवाएँ मिल रही हैं।

पूरी तरह से प्रतिरक्षण के माध्यम से बीमारियों का खात्मा

मिशन इंद्रधनुष के माध्यम से करीब 3.15 करोड़ बच्चों को वैक्सीन दिया गया है, मई 2015 से मातृ और नवजात टिटनस का पूरी तरह खात्मा हो गया है और इनएक्टिवेटेड पोलियो वैक्सीन (आई.पी.वी.) व रोटावायरस वैक्सीन पेश किया गया है।

महिला सशक्तीकरण

दिल्ली विश्वविद्यालय के शहीद सुखदेव कॉलेज ऑफ बिजनेस स्टडीज में बिजनेस एडमिनिस्ट्रेशन एंड मैनेजमेंट (बी.ए.एम.) की पढ़ाई करनेवाली और नीति आयोग में प्रशिक्षु शोधार्थी सौम्या सैनी द्वारा उत्तर प्रदेश के सहारनपुर जिले में इस सिलसिले में अध्ययन कराया गया। उनके अध्ययन के बाद की सिफारिशों एवं सुझावों से पता चलता है कि सरकार के कर्मचारियों को योजना के बारे में बेहतर तरीके से प्रशिक्षित किया जाना चाहिए और उन्हें अपना उद्‍देश्य तथा लक्ष्य तय करने के लिए प्रेरित करना चाहिए, जिससे कि ठोस परिणाम हासिल किया जा सके। उन्होंने कहा कि इस योजना के बारे में तमाम महिलाओं के बीच सामान्य जागरूकता भी तुलनात्मक रूप से कम है।

लोगों के बीच सूचनाओं की कमी और कर्मचारियों को उचित जानकारी न होने की वजह से इसके प्रसार और कुछ अन्य सरकारी जनकल्याणकारी योजनाओं को लागू करने को लेकर अस्पष्टता पैदा हुई है। सौम्या ने पाया कि चुनाव में महिलाओं के लिए आरक्षण होने और उनके चुनाव जीतने के बावजूद वास्तविक ताकत अभी भी उस परिवार के पुरुष सदस्यों में केंद्रित रहती है। यह महिलाओं के सशक्तीकरण की राह में सबसे बड़ी चुनौती है। गैर-सरकारी संगठनों को भी विभिन्न प्रकार के व्यावसायिक प्रशिक्षण देकर गाँवों से शहरों की ओर पलायन कम करने में मदद देनी चाहिए।

अभी भी विश्वास बरकरार

मोदी सरकार के चार साल पूरे होने पर इंडिया टुडे, टाइम्स ऑफ इंडिया, इकोनॉमिक टाइम्स, हिंदुस्तान टाइम्स, ए.बी.पी. न्यूज और जी टी.वी. सहित कई मीडिया घरानों ने सरकार के प्रदर्शन पर ओपिनियन पोल कराया। सभी ने पाया कि नरेंद्र मोदी की छवि बरकरार है। दरअसल ज्यादातर जनमत सर्वेक्षणों में पाया गया कि लोगों को मोदी के ऊपर भरोसा है और उनके प्रदर्शन की रेटिंग बहुत बेहतर है। यह गुजरात और कर्नाटक के चुनाव प्रचार में सामने भी आया, जब मोदी के धुआँधार प्रचार के बाद माहौल बदल गया। तमाम लोगों का कहना था कि इन चुनावों में भा.ज.पा. हार जाएगी, लेकिन मोदी के अंतिम दौर के व्यापक दौरों के बाद माहौल बदल गया।

भा.ज.पा. भारत की एकमात्र पार्टी है, जिसके पास सुशासन की निगरानी के

लिए अलग से विभाग है। यह विभाग विकास गतिविधियों का अध्ययन करता है। जनकल्याणकारी योजनाओं और उनकी सफलता के साथ नागरिकों के जीवन को बेहतर बनाने की स्थिति पर नजर रखता है। इस विभाग के प्रमुख राज्यसभा के सांसद डॉ. विनय सहस्रबुद्धे हैं। अंत्योदय पर शोधप्रबंध 'न्याय एवं वंचितों का कल्याण : मोदी सरकार द्वारा मूल्य वर्धन' सार्वजनिक नीति शोध केंद्र (पी.पी.आर.सी.) द्वारा प्रकाशित किया गया। इसकी अध्यक्षता भी सहस्रबुद्धे ने की, जिसमें अप्रैल 2016 में कहा गया, "प्रधानमंत्री ने कई बार और एक बार फिर सामाजिक न्याय के प्रति अपनी प्रतिबद्धता को इन शब्दों में दोहराया है, "मैं सबका साथ सबका विकास में भरोसा करता हूँ और और इसमें सबका न्याय भी शामिल होना चाहिए।" मोदी और उनकी सरकार यह सुनिश्चित करने का काम कर रही है, जो डॉ. बी.आर. अंबेडकर ने 25 नवंबर, 1949 को संविधान सभा में कहा था, "26 जनवरी, 1950 को हम विरोधाभासों के जीवन में प्रवेश करने जा रहे हैं। राजनीति में हमारे यहाँ समानता होगी और सामाजिक और आर्थिक जीवन में विषमता होगी। राजनीति में हम 'एक व्यक्ति एक मत' और 'एक मत एक मूल्य' को मान्यता देंगे।

"हमारे सामाजिक और आर्थिक जीवन में अपने सामाजिक और आर्थिक ढाँचे की वजह से हम एक व्यक्ति; एक मूल्य के सिद्धांत से इनकार करते रहेंगे। इस तरह के विरोधाभासों के साथ हम लोग कितने समय तक जीवन बिता सकते हैं, हम अपने सामाजिक और आर्थिक जीवन में समता से कितने समय तक इनकार करना जारी रख सकते हैं? अगर हम लंबे समय तक इसे नकारते रहे तो हम अपने राजनीतिक लोकतंत्र को खतरे में डालकर ही ऐसा कर सकेंगे। हमें इन विरोधाभासों को जल्द-से-जल्द खत्म करना होगा, अन्यथा पीड़ित लोग इस राजनीतिक लोकतंत्र के ढाँचे को हवा में उछाल देंगे, जो इस सभा ने बड़ी मेहनत से तैयार की है।"

शोध प्रबंध में कहा गया है, "सामाजिक और आर्थिक विषमता किसी भी समाज के स्वास्थ्य के लिए हानिकारक है, खासकर जब समाज विविधतापूर्ण, तमाम संस्कृतियों वाला, बहुत ज्यादा जनसंख्यावाला और तेजी से आगे बढ़नेवाला, लेकिन असमान आर्थिक विकासवाला होता है। भारत में असमानता दिन-प्रति-दिन बढ़ती जा रही है।"

शोधपत्र में कहा गया है, "भारत में सन् 2000 में भारत की राष्ट्रीय संपदा का 37 प्रतिशत सिर्फ एक प्रतिशत वयस्क भारतीयों के हाथों में सिमटा हुआ था। 2005 में यह बढ़कर 43 प्रतिशत पर पहुँच गया, 2010 तक यह बढ़कर 48.6 प्रतिशत हो गया और 2014 तक यह 49 प्रतिशत पर पहुँच गया। पिछले 14 साल में (2000-2014) एक प्रतिशत अमीर अल्पसंख्यकों और 99 प्रतिशत गरीब बहुसंख्यकों के बीच खाई बढ़ी है और यह अंतर 2000 में 58 गुना था, जो 2005 में 75 गुना, 2010 में 94 गुना और 2014 में 95 गुना हो गया है।"

भारत के 10 प्रतिशत सबसे गरीब लोगों के पास राष्ट्रीय संपदा का महज 0.2 प्रतिशत है। एक प्रतिशत सबसे अमीर और 10 प्रतिशत सबसे गरीब लोगों की संपदा के बीच अंतर 2000 में 1,840 गुना था। यह 2005 में बढ़कर 2,150 गुना, 2010 में 2,430 गुना और 2014 में 2,450 गुना हो गया। विश्व के करीब 15.5 प्रतशित युवा भारत में रहते हैं, जबकि वैश्विक संपदा में भारत की हिस्सेदारी महज एक प्रतिशत है।

अंत्योदय पर वंचित के लिए न्याय एवं कल्याण के तहत कई लोगों का मानना है कि गैर-बराबरी आर्थिक वृद्धि में तेजी और वैश्वीकृत प्रौद्योगिकीय प्रगति का एक अनिवार्य हिस्सा है।

यू.पी.ए. के शासन में क्रोनी कैपिटलिज्म (साथी पूँजीवाद) इस तरह फलता-फूलता रहा और मोदी को यही स्थिति विरासत में मिली थी।

यू.पी.ए. के शासनकाल में डूबी हुई रकम

आइए यहाँ एन.पी.ए. को देखें।

यू.पी.ए. के शासनकाल में भारत में न वसूला जा सकनेवाला कर्ज खतरनाक स्तर पर पहुँच गया था। 31 मार्च, 2005 और 31 मार्च, 2013 के बीच यह राशि तीन गुना बढ़ी थी। यू.पी.ए. के शासनकाल में 10 साल के कार्यकाल के दौरान 20 लाख करोड़ रुपए से ज्यादा कर्ज बट्टे खाते में डाला गया, जिसका बड़ा हिस्सा बाद में माफ कर दिया गया। इसकी पुष्टि संसद् में यू.पी.ए. सरकार द्वारा दिए गए जवाबों से की जा सकती है, जो संसद् की लाइब्रेरी में मौजूद हैं। न वसूल की जा सकनेवाली बड़ी राशि बट्टे खाते में डालने के बाद भी बैंकिंग क्षेत्र में कुल गैर-निष्पादित संपत्ति (एन.पी.ए.) बिना रोके बढ़ती रही है।

सरकार के आँकड़ों के मुताबिक 41 सूचीबद्ध बैंकों का सकल एन.पी.ए. सितंबर 2013 के अंत तक करीब 2,22,066 करोड़ रुपए था, जो मार्च 2013 के आखिर के 1,73,598 करोड़ की तुलना में 27.9 प्रतिशत ज्यादा था। इसमें से भारतीय स्टेट बैंक का एन.पी.ए. सितंबर 2013 के अंत तक सबसे ज्यादा 60,287 करोड़ रुपए था, जो कुल एन.पी.ए. का 27.14 प्रतिशत था। इसमें सबसे ज्यादा एन.पी.ए. पंजाब नेशनल बैंक का 16,088 करोड़ रुपए, सेंट्रल बैंक ऑफ इंडिया का 11,563 करोड़ रुपए, आईसीआईसीआई बैंक का 9,144 करोड़ रुपए, आईडीबीआई बैंक का 9,007 करोड़ रुपये, बैंक आफ बड़ौदा का 8,946 करोड़ रुपए और बैंक ऑफ इंडिया का 8,774 करोड़ रुपए था। ये भारत के सबसे ज्यादा सकल एन.पी.ए. वाले सात शीर्ष बैंक हैं।

दिलचस्प है कि सूचीबद्ध 41 बैंकों में से इन सात बैंकों का कुल एन.पी.ए. 55.75 प्रतिशत था। यू.पी.ए. शासन में बहुत ज्यादा गलत तरीके से कर्ज बाँटा गया,

जो एन.पी.ए. में बदल गए। यह समस्या पहाड़ की तरह खड़ी हो गई। अगर इसमें गैर-सूचीबद्ध बैंकों को भी शामिल कर लिया जाए तो भारत के अधिसूचित बैंकों का कुल एन.पी.ए. बढ़कर 2,36,245 करोड़ रुपए हो जाता है, जिसमें 14,179 करोड़ रुपए गैर-सूचीबद्ध बैंकों के थे। अगर समूहवार देखें तो एन.पी.ए. में राष्ट्रीयकृत बैंकों की हिस्सेदारी आधे से ज्यादा, 53.8 प्रतिशत थी। इससे यह सबसे ज्यादा दबाववाला समूह बन गया था। सार्वजनिक क्षेत्र के बैंकों के मालिक के रूप में उसे इन कर्जों की वसूली के लिए तमाम त्वरित कदम उठाने की जरूरत थी।

एन.पी.ए. के इस आँकड़े में पीएसयू बैंकों की पुनर्गठित संपत्ति शामिल नहीं थी। इसकी वजह से कर्ज पोर्टफोलियो दबाव में बना रहा। भारतीय रिजर्व बैंक (आर. बी.आई.) के मुताबिक दिसंबर 2013 के अंत तक बैंकों द्वारा दिया गया कुल कर्ज बढ़कर 57,55,900 करोड़ रुपए था। इसमें से 10 प्रतिशत एन.पी.ए. और दबाववाली संपत्ति के रूप में चिह्नित किया गया था। यह अनुमान लगाया गया था कि इसमें से पाँच प्रतिशत और पोर्टफोलियो गैर-चिह्नित दबाववाली परिसंपत्ति और पुनर्गठित कर्ज है। यह अनुमान लगाया गया था कि दबाववाली संपत्ति की कुल मात्रा, जिसमें एन.पी.ए. भी शामिल है, करीब 10,00,000 करोड़ रुपए है।

कुछ अनुमानों से पता चलता है कि इस दबाववाली संपत्ति में से करीब 40 प्रतिशत को बट्टे खाते में डालने की जरूरत होगी और बैंकों को उतनी राशि के पुनः पूँजीकरण की जरूरत होगी। इसका मतलब यह है कि यू.पी.ए. सरकार के संरक्षण में जनता के पैसे की बेहरमी से लूट हो रही थी। उसके बाद पुनः पूँजीकरण की अनुमानित राशि 3,50,000 करोड़ रुपए निकाली गई। उसके बाद सरकारी बैंकों का 86 प्रतिशत एन.पी.ए. या 3,00,000 करोड़ रुपए के करीब राशि का पुनः पूँजीकरण इन बैंकों में जरूरी हो गया।

सरकार ने 2014-15 के केंद्रीय बजट में सरकारी बैंकों के पुनःपूँजीकरण के लिए 11,200 करोड़ रुपए का प्रावधान किया। सवाल यह है कि घाटे में चल रहे बैंकों के वित्तपोषण का बोझ सरकार कैसे वहन कर सकती है। अगर घाटे में चल रहे पी.एस.यू. को बेचा जाता है तो क्या यह उचित होगा कि जनता के इस धन को खराब प्रदर्शन करनेवाले बैंकों में लगाया जाए? बैंक आम लोगों को कोई मुफ्त सेवा नहीं मुहैया कराते हैं।

छोटे हिस्से में पूँजी डालने का यह काम अगले दो साल तक करने की जरूरत होगी। भारत के बैंकिंग सेक्टर में जनता के धन की बड़े पैमाने पर लूट को सरकारी बैंकों की फंडिंग के अनुपात में देखा जा सकता है।

भारतीय बैंकिंग क्षेत्र में कुल दबाववाली संपत्ति (खराब कर्ज और संभावित खराब

कर्ज, लेकिन अब तक घोषित नहीं) 10,00,000 करोड़ रुपए है, जो कुल बैंक जमा का करीब 12.5 प्रतिशत है। बहरहाल आर.बी.आई. के हाल के आँकड़ों के मुताबिक अगस्त 2018 में एन.पी.ए. बढ़कर 7.5 लाख करोड़ रुपए हो गया, जिसका मतलब यह है कि अभी और दबाववाली संपत्तियाँ एन.पी.ए. में तब्दील हो सकती हैं।

आम जमाकर्ताओं के जमा पर होनेवाले नुकसान की भरपाई कौन करेगा, अगर निवेश की जानेवाली राशि का इस्तेमाल खराब कर्ज को बट्टे खाते में डालने के लिए किया जाएगा तो निवेश कहाँ से आएगा? संप्रग सरकार की त्रुटिपूर्ण आर्थिक नीति ने हमें आर्थिक आपदा में धकेल दिया।

इकोनॉमिक टाइम्स को 5 अगस्त, 2018 को दिए गए साक्षात्कार में केंद्रीय सड़क परिवहन मंत्री नितिन गडकरी ने कहा, "हमने बैंकों का 3 लाख करोड़ रुपए एन.पी.ए. बचाया है।" वे रुकी पड़ी राजमार्ग और बंदरगाह परियोजनाओं को बहाल करने के बारे में बात कर रहे थे।

वित्त मंत्री अरुण जेटली ने 1 अक्तूबर, 2018 को कहा कि 2014 में जब एन.डी.ए. सत्ता में आया तो बैंकिंग क्षेत्र की भारी मात्रा में एन.पी.ए. की समस्या विरासत में मिली थी। एन.पी.ए. में बढ़ोतरी की मुख्य वजह सार्वजिनक क्षेत्र के बैंकों (पीएसबी) का सकल अग्रिम तेजी से बढ़ रहा था, क्योंकि 2008 से 2014 तक आक्रामक रूप से उधारी ली गई। सरकारी बैंकों का कुल बकाया कर्ज मार्च 2018 तक 18 लाख करोड़ रुपए था, जो मार्च 2014 तक बढ़कर 52 लाख करोड़ रुपए हो गया।

सरकार ने दबाववाली संपत्तियों की पारदर्शी तरीके से पहचान सुनिश्चित करने का फैसला किया, जो अब तक कालीन के नीचे छिपी हुई थीं। भारतीय रिजर्व बैंक ने 2015 में संपत्ति की गुणवत्ता की समीक्षा की पहल की और इसी तरह की प्रक्रिया बैंकों ने शुरू की, जो ज्यादा एन.पी.ए. के रूप में सामने आई। सरकारी बैंकों का एन.पी.ए. मार्च 2014 में 2.26 लाख करोड़ रुपए था, जो मार्च 2018 में 8.96 लाख करोड़ रुपए हो गया। सरकारी बैंकों द्वारा आक्रामक तरीके से उधारी दिए जाने और कर्ज जोखिम मूल्यांकन और कर्ज की निगरानी में सुस्ती तथा जानबूझकर चूक करनेवालों की वजह से दबाववाली संपत्तियों में तेजी से बढ़ोतरी हुई। कमोबेश दबाव वाले खातों को कर्ज के वर्गीकरण, इसे सदाबहार बनाए रखने और प्राय: बार-बार कर्ज का पुनर्गठन कर इसे गैर-एन.पी.ए. के रूप में देखा गया। इसका मतलब यह है कि पहले एन.पी.ए. को दबाववाली संपत्ति कहकर कालीन के नीचे दबा दिया जाता था। अब एक दिन की चूक की भी रिपोर्ट होती है।

आर.बी.आई. के दिशा निर्देशों और बैंक बोर्डों द्वारा मंजूर की गई नीति के मुताबिक गैर-निष्पादित कर्ज, परस्पर सहमति के द्वारा चार साल बीत जाने पर बैंक

की बैलेंस सीट से बट्टे खाते में डालकर हटा दिया जाता था।

गैर निष्पादित संपत्तियों को बट्टे खाते में डालना नियमित कवायद है, जो बैंकों द्वारा बैलेंस सीट साफ करने और कराधान कुशलता हासिल करने के लिए किया जाता है। कर्ज को बट्टे खाते में डालने का काम कर लाभ और पूँजी बढ़ाने के लिए किया जाता है। कर्जदार इस तरह के बट्टे खाते में डाले गए धन का भुगतान करने के लिए उत्तरदायी होता है। बकाया की वसूली के लिए विभिन्न अधिनियमों के तहत कानूनी प्रक्रिया चलती रहती है, प्रतिभूतिकरण और वित्तीय आस्तियों का पुनर्गठन और प्रतिभूति हित को प्रभावी करने का अधिनियम (सरफेसी एक्ट) और कर्ज वसूली पंचाट (डी. आर.टी.) शामिल हैं।

एन.पी.ए. कर्ज को बट्टे खाते में डालने और कर्ज माफी के अर्थ के बारे में बहुत से भ्रम नजर आते हैं। इस तरह का भ्रम राहुल गांधी जैसे नेताओं की अज्ञानता की वजह से फैलता है। जेटली ने राहुल के दिमाग में उपजे भ्रम को साफ करने की कोशिश की, जब उन्होंने आरोप लगाया कि मोदी सरकार औद्योगिक घरानों को लाभ पहुँचाने के लिए उनका पक्ष ले रही है और सरकार ने पिछले चार साल में उनके 10 लाख करोड़ रुपए कर्ज को बट्टे खाते में डाल दिया है और यह राशि आगे और बढ़ेगी।

लेकिन यह समझ लेने की जरूरत है कि बट्टे खाते में डालना कर्ज माफी नहीं है। बट्टे खाते में डालने का सिर्फ इतना मतलब है कि बैंकों द्वारा अपनी सुविधा के मुताबिक अपनी बैलेंस सीट साफ करने की कवायद की जा रही है। इसका यह मतलब नहीं होता कि कर्ज लेनेवाले को मुक्ति दी जा रही है। सभी कानूनी कदम, जिसमें संपत्तियों की जब्ती, याचिकाएँ व कर्ज वसूली के लिए दबाव कर्ज को बट्टे खाते में डालने के बाद भी जारी रहता है।

यू.पी.ए. सरकार ने भी 2008 में किसानों का 1.75 लाख करोड़ रुपए कर्ज माफ करने की घोषणा की थी, जिससे उसे 2009 में सत्ता में दूसरी बार वापसी करने में मदद मिली। कर्ज माफी वह होती है, जिसमें कर्ज लेनेवालों को उसके भुगतान से पूरी तरह मुक्त कर दिया जाता है। उसके बाद कोई वसूली कारवाई नहीं होती और बैंक वह राशि हमेशा के लिए गँवा देते हैं, अगर सरकार उसकी भरपाई न कर दे। यू.पी.ए. सरकार ने बैंकों को हर्जाना देने का वादा किया था, जब उन्होंने कृषि ऋण माफ किया था, लेकिन वास्तव में ऐसा कभी नहीं हो पाया। कर्ज माफी राजनीतिक फैसला है, चुनाव में फायदा पाने के लिए छूट दी जाती है। वहीं बट्टे खाते में डालना अकाउंटिंग की कवायद है। इसमें किसी का पक्ष लेने का सवाल ही नहीं होता।

एन.पी.ए., जैसा कि पहले साफ किया गया है, बैंक द्वारा दी गई वह राशि और कई साल का ब्याज होती है, जिसकी वसूली नहीं हुई होती है और वह बैंक की गैर-

निष्पादित संपत्ति बनी रहती है। बैंक उसे साल-दर-साल अपनी बैलेंस सीट में आगे नहीं बढ़ा सकते, क्योंकि यह राशि बढ़ने पर बाजार में बैंक की छवि खराब होती है। इस तरह से हर साल एन.पी.ए. का कुछ प्रतिशत बट्टे खाते में डाल दिया जाता है और वसूली की प्रक्रिया जारी रहती है। इसे कर्ज माफी के साथ जोड़कर भ्रमित नहीं हुआ जाना चाहिए, क्योंकि कर्ज लेनेवाले व्यक्ति की देनदारी बनी रहती है और उसे मूलधन और ब्याज दोनों ही चुकाना होता है।

सरकारी बैंक एन.पी.ए. की वसूली की पूरी कवायद कर रहे हैं। इन बैंकों ने वित्तवर्ष 2018-19 की पहली तिमाही में ही 36,551 करोड़ रुपए की वसूली कर ली थी, जबकि वित्त वर्ष 2017-18 में कुल 74,562 करोड़ रुपए वसूली हुई थी। वित्त वर्ष 2018-19 में सरकारी बैंकों की नकद वसूली का लक्ष्य 1,81,034 करोड़ रुपए है। जेटली के मुताबिक जो एन.पी.ए. शीर्ष स्तर पर था, वह मार्च 2018 की तुलना में जून 2018 के अंत तक 21,000 करोड़ रुपए कम हो गया।

अब राहुल गांधी इस तरह से बात कर रहे हैं, जैसे यह एन.पी.ए. मोदी ने तैयार किया है। हाँ, खराब कर्ज की वसूली की प्रक्रिया शुरू हो गई है। जेटली का कहना है कि कई बार दुरुस्त किए जाने के बाद राहुल जानबूझकर दोहरा रहे हैं कि जब एक खाता एन.पी.ए. घोषित हो जाता है तो वह राशि कर्ज माफी है। एन.पी.ए. और कर्ज माफी में भारी अंतर है। एन.पी.ए. का मतलब सिर्फ यह होता है कि यह कर्ज वसूलना कठिन हो गया है, लेकिन संपत्ति की जब्ती, वसूली, कानूनी कारवाई व अन्य प्रक्रियाएँ जारी रहती हैं। कर्ज एन.पी.ए. में बदलने में कई साल लगते हैं। यह 3-4 साल में नहीं हो सकता। ऐसे में जब मोदी प्रधानमंत्री बने, उसके बाद लिया गया कोई कर्ज एन.पी.ए. की श्रेणी में नहीं आ सकता।

राहुल गांधी के दुष्प्रचार को ध्वस्त करते हुए जेटली ने कहा कि एन.पी.ए. को कर्ज माफी कहकर राहुल एक गलत धारणा बनाने की कोशिश कर रहे हैं कि प्रधानमंत्री ने अपने 15 दोस्तों का कर्ज माफ कर दिया। हकीकत यह है कि ये सभी कांग्रेस के क्रोनी हैं, जिन्होंने यू.पी.ए. के शासनकाल में कर्ज लिया था।

जेटली ने स्पष्ट किया, "ये कर्ज यू.पी.ए. के शासनकाल में दिए गए थे। एक रुपया भी माफ नहीं किया गया है। चूक करनेवाली कंपनी के प्रवर्तकों को आई. बी.सी. (ऋणशोधन अक्षमता एवं दिवाला संहिता) में डाल दिया गया है और बैंक सफलतापूर्वक अपना बकाया वसूल रहे हैं। एन.सी.एल.टी. (राष्ट्रीय कंपनी कानून पंचाट) की प्रक्रिया के माध्यम से बैंक अपने कर्ज की वसूली कर रहे हैं।"

राहुल के अभियान का मजाक उड़ाते हुए जेटली ने कहा, "उन्होंने यह सवाल करना सीखा है कि मोबाइल फोन का विनिर्माण भारत में क्यों नहीं हो रहा है? मैंने यह

ध्यान दिलाकर उन्हें दुरुस्त किया कि जब यू.पी.ए. सरकार सत्ता से बाहर हुई थी तो सिर्फ दो मोबाइल फोन और उनके पुर्जे बनानेवाली इकाइयाँ थीं। आज 120 इकाइयाँ हैं और अभी भी इनका विस्तार हो रहा है। उसके बाद उन्होंने अपना उदाहरण बदल दिया। अब वह अपने श्रोताओं से पूछते हैं कि वे जहाँ भाषण दे रहे हैं, उस जिले में जूते का विनिर्माण क्यों नहीं किया जा रहा है। उन्हें गलत जानकारियाँ मिली हुई हैं। भारत दुनिया का दूसरा सबसे बड़ा फुटवीयर विनिर्माता है। हमारे फुटवीयर के निर्यातक हर साल करीब 20,000 करोड़ रुपए का निर्यात करते हैं। उन्हें सिर्फ दिल्ली के बाहरी इलाके में बहादुरगढ़ जाना चाहिए, तब वे भारत के फुटवीयर उद्योग की प्रतिस्पर्धात्मक प्रवृत्ति के बारे में जान पाएँगे।"

राहुल द्वारा फैलाए जा रहे एक और झूठ का उदाहरण देते हुए उन्होंने कहा कि कांग्रेस ने पहले जी.एस.टी. पेश किए जाने का समर्थन किया और अब वह इसे लागू करने को लेकर सरकार पर हमले कर रही है। उन्होंने कहा, "जी.एस.टी. को लेकर राहुल ने कहा कि इसमें खामियाँ हैं और इसमें बदलाव करने की जरूरत है। भारत जी.एस.टी. को सफलतापूर्वक लागू किए जाने का प्रत्यक्ष गवाह रहा है। भारत एक बाजार बन गया है। सभी चेकपॉइंट खत्म कर दिए गए हैं। टैक्स इंस्पेक्टर गायब हो गए हैं। आयकर की ही तरह अब रिटर्न ऑनलाइन भरी जा रही हैं और ज्यादातर आकलन ऑनलाइन होंगे। कांग्रेस शासित राज्यों सहित सभी राज्यों ने इस मॉडल और दरों को मंजूरी दी है। पहले 13 महीनों में कांग्रेस से उत्तराधिकार में मिले 31 प्रतिशत कर (उत्पाद, वैट और सी.एस.टी.) को घटाकर 334 जिंसों के लिए 18 प्रतिशत और 12 प्रतिशत पर लाया गया है। इससे हमें महँगाई पर काबू पाने में भी मदद मिली है।"

जेटली ने कहा, "मध्य प्रदेश में दो कार्यक्रमों में संबोधित करते हुए उन्होंने (राहुल) ने मेरा संदर्भ देते हुए बातें कहीं। पहले में उन्होंने कहा कि मैंने यह माना है कि विजय माल्या ने संसद् में मुझसे मुलाकात की है। आगे वह दावा करते हैं कि मैंने यह स्वीकार किया है कि माल्या ने मुझसे कहा है कि वह लंदन जा रहा है और मैंने उन्हें भागने में मदद की। वह अपने दूसरे भाषण में कहते हैं कि मैंने यह भी माना कि नीरव मोदी ने संसद् में मुझसे मुलाकात की थी। वह दावा करते हैं कि मैंने माना कि उन्होंने मेरे साथ बैठक की थी और मुझसे कहा था कि वह देश छोड़कर जा रहे हैं। और मैंने उन्हें भागने में मदद की।

"हकीकत यह है कि मुझे याद नहीं है कि मैंने अपनी जिंदगी में कभी नीरव मोदी को देखा है। संसद् में मेरी मुलाकात का सवाल ही नहीं उठता है। अगर वह संसद् में आए थे, जैसा कि राहुल दावा कर रहे हैं, तो वह संसद् के रिसेप्शन रिकॉर्ड में दर्ज होगा। मैंने यह सब कब माना है, मिस्टर गांधी?

"सांसद के रूप में एक बार विजय माल्या ने अपने मामले के बारे में बात करने के लिए संसद् के गलियारे में मेरा पीछा किया था। मैंने उस पर ध्यान नहीं दिया और शांति से कह दिया कि उनका प्रस्ताव मैं बैंकरों को दूँगा। राहुल कहते हैं कि मैंने बैठक की थी, जहाँ माल्या ने कहा था कि वह लंदन भाग रहा है, पूरी तरह झूठ है।

"वह ऐसे झूठ कैसे गढ़ पाते हैं? हिंदुस्तान टाइम्स समिट में उन्होंने मेरे साथ हुई बैठक का हवाला दिया और कहा कि मैंने उन्हें ऐसा कहा था। जब मुझसे पूछा गया तो मैंने सिर्फ यह कहा था कि मैं मतिभ्रम का जवाब नहीं दे सकता। मैं राष्ट्रपति मैक्रन की प्रतिष्ठित कंपनी में हूँ।" अब मुझे लगता है कि यह मतिभ्रम से कहीं कुछ ज्यादा मामला है। यह व्यक्तित्व का मसला है, जहाँ वह दर्जनों बार झूठ बोलते हैं और उसके बाद वह खुद मान लेते हैं कि वह सही बोल रहे हैं। या यह जोकर राजकुमार का मामला है, जिसकी जोकरी बाहर आ रही है।

मैंने जेटली का उल्लेख इतने विस्तार से किया, जिससे सिर्फ यह पता चलता है कि किस तरह से काल्पनिक आधार पर कांग्रेस मोदी के खिलाफ आक्रामता बना रही है। क्या आम चुनाव इस तरह के झूठ और फर्जी आरोपों से जीते जाएँगे।

दुरुस्त की जा रही है खस्ताहाल अर्थव्यवस्था

यू.पी.ए. सरकार ने ऐसी अर्थव्यवस्था छोड़ी थी, जो एक दशक से कम वृद्धि दर की वजह से खस्ता हल हो गई थी। 2004 में आर्थिक वृद्धि दर 8.1 प्रतिशत थी, जो 2012-13 में गिरकर चार प्रतिशत पर आ गई। राजकोषीय गड़बड़ी यू.पी.ए. की कलंकित विरासत बन गई थी।

यू.पी.ए. सरकार के कार्यकाल में आवश्यक वस्तुओं के दाम बढ़े और वृद्धि दर दो अंकों में पहुँच गई। रोजगार के अवसर घट गए। महँगाई दर 13 प्रतिशत के उच्च स्तर पर थी। ब्याज दरें ज्यादा होने के कारण निवेश प्रभावित हो रहा था। बुनियादी ढाँचा क्षेत्र पूरी तरह बिगड़ गया। कोयले की आपूर्ति की समस्या थी, बिजली की कमी थी और सरकार लाचार थी।

यू.पी.ए. की स्थिति की तुलना उस अर्थव्यवस्था से करें, जो उसे विरासत में मिली थी। 8.1 प्रतिशत वृद्धि दर के अलावा एन.डी.ए. के छह साल के शासन के दौरान महँगाई दर 3.8 प्रतिशत पर रही थी (2001-03 को छोड़कर करीब यह स्थिर रही थी, जब यह 7.2 प्रतिशत पर थी) यू.पी.ए. सरकार महँगाई दर को दो अंकों पर ले आई और यह स्थिति यू.पी.ए. के पूरे कार्यकाल में रही तथा 2012-13 में महँगाई दर 10.4 प्रतिशत पर रही। खुदरा महँगाई दर भी दो अंकों में बनी रही, इसकी वजह से आम लोगों की कमर टूट गई।

यू.पी.ए. के शासनकाल के 10 में से 7 साल तक खुदरा महँगाई दर का मापन औद्योगिक कामगारों के लिए उपभोक्ता मूल्य सूचकांक के आधार पर होता था, जो दो अंकों में बनी रही। अगर हम आवश्यक जिंसों में प्याज के दाम देखें तो इसके दाम 213.7 प्रतिशत बढ़े, मूँग दाल 160.6 प्रतिशत, अरहर दाल, 132.5 प्रतिशत, मटर 132.4 प्रतिशत, चाय 130.7 प्रतिशत, भिंडी 127.7 प्रतिशत, गेहूँ 113.2 प्रतिशत, केला 109.7 प्रतिशत, दूध 109.2 प्रतिशत, चावल 102.5 प्रतिशत, अंडा 96.2 प्रतिशत, वाशिंग सोप 74.4 प्रतिशत, चिकन 74.2 प्रतिशत, आलू 69.8 प्रतिशत, टॉयलेट सोप 49.8 प्रतिशत, टेक्सटाइल 34.8 प्रतिशत, बिजली 31.7 प्रतिशत और दवाएँ 25 प्रतिशत महँगी हुई हैं। यह सरकार के डब्ल्यू.पी.आई. के आँकड़े हैं। वास्तविक मूल्य का कोई भी अनुमान लगा सकता है। अगर समय को इतिहास के रूप में देखें तो हम इसे फिर से याद कर सकते हैं। मनुष्य की स्मरणशक्ति कमजोर होती है, ऐसे में राजनेता सोचते हैं कि उन्हें मूर्ख बनाया जा सकता है।

यू.पी.ए. के शासनकाल में सुधार जनविरोधी और गंदे शब्द बन गए थे। यहाँ तक कि मनमोहन सिंह और यू.पी.ए. के समर्थकों ने भी इस शब्द का इस्तेमाल बंद कर दिया था। कृषि वृद्धि दर मामूली होने और औद्योगिक तथा विनिर्माण क्षेत्र की हालत खराब होने की वजह से स्थिति बदतर हो गई। यू.पी.ए. के शासनकाल में कृषि क्षेत्र में कोई उल्लेखनीय निवेश नहीं हुआ।

कृषि क्षेत्र का बुनियादी ढाँचा खराब होने की वजह से माँग आपूर्ति का संतुलन बिगड़ गया। ज्यादातर खाद्य वस्तुओं की कीमतें 2008 से 2014 के बीच दोगुना से ज्यादा हो गईं। सरकार शर्मनाक लूट का साधन बन गई थी।

वरिष्ठ संपादक आर जगन्नाथन ने लिखा, "यू.पी.ए. सरकार के तमाम मंत्रियों की आपत्ति और अर्थशास्त्रियों की सलाह के बावजूद सोनिया गांधी खाद्य सुरक्षा विधेयक (एफ.एस.बी.) को हमारे गले से नीचे उतार रही थीं। यह निष्कर्ष निकालना आकर्षक है कि यह गरीबों का पेट भरने के लिए किया जा रहा है। लेकिन हकीकत यह है कि खाद्य सुरक्षा विधेयक अन्य तमाम पहले की योजनाओं की तरह उन तमाम लक्ष्यों के प्रतिकूल साबित होगा, जो हश्र पहले की योजनाओं का हुआ है। इससे खाद्य की असुरक्षा होगी और अर्थव्यवस्था बरबाद हो जाएगी। एफ.एस.बी. विधेयक का बोझ जो बाद में नजर आएगा, लेकिन सोनिया गांधी के पुराने विधेयकों ने पहले ही बहुत भारी बोझ डाल दिया है। इससे महँगाई बढ़ी है और बजट का बुरा हाल हो गया है।"

आर्थिक परिदृश्य

मोदी ने कहा कि उनकी सरकार आर्थिक भगौड़ों के खिलाफ सक्रियता से काम

कर रही है, हाल के कानून की वजह से उनकी संपत्तियाँ जब्त करने में मदद मिली है और परिणाम आ रहे हैं। उन्होंने कहा, "अगर किसी ने सार्वजिनक धन को धोखे से लिया है और भाग गया है तो उसे बचने नहीं देंगे।"

नौकरियों के सृजन में विफल रहने के कांग्रेस के आरोपों का जवाब देते हुए मोदी ने कहा कि सितंबर 2017 से अप्रैल 2018 के बीच 45 लाख से ज्यादा औपचारिक नौकरियों का सृजन हुआ है और कर्मचारी भविष्य निधि संगठन (ईपीएफओ) के आँकड़ों से पता चलता है कि पिछले साल 70 लाख नौकरियों का सृजन हुआ था। उन्होंने कहा कि पर्यटन क्षेत्र बढ़ा है, मुद्रा ऋण दिए जाने के बाद स्टार्टअप व निर्माण क्षेत्र में नौकरियों का सृजन हुआ है।

आई.एम.एफ. का अनुमान है कि निवेश मजबूत होने और निजी क्षेत्र में तेजी से खपत होने के कारण 2018–19 वित्त वर्ष में आर्थिक वृद्धि दर 7.3 प्रतिशत और 2019–20 में 7.5 प्रतिशत रहेगी।

मध्यावधि के हिसाब से आर्थिक परिदृश्य में लगातार सुधार के अनुमान हैं और जी.डी.पी. वृद्धि 7.75 प्रतिशत रहने का अनुमान है। इससे निजी खपत में जोरदार बढ़ोतरी, निवेश में सुधार, बैंक की बैलेंस सीट में सुधार, कर्ज देने की वृद्धि सुधरने, चल रहे ढाँचागत सुधार और जी.एस.टी. की वजह से उत्पादकता में बढ़ोतरी के संकेत मिलते हैं।

विश्व की सबसे तेज बढ़ती अर्थव्यवस्था के रूप में, जिसकी हिस्सेदारी वैश्विक वृद्धि में करीब 15 प्रतिशत है, भारत की अर्थव्यवस्था ने लाखों लोगों को गरीबी रेखा के ऊपर उठाने में मदद की है और इससे वैश्विक वृद्धि में मदद मिल सकती है।

भारत में आई.एम.एफ. मिशन के प्रमुख रानिल सालगाडो ने कहा कि भारत की अर्थव्यवस्था वैश्विक वृद्धि का दीर्घावधि स्रोत है। उन्होंने कहा, "कुल मिलाकर यह वैश्विक आर्थिक वृद्धि का मुख्य संचालक है, जिसका अमेरिका और चीन के बाद स्थान है।"

सालगाडो ने कहा, "भारत अभी तीन दशक आगे है, जब भारत में काम करनेवाली आबादी घटनी शुरू हो जाएगी। इस तरह से देखें तो अभी लंबा वक्त है। अगले तीन दशक तक यह वैश्विक अर्थव्यवस्था के लिए वृद्धि का स्रोत है और यह ज्यादा लंबा चल सकता है। लेकिन तीन दशक तक वैश्विक अर्थव्यवस्था में भारत की स्थिति वैसी ही रह सकती है, जैसी कि चीन की थी।"

किसी और प्रधानमंत्री ने स्वच्छ भारत को सरकार की प्रमुख परियोजना में शामिल नहीं किया था। एक राष्ट्र निर्माता के रूप में मोदी ने इसका मॉडल खुद को बनाया।

एक्सपर्टिली वेबसाइट ने 5 अक्तूबर, 2017 को कहा, "भारत में कई बिल और संशोधन संसद् में पारित किए गए हैं। पुराने कानूनों की जगह नए काननों ने ले ली है।"

महत्त्वपूर्ण कानून

तमाम एन.जी.ओ., वकीलों, सामाजिक कार्यकर्ताओं और बाल अधिकारों के लिए काम कर रहे लोगों ने इसका विरोध किया, लेकिन जुवेनाइल जस्टिस अमेंडमेंट बिल पारित कर दिया गया, और अब अगर 16-18 साल उम्र के लड़के घृणित अपराध करते हैं तो उन्हें वयस्क माना जाएगा।

बीमा कानून (संशोधन) अधिनियम, 2015

यह बीमा अधिनियम, 1938, जनरल इंश्योरेंस बिजनेस (नेशलाइजेशन) एक्ट 1972 और बीमा नियामक एवं विकास प्राधिकरण (इरडा) अधिनियम, 1999 में संशोधनवाला बड़े सुधार से संबंधित प्रमुख कानून था। बीमा कानून (संशोधन) अधिनियम 2015 ने बीमा कानून (संशोधन) अध्यादेश 2014 की जगह ले ली। जो 26 दिसंबर, 2014 को प्रभावी हुआ था। इस अधिनियम में ऐसे प्रावधान डाले गए, जिससे भारतीय बीमा नियामक एवं विकास प्राधिकरण (इरडाई) को लचीलापन मिला, जिससे वह अपने काम को और ज्यादा प्रभावी और कुशल तरीके से कर सकता है। इससे भारत की बीमा कंपनी में विदेशी निवेश 26 प्रतिशत से बढ़ाकर 49 प्रतिशत करने का अधिकार मिला, जिसमें भारत का मालिकाना और नियंत्रण भी सुरक्षित रहेगा।

वस्तु एवं सेवा कर (जी.एस.टी.) 2016

जी.एस.टी. ने भारतीय कराधान व्यवस्था में क्रांतिकारी बदलाव कर दिया। यह समग्र कई चरणवाला, जगह आधारित कर है, जिसे प्रत्येक मूल्यवर्धन पर लगाया जा रहा है। आसान भाषा में यह कहा जा सकता है कि जी.एस.टी. एक अप्रत्यक्ष कर है, जिसे वस्तुओं और सेवाओं पर लगाया जाता है। जी.एस.टी. ने तमाम अप्रत्यक्ष कर कानूनों की जगह ले ली, जो भारत में पहले प्रभावी थे। जी.एस.टी. ने दोहरे असर को खत्म कर दिया, क्योंकि कर मालिकाना के हस्तांतरण होने पर सिर्फ मूल्यवर्धन पर लगाया जाता है। जी.एस.टी. के तहत सिर्फ तीन कर लागू हैं— सी.जी.एस.टी., एस.जी.एस.टी. और आई.जी.एस.टी.। जी.एस.टी. से कर संग्रह में सुधार के साथ भारतीय अर्थव्यवस्था को बढ़ावा मिलने की उम्मीद है।

मातृत्व लाभ (संशोधन) अधिनियम, 2017

मातृत्व लाभ योजना, 1961 में संशोधन बहुप्रतीक्षित था और इसे 11 अगस्त, 2016 को राज्यसभा और 9 मार्च, 2017 को लोकसभा में पारित किया गया। इसे 27 मार्च, 2017 को राष्ट्रपति की मंजूरी मिल गई। इससे मातृत्व लाभ की अवधि बढ़ गई और इससे तमाम प्रावधान, जैसे क्रेच सुविधा और घर से बैठकर काम करने की सुविधा मिली। इससे तमाम कामकाजी महिलाओं की रोजगार से जुड़ी चिंता खत्म हो गई और उन्हें आधुनिक और वैश्विक स्तर की सुविधाएँ मिल गईं।

रियल एस्टेट (नियमन एवं विकास) अधिनियम, 2016

रियल एस्टेट (नियमन एवं विकास) अधिनियम 2016 को 26 मार्च, 2016 को लागू किया गया था और इसके सभी प्रावधान 1 मई, 2017 से प्रभावी हुए। डेवलपरों को वक्त दिया गया कि वे जुलाई 2017 के आखिर तक अपनी परियोजनाओं का पंजीकरण रेरा के तहत करा सकते हैं। खरीदार के लिए महत्त्वपूर्ण यह था कि रियल एस्टेट डेवलपर/प्रमोटर को अपनी परियोजना का पंजीकरण रेरा के तहत कराना होता है। इस अधिनियम का मुख्य मकसद मकान के खरीदारों के हितों की रक्षा करना और रियल एस्टेट क्षेत्र में निवेश को बढ़ावा देना है।

प्रचलन से बाहर हो चुके कानून को खत्म करना

प्रचलन से बाहर हो चुके कानून खत्म करना भा.ज.पा. का चुनावी वादा था। मोदी सरकार के तीन साल के कार्यकाल में करीब 1,200 निरर्थक कानूनों को खत्म कर दिया गया। यह बड़ा सुधार था। पहले की सरकारें इस मसले के समाधान से बचती रही थीं। इनमें से ज्यादातर कानून ब्रिटिश शासन से विरासत में मिले थे।

उदाहरण के लिए भारतीय मोटर वाहन अधिनियम 1914 के तहत आंध्र प्रदेश में इंस्पेक्टर को दाँत साफ रखने चाहिए और अगर वह पीजन चेस्ट, नॉक नीज, फ्लैट फीट और हैमर टोज वाला है तो उसे अयोग्य करार दिया जाएगा। यह कुछ ऐसे कानूनों में से एक था, जिसका आधुनिक भारत में कोई मतलब नहीं था। इस तरह के तमाम कानून प्रशासन को सुविधापूर्वक चलाने और कारोबार सुगम करने की राह में व्यवधान पैदा करते थे।

नरेंद्र मोदी सरकार ने यह साफ कर दिया कि यह ऐसा वक्त है कि व्यवधान बने कानूनों को खत्म कर दिया जाए।

कुछ प्राचीन कानूनों के उदाहरण, जो खत्म कर दिए गए—

- एक शताब्दी पुराने कानून में कहा गया था कि गंगा नदी में नावों से यात्रियों

को ले जाने पर टोल टैक्स दो आना से ज्यादा नहीं होना चाहिए। आना अब प्रचलन में ही नहीं है।

- 200 साल पुराने कानून में यह अनुमति दी गई थी कि ब्रिटिश सम्राट् सभी भारतीय न्यायालयों के फैसलों की समीक्षा कर सकती है।
- इंडियन एयरक्राफ्ट अधिनियम 1934 के तहत पतंगों को भी एयरक्राफ्ट माना जाता था और आपको पतंग उड़ाने के लिए उसी तरह की अनुमति लेनी होती थी, जैसा हवाई जहाज उड़ाने के लिए।
- भारतीय निधि भंडारण अधिनियम, 1978 के मुताबिक अगर यह पाया जाता है कि किसी ने मिट्टी में 10 रुपए छिपाए हैं और उसने राजस्व अधिकारी को सूचना नहीं दी है तो उसे जेल की सजा हो सकती है।

जिन अन्य कानूनों को खत्म किया गया : कुछ परिस्थितियों में हाथियों को पकड़ने व उन्हें मारने का लाइसेंस लेना, कुष्ठ रोगियों को अलग करना और उनका उपचार, पाश्चात्य चिकित्सा विज्ञान में योग्य व्यक्तियों को खिताब देना, नियमित करना और बच्चों के श्रम को बंधक बनाने पर रोक (बाल दासता)।

इसके अलावा स्वतंत्रता के पहले के दौर में विदेशियों की भर्ती का नियमन, पाकिस्तान से कैदियों की अदला-बदली का समझौता, बंगाल, असम और पंजाब में न्यायालयों का उनके लिए इस्तेमाल जारी रखना, जो पाकिस्तान से विस्थापित होकर भारत आए थे और अखबारों के दाम को नियंत्रित करने का अधिकार जैसे कानून भी हटाए गए।

तमाम ऐसे और भी कानून हैं, जो किताबों में बंद पड़े थे और उनका कोई इस्तेमाल नहीं होता था, क्योंकि बहुत पुराने अधिनियम में वे थे और उन्हें पहले ही नए कानून में शामिल कर लिया गया था।

पहले की सरकार ने इस तरह के सिर्फ 1,301 कानून हटाए थे, जो प्रशासन को आसानी से चलाने और आर्थिक विकास में 65 साल से बाधा बने हुए थे। वहीं मोदी सरकार ने इस तरह के 1200 कानून सिर्फ 3 साल में खत्म कर दिए। केंद्रीय अधिनियमों में इस तरह के 1,824 और बाधाएँ खत्म करने के लिए चिह्नित की गई हैं।

2014 के प्रचार अभियान में मोदी ने वादा किया था कि अगर भा.ज.पा. सरकार सत्ता में आती है तो हर पारित कानून के लिए 10 पुराने कानून खत्म करेगी।

सरकार ने प्रधानमंत्री कार्यालय में सचिव आर. रामानुजम की अध्यक्षता में एक समिति का गठन किया था। समिति को अटल बिहारी वाजपेयी सरकार द्वारा 1998 में स्थापित प्रशासनिक कानून समीक्षा पर बनी समिति की सिफारिशों पर फिर से विचार

करना था। यह साफ नहीं है कि कांग्रेस छह दशक से ज्यादा पुराने मूर्खतापूर्ण कानूनों को बनाए हुए थी।

विपक्ष के बहुमतवाले उच्च सदन ने भी इन विधेयकों को पारित करने में सकारात्मक भूमिका निभाई, जो केंद्रीय कानूनों को खत्म किए जाने से जुड़े थे। इन कानूनों में से दो दर्जन कानून ब्रिटिश काल के थे और लंबे समय से अपना महत्त्व खो चुके थे।

□

4

प्रधान सेवक

नेतृत्व लोकनीति, हौसले और प्रतीक चिह्नों से संबंधित है।

—प्राचीन ग्रीक कहावत

सबके लिए जीत की स्थिति बनाने के फॉर्मूले की व्याख्या करते हुए मैनेजमेंट गुरु स्टीफेन कोवे कहते हैं कि व्यक्ति को चाहिए कि वह समझे जाने के पहले समझने को प्राथमिकता दे। साहस और विचार के बीच संतुलन बनाना नेतृत्व की परिपक्वता है। वह कहते हैं कि शुरुआती ग्रीकों के पास शानदार दर्शन होता था, जिसमें तीन क्रमबद्ध रूप से व्यवस्थित शब्द शामिल थे—लोकनीति, हौसले और प्रतीक चिह्न।

लोकनीति किसी की व्यक्तिगत विश्वसनीयता है, जो नेता की ईमानदारी और क्षमता को लेकर लोगों के भरोसे को प्रदर्शित करती है। यह एक भरोसा है, जिससे आप प्रेरित होते हैं। हौसला वह पक्ष है, जिसमें व्यक्ति दूसरे के साथ घुल-मिल जाता है और दूसरे को पहचानता है। यह अनुभूति है। इसका मतलब यह होता है कि आप किसी दूसरे व्यक्ति के साथ बातचीत में भावनात्मक विश्वास के साथ जुड़े हुए हैं। प्रतीक-चिह्न तर्क होता है। यह किसी व्यक्ति की प्रस्तुति का तार्किक पक्ष होता है। यहाँ चरित्र, संबंधों और तर्क पर जोर होता है।

नरेंद्र मोदी के नवोन्मेषी तरीके ने परंपरागत राजनीति को सिर के बल खड़े होने को मजबूर कर दिया है। मोदी ने लोगों की राजनीतिक चर्चा के मुहावरे इस कदर बदल दिए हैं कि परंपरागत राजनीति हारी हुई नजर आ रही है। वे बेमेल नजर आ रहे हैं। जाति, वंश, भाषा और कौमपरस्ती को लेकर उनके घिसे-पिटे नजरिए का असर अब खत्म हो रहा है। यही वजह है कि इंडियन नेशनल लोक दल (आई.एन.एल.डी.) की जाति की राजनीति 2015 में हरियाणा में मतदाताओं को लुभाने में नाकाम रही और मुलायम सिंह यादव 2017 में उत्तर प्रदेश में असफल हो गए। मोदी फैक्टर ने जनसांख्यिकीय बदलावों और महानगरीय सोच को नए सिरे से परिभाषित किया और राजनीति के तरीकों को परिष्कृत कर दिया है।

मोदी की करिश्माई छवि ने राजनीतिक अभियानों को बड़ी रैलियों के उत्सव में तब्दील कर दिया। इसकी अवधारणा भारत को आधुनिक सुपर पावर के रूप में विकसित करना था। 'एक भारत, श्रेष्ठ भारत' का संदेश उन युवाओं को जोड़ने में कामयाब रहा, जो बेहतर अवसर की तलाश कर रहे हैं। इस संदेश के बाद विपक्ष की सांप्रदायिक और जाति को लेकर लंबी-चौड़ी बातें बेमानी हो गईं।

मोदी मध्य वर्ग की उस निराशा का शमन करनेवाले नेता के रूप में सामने आए, जो कहते थे, "कुछ भी नहीं बदल सकता, भारत का कुछ नहीं होनेवाला।" लोगों की राजनीति में दिलचस्पी जगी। यह उम्मीद थी कि लोकतांत्रिक साधनों से प्रगति हो सकती है। 'सब चोर हैं' की धारणा बदली और राजनीतिक वर्ग की विश्वसनीयता बहाल हुइ। यही वजह है कि जिनके बारे में दावा किया जाता था कि वे मतदान स्थल तक कभी नहीं आ सकते, बड़े पैमाने पर निकलकर सामने आए और उन्होंने ब्रांड मोदी को समर्थन दिया।

2018 में भारत गतिविधियों, उम्मीदों और विश्वास का केंद्र बन गया है। 2014 में हुए बदलाव से क्या काम करने के तरीके का एक स्थायी भाव पैदा होगा, यह केवल 2019 में जाना जा सकता है। अगर ऐसा होता है तो 2014 भारत के इतिहास में बदलाव के चरण की शुरुआत के रूप में जाना जाएगा।

मोदी ने बदला राजनीतिक व्यवहार

भारत के राजनीतिक वर्ग की विश्वसनीयता मोदी के आगमन के बाद बहाल हुई है। यह ऐसा पहलू है, जिस पर कम चर्चा हुई है। 2011-12 के अन्ना हजारे के भ्रष्टाचार विरोधी आंदोलन राजनेताओं की छवि घमंडी, भ्रष्ट और कुलीन वर्ग के झुंड के रूप में स्थापित हो गई थी, जो अपनी शानदार जिंदगी, विशेषाधिकार और धन कमाने के लिए काम करते हैं। नरेंद्र मोदी ने यह सब बदल दिया। मोदी ने अपने लिए कठोर एवं उच्च मानक स्थापित किए। मोदी की योजनाओं में छूट देने को लेकर दीवानगी को कोई जगह नहीं मिली। उनके लिए सार्वजनिक जीवन में होना एक मिशन है। उन्होंने नेतृत्व में लोगों का भरोसा स्थापित किया।

मोदी ने कहे के मुताबिक काररवाई करना शुरू किया। गुजरात में उनके प्रदर्शन ने विश्वसनीयता स्थापित की और लोकसभा चुनाव में उन्हें बहुमत मिला। मोदी ने चुनावी गणित में कुछ राजनीतिक व्यवहार बदल दिया।

भारतीय राजनीति में लंबे समय से राजनीतिक गंभीरता न होने का संकट था। राजनेता सम्मान पाने में असफल थे। उन्होंने कभी नए विचारों पर काम नहीं किया और जाति, धर्म और क्षेत्रीय मसलों पर चुनाव लड़ते रहे। मोदी नई कथा लेकर आए। भारत के मतदाताओं का बड़ा हिस्सा उदासीन था और नोटा (उपरोक्त वोटिंग विकल्पों में से

कोई नहीं) पेश किया जाना बढ़ती असहमति का एक प्रतीक था। मोदी के आने के बाद इस गिरावट पर लगाम लगी।

मोदी के राजनीतिक पटल पर आने तक राष्ट्रीय जनादेश पर बातचीत फैशन में नहीं थी। राजनीतिक पंडित राष्ट्रीय चुनाव को 29 राज्यों के चुनाव के योग के रूप में देखते थे, लेकिन मोदी ने एक पार्टी के शासन की बात की, जिसके बारे में दशकों से सोचना भी मुश्किल था। मोदी ने न सिर्फ क्षेत्रीय क्षत्रपों की मोलभाव की क्षमता खत्म कर दी, बल्कि उन्होंने विकास के एजेंडे में राष्ट्रीय दल के एजेंडे को बहाल करने की भूमिका की सशक्त तरीके से वकालत की। उन्होंने गठजोड़ की अनिवार्यता की विभाजनकारी गतिविधियों पर लगाम लगा दी। राष्ट्रीय व राज्यों के चुनावों में मोदी की सफलता ने क्षेत्रीय दलों को अपनी प्राथमिकताओं पर फिर से विचार करने को मजबूर कर दिया।

वंशवादी राजनीति को लेकर नरेंद्र मोदी की नफरत से भी इसे जोड़ा जा सकता है। करीब सभी क्षेत्रीय दल एक परिवार से संचालित हो रहे हैं। उन्होंने पीढ़ियों से किसी सुधार से इनकार कर रखा था, जब तक मोदी के तूफान ने उन्हें बुरी तरह से हिला नहीं दिया। महाराष्ट्र, हरियाणा, उत्तर प्रदेश और अन्य राज्यों में भा.ज.पा. की सफलता ने परिवार की राजनीति खत्म कर दी। इससे संकीर्ण भावनाओं के माध्यम से की जा रही लूट और एक परिवार का आधिपत्य खत्म हुआ। इसका बहुत व्यापक असर पड़ा और बेहतर शिक्षित और सेवा की भावनावाले युवाओं को राजनीति को पेशे के रूप में अपनाने की संभावना नजर आने लगी, जो राजनीति में बड़ा बदलाव है। मोदी ने इस वर्ग को व्यापक रूप से आकर्षित किया है।

मोदी ने हिंदी को राष्ट्रीय भाषा होने के गर्व को फिर से स्थापित किया। भारत की राजनीति में बैबलॉग सिंड्रोम दंभवाला माहौल बना रहा था, जहाँ देसज स्कूल की पृष्ठभूमि वाले राजनेताओं को हास्यास्पद रूप में देखा जाता था। अंग्रेजों की तरह अंग्रेजी बोलने को राजनीति में सफलता का पासपोर्ट माना जाता था। मोदी के आत्मविश्वास, प्रतिष्ठा और सशक्त भाषण के साथ जनता को जोड़नेवाली छवि ने गर्व पैदा किया कि राजनेताओं को अपनी मातृभाषा में गर्व के साथ बोलना चाहिए। वैश्वीकरण के इस दौर में यह छोटी बात नहीं है और यह जटिल बदलाव बहुत स्वाभाविक तरीके आसानी से हो गया।

भीड़ खींचने के लिए राजनीतिक अभियानों में फिल्मी सितारों और जानी-मानी हस्तियों की भूमिका कम हो गई। भीड़ जुटाने के लिए राजनेताओं को जाने-माने प्रचारकों को बुलाने की चिंता रहती थी और ये उन पर बहुत ज्यादा निर्भर हो गए थे। 2014 में मोदी भीड़ खींचनेवाले सबसे बड़े व्यक्तित्व के रूप में उभरे। इसी के मुताबिक राजनीतिक दलों को अपनी रणनीति बदलनी पड़ी। संभवत: कई वर्षों में यह पहला मौका था, जब मतदाताओं को लुभाने के लिए चुनाव प्रचार में फिल्मी सितारों,

क्रिकेटरों और हास्य कलाकारों को बुलाने की जरूरत नहीं पड़ी।

उन्होंने आम आदमी की राजनीतिक हिस्सेदारी स्थापित की और सोशल मीडिया में सक्रिय युवा उनसे सीधे जुड़ गए। दरअसल इससे हमारा लोकतंत्र वास्तव में लोकतांत्रिक हो गया, जैसा पहले कभी नहीं हुआ था।

पार्टी के कट्टर कार्यकर्ताओं के अलावा नरेंद्र मोदी के पक्के समर्थक कौन हैं? यह आकर्षित करनेवाली बात है कि जो लोग राजनीति और समाज पर बातचीत करते हैं, वे मोदी के बड़े समर्थक बनकर उभरे। उनके समूह में मोदी अकसर मुद्दा रहते हैं। जो लोग राजनीति में बहुत ज्यादा शामिल रहते हैं, उनमें हमारी व्यवस्था में सुधार की बहुत ज्यादा क्षमता होती है।

अच्छे दिन आनेवाले हैं

ऐसा माना जाता था कि राष्ट्रीय चुनाव 36 राज्यों व केंद्र शासित प्रदेशों का योग है और हर राज्य का अलग राजनीतिक प्रोफाइल है और वहाँ के लोग अलग तरीके से मतदान करते हैं। 2014 में 1977 की ही तरह पूरे देश ने एक तरह की प्रतिक्रिया दी। 1977 के चुनाव में लोकतंत्र बहाल किए जाने को लेकर मतदान हुआ। 2014 में भ्रष्टाचार और कुशासन खत्म करने लिए मतदान हुआ।

इस चुनाव ने केंद्र और राज्यों में वंशवाद की राजनीति को खत्म कर दिया और आम आदमी को सामने ला दिया। बगैर किसी पृष्ठभूमिवाला एक असाधारण नेता, या कहें स्थापित मानकों के खिलाफ खड़े एक व्यक्ति, जिसने आभिजात्य वर्ग की बुराइयों पर लगाम लगा दी, चुना गया। तीन दशक बाद किसी एक दल को लोकसभा में स्पष्ट बहुमत मिला।

यह कहा जाता था कि हिंदुत्ववादी छविवाले मोदी को जनादेश नहीं मिल सकता। सिर्फ वही नेता चुनाव में जीत सकता है, जिसकी कथित रूप से धर्मनिरपेक्ष छवि हो। साथ ही यह भी कहा जाता था कि भा.ज.पा. उन राज्यों में चुनाव नहीं जीत सकती, जहाँ 10 प्रतिशत से ज्यादा अल्पसंख्यकों का मत है। लेकिन भा.ज.पा. उत्तर प्रदेश, उत्तराखंड, असम, गोवा, कर्नाटक और महाराष्ट्र में करीब सभी सीटें जीतने में कामयाब रही।

भा.ज.पा. की छवि सवर्ण जातियों और दलित विरोधी दल के रूप में बनाई गई। लेकिन भा.ज.पा. ने ज्यादातर राज्यों में सभी एस.सी./एस.टी. सीटों पर जीत हासिल की।

कुछ लोगों ने कहा कि मोदी के सत्ता में आने पर वे भारत छोड़ देंगे। अन्य ने कहा कि भारत टूट जाएगा। 2009 में मा.क.पा. के नेता ज्योति बसु ने कहा था कि अगर एन.डी.ए. सत्ता में आती है तो बंगाल टूट जाएगा। क्या ऐसा कुछ हुआ? भारत इस समय पहले से ज्यादा एकजुट हुआ है।

मीडिया : प्यार-दुत्कार का संबंध

2002 के बाद से कई वर्षों तक मीडिया और मोदी के बीच प्रेम और घृणा का संबंध रहा है। मोदी अपने विरोधियों की घृणा से ही इस स्थिति में पहुँचे हैं। कांग्रेस और मीडिया ने उन्हें जिस बुरी तरह निशाना बनाया, उसका लाभ मोदी को मिला। मोदी ने उनका डटकर मुकाबला किया। उनके प्रति लोगों का आकर्षण, करिश्माई व्यक्तित्व और भीड़ खींचने की उनकी क्षमता की मीडिया उपेक्षा नहीं कर सकता था। यहाँ तक कि मोदी ने एक बार खुद कहा था कि उन्होंने अच्छी नकल की है। लोगों ने उन्हें हाथोंहाथ लिया। मीडिया ने मोदी के पक्ष और उनके विरोध में लिखकर उनकी छवि को भुनाया। 2014 चुनाव के पूरे अभियान के दौरान मोदी चर्चा में सबसे ऊपर बने रहे। मीडिया सिर्फ संकट में उनकी उपेक्षा कर सकता था। मोदी यह समझते थे।

इसलिए जब वे प्रधानमंत्री बने, उन्होंने मीडिया को धन्यवाद नहीं दिया। वैसे ही जैसे नेपोलियन फ्रांस के शासक बने थे तो उन्होंने इसके लिए पादरियों को श्रेय नहीं दिया, मोदी ने प्रेस कॉन्फ्रेंस या बड़े मीडिया कार्यक्रमों को संबोधित करने से इनकार कर दिया। उन्होंने कई महीनों बाद नई दिल्ली के भा.ज.पा. कार्यालय में दीपावली मिलन समारोह में पत्रकारों से मुलाकात की। वरिष्ठ संपादकों से लेकर नए नवेले रिपोर्टर ने दीवाली कार्यक्रम में मोदी के साथ सेल्फी लेने की होड़ लगा दी। इस तरह से भारत की मीडिया ने मोदी के भारत को लेकर व्यापक दृष्टिकोण को अपना लिया। मीडिया के साथ मोदी की पहली औपचारिक मुलाकात सामान्य खबर नहीं बनी। पर यह प्रेस के साथ मोदी के संबंधों की नई शुरुआत के रूप में सामने आई।

मोदी के लिए माध्यम के मुकाबले संदेश ज्यादा अहम रहा है। गुजरात के मुख्यमंत्री के रूप में उन्होंने विचारों के व्यापक मार्केटिंग के लिए एक उचित व्यवस्था स्थापित की थी। उसका फायदा उन्हें 2014 के चुनाव प्रचार के दौरान मिला। यह व्यवस्था अभी भी काम कर रही है। राजनीतिक संचार के लिए मोदी ने एक अलग तरीका विकसित किया। वह लोगों से जुड़ने के लिए कभी सिर्फ एक माध्यम पर निर्भर नहीं रहे।

मोदी पहले राजनेता थे, जिन्होंने राजनीतिक संदेश देने के लिए सोशल मीडिया को एक प्रभावी साधन के रूप में इस्तेमाल किया। इसके माध्यम से उन्होंने मुख्यधारा की मीडिया के माध्यम से प्रचार की दशकों से चली आ रही परंपरा को पीछे कर दिया। उनकी सफलता ऐसी थी कि उनके विरोधियों की विश्वसनीयता को लेकर संकट पैदा हो गया। सोशल मीडिया में उनकी धूम की वजह से इलेक्ट्रॉनिक मीडिया भी आकर्षित हुआ, क्योंकि मोदी अब खेल बदलनेवाले हो चुके हैं।

उदारीकरण के बाद किसी भी प्रधानमंत्री ने दूरदर्शन पर उतना भरोसा नहीं किया, जितना मोदी ने किया। इससे आधिकारिक माध्यम पेशेवर हुआ कि नहीं, वह अलग

मामला है, लेकिन इससे जनता में व्यापक पहुँच सुनिश्चित हुई और जनता की नजर में विश्वसनीयता बनी।

ऑल इंडिया रेडियो पर मोदी के मन की बात बेहद सफल है। उन्होंने ए.आई. आर. के घटते मनोबल में नई जान फूँकी है। प्रधानमंत्री के संचार को प्रसारित करने का एक्सक्लूसिव अधिकार इस प्राचीन ब्रॉडकास्टर को मिलने से वायु तरंगें एक बार फिर महत्त्वपूर्ण बन गई हैं।

मोदी ने सोशल मीडिया, दूरदर्शन-ए.आई.आर. समूह से क्या हासिल किया? इनको साथ मिला दिया जाए तो इनकी व्यापक पहुँच है। भारत में इंटरनेट इस्तेमाल करनेवाले 84 प्रतिशत लोग सोशल मीडिया पर सक्रिय हैं। इनकी संख्या 25 करोड़ है, जिसमें लगातार बढ़ोतरी हो रही है। मोदी सरकार ने आधिकारिक माध्यम को पेशेवर बनाने और न्यू मीडिया को व्यापक बनाने का प्रण किया है। दरअसल मोदी ने अपने मतदाताओं से जुड़ने के लिए एक नेटवर्क स्थापित कर लिया है। इसमें मुख्यधारा की मीडिया की कोई भूमिका नहीं है। जबतक उन्हें देखनेवाले हैं, इलेक्ट्रॉनिक मीडिया उनकी उपेक्षा नहीं कर सकता था।

यह नया समीकरण है, जिसे मोदी ने समय के साथ स्थापित किया है। मोदी यह जानते हैं कि खबर कैसे बनती है। पिछले 5 साल में उन्होंने नवोन्मेषी विचारों की वजह से शीर्षकों में जगह बनाई। इस मामले में वह महात्मा गांधी की तरह हैं। तमाम लोग हरियाणा और महाराष्ट्र में चुनावी जीत के बाद मोदी के सितंबर 2014 में बाढ़ से तबाह हुए जम्मू-कश्मीर के दौरे और पहली दीपावली सियाचिन में मनाने को महात्मा के दंगा प्रभावित नोआखली के दौरे के रूप में देखते हैं, जो उन्होंने 1947 के स्वतंत्रता दिवस समारोह को छोड़कर किया था।

भारत का मीडिया उद्योग विश्व में सबसे तेजी से बढ़ रहा है। 800 से ज्यादा टेलीविजन चैनलों, करीब 1,200 एफ.एम. रेडियो स्टेशन स्थापित होने और 11 करोड़ अखबार प्रतिदिन बिकने के साथ देश में संचार का बहुत तेजी से विस्तार हो रहा है, जिसकी किसी से तुलना नहीं की जा सकती है। विपक्ष नरेंद्र मोदी के तूफानी प्रोपेगेंडा की बात करता है, जबकि हकीकत यह है कि मोदी ब्रांड मीडिया का बनाया हुआ नहीं है। मोदी ने अपनी यह छवि कड़ी मेहनत और लोगों के साथ काम करके बनाई है। चुनाव प्रचार के दौरान चैनलों की टी.आर.पी. सीधे तौर पर मोदी को दिए गए समय के समानुपाती थी।

एक चैनल ने माना कि अमेरिका दौरे के मौके पर मोदी का साक्षात्कार प्रसारित करने के बाद उसकी टी.आर.पी. कई गुना बढ़ गई। दीवाली मिलन कार्यक्रम के दौरान मीडिया मोदी के लिए लार टपकाता नजर आया, जबकि मोदी ने उसे अपने साथ फोटो

खिंचाने के अलावा कोई मौका ही नहीं दिया।

मोदी का इतना बड़ा कद किस वजह से बनता है ? शायद राजनीति को लेकर उनके नवीन तरीके की वजह से ऐसा है। वे नई भाषा बोलते हैं, जो राजनीति में अभी तक सुनी नहीं गई है। उन्होंने भारतीय राजनेताओं की स्वार्थी, आभिजात्य होने, धौंस जमानेवाले, मितभाषी, प्रतिष्ठित व्यक्ति से बदलकर एक मिशनवाले व्यक्ति की छवि बना दी। स्वच्छ भारत के प्रति मीडिया की प्रतिबद्धता को लेकर मोदी ने मीडिया की भूमिका को सामाजिक बदलाव के साथी की ओर मोड़ दिया है। राजनीति में किसी अन्य चीज की ही तरह मोदी ने अपनी राजनीतिक यात्रा में मीडिया का स्थान फिर से परिभाषित किया है।

मोदी ने मीडिया के साथ अच्छे संबंधों का आनंद नहीं लिया। मीडिया के सघन मोदी विरोधी अभियान से उन्हें एक तरह से सहायता ही मिली है। उन्होंने इस अभियान का रुख ही बदल दिया। इसकी वजह से मुख्यधारा की मीडिया का जादू और उसकी छवि खत्म हो गई। यहाँ तक कि प्रधानमंत्री बनने के बाद भी उन्होंने अपने को मीडिया में प्रिय बनाने के लिए कोई कवायद नहीं की। उनके पहले के लोगों के विपरीत मोदी ने मीडिया सलाहकार नहीं रखा। उन्होंने प्रेस वार्त्ता नहीं की। वह बहुत कम ही औपचारिक या अनौपचारिक रूप से प्रेस से रू-ब-रू हुए। उन्होंने उस पुरानी परंपरा को तोड़ दिया, जिसमें मीडिया को विदेशी दौरे में साथ ले जाया जाता था। मोदी ने 4 साल में 5 सूचना एवं प्रसारण मंत्री बदले हैं। उन्होंने मीडिया के साथ निपटने का तरीका बदल दिया।

मोदी 2013 में करन थापर का शो छोड़कर चले गए, जब वह भा.ज.पा. के प्रचार प्रभारी थे। उन्होंने गुजरात के मुख्यमंत्री रहते 2012 में चुनाव प्रचार के दौरान एन.डी.टी.वी. के विक्रम चंद्रा के चुभते सवाल पर जवाब न देने का साहस दिखाया, जो 2002 के दंगों के बारे में बार-बार पूछा जा रहा था। उन्होंने सद्भावना रैली में गोल टोपी पहनने से इनकार कर दिया, जिसकी तमाम लोगों ने आलोचना की। उन्होंने अपने खुद के नियम बनाए हैं।

इतिहास का खयाल रखते हुए महान् नेताओं ने हमेशा मीडिया को अपनी तरफ रखा है। गांधी और नेहरू इसके बेहतरीन उदाहरण थे। कुल मिलाकर देखें तो भविष्य आज की तुलना में अलग है और अच्छे कर्म की तुलना में लिखे गए शब्द लंबे समय तक स्मरण में रहते हैं। नेता को भविष्य में उसी आधार पर देखा जाता है कि उसके बारे में मीडिया में क्या लिखा गया है या दस्तावेजों में क्या संगृहीत है।

प्रधानमंत्री बनने के बाद मोदी के पास मौका था कि वे मीडिया के साथ अपने संबंध बेहतर कर लें। अंतरंग चुटकुले या कहानियाँ छवि बनाने में अहम होते हैं, लेकिन इस संबंध में देखें तो मीडिया मोदी के मामले में भाग्यशाली नहीं रहा। इस मामले में दोनों ही पीड़ित रहे। इतिहास के निर्माण में यह एक छोटा अंतर बना रहेगा।

बड़ी बाधा दौड़

2004 में एन.डी.ए. अपनी लोकप्रियता के चरम पर था, जब अटल बिहारी वाजपेयी प्रधानमंत्री थे। अर्थव्यवस्था के प्रबंधन के मामले में सरकार ने बहुत शानदार काम किया। आम आदमी खुश महसूस कर रहा था और वास्तविक अनुभूति यह थी कि अच्छे दिन आ गए हैं। उपभोक्ता क्षेत्र उफान पर था। वाहन, मकान या आलीशान उपभोक्ता वस्तुएँ खरीदने के इच्छुक लोगों के लिए वह सबसे बेहतर वक्त था। बैंकों के पास बहुत ज्यादा धन था, ब्याज दरें बहुत कम, 6 प्रतिशत से भी कम पर थीं। सरकार खपत बढ़ाने के लिए लोगों को ज्यादा-से-ज्यादा प्रोत्साहन दे रही थी।

उस समय इंडिया शाइनिंग का नारा दिया गया और उसी क्रम में सरकार ने समय से पहले ही मई 2004 में चुनाव कराने का फैसला किया। वह बहुत गरम मौसम में होने वाला चुनाव था। उस समय विस्थापन, बड़े आर्थिक बदलाव की अपनी खामियाँ थीं। सावधि जमा, भविष्य निधि की बचत, सामूहिक बचत योजनाओं जैसे यू.टी.आई. और अन्य साधनों से बचत पर ब्याज दरें बहुत कम हो गई थीं। विपक्षी दलों ने एन.डी.ए. को हराने के लिए हाथ मिला लिये। डी.एम.के. जैसे अहम गठबंधन सहयोगी गठबंधन छोड़कर चले गए। इस सबका असर मतदान पर पड़ा और संयुक्त विपक्ष से एन.डी.ए. बहुत मामूली अंतर से हार गया।

पाँच साल बाद 2009 के चुनाव में एन.डी.ए. एल. के. आडवाणी के नेतृत्व में चुनाव लड़ा। उन्हें प्रधानमंत्री प्रत्याशी के रूप में प्रचारित किया गया। कई साल से आडवाणी को वाजपेयी और डॉ. मुरली मनोहर जोशी के साथ पार्टी की त्रिमूर्ति माना जाता था, जिनके माध्यम से भा.ज.पा. जनता तक पहुँची थी। उनके नेतृत्व में पार्टी ने लंबी छलाँग लगाई थी। उनकी सोमनाथ से अयोध्या तक की रथयात्रा ने देश का राजनीतिक विमर्श बदल दिया था। एक समय तो वह वाजपेयी से भी ज्यादा लोकप्रिय हो गए थे। यह व्यापक स्तर पर अटकलबाजी होती रही कि आडवाणी भा.ज.पा. की ओर से प्रधानमंत्री पद के प्रत्याशी होंगे, अगर 1990 के बाद सरकार बनाने का मौका मिला। लेकिन वाजपेयी ज्यादा स्वीकार्य थे।

वाजपेयी सरकार में उप प्रधानमंत्री और गृहमंत्री रहने के बाद 2009 तक आडवाणी का कद बढ़ गया था। लेकिन 2005 में उनकी पाकिस्तान यात्रा और मोहम्मद अली जिन्ना के बारे में उनके प्रशंसात्मक बयान से उनके तमाम धुर समर्थक निराश हुए। ज्यादातर भारतीय जिन्ना को भारत के विभाजन के खलनायक के रूप में देखते हैं।

डॉ. जोशी भारत के बेहतरीन शिक्षा मंत्री (एच.आर.डी.) रहे। उनके कार्यकाल में शिक्षा क्षेत्र ने असल में छलाँग लगाई। नए विश्वविद्यालय, 18 एन.आई.टी., सैकड़ों इंजीनियरिंग कॉलेज, दर्जनों निजी व डीम्ड विश्वविद्यालय खुले। जोशी के कार्यकाल में

बड़े शैक्षणिक सुधार हुए। विवादास्पद पाठ्यक्रम समीक्षा से भी उन्हें अतिरिक्त अंक मिले और उच्चतम न्यायालय ने 2003 में अपने एक फैसले में समीक्षा समिति की सिफारिशों पर अपनी मुहर लगा दी।

उस समय के पार्टी प्रमुख के रूप में उनकी कन्याकुमारी से श्रीनगर तक की एकता यात्रा हुई, जिसमें 26 जनवरी को गणतंत्र दिवस के मौके पर 1992 में तिरंगा झंडा फहराया गया। यह भा.ज.पा. के विकास की कहानी में मील का एक पत्थर था। इस लंबी रथयात्रा में नरेंद्र मोदी उनके साथ थे। अयोध्या में बाबरी मसजिद को तोड़े जाने की घटना 6 दिसंबर, 1992 को हुई।

कोई यह उम्मीद नहीं कर रहा था कि आडवाणी के नेतृत्व में एन.डी.ए. की हार होगी। कोई यह उम्मीद नहीं कर रहा था कि डॉ. मनमोहन सिंह दूसरी बार सत्ता में आएँगे, लेकिन 2009 का चुनाव एन.डी.ए. के लिए आपदा साबित हुआ।

लगातार दो बार हार के बाद भा.ज.पा. के लिए भारी बदलाव जरूरी हो गया था। पार्टी काडर निराश था और जिन्नावाली घटना के बाद आडवाणी की लोकप्रियता बहुत नीचे आ गई थी। 2012 तक यह साफ हो गया कि मोदी भा.ज.पा. में सबसे लोकप्रिय चेहरा हैं। गुजरात के मुख्यमंत्री के रूप में उनका शानदार प्रदर्शन, एक के बाद एक चुनावों में राज्य में उनकी सफलता, मोदी विरोधी ब्रिगेड की वजह से मीडिया और न्यायपालिका का लगातार उन पर ध्यान देना और कई कारणों से मोदी देश की जनता को प्रिय हो गए। मैंने 18 मार्च, 2012 को पी.टी.आई. के दुबई में कार्यरत वरिष्ठ संवाददाता के एस.आर. मेनन का एक लेख ऑर्गेनाइजर में छापा था, जिसमें यह विचार प्रस्तुत किया गया था कि मोदी भा.ज.पा. के अगले प्रधानमंत्री प्रत्याशी के रूप में प्रस्तुत किए जा सकते हैं। मेनन ने लिखा था, "भा.ज.पा. में मोदी के कद का कोई करिश्माई नेता नहीं है, जिसका प्रदर्शन बेहतर रहा हो। इसके बावजूद पार्टी तमाम नेताओं का नाम लेती है, जिन्हें देश के अगले प्रधानमंत्री के रूप में सामने लाया जा सकता है। हकीकत यह है कि अब मोदी ही उनके एकमात्र दाँव हैं। मोदी की हर राज्य में पहचान है और उनकी एक राष्ट्रीय अपील है तथा उनको सामने लाना भा.ज.पा. के लिए एक बेहतर अवसर है।"

इसके बाद ऑर्गेनाइजर में इस तरह के कुछ और लेख आए, जिनमें एन.डी. नालपत, एम.वी. कामथ, डॉ. सुब्रमण्यन स्वामी, डॉ. जय दुबाशी, डॉ. गौतम सेन, ओ.पी. गुप्ता (सेवानिवृत्त आई.एफ.एस.) और सेफोलॉजिस्ट जी.वी.एल. नरसिम्हा राव शामिल हैं। यह ऑर्गेनाइजर के उस तबके को पसंद नहीं आया, जिनका उसके संपादकीय मामलों पर दबदबा था। मैंने मार्च 2013 में ऑर्गेनाइजर छोड़ दिया, लेकिन उसके बाद उस विचार को माननेवाले बहुत लोग सामने आ गए। नरेंद्र मोदी को पदोन्नति देने की चर्चा चल पड़ी। यह एक बड़ी बाधा दौड़ थी। अकसर परिस्थितियाँ

व हालात मिलकर इतिहास बनाती हैं। भा.ज.पा. के पास कोई दूसरा विकल्प नहीं था। भारत मोदी का इंतजार कर रहा था। यहाँ यह साफ करना कि 2012 और 2013 के बीच क्या नाटक हुआ और क्यों या कैसे पार्टी ने मोदी को मुख्य चुनाव प्रभारी घोषित किया और फिर प्रधानमंत्री पद का प्रत्याशी घोषित किया—इस बारे में चर्चा के लिए यह उचित जगह नहीं है।

अनोखा राजनीतिक अभियान

मोदी के प्रचार अभियान ने इतिहास रच दिया। भारत के इतिहास में अब तक किसी नेता ने इस तरह का सघन चुनावी अभियान इतने कम समय में नहीं चलाया था।

- 15 सितंबर, 2013 से 10 मई, 2014 के बीच नरेंद्र मोदी ने 5,827 जनसभाओं/कार्यक्रमों/इवेंट/3डी/चाय पे चर्चा में हिस्सा लिया।
- 3 लाख किलोमीटर से ज्यादा यात्राएँ कीं।
- 25 से ज्यादा राज्यों का दौरा किया।
- हर राज्य के लिए अलग विजन पेश किया। यह भविष्य के राजनेताओं के लिए केस स्टडी है।
- 3डी रैलियों व चाय पे चर्चा कार्यक्रम को अभूतपूर्व नवोन्मेष के रूप में देखा गया।
- प्रिंट और इलेक्ट्रॉनिक मीडिया को कुछ साक्षात्कार दिए।

भारत के 2014 के लोकसभा चुनाव के अभियान का इतिहास जब भी लिखा जाएगा, एक और यादगार पहलू सामने आएगा कि इस ऐतिहासिक चुनावी अभियान में नरेंद्र मोदी ने अपना संदेश देने के लिए भारत के लोगों तक पहुँचकर सुशासन और विकास का संदेश देने की कवायद की। इसके पहले के चुनाव प्रचार अभियानों के इतिहास में जनता के बीच उम्मीद की किरण के रूप में कोई नेता इस तरह से सामने नहीं आया था। इसके पहले कोई चुनाव प्रचार अभियान इतने ज्यादा नवोन्मेष और सुस्पष्टता के साथ नहीं हुआ।

मोदी के प्रचार अभियान को इस रूप में वर्णित करना अतिशयोक्ति नहीं होगी कि यह जनसमूह को अपनी ओर मोड़ने की सबसे बड़ी कवायदों में से एक थी और चुनावी इतिहास में ऐसा पहली बार देखा गया था। अगर हम भारत की विशाल आबादी और भौगोलिक स्थिति को देखें तो भी पता चलता कि यह प्रचार अभियान बहुत बड़ा था। हाँ, पहले भी नेताओं ने बड़े अभियान चलाए हैं, लेकिन इस अभियान की व्यापकता ने उसके पहले के सभी प्रचार अभियानों को मीलों पीछे छोड़ दिया।

अगर 15 सितंबर, 2013 से शुरू करें, जब नरेंद्र मोदी ने पार्टी की ओर से

प्रधानमंत्री पद का प्रत्याशी घोषित किए जाने के बाद अपनी पहली रैली को संबोधित किया था, तब से लेकर 10 मई, 2014 को लोकसभा चुनाव खत्म होने तक नरेंद्र मोदी ने 437 बड़ी सार्वजनिक जनसभाओं को संबोधित किया और इसके लिए उन्होंने जम्मू से कन्याकुमारी और अमरेली से अरुणाचल प्रदेश तक करीब 3 लाख किलोमीटर यात्राएँ कीं। इसमें 1,350 3डी टेक्नोलॉजी से की गई रैलियों को भी शामिल किया जा सकता है, जो उन्होंने देश भर में कीं।

करीब 1,787 जनसभाएँ और करीब 3 लाख किलोमीटर यात्रा! क्या आपने सुना है कि कभी किसी ने इतनी विशाल कवायद की हो?

यह अभियान तीन चरणों में चलाया गया—

- शुरुआती सक्रियता का चरण।
- 2013 का विधानसभा चुनाव व अन्य जनसभाएँ
- 26 मार्च के बाद भारत विजय रैलियाँ

शुरुआती सक्रियता

नरेंद्र मोदी का रथ 15 सितंबर, 2013 को दोपहर बाद निकला, जब उन्होंने हरियाणा के रेवाड़ी में हुई ऐतिहासिक रैली में भूतपूर्व सैनिकों को संबोधित किया। उस दिन के बाद से महात्मा गांधी और आचार्य विनोबा भावे से नजदीक से जुड़े वर्धा में 20 मार्च, 2014 को हुई रैली सहित इस तरह की 38 शुरुआती तैयारी रैलियों को नरेंद्र मोदी ने संबोधित किया।

ये 38 रैलियाँ 21 राज्यों में हुईं। ऐतिहासिक रूप से नरेंद्र मोदी ने पहली बार उन राज्यों में भी रैलियाँ कीं, जहाँ भा.ज.पा. परंपरागत रूप से मजबूत नहीं मानी जाती थी और हर जगह पर लोगों की प्रतिक्रिया उत्साहजनक थी। इन रैलियों का स्वरूप और स्थानीय प्रसार कुछ इस तरह का था—

- औसतन बड़े राज्यों की हर रैली में चार लाख लोगों की भीड़ रही और उत्तर प्रदेश व कुछ अन्य जगहों पर रैलियों में इससे भी ज्यादा भीड़ नजर आई। पूर्वोत्तर और गोवा में भी भीड़ बहुत ज्यादा और अप्रत्याशित रहती थी।
- इस तरह इन 38 जन सभाओं में ही एक करोड़ से ज्यादा लोगों ने मोदी को सीधे सुना।

27 अक्तूबर, 2013 को पटना में आयोजित नरेंद्र मोदी की हुंकार रैली को कौन भूल सकता है! जनसभा के आस-पास बम फट रहे थे, लेकिन एक व्यक्ति भी जनसभा स्थल से नहीं हटा। अपने संबोधन में नरेंद्र मोदी ने लोगों को शांति और एकता का संदेश दिया और कहा कि हिंदू और मुसलिम एक-दूसरे से लड़ना छोड़कर दोनों को

मिलकर गरीबी से लड़ने की जरूरत है। आखिर में उन्होंने भीड़ से अनुरोध किया कि वे शांतिपूर्वक जाएँ।

इन रैलियों के साथ नरेंद्र मोदी ने कुछ अन्य रैलियों और कार्यक्रमों को सितंबर और मार्च 2014 के बीच संबोधित किया। इनकी संख्या 241 थी। इसमें छत्तीसगढ़, मध्य प्रदेश, राजस्थान और दिल्ली में हुई 52 रैलियाँ शामिल हैं, जहाँ नवंबर और दिसंबर 2013 में चुनाव होनेवाले थे। साफ तौर पर चुनावों के परिणाम भा.ज.पा. के पक्ष में रहे। राजस्थान में ऐतिहासिक बहुमत के साथ पार्टी सत्ता में आई। मध्य प्रदेश में विधायकों की संख्या बढ़ी और छत्तीसगढ़ में पार्टी सत्ता में वापसी में सफल रही, वहीं दिल्ली में सबसे बड़ी पार्टी बनकर उभरी।

इसके अलावा अन्य कार्यक्रम भी हुए। इनमें वकीलों, चार्टर्ड अकाउंटेंट, सांस्कृतिक दिग्गजों और अन्य नियमित प्रतिनिधिमंडलों व सांस्कृतिक सम्मानों में उपस्थिति शामिल हैं। उल्लेखनीय है कि प्रधानमंत्री पद के प्रत्याशी घोषित होने के बावजूद आदर्श आचार संहिता लागू होने तक मोदी ने गुजरात राज्य की सभी कैबिनेट बैठकों की अध्यक्षता की, विधानसभा सत्रों में शामिल हुए और राज्य के बजट की प्रस्तुति में भी शामिल रहे।

नरेंद्र मोदी ने इस दौरान कुछ विशेष कार्यक्रमों में भी हिस्सा लिया, जिसमें स्टैच्यू ऑफ यूनिटी (गुजरात में सरदार बल्लभ भाई पटेल को समर्पित मेमोरियल) का शिलान्यास और दिग्गज नेता लालकृष्ण आडवाणी के साथ पुणे में दीनानाथ मंगेशकर हॉस्पिटल का उद्घाटन तथा सी.ए. व वकीलों को किया गया संबोधन शामिल है। एक भावुक क्षण तब आया, जब उन्होंने पटना में आयोजित हुंकार रैली के दौरान बम विस्फोट में जिंदगी गँवानेवाले सभी लोगों के परिवारों के साथ मुलाकात की। उन्होंने 'ऐ मेरे वतन के लोगों' गीत की 51वीं वर्षगाँठ पर आयोजित कार्यक्रम में हिस्सा लिया, जहाँ खुद लता मंगेश्कर ने उस गीत का कुछ हिस्सा गाया, जिसमें पूर्व सैनिक और दर्शक भी शामिल थे।

प्रचार अभियान का सबसे महत्त्वपूर्ण हिस्सा 3डी रैलियों के माध्यम से प्रचार था। इसका पहली बार इस्तेमाल छोटे पैमाने पर गुजरात में किया गया। 3डी रैलियाँ एक ही साथ कई जगहों पर लोगों को जोड़ने का माध्यम बन गईं। तकनीक का इस तरह से इस्तेमाल दुनिया में पहली बार हुआ था।

11 से 30 अप्रैल, 2014 के बीच 3डी रैलियों के कई दौर चले। मोदी इस माध्यम से कश्मीर से लेकर केरल, महाराष्ट्र और असम तक 750 से ज्यादा जगहों से जुड़े। जिन लोगों ने 3डी रैलियों में हिस्सा लिया, उन्होंने कहा कि ऐसा उनके जीवन का पहला अनुभव था। 1 से 10 मई, 2014 के बीच इस तरह की 600 और रैलियाँ आयोजित की गईं।

एक अन्य नवोन्मेष चाय पे चर्चा थी। चाय के प्याले के साथ देश भर के लोगों के साथ नरेंद्र मोदी रू–ब–रू हुए। इस चर्चा में कृषि और महिला सशक्तीकरण जैसे मसलों पर बात हुई। कई दौर में 24 राज्यों के विभिन्न 4,000 स्थानों पर इस तरह की चर्चा हुई। अंतरराष्ट्रीय स्तर पर 15 देशों में 50 विभिन्न स्थलों पर यह चर्चा आयोजित की गई। करीब 10 लाख लोगों ने इस सीधी चर्चा में हिस्सा लिया।

नरेंद्र मोदी जहाँ भी गए, उन्होंने उस क्षेत्र के लोगों के लिए अनोखा दृष्टिकोण पेश किया, जिससे उस इलाके के लोग उनसे जुड़ सकें। इस दृष्टिकोण, विजन ने लोगों को नरेंद्र मोदी से जोड़ा और साथ ही लोगों को भरोसा भी मिला कि देश में एक ऐसा नेता है, जो बेहतर प्रशासन की पहल कर सकता है और बृहत्तर बेहतरी के लिए विकास कर सकता है।

उदाहरण के रूप में पूर्वोत्तर में हुए एक दौरे को लें। इस इलाके में भा.ज.पा. बहुत मजबूत नहीं है, इसके बावजूद नरेंद्र मोदी ने कई बार पूर्वोत्तर का दौरा किया और कुछ जनसभाओं को भी संबोधित किया। यहाँ पर उन्होंने इस इलाके की व्याख्या 'अष्ट लक्ष्मी' के रूप में की, जिसने भारत के विकास में अहम भूमिका निभाई है। उन्होंने भ्रष्टाचार, पर्यटन की संभावनाओं, मणिपुर में फर्जी मुठभेड़, बाँग्लादेश के अवैध घुसपैठियों और इसके अलावा बांग्लादेश के सताए गए हिंदुओं के मसले पर बात की, जिन पर राजनीतिक दल बोलने से शरमाते थे। अरुणाचल प्रदेश से उन्होंने चीन को सीमा संबंधी मसले पर कड़ा संदेश दिया।

इसी तरह से आंध्र प्रदेश में उन्होंने लोगों के दर्द को भरने का प्रयास किया, जो कांग्रेस की विभाजनकारी और फूट डालो और राज करो नीति का प्रमुख उदाहरण बन चुका था। वह पहले नेता थे, जिन्होंने 'जय तेलंगाना और जय सीमांध्र' का आह्वान किया और तेलंगाना के विकास तथा सीमांध्र इलाके को न्याय दिलाने को लेकर अपनी प्रतिबद्धता की पुष्टि की।

नरेंद्र मोदी ने पहाड़ी राज्यों उत्तराखंड और हिमाचल प्रदेश के तेज विकास को लेकर अपनी प्रतिबद्धता जताई। उन्होंने इन राज्यों में पर्यटन के विकास, पहाड़ी राज्यों में लोगों की आवाजाही को दुरुस्त करने के लिए विकास कोष सुनिश्चित करने का वादा किया। इस अनोखे विचार से पहाड़ी राज्यों की परिषद् या तटीय राज्यों की परिषद् की तरह एक समान राज्यों की परिषद् का विचार सामने आया, जिसमें प्रधानमंत्री और संबंधित राज्यों के मुख्यमंत्री शामिल हों। यही वजह है कि छोटे से छोटे मसले का समाधान प्रभावी तरीके से संभव हो पाया।

नरेंद्र मोदी ने पूर्वी भारत के राज्यों बिहार, पश्चिम बंगाल, उड़ीसा और झारखंड के विकास को लेकर अपनी प्रतिबद्धता पुष्ट की। उन्होंने इन राज्यों में कई स्थानों पर इस

संबंध में अपनी प्रतिबद्धता जताई और तमाम मसलों पर बात की। साथ ही यह आश्वासन दिया कि रा.ज.ग. अपनी तरफ से इस दिशा में हर संभव कदम उठाएगा।

टीम इंडिया

भा.ज.पा. के लिए भारत के संघीय ढाँचे से जुड़ा अनुच्छेद बहुत आस्था का विषय है। दुखद है कि यू.पी.ए. द्वारा संघीय ढाँचे को कई बार रौंदा गया। मुख्यमंत्री के रूप में नरेंद्र मोदी ने ऐसा करने के खतरे को महसूस किया और यही वजह है कि उन्होंने 'टीम इंडिया' का विजन दिया, जहाँ राज्यों के मुख्यमंत्री और प्रधानमंत्री साथ मिलकर संबंधित राज्यों और देश के विकास के लिए टीम के रूप में काम करेंगे। राज्यों के बीच भेदभाव करने का कोई सवाल ही नहीं होता है। राजनेता की भाँति बयान देते हुए प्रधानमंत्री ने कहा कि यह कोई मसला नहीं है कि राज्य में एन.डी.ए., यू.पी.ए. या किसकी सरकार है। सभी लोग मिलकर काम करेंगे।

गठजोड़

कुछ क्षेत्रों में तो यह तर्क दिया गया कि नरेंद्र मोदी की दिल्ली की यात्रा अकेले चलेगी। इस पर तमाम संपादकीय, विचार और लेख लिखे गए। मोदी ने इन सबकी पंडिताई की हवा निकाल दी और 25 से ज्यादा दलों का एक मजबूत गठजोड़ बना और विकास के एजेंडे के साथ लोगों के बीच गया और यह गठबंधन भारत को मजबूत और स्थायी नेतृत्व प्रदान कर रहा है।

एन.डी.ए. ने देश के तमाम हिस्सों में कई नए गठजोड़ किए हैं। बिहार में राम विलास पासवान और उपेंद्र कुशवाहा गठबंधन में शामिल हुए। तमिलनाडु में 5 दलों का गठजोड़ उभरकर सामने आया, जिसमें डी.एम.डी.के. के प्रमुख वी.ए. विजयकांत, एम.डी.एम.के. के वाइको और पी.एम.के. के डॉ. एस. रामदास शामिल थे। उत्तर प्रदेश में अपना दल और महाराष्ट्र में रामदास अठावले गठबंधन में शामिल हुए। ठीक इसी दौरान पहले से बने गठजोड़ और पुराने मित्र जैसे शिवसेना और अकाली दल के साथ भी गठबंधन जारी रहा। आखिर में भा.ज.पा. एक विकल्प बनकर उभरी। ऐसे इलाकों में भी उसे बेहतर विकल्प माना गया, जहाँ के बारे में कहा जाता था कि यहाँ कोई कमल नहीं खिलेगा। तमिलनाडु में एन.डी.ए. ने ए.आई.ए.डी.एम.के. और डी.एम.के. को चुनौती दी और पश्चिम बंगाल में वाम दलों और तृणमूल को टक्कर दी।

माना जाता था कि जनसभा का आयोजन करना बहुत जटिल काम है। लोगों को भीड़ जुटाने और दूसरी व्यवस्था करने में बड़ी मेहनत करनी पड़ती थी, लेकिन नरेंद्र मोदी ने इसे गलत साबित कर दिया।

अगर लोग कहते हैं कि राजनीतिक दल लोगों को रैलियों में शामिल होने के लिए पैसे देते हैं तो निश्चित रूप से ऐसे लोगों ने मोदी की रैलियाँ नहीं देखी होंगी, जहाँ लोग स्वेच्छा से रैली में शामिल होने के लिए अपना धन लगाते थे। यह रैलियों तक सिमटकर नहीं रह गया, बल्कि जब उत्तराखंड हादसा हुआ तो लोगों ने आगे बढ़कर राहत कार्यों में भी हाथ बँटाया!

त्रिची में मोदी की रैली के बाद पुलिस ने युवाओं को शराब की खाली बोतलें तलाशते हुए पकड़ा, लेकिन युवाओं ने उनसे कहा कि पहली बार वहाँ एक भी बोतल नहीं मिली!

उत्तर प्रदेश और बिहार में रैलियाँ दुमंजिली होती थीं! यहाँ लोग पेड़ों और खंभों पर चढ़ जाते थे, ताकि वे मोदी को कायदे से देख पाएँ और यह कोई असामान्य बात नहीं होती थी।

साक्षात्कार

पूरे प्रचार अभियान के दौरान नरेंद्र मोदी ने प्रिंट, इलेक्ट्रॉनिक और स्थानीय मीडिया को तमाम साक्षात्कार दिए। उनके साक्षात्कार एक पत्रकार द्वारा पूछे गए सवाल से लेकर तमाम पत्रकारों द्वारा पूछे गए सवालों तक कई तरह के होते थे।

साक्षात्कारों की इस सूची में इंडिया टी.वी. में आपकी अदालत, जी न्यूज के साथ साक्षात्कार और ए.बी.पी. न्यूज का घोषणा-पत्र शामिल है। उन्होंने ए.एन.आई. को विस्तार से साक्षात्कार दिया, जहाँ उन्होंने नीतियों, राजनीति और विदेशी संबंधों पर बात की।

हिंदुस्तान टाइम्स, हिंदुस्तान, दैनिक जागरण और इकोनॉमिक टाइम्स जैसे अखबारों ने नरेंद्र मोदी के साथ साक्षात्कार किया। सी.एन.बी.सी. टी.वी.-18 के साथ एक साक्षात्कार में उन्होंने समग्र आर्थिक दृष्टिकोण पेश किया, जो भारत के सुधार का कथानक था। क्षेत्रीय नेटवर्क जैसे ई.टी.वी., टी.वी.9 ने मोदी का साक्षात्कार लिया। इस दौरान बंगाल, तमिलनाडु और गुजरात के साथ अन्य जगहों के स्थानीय अखबारों ने भी मोदी का साक्षात्कार लिया।

क्या हमें भारत के इतिहास में ऐसे किसी विस्तृत और विविधतापूर्ण आउटरीच (लोगों तक पहुँचने की कवायद) प्रोग्राम की याद है? प्रचार अभियान के दौरान उनका दिन सुबह 5 बजे से शुरू हो जाता था। कभी-कभी आधी रात तक गुजर जाती थी, लेकिन नरेंद्र मोदी की ऊर्जा का स्तर और उनका समर्पण इससे बढ़ता ही था। नरेंद्र मोदी के ये शब्द उनकी दिनचर्या और उनके दृढ निश्चय का सारांश हैं, "मैं दौड़ रहा हूँ और लोगों का लगाव मुझे दौड़ा रहा है। थकने का कोई सवाल ही नहीं पैदा होता है। न ही

रुकने का कोई सवाल है और राष्ट्र विरोधी ताकतों के सामने झुकने का तो कोई सवाल ही नहीं उठता।"

चुनावी दौरे

लोकसभा चुनाव 2014 के प्रचार अभियान की ऐतिहासिक समाप्ति हुई और भा.ज.पा. के नेतृत्ववाले एन.डी.ए. ने प्रचंड बहुमत मिलने का दावा किया और कहा कि देश भर में उसे बड़ी संख्या में सीटें मिलने जा रही हैं। जब सभी 543 सीटों पर हुए लोकसभा चुनाव के परिणाम की घोषणा की गई तो एन.डी.ए. को 336 सीटों पर जीत हासिल हुई। यह न सिर्फ आधी सीटों के बहुमत से ज्यादा था, बल्कि धमाकेदार जीत थी। भा.ज.पा. ने खुद इतनी सीटें मिलने की कल्पना नहीं की थी। सिर्फ भा.ज.पा. ही 272 सीट के बहुमत के आँकड़े को पार करने में सफल रही और पिछले लोकसभा से 166 सीटें ज्यादा पाकर 282 सीटें जीत गई।

1984 के चुनाव के बाद किसी दल की यह सबसे बड़ी जीत है। उसके पहले राजीव गांधी को 414 लोकसभा सीटों पर जीत हासिल हुई थी। यह 67 साल के स्वतंत्र भारत के चुनाव में पहला मौका था, जब किसी गैर-कांग्रेसी दल को अपने दम पर स्पष्ट बहुमत मिला।

फर्स्टपोस्ट ने 17 मई, 2014 को लोकसभा चुनाव के परिणाम की बहुत बेहतरीन व्याख्या की। सुबह 9.30 बजे तक मतगणना के एक घंटे बीतने तक अप्रत्याशित जीत के संकेत मिलने लगे। सेंसेक्स पहली बार 25,000 अंक के पार चला गया और 1000 अंकों की जोरदार उछाल के बाद फिर खतरे में जाने और 0.9 प्रतिशत बढ़कर 24,021 पर रुका। रुपया 59 पर था, जो 58.91 पर आ गया। जुलाई 2013 के बाद पहली बार ऐसा हुआ।

सुबह 10.30 बजे तक प्रधानमंत्री पद के लिए नामित नरेंद्र मोदी को वडोदरा से विजयी घोषित कर दिया गया और वह वाराणसी में भी विजयी बढ़त बना चुके थे। वह वडोदरा सीट 5,70,000 मतों के भारी अंतर से जीते।

बाद में मोदी ने वडोदरा और अहमदाबाद में भारी भीड़ को संबोधित किया। गुजराती के बजाय हिंदी में बोलते हुए प्रधानमंत्री पद के उम्मीदवार मोदी ने कहा कि वह वडोदरा में रिकॉर्ड मतों से जीते हैं। उन्होंने कहा कि देश को कभी उनसे बढ़िया मजदूर नहीं मिलेगा।

दरअसल भा.ज.पा. देश भर में बढ़त बना रही थी। उत्तर प्रदेश जैसे अहम राज्यों में पार्टी का प्रदर्शन बहुत शानदार रहा, जहाँ उसे 71 सीटें मिल गईं और उसकी सहयोगी अपना दल 2 सीटें जीतने में कामयाब रही। उत्तर प्रदेश में यह भा.ज.पा. की 700

प्रतिशत बढ़त थी, जहाँ 2009 में पार्टी को सिर्फ 10 सीटें मिली थीं। मायावती को सबसे बड़ी निराशा हाथ लगी और बहुजन समाज पार्टी (ब.स.पा.) का खाता भी नहीं खुला। समाजवादी पार्टी को 5 सीटें मिलीं और सभी सदस्य मुलायम सिंह यादव के परिवार के थे। वहीं कांग्रेस को सिर्फ 2 सीटें ही मिलीं और माँ-बेटा अपने परिवार का मजबूत गढ़ बचाने में कामयाब रहे।

अगर राज्यवार बढ़त पर नजर डालें तो भा.ज.पा. का ज्यादातर राज्यों पर पूरा कब्जा हो गया। गुजरात में भा.ज.पा. सभी 26 सीटें जीत गई, जहाँ राज्य भा.ज.पा. ने मिशन 26 शुरू किया था। भा.ज.पा. का प्रदर्शन राजस्थान (25 में 25), छत्तीसगढ़ (11 में 10), मध्य प्रदेश (29 में 27, 11 का फायदा), दिल्ली (7 में 7) में शानदार रहा। पार्टी को महाराष्ट्र में भी संतोषजनक बढ़त मिली, जहाँ वह शिवसेना के साथ मिलकर 48 में 41 सीटें जीतने में कामयाब रही। बिहार में 40 में 28 सीटों पर जीत हई और 16 सीटों का लाभ हुआ, झारखंड में 14 में से 12, हरियाणा में 10 में से 7 और गोवा में दोनों सीटों पर जीत हासिल हुई।

स्थिर सरकार

2014 के चुनाव ने तमाम राजनीतिक मान्यताओं को सिर के बल खड़ा कर दिया। लंबे समय से यह विश्वास किया जाता था कि राष्ट्रीय चुनाव और कुछ नहीं, बल्कि 36 राज्यों व केंद्र शासित प्रदेशों का मिलाजुला चुनाव है। भारत के पूरे देश के दल के रूप में उभरने के बाद और अपने दम पर पूर्ण बहुमत पाने से यह अवधारणा अप्रासंगिक हो गई। बहरहाल भारतीय राजनीति का मौजूदा स्वरूप उस समय की तुलना में अलग है, जैसा कि 1970 तक कांग्रेस के समय में रहा है, जब एक ही दल का स्पष्ट बहुमत रहता था।

किसी एक दल के बहुमत पाने से भी अहम बात इस चुनाव में यह थी कि कांग्रेस से प्रत्यक्ष या परोक्ष रूप से जुड़े दलों का बुरा हाल हो गया। सेक्यूलर (धर्मनिरपेक्ष) और कम्युनल (सांप्रदायिक) के नाम पर किया जानेवाला कृत्रिम विभाजन मतदाताओं ने पूरी तरह से खारिज कर दिया। भा.ज.पा. और उसके गठबंधन सहयोगियों ने 26 राज्यों में सीटें हासिल कीं, जबकि कांग्रेस 10 राज्यों में खाता नहीं खोल पाई। देश के किसी भी राज्य में कांग्रेस को दो अंकों में सीटें जीतने में सफलता नहीं मिली। उसे इतनी कम सीटें मिलीं कि वह लोकसभा में मुख्य विपक्ष के नेता पद का दावा नहीं कर सकी, जबकि पार्टी ने भारत के सेक्यूलर चरित्र को बचाने के नाम पर चुनाव लड़ा था।

कांग्रेस को समर्थन करनेवाले तीन दलों-नेशनल कॉन्फ्रेंस, डी.एम.के. और बी.एस.पी. का लोकसभा में खाता नहीं खुला, साथ ही एक मिथक यह भी टूट गया कि जिस दल को देश में मुसलमानों का मत अच्छी संख्या में मिलता है, वही दल केंद्र की

सत्ता में आ सकता है और देश पर शासन कर सकता है। ठीक इसी समय यह भी देखने को मिला कि जो दल भा.ज.पा. की ओर झुकाव रखते थे और एन.डी.ए. में शामिल नहीं थे, उनको भी लाभ हुआ। इस तरह से मतदाताओं की ओर से यह एक साफ संकेत था। भारत उस दिशा की ओर बढ़ गया, जहाँ राजनीतिक चर्चा और उसके तरीके में उल्लेखनीय बदलाव आया। मतदाताओं को सेक्यूलर बनाम कम्युनल की चल रही चर्चा की जगह अलग मुहावरे की जरूरत थी।

एक दल के बहुमत के बावजूद भा.ज.पा. ने सभी दलों के साथ मिलकर काम करने की इच्छा जताई और एन.डी.ए. के साथ सहयोग का विकल्प चुना। साथ ही एन.डी.ए. के पाले में और दलों को भी लाने से भी भा.ज.पा. नहीं चूकी। सहयोग पर आधारित विकास और प्रशासन के एजेंडे का नया युग शुरू हुआ। भारत के मतदाता आकांक्षी बन गए थे।

भारत में गठबंधन का दौर 1989 में शुरू हुआ था, जब कांग्रेस बहुमत हासिल करने में सफल नहीं हुई थी और विश्वनाथ प्रताप सिंह के नेतृत्ववाले जनता दल ने गठबंधन सरकार बनाई थी। उसे भा.ज.पा. और वाम दलों का बाहर से समर्थन मिला। 1991 से 1995 तक पी.वी. नरसिंहराव के नेतृत्व में एक दल का शासन रहा, हालाँकि कांग्रेस को बहुमत से कम सीटें मिली थीं। दरअसल भारत में गठबंधन का चरण सिर्फ 2 दशक का है। लोग स्थायित्व चाहते हैं और एक दल का बहुमत केंद्र में स्थायी और कुशल सरकार की बेहतरीन गारंटी है।

□

5

मोदी विरोधी मोर्चा

न सा सभा यत्र न सन्ति वृद्धा,
वृद्धा न ते ये न वदन्ति धर्मम्।
धर्म स नो यत्र न सत्यमस्ति,
सत्यं न तद्यच्छलमभ्युपैति॥
(हिंदी में)
"वह सभा नहीं है जिसमें वृद्ध न हों,
वे वृद्ध नहीं हैं, जो धर्मानुसार न बोलें,
जहाँ सत्य न हो, वह धर्म नहीं है,
जिसमें छल हो, वह सत्य नहीं है।"

—महाभारत 5-35-58

(यह श्लोक संसद् भवन में लिफ्ट नंबर 1 के गुंबद पर स्वर्ण अक्षरों में अंकित है और भवन की पहली मंजिल से इसे बेहतर ढंग से देखा जा सकता है।)

एन.डी.ए. सरकार के बाद 2004 में यू.पी.ए. गठबंधन सत्ता में आया। यू.पी.ए.-1 सरकार के कार्यकाल में अजीबोगरीब और घृणास्पद 'शुद्धिकरण' अभियान चलाया गया। अगर खून-खराबेवाले पहलू को छोड़ दिया जाए, तो यह तकरीबन माओ त्से तुंग के नेतृत्व में 1960 के दशक में चीन के साम्यवादी शासन में हुई सांस्कृतिक क्रांति की तरह था। दिलचस्प बात यह रही है कि इस 'शुद्धिकरण' अभियान के सबसे मुखर समर्थक देश के कम्युनिस्ट और चरम-वामपंथी थे। यह एक तरह से अकादमिक तबाही, प्रशासनिक प्रपंच और बौद्धिक फासीवादी जैसा मामला था, जिसकी शुरुआत यू. पी.ए. और उनके वामपंथी सहयोगियों ने की थी।

पुरस्कार वापसी : भारत में असहिष्णुता का भय

असहिष्णुता और अवॉर्ड वापसी को लेकर फिलहाल चल रही बहस के सिलसिले

में यू.पी.ए. सरकार के दौरान हुए 'शुद्धिकरण' अभियान के ढाँचे को याद करना जरूरी है। शुरू में इस संबंध में यह दलील दी गई कि 1998 से 2004 तक, यानी एन.डी.ए. के छह साल के कार्यकाल में देश के अकादमिक और प्रशासनिक समूह का कथित तौर पर भगवाकरण कर दिया गया। अत:, यू.पी.ए. द्वारा 2004 में सत्ता सँभालने के बाद निवर्तमान सरकार के सभी नामोनिशान मिटा दिए गए। भारत में कभी भी, यहाँ तक कि आपातकाल के दौरान भी उस तरह की असहिष्णुता देखने को नहीं मिली थी, जिस तरह की असहिष्णुता मनमोहन सिंह सरकार ने सत्ता में आने के बाद दिखाई। पुरस्कार वापस करनेवाले और काल्पनिक घटनाओं को लेकर कथित तौर पर लोकतंत्र का गला घोंटे जाने पर हो-हल्ला मचानेवाले उस वक्त अकादमिक संस्थानों की सफाई की माँग करनेवालों की कतार में सबसे आगे थे। दरअसल, उस वक्त भी उन्हें अकादमिक संस्थानों में भगवाकरण के घुसपैठ की शिकायत थी। इस तरह के आरोप लगानेवालों में सीताराम येचुरी, बृंदा करात, प्रकाश करात, अशोक वाजपेयी, इरफान हबीब और रोमिला थापर प्रमुख हैं।

इन लोगों ने पिछली एन.डी.ए. सरकार में नियुक्त कुलपतियों को 2004 में यू. पी.ए. सरकार के जरिए हटवा दिया। यू.पी.ए. सरकार और उसके इन रहनुमाओं ने आई.सी.सी.आर. (भारतीय सांस्कृतिक संबंध परिषद्), आई.सी.एच.आर. (भारतीय ऐतिहासिक अनुसंधान परिषद्), आई.सी.एस.एस.आर. (भारतीय सामाजिक विज्ञान अनुसंधान परिषद्), आई.सी.पी.आर. (भारतीय दार्शनिक अनुसंधान परिषद्), आई. जी.एन.सी.ए. (इंदिरा गांधी राष्ट्रीय कला केंद्र), एन.आई.ई.पी.एम. (राष्ट्रीय शैक्षिक योजना और प्रशासन संस्थान), यू.जी.सी. (विश्वविद्यालय अनुदान आयोग), ललित कला अकादमी, साहित्य अकादमी, संगीत नाटक अकादमी, एन.बी.टी. (नेशनल बुक ट्रस्ट), एन.एम.एम.एल. (नेहरू मेमोरियल म्यूजियम और लाइब्रेरी), प्रसार भारती, सी.बी.एस.ई. (केंद्रीय माध्यमिक शिक्षा परिषद्), एन.सी.ई.आर.टी. (राष्ट्रीय शैक्षिक अनुसंधान और प्रशिक्षण परिषद्) आदि स्वायत्त अकादमिक और कला संस्थानों के सभी प्रमुखों को बर्खास्त कर दिया। बहरहाल, ऐसे संस्थानों की सूची काफी लंबी है, जहाँ यू.पी.ए. सरकार ने इस तरह की काररवाई की। इसी तरह अल्पसंख्यक, महिला और अनुसूचित जाति/जनजाति आयोगों और विभिन्न मंत्रालयों के तहत आनेवाले दर्जनों एडवाइजरी (सलाहकारी) संस्थाओं का भी ऐसा ही हश्र हुआ। मनमोहन सिंह की अगुआई वाली यू.पी.ए.-1 सरकार ने सत्ता सँभालने के एक महीने के अंदर सभी नियमों का उल्लंघन करते हुए यह सबकुछ किया। यहाँ तक कि उन्होंने उन नौकरशाहों को भी नहीं बख्शा, जो एन.डी.ए. शासन के दौरान विभिन्न जगहों पर तैनात किए गए थे।

सबसे निंदनीय बात बीच में ही स्कूली पाठ्यक्रम को बदलना रही। यू.पी.ए. ने उन

स्कूली किताबों को वापस ले लिया, जिसे एन.डी.ए. सरकार ने पेश किया था। इसके बदले फिर से 15 साल पुरानी किताबों को पाठ्यक्रम में शामिल किया गया। इसके कारण इस कदर अकादमिक उथल-पुथल मच गई कि सरकार ने अचानक से बारहवीं कक्षा तक के सभी छात्र-छात्राओं को पास करने का फैसला किया। यू.पी.ए. सरकार ने सभी राज्यपाल भी बदल डाले थे, इस कदम पर उसे सुप्रीम कोर्ट की झिड़की भी सुननी पड़ी। यहाँ इस बात का भी जिक्र करना प्रासंगिक होगा कि एन.डी.ए. सरकार द्वारा पाठ्यक्रम की समीक्षा और इसे आधुनिक स्वरूप दिए जाने के लिए नई किताब पेश करने पर सुप्रीम कोर्ट ने भी सहमति जताते हुए इसकी प्रशंसा की थी।

अकादमिक स्वतंत्रता और प्रशासनिक निरंतरता की जड़ पर हमला करनेवाले इन तमाम कदमों का उन्हीं लोगों ने समर्थन करते हुए उसकी वाहवाही की थी, जो आज असहिष्णुता के नाम पर शोर मचा रहे हैं। मनमोहन सिंह सरकार के पास इस तरह के मनमाना और व्यापक बदलावों के लिए जनादेश नहीं था। उनकी अपनी पार्टी ने लोकसभा में 145 सीटें जीती थीं, जबकि नरेंद्र मोदी सरकार ने दो तिहाई बहुमत हासिल किया है, लेकिन पिछली यू.पी.ए. सरकार द्वारा नियुक्त लोगों को नहीं के बराबर बदला गया है। ये लोग उस ठिकाने को सुरक्षित बचाए रखने के लिए इतने आक्रामक और उपद्रवी क्यों हो रहे हैं, जिसमें उन्होंने अब तक आश्रय ले रखा था, जबकि ऐसे लोगों ने कभी भी दूसरे पक्ष की राय को साझा करना उचित नहीं समझा। इन्होंने जिस तरह के अकादमिक फासीवाद और भेदभाव को फैलाया, वह किसी भी समझदार-बुद्धिजीवी के लिए शर्मनाक बात है।

शीशे के घरों में रहनेवाले लोगों को दूसरे के घरों में पत्थर नहीं फेंकना चाहिए। यह पुरानी कहावत है, हालाँकि पुरस्कार लौटाकर, जो लेखक और बुद्धिजीवी असहिष्णुता का डर फैला रहे हैं और अपने इस विरोध का शोर मचा रहे हैं, वे इस कहावत को भूल गए हैं। असहिष्णुता से संबंधित विरोध-प्रदर्शन में आगे रहनेवालों में बहुसंख्यक कांग्रेस के आश्रित और वामपंथी रुझानवाले दरबारी हैं।

जिन मामलों में असहिष्णुता पर बहस हुई, अगर उन घटनाओं को एक साथ देखा जाए तो यह बहस हास्यास्पद नजर आएगी, क्योंकि इनमें से कुछ भी पहली बार भारत में नहीं हो रहा था और न ही ऐसा होने का यह अंतिम मौका था। लेखकों की हत्या, कथित प्रगतिशील विचारक, चर्चों में डकैती, अल्पसंख्यक समुदाय के किसी व्यक्ति की हत्या और एक दलित की झोंपड़ी जलाया जाना, कांग्रेस के 60 साल के शासन में ऐसी और इससे भी बदतर घटनाएँ हुई हैं। कांग्रेस के राज में देश भर में नियमित तौर पर हिंदू-मुसलिम दंगे होते रहे और बहुसंख्यक समुदाय को हमले का कोपभाजन बनना पड़ा। लोगों का जानवरों से भी बदतर ढंग से कत्ल-ए-आम किया गया और इसके बावजूद

किसी ने कुछ नहीं कहा, न किसी तरह का बयान दिया। अगर आप ऐसी घटनाओं के विस्तार में जाएँगे तो यह स्पष्ट हो जाएगा कि मरीचिका तैयार करने के लिए छिटपुट और मनगढ़ंत घटनाओं को जोड़ा गया, जिनका एकमात्र मकसद मोदी सरकार की छवि को धूमिल करना था।

भा.ज.पा. की अगुआईवाला एन.डी.ए. गठबंधन जब से सत्ता में आया, तब से निजी तौर पर मोदी और वैचारिक रूप से भा.ज.पा. के विरोधी सरकार की गलती पकड़ने और उसे विकास के एजेंडे से भटकाने के लिए इंतजार में जुटे थे। जब ऐसा कुछ नहीं कर पाए तो उन्होंने मामलों को अपने हाथ में लेने और आरोप लगाने का काम शुरू किया, जिसके लिए उन्हें कम साधन की जरूरत थी। भारत सरकार की तरफ से दिए गए पुरस्कारों को लौटाना उनके पास सबसे बड़ा हथियार था।

अब पुरस्कार वापसी के आँकड़ों पर बात करते हैं। अब तक भारत सरकार की तरफ से 1,004 लेखकों को पुरस्कार दिए गए, जिनमें से करीब 30 लेखकों ने पुरस्कार लौटाने का अपना इरादा जाहिर किया, हालाँकि वास्तव में कुछ ने ही ऐसा किया। फिल्मकारों का भी कुछ यही हाल है। अगर पिछले कुछ समय, यानी 2009 से 2015 के बीच की बात करें तो देश में ज्यादा सांप्रदायिक हिंसा की 4,350 से भी ज्यादा घटनाएँ हुईं—इस तरह औसतन रोजाना दो ऐसी घटनाएँ हुईं। उस समय लोगों की अंतरात्मा नहीं जागी थी। हम 1984 के सिख दंगों और 1990 में कश्मीरी पंडितों के नरसंहार की चर्चा नहीं कर रहे हैं।

गैर-एन.डी.ए. पार्टियाँ, विशेष तौर पर कांग्रेस और वामपंथी पार्टियाँ नरेंद्र मोदी सरकार के कार्यकाल में असहिष्णुता को लेकर इस तरह का माहौल बना रही हैं और तो और इन्होंने इस सिलसिले में सुप्रीम कोर्ट पर भी निशाना साधा और वे देश के मुख्य न्यायाधीश के खिलाफ महाभियोग लाना चाहते थे, जो अभूतपूर्व था। वे इसमें इसलिए सफल नहीं हो सके, क्योंकि उनके पास संसद् में संख्या बल नहीं था। उन्होंने सर्वोच्च न्यायालय के मुख्य न्यायाधीश की खुली आलोचना करने के लिए इसी अदालत के कुछ जजों को भड़काया और इन चार जजों ने संवाददाता सम्मेलन बुलाकर अपने मतभेद को सार्वजनिक किया। यह भी सर्वोच्च न्यायालय के इतिहास में पहली बार हुआ था। संस्थानों की छवि खराब करने के इस अभियान की अगुआई कांग्रेस ने की—ऐसे संस्थान, जो अपनी स्वतंत्रता और स्वायत्तता के लिए जाने जाते हैं। कांग्रेस ने मोदी पर बिना किसी आधार के संस्थानों की स्वायत्तता को चोट पहुँचाने का आरोप लगाया।

कांग्रेस जब भी चुनाव हारी, उसने इलेक्ट्रॉनिक वोटिंग मशीनों और चुनाव आयोग की आलोचना की। चुनाव आयोग ने कई अनुकूल (कांग्रेस के) फैसले दिए। उदाहरण के तौर पर अक्तूबर 2017 में हुआ राज्यसभा का चुनाव, जब कांग्रेस नेता अहमद पटेल

की हार तय थी, लेकिन चुनाव आयोग ने ऐसा फैसला दिया, जो भा.ज.पा. के खिलाफ गया। उस समय कांग्रेस चुप रही। इसी तरह कांग्रेस ने जब पंजाब में जीत हासिल की और बिहार और गुजरात व राजस्थान तथा मध्य प्रदेश के उपचुनावों में बेहतर प्रदर्शन किया, तो उसने शिकायत नहीं की। कांग्रेस के शासनकाल में सी.बी.आई. (केंद्रीय जाँच ब्यूरो) के दुरुपयोग का मामला भी सामने आया और इस जाँच एजेंसी का नाम खराब हुआ। उसी दौर में सुप्रीम कोर्ट ने इसे 'पिंजरे में बंद तोता' बताया, हालाँकि कांग्रेस पार्टी इस तरह से व्यवहार करती है, मानो उसके पास शासन करने का दैवी अधिकार है और सत्ता में मौजूद कोई अन्य संस्थानों को कमजोर बना रहा है।

अटल बिहारी वाजपेयी के नेतृत्व में 6 साल के शासनकाल के बाद वामपंथी पार्टियों के समर्थन से 2004 में यू.पी.ए. की सरकार बनी, तो उसने उस सबकुछ को पलटकर रख दिया, जो वाजपेयी सरकार ने किया था। सभी लोकप्रिय योजनाओं का नाम बदल दिया गया या इन्हें खत्म कर दिया गया। साथ ही, कई योजनाओं का नई योजनाओं के साथ विलय कर दिया गया। यहाँ तक उसने वाजपेयी द्वारा शुरू किए गए सर्वशिक्षा अभियान का नाम बदलने के बारे में भी सोचा। कांग्रेस के नेतृत्ववाली सरकार महीनों तक इस योजना को लेकर ठंडी पड़ी रही, कुछ छोटी-छोटी चीजों के साथ नया बिल पेश किया, हालाँकि वे बेहतर नाम के बारे में नहीं सोच सके और आखिर पुराने नाम को ही बनाए रखा गया।

वाजपेयी के मंत्रालय में मैंने सलाहकार के रूप में डॉ. मुरली मनोहर जोशी के साथ काम किया। वह भारत के बेहतरीन शिक्षा मंत्री थे। शिक्षा के क्षेत्र में ज्यादातर महत्त्वपूर्ण पहल डॉ. जोशी के कार्यकाल में की गई। वास्तविकता यह है कि मनमोहन सिंह के 10 साल के कार्यकाल में शिक्षा के क्षेत्र में कोई बड़ी उपलब्धि नहीं हुई है। वाजपेयी सरकार ने केंद्रीय विद्यालय और नवोदय विद्यालय के नेटवर्क का बड़े पैमाने पर विस्तार किया। डॉ. जोशी ने इन स्कूलों को देश के बेहतरीन निजी स्कूलों के साथ प्रतिस्पर्धा करने के लायक बनाया। स्कूली किताबों का दो दशकों के बाद नवीनीकरण किया गया, पाठ्यक्रम की समीक्षा और नैतिक शिक्षा जैसी चीजों की शुरुआत की गई। साथ ही, पुराने और अप्रासंगिक तथ्यों को पाठ्यपुस्तकों से हटा दिया गया। शिक्षा और संस्कृति के क्षेत्र में पहली बार बड़ा निवेश देखने को मिला। 10 नए एन.आई.टी. (नेशनल इंस्टीट्यूट ऑफ टेक्नोलॉजी/राष्ट्रीय प्रौद्योगिकी संस्थान) खोले गए। इस दौरान निजी विश्वविद्यालय समेत कुल 50 विश्वविद्यालयों की स्थापना की गई और अशोका विश्वविद्यालय तथा ओ.पी. जिंदल विश्वविद्यालय जैसे कुछ निजी विश्वविद्यालयों के गठन का रास्ता साफ हुआ। तकनीकी शिक्षा से जुड़े सैकड़ों संस्थान व इंजीनियरिंग और मेडिकल कॉलेजों की स्थापना हुई और इस क्षेत्र को निजी निवेश के लिए खोला गया। जो प्रमुख विश्वविद्यालय

उस वक्त खुले, उनमें कलिंग विश्वविद्यालय और एमिटी भी शामिल हैं। डॉ. जोशी के कार्यकाल के बाद यह सबकुछ रुक गया।

शिक्षा के क्षेत्र में निजी निवेश को प्रोत्साहित करने के लिए वाजपेयी सरकार के राज में एस.आर.एम. और विनायक समेत कई निजी कॉलेजों को डीम्ड विश्वविद्यालय का दर्जा दिया गया। जब कपिल सिब्बल मानव संसाधन विकास मंत्री बने तो उन्होंने सभी डीम्ड विश्वविद्यालयों के कामकाज के मामले में जाँच गठित की। दरअसल, उनका कहना था कि इन विश्वविद्यालयों की मान्यता कानूनी तौर पर वैध नहीं है, क्योंकि वे निजी क्षेत्र में हैं। ये विश्वविद्यालय सुप्रीम कोर्ट गए और सर्वोच्च अदालत ने उनकी मान्यता को फिर से बहाल कर दिया।

कांग्रेस असहिष्णुता की बात कर रही है, हालाँकि जब वह सत्ता में थी, तो पार्टी के नेता शिक्षा के क्षेत्र में निजी विश्वविद्यालयों की अनुमति देने को भी अनुचित मानते थे। निजी विश्वविद्यालयों को अनुमति दिए जाने के पीछे मूल कारण यह है कि यूनेस्को के दिशा-निर्देशों के मुताबिक, सरकार को शिक्षा पर अपनी जी.डी.पी. (सकल घरेलू उत्पाद) का छह प्रतिशत खर्च करना होता है। वाजपेयी सरकार ने निजी क्षेत्र को शिक्षा में बड़े पैमाने पर उतरने की अनुमति दी, ताकि शिक्षा में निवेश विकसित देशों के बराबर हो सके। विदेश में ज्यादातर विश्वविद्यालय निजी क्षेत्र के तहत हैं। ऐसे विश्वविद्यालयों में हार्वर्ड, बोस्टन, स्टैनफोर्ड, मैसाच्यूसेट्स इंस्टीट्यूट ऑफ टेक्नोलॉजी और अन्य प्रमुख नाम शामिल हैं।

इस पृष्ठभूमि की चर्चा यह बताने के लिए की गई है कि यू.पी.ए. सरकार सत्ता में कितनी असहिष्णु थी। मई 2004 में सत्ता सँभालते ही यू.पी.ए. ने कम्युनिस्ट मतारोपण के तहत विद्वेषपूर्ण भाव के साथ 'शुद्धीकरण' अभियान चलाया। उनका इरादा डॉ. जोशी द्वारा किए गए कार्यों को बदलने या हटा देने का था। वे यह प्रचार कर रहे थे कि डॉ. जोशी ने शिक्षा का भगवाकरण कर दिया है और यह युवा दिमाग के लिए खतरनाक है और इसे हटाया जाना चाहिए। इस अभियान की अगुआई अर्जुन सिंह कर रहे थे, जो अपने खराब स्वास्थ्य के कारण अपना अधिकांश वक्त अस्पताल में गुजार रहे थे और विभागों को चलाने की जिम्मेदारी मा.क.पा. के अपने करीबी मित्रों पर छोड़ दी थी। यू.पी.ए. के 10 साल के कार्यकाल में मानव संसाधन विकास मंत्रालय में सिब्बल और एम.एम. पल्लम राजू समेत तीन मंत्री रहे। जब इस तरह की गंदी असहिष्णु तरकीबें आजमाई जा रही थीं, तो उस वक्त शशि थरूर मानव संसाधन विकास राज्य मंत्री थे। थरूर अब नरेंद्र मोदी पर असहिष्णुता का आरोप लगाते हैं। यहाँ तक कि उन्होंने नौकरशाहों को भी नहीं छोड़ा। मानव संसाधन विकास मंत्रालय में वी.एस. पांडे जैसे आई.ए.एस. अफसरों को नई जिम्मेदारी दिए बगैर एक साल की जरूरी छुट्टी पर भेज

दिया गया। उनका अपराध सिर्फ इतना था कि उन्होंने डॉ. जोशी के साथ काम किया था। विनोद पाइपरसेनिया, डी.के. कोटिया (जो उस वक्त एन.सी.टी.ई. के प्रमुख थे) और अशोक टंडन को उनके वापस अपने मूल काडर में भेज दिया गया। जोशी के नेतृत्व में काम करनेवाला एक भी आई.ए.एस. अफसर इस सूची में नहीं था।

सभी स्वायत्तशासी संस्थानों के प्रमुखों को सीधे तौर पर हटा दिया गया और कांग्रेस या वामपंथी संपर्कोंवाले लोगों को इन पदों पर बिठाया गया। आई.सी.एच.आर. के तत्कालीन चेयरमैन की जगह पर वामपंथी इतिहासकार डॉ. इरफान हबीब को लाया गया। एन.सी.ई.आर.टी. के प्रमुख जे.एस. राजपूत को शिकार बना गया और उन्हें सजा दी गई। उनके खिलाफ कई झूठे मामले तैयार किए गए। उन्हें यूनेस्को पुरस्कार प्राप्त करने की अनुमति नहीं दी गई। उन्हें यह पुरस्कार डॉ. जोशी की अगुआई में स्कूली शिक्षा के क्षेत्र में किए गए अच्छे कार्यों के लिए मिला था। एन.आई.ई.पी.ए. के प्रमुख रहे डॉ. प्रदीप जोशी, इंदिरा गांधी राष्ट्रीय कला केंद्र की अगुआई कर रहे डॉ. एन.आर. शेट्टी, विश्वविद्यालय अनुदान आयोग के तत्कालीन चेयरमैन डॉ. हरि गौतम, अखिल भारतीय तकनीकी शिक्षा परिषद् के प्रमुख रहे डॉ. आर.एस. निर्झर आदि ऐसे कुछ नाम दिमाग में आते हैं, जिन्हें यू.पी.ए. सरकार के सत्ता में आते ही शिकार होना पड़ा। दर्जनभर से ज्यादा कुलपति और आई.आई.टी. तथा एन.आई.टी. के निदेशकों को सिर्फ इसलिए बदल दिया गया, क्योंकि उनकी नियुक्ति एन.डी.ए. के शासनकाल में हुई थी। सत्ता में आने के बाद उन्मादी असहिष्णुता के तहत कांग्रेस ने वैसे सभी को सजा दी, जिसका थोड़ा सा भी लेना-देना वाजपेयी सरकार से था। इसके बारे में विस्तार से बताने के लिए एक और किताब लिखनी पड़ेगी। यहाँ मकसद सिर्फ यह बताना है कि दूसरों की राय का सम्मान करने के मामले में कांग्रेस किस स्तर तक असहिष्णु है। उनका दोहरा मापदंड यह है कि वे नरेंद्र मोदी पर असहिष्णुता का आरोप लगा रहे हैं और शशि थरूर ने इस दिखावे के तहत विरोधाभासों की कहानी बनाने की कोशिश की है।

असहिष्णुता पर बहस

जिन लेखकों की हत्या को लेकर वे लोग विरोध जता रहे थे, उससे जुड़े तथ्यों पर गौर कीजिए। नरेंद्र दाभोलकर की हत्या कांग्रेस शासन के दौरान हुई। एम.एम. कलबुर्गी के मामले में कुछ ऐसा ही है। ऐसे में देर से प्रतिक्रिया क्यों? फरीदाबाद में एक दलित का घर जलाए जाने के मामले में इस जगह का दौरा करनेवाली फॉरेंसिक टीम का कहना था कि घर में अंदर से आग लगाई गई, क्योंकि संबंधित शख्स अपनी पत्नी और बच्चों को मारना चाहता है। इस आदमी को अपनी पत्नी के बेवफा होने का शक था। इस घटना में दोनों बच्चे मारे गए थे। मोहम्मद अखलाक के मामले में भी हत्या के बारे में अलग-

अलग तरह की बातें कही जा रही हैं। हम इसके विस्तार में नहीं जा रहे।

बीफ (गोमांस) पर प्रतिबंध और प्रमुख वैज्ञानिक पी.एम. भार्गव द्वारा विरोध और पुरस्कार लौटाने के मुद्दे पर एक युवा वैज्ञानिक ने भार्गव को खुली चिट्ठी लिखी। उन्होंने कहा, "माननीय डॉ. भार्गव, सम्मान के साथ मैं कुछ तथ्य की तरफ आपका ध्यान दिलाना चाहता हूँ। मैं उम्मीद करता हूँ कि एक वैज्ञानिक के रूप में आप तथ्यों को अहमियत देंगे। देश के ज्यादातर राज्य कई दशक पहले ही गोहत्या पर पाबंदी लगा चुके हैं। जिस राज्य में आपने काम किया और रहे, वहाँ यानी आंध्र प्रदेश में 1977 मे ही गोहत्या पर पाबंदी लगा दी गई थी। महाराष्ट्र ने 1976 में इस पर रोक लगाई थी। अत: आपके अपनी मर्जी के हिसाब से कुछ भी खाने की स्वतंत्रता भारत में उस वक्त भी नहीं थी, जब आपको 1986 में पद्म भूषण मिला था। इस युवा वैज्ञानिक ने गोहत्या और बीफ के नाम पर पहले भी हुए कई दंगों और लेखकों, शिक्षकों और कार्यकर्ताओं पर भी इस सरकार से पहले हुए हमलों का भी हवाला दिया है। उन्होंने चिट्ठी में लिखा, "भारत में गोहत्या से जुड़ी हिंसा का मामला नया नहीं है। ऐसी कई घटनाएँ हुई हैं, जिनमें लोग गोहत्या से जुड़ी हिंसा में मारे गए हैं। अपनी राय रखने के सिलसिले में मात्र दो उदाहरण देना चाहूँगा—पहला 2013 में जब एक शख्स मारा गया और एक और मामला 2006 का, जब दो लोग मारे गए थे। दोनों के कारण छिटपुट दंगे हुए थे। इस तरह के दंगे तकरीबन हर साल होते रहे हैं, अलग-अलग जगहों पर। आपने इसकी परवाह नहीं की।" अगर सिर्फ मुट्ठी भर लोगों ने त्याग-पत्र दिया और विरोध किया, तो ऐसे में क्या वजह थी कि असहिष्णुता संबंधी बहस राष्ट्रीय और शायद अंतरराष्ट्रीय मायनेवाले मुद्दे के रूप में बदल गई? एक वजह—मीडिया।

मीडिया के एक हिस्से ने जानबूझकर और दूसरे तबके ने बिना जाने-समझे भेड़चाल के तहत असहिष्णुतावाले अभियान को बढ़ावा दिया। मीडिया का एक हिस्सा लगातार मोदी के विरोध में था और यह गुजरात के दिनों से ही उनके खिलाफ लगातार व्यक्तिगत तौर पर निंदापूर्ण अभियान चला रहा था। उनकी शानदार जीत ने मीडिया को इस बात का अहसास कराया कि मोदी 'मीडिया' के विरोध के बावजूद जीत सकते हैं। साफ तौर पर उन्हें बदला सधाना था।

पुरस्कार वापसी के जरिए विरोध की अगुआई करनेवाले चरम-वामपंथी विचारधारा के केरल के लेखक के सच्चिदानंदन ने विरोध-प्रदर्शन के आयोजन के लिए साहित्य अकादमी में अपने कार्यकाल के अंत तक इंतजार किया। उन्होंने ही असहिष्णुता की बहस को राष्ट्रीय आपदा जैसा दिखाने के लिए अपने साथियों-सहयोगियों को संगठित किया। जब मोदी को पिछले 30 साल में सबसे जबरदस्त जनादेश मिला तो सच्चिदानंदन ने 'मातृभूमि' साप्ताहिक में अपने लेख के जरिए कहा कि यह जनादेश नहीं है, क्योंकि

मोदी और उनके सहयोगियों को सिर्फ 38 प्रतिशत वोट मिले। उनके मुताबिक भारत के बहुसंख्यक लोगों ने मोदी को खारिज कर दिया और उन्हें देश पर शासन करने का जनादेश नहीं मिला था।

दरअसल, चरम–वामपंथी रुझानवाले यह लेखक नियमित तौर पर मलयाली पत्र–पत्रिकाओं में मोदी के खिलाफ लिखते रहते हैं और इसमें से ज्यादातर बातें सरासर झूठ होती हैं। इसके बावजूद उन्होंने असहिष्णुता पर हल्ला बोलने के लिए साहित्य अकादमी का अपना कार्यकाल खत्म होने का इंतजार किया। यह भी काफी दिलचस्प है कि साहित्य अकादमी में रहते हुए उन्होंने विभिन्न भाषा अकादमियों में अपनी विचारधारा से जुड़े लोगों को भरा। सभी पुरस्कार और फायदे और अकादमी द्वारा किताबों का चुनाव इसी क्लब तक सीमित था। ललित कला अकादमी, नेशनल बुक ट्रस्ट या कोई अन्य संस्थान हो, यू.पी.ए. सरकार में सभी जगहों पर हाल ऐसा ही था। अब वह इंडियन इंस्टीट्यूट ऑफ एडवांस स्टडी, शिमला में फेलो हैं, जो सरकार की ही नियुक्ति है। साथ ही, शोर मचानेवाले और कांग्रेस शासन में बौद्धिकता, संस्कृति और साहित्य के स्वघोषित अभिभावक रहे चंद ऐसे लोगों ने इंडिया इंटरनेशनल सेंटर (आई.आई.सी.), जवाहरलाल नेहरू विश्वविद्यालय (जे.एन.यू.) और इस तरह के अन्य संस्थानों के सुरक्षित बिलों में अपना ठिकाना बना लिया। जरा गौर कीजिए कि मलयालम और तमिल के जाने–माने लेखक और साहित्यिक आलोचक बी. जयमोहन ने आई.आई.सी. के साथ अपने पहले संपर्क के बारे में क्या कहा। जब वह संस्कृति सम्मान प्राप्त करने वहाँ गए थे, तो वह सरकारी अतिथि के रूप में रह रहे थे। दिसंबर 2015 में 'अहिष्णुता' शीर्षक से उनके लेख का अनुवाद कुछ इस तरह है, "मुझे 'सत्ता' का अर्थ तब समझ में आया, जब मैं संस्कृति सम्मान लेने 1994 में दिल्ली गया···आई.आई.सी. ऐसी जगह है, जहाँ 'सत्ता' सोने की प्लेट में परोसी जाती है···यहाँ के ठाट–बाट और आडंबर ने मुझे परेशान कर दिया। अगले दिन वेंकट स्वामीनाथन ने जब मुझे देखा तो वे तुरंत मेरी असहजता समझ गए।" उन्होंने कहा, "इस भीड़ का तीन चौथाई हिस्सा कौवों के झुंड जैसा (चापलूस के अर्थ में) है। उनका घमंड और आजीविका—दोनों सत्ता के केंद्रों के तलवे चाटने से चलते हैं। इनमें से ज्यादातर सत्ता के दलाल हैं।" उनके लेख में जिन नामों का जिक्र किया गया था, उनमें नयनतारा सहगल, पुपुल जयकर, यू.आर. अनंतमूर्ति, गिरीश कर्नाड, कपिला वात्सायन, बरखा दत्त, राजदीप सरदेसाई और नंदिता दास शामिल हैं।

जयमोहन कहते हैं, "इन लोगों को एक बार सरकारी बँगला मिल जाने के बाद उन्हें कभी भी वहाँ से हटाया नहीं जा सकता। सिर्फ दिल्ली में ऐसी भीड़ ने 5,000 बँगलों पर अवैध रूप से कब्जा जमा रखा है। जवाहरलाल नेहरू विश्वविद्यालय (जे.एन.यू.) में भी कुछ ऐसा ही हाल है।" उनके मुताबिक, संस्कृति मंत्रालय ने लंबे समय से प्रमुख

इलाकों में मौजूद सरकारी बँगलों पर मुफ्त में कब्जा जमाए ऐसे लोगों को बँगला खाली करने का नोटिस भेजा है। जाने-माने पेंटर और अभिनेत्री व निर्देशक नंदिता दास के पिता जतिन दास को भी यह नोटिस मिला था। उन्होंने बताया, "मुख्य रूप से यही वजह है कि नंदिता दास टेलीविजन चैनलों पर असहिष्णुता के बारे में जोरदार ढंग से बोल रही हैं और अंग्रेजी अखबारों में लिख रही हैं (जिसे बाकायदा नेटवर्क द्वारा संचालित किया जा रहा है)।"

बहरहाल, कौन किसके प्रति असहिष्णु हो रहा है? वरिष्ठ पत्रकार एस. गुरुमूर्ति अपने एक शानदार लेख में उन भारतीय मूल्यों की तरफ ध्यान दिलाते हैं, जो बहुलता में फलते-फूलते हैं। हिंदू धर्म और यहूदी (सामी) धर्मों की तुलना करते हुए वह अन्य मतों को समाहित करते हुए अपने सत्त्व को लेकर प्रतिबद्ध रहने की भारत की क्षमता समझने के लिए पाठकों से अतीत की गहराई में जाने का अनुरोध करते हैं। ईसाइयत और इसलाम के लिए सत्ता रियासत पर विजय के जरिए आई। गुरुमूर्ति अपने इस लेख में कहते हैं, 'सामी राज्य और सामी समाज की एकता सत्ता हासिल करने के लिए उसकी ताकत साबित हुए, हालाँकि यह उसकी कमजोरी थी। जब भी कहीं रियासत या शासन की स्थिति कमजोर हुई या उसका पराभव हुआ, समाज की हालत भी राज्य जैसी ही हो गई। भारत में समाज को शासन व्यवस्था के अलावा संस्थानों से भी समर्थन हासिल था। राज्य-व्यवस्था के भीतर न सिर्फ एक बल्कि सैकड़ों-हजारों संस्थान फले-फूले और इनमें से किसी को भी जबरिया या नियंत्रण संबंधी शक्ति इस्तेमाल करने की जरूरत नहीं पड़ी। भारतीय सभ्यता-संस्कृति, कला, संगीत और लोगों का सामूहिक जीवन, लोगों और समाज का संरक्षण राज्य-व्यवस्था के हवाले नहीं था। दरअसल, राज्य व्यवस्था नहीं बल्कि ऋषि-मुनि को सार्वजनिक वैचारिकी का संरक्षक माना जाता था।'

इन भारतीय मूल्यों की समझ की कमी के कारण ही असहिष्णु टोली की तरफ से इस तरह से प्रतिक्रिया देखने को मिली। अपने राजनीतिक रुझानों के आधार पर भारतीय व्यवस्था पर दोषारोपण करते हुए उन्हें एक औसत भारतीय की भावना को आहत किया और इसकी झलक सोशल मीडिया में भी देखने को मिली। तकरीबन हर भारतीय ने सोशल मीडिया के जरिए असहिष्णुता की उन घटनाओं की याद दिलाई, जो इस धरती पर मुख्य तौर पर हिंदुओं के खिलाफ हुई थीं। और उस वक्त यह सवाल उठा, 'उस वक्त आप कैसे चुप थे?'

विरोध-प्रदर्शन करनेवाले इस एक सवाल का जवाब देने में सफल नहीं रहे हैं। दरअसल, जाल में फँसी सरकार ने प्रतिक्रिया जताने में देर लगाई, हालाँकि समाज की अंतरात्मा के रूप में सोशल मीडिया ने भारत देश और सरकार के लिए संघर्ष चलाया। जिन लोगों को पुरस्कार, बँगले, अच्छे पद और विभिन्न राष्ट्रीय और अंतरराष्ट्रीय

संस्थानों में नियुक्ति जैसी सरकारी रेवड़ियों के जरिए सरकार ने सिर चढ़ाया हुआ था, उन्हें शायद पहली बार अपनी वास्तविक हैसियत के बारे में सोचना पड़ा, हालाँकि तब तक नुकसान हो चुका था। वे इस तथ्य से संतुष्टि हासिल कर सकते हैं कि उन्होंने अपने मूल हितैषी कांग्रेस का कर्ज चुका दिया।

भीड़ द्वारा मार दिया जाना (लिचिंग)

एक रिपोर्ट के मुताबिक, बंगाल के तीन दशक लंबे वामपंथी शासन में सिर्फ 1982 से 1984 के बीच भीड़ द्वारा 630 से भी ज्यादा लोगों की हत्या की गई। 30 अप्रैल, 1982 को दो महिला समेत आनंद मार्ग के साधुओं की नृंशस हत्या कर दी गई थी। उस समय बंगाल में मा.क.पा. के नेतृत्व वाले वाम मोर्चे की सरकार थी। कोलकाता के मुख्य इलाके में दिनदहाड़े यह हत्या हुई थी। आनंदमार्गी साधुओं और संन्यासिनों को ले जा रही टैक्सियों को मा.क.पा. के कार्यकर्ताओं ने बीच में ही रोक लिया था। टैक्सियों में बैठे लोग कोलकाता के दक्षिणी उपनगरीय इलाके में स्थित तिलजला केंद्र में एक 'शिक्षा संबंधी सम्मेलन' में भाग लेने जा रहे थे। उन्हें बेदर्दी से पीटा गया और जब वे गिर पड़े तो पेट्रोल और केरोसिन छिड़ककर आग लगा दी गई। यह हत्या सुनियोजित साजिश का हिस्सा थी और मार्ग के साथ जमीन विवाद के कारण मार्क्सवादी कार्यकर्ताओं ने इसे अंजाम दिया था। तृणमूल कांग्रेस के सत्ता में आने के बाद मुख्यमंत्री ममता बनर्जी ने हत्या की जाँच के लिए न्यायिक आयोग का गठन किया।

केरल में मा.क.पा. की सरकार के दौरान भीड़ द्वारा दर्जनों हत्याएँ की गई हैं। साथ ही, मई 2016 से वहाँ एक-दो दर्जन राजनीतिक हत्याएँ हो चुकी हैं। एशियानेट समाचार चैनल के मुताबिक, केरल में पिछले 5 साल में भीड़ संबंधी हिंसा और ऐसी हत्याओं के 200 मामले हुए हैं। अतः दोषारोपण का खेल बंद कर ऐसी घटनाओं को रोकने के लिए जिम्मेदार नागरिकों द्वारा कानून बनाने की दिशा में प्रयास करना मौजूदा समय की जरूरत है। 19वीं शताब्दी में पूरे अमेरिका में तनाव बढ़ गया। इस देश के दक्षिणी हिस्से में यह व्यापक रूप से नजर आ रहा था। भीड़ द्वारा पीट-पीटकर हत्या अश्वेतों के खिलाफ गोरों के गुस्से के समाधान का लोकप्रिय तरीका बनता जा रहा था। ऐसी ज्यादातर हत्याएँ दक्षिण में हुईं, क्योंकि यह अमेरिकी गृहयुद्ध का आखिरी समय था। 1901 में मिजूरी में नस्लीय विवाद में हुई इसी तरह की हत्या पर मार्क ट्वेन की प्रतिक्रिया थी कि जब वह जिंदा था, तब भीड़ की हिंसा के इस खतरनाक मंजर के बारे में कभी नहीं छापा गया। उन्होंने इसे 'अमेरिका के संयुक्त राज्य लिंचरडम' में बदलने के खतरे के तौर पर देखा।

भीड़ द्वारा की जानेवाली हत्या और नफरत के कारण होनेवाले अपराधों का सिलसिला भारत में नया नहीं है। हम वर्षों से ऐसे ही रहे हैं और इस तरह की हत्या मोदी

की उपज नहीं है। कहने का मतलब यह है कि यह दरअसल खून के प्यासे, कानून तोड़नेवाली गुमनाम भीड़ है, जिसे इसके लिए जिम्मेदार ठहराया जा सकता है—उद्दंड भीड़ नियमों को ताक पर रखती है, मानवता भूलते हुए इस तरह के शैतानी स्तर पर उतर जाती है। सबसे पहले एक-दूसरे पर दोषारोपण का खेल बंद करना और इस तरह की घटनाओं को रोकने के लिए कानून बनाना जरूरी है। जो लोग बीफ खाने या गायों को इधर-उधर ले जाने के लिए लोगों को पीट-पीटकर मार डालते हैं, उनके साथ सख्ती से निपटा जाना चाहिए।

बंगलुरु स्थित 'इंडिया फैक्ट्स रिसर्च सेंटर' के प्रमुख संदीप बालाकृष्णन ने अपने प्रकाशन 'कांसपिरेसी ऑफ साइलेंस' के जरिए गायों की रक्षा में मारे गए लोगों के मामले में चुप्पी की साजिश को लेकर बात की है। उन्होंने गायों की रक्षा में मारे गए लोगों की अनकही कहानियों को उजागर किया है, जिन्हें धर्मनिरपेक्ष मीडिया गायों के नाम पर हिंसा करनेवालों की तरह पेश करता है। देश में पशुओं के अधिकारों और गोरक्षा के लिए काम कर रहे लोगों की वीभत्स हत्याओं का पूरा दौर चला है। उनकी रिपोर्टिंग क्यों नहीं होती? गायों की सुरक्षा और पशुओं के अधिकारों का आंदोलन देश में मजबूती से जड़ें जमा चुका है।

संदीप कहते हैं, "कई प्रतिबद्ध कार्यकर्ताओं ने अपनी कड़ी मेहनत के जरिए इस आंदोलन को नई प्रेरणा दी है। अपनी प्रतिबद्धता के लिए काम करने के दौरान ऐसे कई कार्यकर्ताओं की हत्या हुई है।"

गाय पर महात्मा गांधी के विचार पूरी सोच को झकझोरने वाले हैं। उनके मुताबिक, 'मैं उसकी पूजा करता हूँ और मैं पूरी दुनिया के सामने इसकी पूजा का बचाव करूँगा।' हमारी समाज में गाय के स्थान को लेकर गांधीजी के विचार कुछ इस तरह हैं—'कई मायनों में गाय माता उस माँ से बेहतर है, जिन्होंने हमें जन्म दिया। हमारी माँ हमें कुछ साल तक दूध पिलाती है और इसके बाद बड़े होने पर अपनी देखभाल की अपेक्षा करती हैं। गाय माता हमारे घास और अनाज के अलावा किसी अन्य चीज की अपेक्षा नहीं करती। हमारी माता अकसर बीमार पड़ जाती है और हमसे सेवा की उम्मीद करती हैं। गाय माता कभी-कभार ही बीमार पड़ती है। यहाँ सेवा की अद्भुत परंपरा है और यह सिलसिला उसकी मौत पर समाप्त नहीं होता। हमारी माता की जब मौत होती है, तो उनके अंतिम संस्कार के लिए खर्च की जरूरत होती है। गाय माता मरने पर भी इतनी उपयोगी है, जितनी जीवित रहते हुए। हम उसके शरीर के हर अंग का उपयोग कर सकते हैं—उसके मांस, उसकी हड्डियों, उसकी आँत, उसकी सींग और उसके चमड़े का भी। बहरहाल, मैं उस माँ का तुच्छ बताने के मकसद से ऐसा नहीं कह रहा हूँ, बल्कि मेरा इरादा गाय की पूजा करने के लिए कारणों को बताना है।'

'हालाँकि, गोहत्या पर उनकी राय कुछ इस तरह है, 'मैं गायों की रक्षा के लिए किसी इनसान की हत्या नहीं करूँगा और इसी तरह इनसान का जीवन बचाने के लिए गाय की हत्या नहीं करूँगा।' मोदी का कहना है कि अगले लोकसभा चुनाव के लिए उनका मुद्दा 'विकास, तीव्र विकास और सबके के लिए विकास' होगा। उन्होंने कहा, "हम निश्चित तौर पर पिछली बार की तुलना में ज्यादा सीटें जीतेंगे और मुझे भरोसा है कि हम एन.डी.ए. द्वारा पिछली जीत के सभी रिकॉर्ड तोड़ देंगे।"

'गोरक्षा' के नाम पर गुंडागर्दी समेत भीड़ की हिंसा से संबंधित घटनाओं पर उनका कहना था कि ऐसी घटनाओं की कड़ी से कड़ी निंदा की जानी चाहिए। उन्होंने कहा, "मेरी सरकार कानून का शासन सुनिश्चित करने और हर नागरिक का जीवन और स्वतंत्रता सुरक्षित करने को लेकर पूरी तरह से प्रतिबद्ध है...कोई भी शख्स किसी भी परिस्थिति में कानून अपने हाथ में लेकर हिंसा नहीं कर सकता।" भीड़ द्वारा की जानेवाली हत्या घृणित सामाजिक परिघटना है, जो यू.पी.ए. सरकार के दौरान ज्यादा व्याप्त थी।

चाहे वह 23 जून, 2017 को कश्मीर के डी.एस.पी. मोहम्मद अयूब पंडित की भीड़ द्वारा हत्या का मामला हो या 22 जून, 2017 को हरियाणा में 15 साल के लड़के जुनैद खान की छुरा घोंपकर हत्या, इसे बिल्कुल स्वीकार नहीं किया जा सकता। इस तरह की घटनाएँ दुख पहुँचानेवाली और भयंकर हैं। इसके लिए मोदी सरकार पर दोषारोपरण मीडिया की कल्पना है।

आँकड़े दिखते हैं कि यू.पी.ए. के शासनकाल में हर साल औसतन दर्जन भर से ज्यादा भीड़ द्वारा हत्याओं के मामले सामने आते थे हालाँकि किसी ने उस वक्त इन मामलों को इस नजरिए से नहीं देखा। नीचे दिए गए चार्ट में यू.पी.ए. के शासनकाल में 2011 और 2013 के दौरान भीड़ द्वारा हुई हत्याओं के बारे में बताया गया है। अत:, इन घटनाओं को भा.ज.पा. की चुनावी सफलता का हिस्सा बताना अनुचित और गलत है। दरअसल, मोदी एकमात्र ऐसे प्रधानमत्री हैं, जिन्होंने राष्ट्रीय स्तर पर इसकी निंदा की।

न्यूजलॉण्ड्री (Newslaundry.com) से जुड़े और लेखक व शोधकर्ता आनंद रंगनाथन की तरफ से पेश अध्ययन के मुताबिक, 'हत्या करनेवाली भीड़ मोदी ने तैयार नहीं की है। नफरत के कारण किए जानेवाले अपराध और इस तरह की हत्याएँ भारत में नई नहीं हैं। हम वर्षों से ऐसे रहे हैं। और आप इन आँकड़ों की किस तरह से व्याख्या करेंगे? 2013–यू.पी.ए. के 10 साल के शासन का मात्र एक साल। प्रारंभिक शोध से इस साल दर्जन भर से ज्यादा ऐसी हत्याओं के बारे में खुलासा होता है। शायद उस वक्त यह हिंदुस्तान ही था लिंचिस्तान नहीं।' उनका यह भी कहना था कि खबरों के आधार पर प्रारंभिक शोध से पता चलता है कि यू.पी.ए.–2 सरकार के दौरान सिर्फ 2013 में भीड़ द्वारा कुल 14 हत्याओं के मामले प्रकाश में आए।

2013	पीड़ित	राज्य	स्रोत
भीड़ द्वारा हत्या	3 पुरुष	असम	http://timesofindia.indiatimes.com/india/Naked-men-sparkpanic-in-Assam-3-lynched/articleshow/20673164.cms
भीड़ द्वारा हत्या	1 महिला	हिमाचल	http://www.minoritiesofindia.org/lynched-gang-raped-dalitgirl-championed-by-south-asian-americans/
भीड़ द्वारा हत्या	1 पुरुष	मध्य प्रदेश	http://www.hindustantimes.com/india/mob-frenzy-in-mp-railway-staff-burnt-alive/story-YVcHGauqDk6pPA3cyqxUyM.html
भीड़ द्वारा हत्या	1 पुरुष	बिहार	http://www.hindustantimes.com/india/ssb-jawan-lynched-in-bihar-for-having-illicit-relations/story-SqINVolhs9D2vhVBX6q3zN.html
भीड़ द्वारा हत्या	1 महिला 1 पुरुष	हरियाणा	http://www.dailymail.co.uk/news/article-2425056/Indianwoman-20-tortured-lynched-family-boyfriend-beheadedhorrific-honour-killing.html
भीड़ द्वारा हत्या	1 पुरुष	झारखंड	http://beforeitsnews.com/alternative/2013/09/indian-student-leader-mistaken-for-maoist-is-lynched-to-death-in-front-of-cops-warning-graphic-video-2755126.html
भीड़ द्वारा हत्या	1 पुरुष	गोवा	http://www.gistmania.com/talk/topic,178836.0.html
भीड़ द्वारा हत्या	1 पुरुष	झारखंड	https://www.telegraphindia.com/1130828/jsp/frontpage/story_17281264.jsp

भीड़ द्वारा हत्या	2 पुरुष	उत्तर प्रदेश	https://www.washingtonpost.com/world/asia_pacific/hundreds-flee-homes-in-northern-india-following-hindu-muslim-clashes/2013/09/10/ed4916ca-lalb-11e3-80ac-96205cacb45a_story.html?utm_term=.e67842a66811
भीड़ द्वारा हत्या	1 पुरुष	बंगाल	http://www.rediff.com/news/report/wb-cpm-candidateshusband-killed-during-panchayat-election/20130715.htm
भीड़ द्वारा हत्या	1 महिला	उत्तर प्रदेश	http://www.dailymail.co.uk/news/article-2341957/M otherkilled-Indian-mob-daughter-refused-stop-wearing-jeans.html
भीड़ द्वारा हत्या	1 पुरुष	उत्तर प्रदेश	http://indiatoday.intoday.in/story/dsp-zia-ul-haq-pratapgarh-up-uttar-pradesh-up-top-cop-village-head/1/252399.html
भीड़ द्वारा हत्या	1 पुरुष	उत्तर प्रदेश	https://www.youtube.com/watch?v=LPyr7PlYyP4
भीड़ द्वारा हत्या	1 पुरुष	बिहार	http://www.ibtimes.co.uk/india-train-crash-mob-beat-driverdeath-500015

2013	राज्य	स्रोत
भीड़ की हिंसा / भीड़ द्वारा हत्या की कोशिश	उत्तर प्रदेश	http://timesofindia.indiatimes.com/city/lucknow/Violent-mobtargets-SDM-SHO-after-accident-injaunpur/articleshow/19811550.cms
भीड़ की हिंसा / भीड़ द्वारा हत्या की कोशिश	बंगाल	http://www.ndtv.com/india-news/200-houses-burnt-in-bengalvillage-by-mob-protesting-clerics-death-514216

भीड़ की हिंसा / भीड़ द्वारा हत्या की कोशिश	कश्मीर	http://www.ndtv.com/india-news/troops-fired-in-self-defence-bsfon-ramban-firing-529479
भीड़ की हिंसा/ भीड़ द्वारा हत्या की कोशिश	बंगाल	http://www.rediff.com/news/report/-girl-gang-raped-and-killed-innorth-24-parganas/20130608.htm
भीड़ की हिंसा / भीड़ द्वारा हत्या की कोशिश	उत्तर प्रदेश	http://indiatoday.intoday.in/story/communal-clash-up-uttarpradesh-meerut-nagla-mal/1/296624.html
भीड़ की हिंसा / भीड़ द्वारा हत्या की कोशिश	पंजाब	http://www.tribuneindia.com/2013/20130830/Idhl.htm
भीड़ की हिंसा / भीड़ द्वारा हत्या की कोशिश	उत्तर प्रदेश	http://indianexpress.com/article/cities/lucknow/villagers-attackpolice-team-free-accused-in-pratapgarh/
भीड़ की हिंसा / भीड़ द्वारा हत्या की कोशिश	झारखंड	http://www.asianews.it/news-en/India,-Catholic-missionariesattacked.-jesuit-l-forgive-them,-they-were-fomented-byfundamentalists-28784.html
भीड़ की हिंसा / भीड़ द्वारा हत्या की कोशिश	बिहार	http://www.news18.com/news/india/bihar-police-firing-alert618640.html

स्कूप व्हूप न्यूज ने 2011 और 2012 में इसी तरह का शोध किया था और पाया कि नतीजे समान थे।

2011	पीड़ित	राज्य	स्रोत
भीड़ द्वारा हत्या	1 पुरुष	झारखंड	http://www.ndtv.com/cities/man-lynched-for-killing-three-wives-566086

भीड़ द्वारा हत्या	1 पुरुष	झारखंड	http://www.ndtv.com/cities/man-lynched-by-friends-for destroying-punching-bag-565741
भीड़ के जरिए हत्या	1 पुरुष	राजस्थान	http://www.ndtv.com/jaipur-news/man-accused-of-being-evil-spirit-lynched-in-rajasthan-464375
भीड़ द्वारा हत्या	1 पुरुष	केरल	http://www.thehindu.com/news/national/kerala/court-finds-nine-guilty-of-murder-in-mob-lynch case/article6482254.ece
भीड़ द्वारा हत्या	1 पुरुष	हरियाणा	http://www.indiatvnews.com/news/india/gurgaon-mob-lynches-man-after-he-killed-a-sarpanch-8664.html
भीड़ द्वारा हत्या	10 पुरुष	कर्नाटक	http://www.thaindian.com/newsportal/uncategorized/71-nabbed-for-lynching-10men_100554081.html
भीड़ द्वारा हत्या	5 पुरुष	उत्तर प्रदेश	http://www.sify.com/news/mob-fury-kills-police-officer-news-national-lbfqaqaggbd.html

2012	पीड़ित	राज्य	स्रोत
भीड़ द्वारा हत्या	5 पुरुष	झारखंड	http://www.indiatvnews.com/crime/news/five-persons-lynched-for-extortion-in-jharkhand-224.html
भीड़ द्वारा हत्या	1 पुरुष	हरियाणा	http://www.hindustantimes.com/gurgaon/wanted-man-lynched-by-mob-in-gurgaon/story-ovHEUOqze96GQYrz6xtAzH.html
भीड़ के जरिए हत्या	1 पुरुष	बिहार	http://www.ndtv.com/patna-news/in-heat-wave-dalit-beaten-to-death-for-using-water-pump-487043

भीड़ द्वारा हत्या	3 पुरुष	उत्तर प्रदेश	http://www.ndtv.com/ghaziabad-news/three-lynched-in-kaushambi-483548
भीड़ द्वारा हत्या	1 पुरुष	त्रिपुरा	http:/zeenews.india.com/news/north-east/former-insurgent-lynched-in-agartala_775204.html
भीड़ द्वारा हत्या	1 पुरुष	महाराष्ट्र	http://www.deccanherald.com/content/284360/archives.php
भीड़ द्वारा हत्या	2 पुरुष	बिहार	http://www.business-standard.com/article/pti-stories/two-persons-lynched-112062500296_1.html
भीड़ द्वारा हत्या	1 पुरुष	पश्चिम बंगाल	http://www.ndtv.com/cities/man-beaten-to-death-for-attempting-to-steal-498404

इससे यह निष्कर्ष निकाला जा सकता है कि कई वर्षों से भारत में भीड़ संबंधी हिंसा की कई वजहों में कथित गोरक्षा से संबंधित हिंसा को भी शामिल किया जा सकता है। इस तरह के अपराधों से सख्त और निर्णायक रूप से निपटना होगा, हालाँकि इन घटनाओं का इस्तेमाल देश और प्रधानमंत्री की छवि धूमिल करने के बहाने के रूप में नहीं किया जाना चाहिए। इस तरह के अपराधों में चोरी, अवैध संबंधों, परिवार, गाँव, गोत्र, विवाद और यहाँ तक कि जमीन विवाद जैसे पहलू भी शामिल होते हैं। इसलिए भीड़ के जरिए हत्या को राजनीतिक रंग देना राजनीति से प्रेरित और पक्षपातपूर्ण है। उदाहरण के तौर पर श्रीनगर में 2017 में हुर्रियत के भीड़ द्वारा पुलिस अधिकारी की हत्या का इस सिलसिले में चल रही मौजूदा कहानी से कोई लेन-देना नहीं था।

गोरक्षा

गोहत्या पर प्रतिबंध और अवैध बूचड़खानों को बंद करने को लेकर भा.ज.पा. के रवैए में कोई दोहरा मापदंड नहीं है। देश के कुल मांस निर्यात में उत्तर प्रदेश की हिस्सेदारी 60-70 फीसदी है और इसमें कोई हैरानी की बात नहीं कि राज्य के आधे से ज्यादा बूचड़खाने अवैध रूप से चलाए जाते थे। बीफ पर पाबंदी लगाने और मांस कारोबार के नियमन, दोनों के बीच अंतर है। भा.ज.पा. ने अपने संकल्प पत्र (घोषणा-पत्र) और सभी चुनावी भाषणों में यह वादा किया था कि वह मांस की सभी अवैध

दुकानों को बंद कर देगी। यह राष्ट्रीय हरित न्यायाधिकरण और प्रदूषण नियंत्रण बोर्ड की माँग रही है। सुप्रीम कोर्ट ने देश में मांस व्यापार के नियमन के लिए दिशा-निर्देश जारी किए थे, ताकि इसे स्वास्थ्यकर और पर्यावरण के अनुकूल बनाया जा सके।

मार्च 2017 में भा.ज.पा. को उत्तर प्रदेश में जबरदस्त जनादेश मिला और उसे अपने चुनावी वादे पूरे करने थे। बूचड़खाने और मांस खानेवाले तबके समेत राज्य के लोगों से जबरदस्त समर्थन मिला था। दरअसल, यह कदम कृषि को मजबूत बनाने के साथ इनसानी सेहत और पर्यावरण की सुरक्षा को ध्यान में रखकर उठाया गया था। मीडिया द्वारा दिखाए गए डर या मांस व्यापारियों द्वारा तुरंत हड़ताल को लोगों का ज्यादा समर्थन नहीं मिला और उन्हें जल्द पीछे हटने पर मजबूर होना पड़ा।

अवैध बूचड़खानों को बंद करना हिंदू-मुसलिम मुद्दा नहीं है। रामपुर नगर निकाय के चेयरमैन शहाबुद्दीन गोरी का कहना है कि उन्हें उत्तर प्रदेश के मुख्यमंत्री योगी आदित्यनाथ की सरकार में राज्य की मदद से उन्नत तकनीकवाला बूचड़खाना खोलने के लिए पहला लाइसेंस मिला। यह इस इलाके में सैकड़ों मांस विक्रेताओं की जरूरतों को पूरा करेगा और कानूनी तौर पर मांस व्यापार को बढ़ावा मिलेगा।

इससे पहले राज्य के आधे से कम नगर निकायों के पास बूचड़खाना चलाने का लाइसेंस था। राज्य की अखिलेश यादव सरकार और केंद्र में यू.पी.ए. शासन के दौरान मांस उद्योग को बढ़ावा दिया गया और इसका अवैध व्यापार, जानवरों की तस्करी और गाय के मांस के निर्यात का काम तेजी से फला-फूला। बड़े पैमाने पर विदेशी मुद्रा की कमाई करनेवाले इस उद्योग के लिए आधुनिकीकरण काफी अहम है। इस सिलसिले में पहल के कारण ऑनलाइन स्टार्टअप फर्मों को अच्छे अवसर मिल रहे हैं।

तकरीबन दो दशक पहले दिल्ली में भी कुछ इस तरह का हो-हल्ला देखने को मिला था, जब बूचड़खानों का आधुनिकीकरण कर इन्हें महानगरीय सीमाओं से बाहर किया गया, हालाँकि इससे यह उद्योग खत्म नहीं हुआ और न ही मांस की किल्लत हुई। इसी तरह, उत्तर प्रदेश में पुरानी अस्वास्थ्यकर प्रणाली के बदले ज्यादा निवेश के साथ वैज्ञानिक प्रणाली को लाए जाने से उत्तर प्रदेश में इससे जुड़ी समस्याएँ दूर हो रही हैं।

जहाँ तक दक्षिण और उत्तर-पूर्वी राज्यों में इस मुद्दे पर भा.ज.पा. के बिल्कुल अलग रवैए की बात है, तो इस पर इतना ही कहा जा सकता है कि पार्टी व्यावहारिक और स्थानीय जनता के अनुकूल चल रही है। उत्तर-पूर्वी राज्यों में गोहत्या पर प्रतिबंध नहीं हैं और इन इलाकों में बहुसंख्यक लोग मांसाहारी हैं। दोनों मामलों में यह बहुसंख्यक भावनाओं के सम्मान की बात है। अगर सत्ताधारी पार्टी संबंधित जगहों पर कानून का शासन लागू करने का प्रयास कर रही है, तो क्या यह गलत है?

जम्मू-कश्मीर समेत सभी उत्तरी और पश्चिमी राज्यों में गोहत्या पर पाबंदी लगी हुई

है, जबकि उत्तर-पूर्व और केरल में स्थिति उल्टी है। इसलिए दोनों क्षेत्रों में किसी तरह की तुलना नहीं है। भारतीय जनता पार्टी एक तरह से दोनों मामलों में जनता की इच्छा का सम्मान कर रही है। उत्तर प्रदेश एक साल में 4.66 लाख टन मांस का निर्यात करता है और इस क्षेत्र में 1.5 करोड़ लोगों को रोजगार मिला हुआ है। राज्य ने इस उद्योग के आधुनिकीकरण और इसे ज्यादा सक्षम बनाने की कोशिश की है। लोग अकसर भैंसे के मांस और बीफ (गोमांस) के मामले में घालमेल के कारण भ्रम में पड़ जाते हैं। दरअसल, भा.ज.पा. भविष्य की चुनौतियों का सामना करने के लिए 30,000 करोड़ के इस निर्यात कारोबार के नवीनीकरण में जुटी है। यह पार्टी के सुशासन संबंधी लक्ष्य का भी हिस्सा है।

गोहत्या पर प्रतिबंध

गोहत्या पर प्रतिबंध का विरोध मानवीय से ज्यादा सांप्रदायिक और राजनीतिक है। गाय का मांस खाने के समर्थक इस तरह का स्वाँग करते हैं, मानो वे इसके बिना भूखे रह जाएँगे। वे धर्मनिरपेक्षता, संविधान, खाने की पसंद का अधिकार, दलित, आदिवासी और अल्पसंख्यक अधिकारों, इसके काम में जुटे लोगों की आजीविका छिनने, चमड़ा उद्योग में गिरावट आदि का हवाला देते हैं। यहाँ सवाल यह है कि क्या ये वही लोग नहीं हैं, जो विभिन्न अवसरों पर शांति, पशु रक्षा, आवारा कुत्तों, पर्यावरण और मानवाधिकारों की सुरक्षा के मुद्दों का जोर-शोर से समर्थन करते हैं? वे गायों की प्रजाति के साथ अपने सार्वभौम स्नेह को साझा करने में सक्षम क्यों नहीं हैं? सिर्फ इसलिए कि यह हिंदुओं के लिए पवित्र मानी जाती है? क्या वे मानते हैं कि हिंदुओं के लिए पवित्र मानी जानेवाली किसी चीज का विरोध करना धर्मनिरपेक्षता है?

गोहत्या पर प्रतिबंध को लेकर विपक्ष में उच्च स्तर का पाखंड और दोहरापन है, हालाँकि इस संबंध में ताजा बहस की शुरुआत महाराष्ट्र और हरियाणा सरकार द्वारा गोहत्या पर प्रतिबंध लगाए जाने के बाद हुई, लेकिन यह देश के स्वतंत्रता आंदोलन के समय से चल रही है। बहुसंख्यक भारतीय मांस के लिए पवित्र गाय की हत्या को लेकर सहज नहीं थे। अगर उन्हें 100 वर्षों तक इसके लिए मनाया जाए तो भी किसी तरह का तर्क अब उन्हें इसके लिए सहमत नहीं कर सकेगा। यहाँ तक कि इसलामी शासकों (कुछ अपवादों को छोड़कर) और ब्रिटिश ने भी इस भावना का सम्मान किया। फिलिप मैसन ने अपनी किताब 'द मेन हू रूल्ड इंडिया' में इस बारे में दिलचस्प जानकारी दी है।

उनके मुताबिक, 'महात्मा गांधी गोरक्षा के प्रबल समर्थक थे, जिनका हवाला भा.ज.पा. विरोधी तमाम बातों में देते हैं। यह प्रथम जिन्ना-गांधी समझौते का पहला मुद्दा था, जिसे 1916 का लखनऊ समझौता भी कहा जाता है। गांधीजी ने पूरे स्वतंत्रता आंदोलन के दौरान लगातार गोरक्षा को ग्राम स्वराज की अपनी अवधारणा का केंद्रीय

तत्त्व बताया। इसमें वह कांग्रेस के ज्यादातर लोगों की राय के साथ थे, जिसके पक्ष में जवाहरलाल नेहरू समेत तमाम सम्मानित राष्ट्रवादी नेता खड़े थे।

'अगर कुछ कट्टरपंथी मुसलमान नेताओं को छोड़ दिया जाए, जिन्होंने गलत तरीके से इसे अपने मजहबी हक का हिस्सा मान लिया, तो ज्यादातर मुसलमान नेता भी इस मुद्दे पर गांधीजी के साथ सहमत थे। इसलाम के प्रमुख जानकार मौलाना वहीदुद्दीन खान का मानना है कि मुसलमानों द्वारा गोरक्षा का समर्थन किए जाने से हिंदू-मुसलिम एकता में बड़े पैमाने पर मदद मिलेगी। एम.सी. चागला और रफी अहमद किदवई भी इसी तरह से सोचते थे।'

यह मामला दशकों पहले सुलझ गया होता, लेकिन कांग्रेस की दुष्ट नीयत के कारण ऐसा नहीं हो सका। यह याद रखें कि कांग्रेस की सरकार ने कई राज्यों में गोहत्या पर प्रतिबंध लगाने की शुरुआत की थी। भा.ज.पा. इस अधूरे काम को पूरा भर कर रही है।

संविधान में गोहत्या पर प्रतिबंध का प्रावधान इस आम-सहमति का नतीजा है। भारत अब भी मुख्य रूप से खेतिहर समाज है। देश की ज्यादातर जनता गाँवों में रहती है और पशुओं को ग्रामीण अर्थव्यवस्था की सेहत के हिसाब से काफी अहम माना जाता है। गाय के दूध के पोषक तत्त्व, ग्रामीण भारतीय जीवन में गाय की अहमियत, गोमूत्र के औषधीय गुण और उनके पेटेंट जैसे तथ्यों पर काफी बहस हुई है और ये बातें वैज्ञानिक तौर पर साबित हो चुकी हैं। गायों की सैकड़ों देसी नस्लें विलुप्त होने के कगार पर हैं। मौजूदा नस्लों के संरक्षण के लिए आंदोलन की बातें भी दस्तावेजों में दर्ज हैं।

सभी प्रमुख धार्मिक समुदायों के प्रतिनिधियों ने गोहत्या पर प्रतिबंध की माँग को लेकर 1966 में संसद् मार्च में हिस्सा लिया था। राष्ट्रीय स्वयंसेवक संघ (आर. एस.एस.) और इससे जुड़े बाकी संगठनों ने हिंदू, बौद्ध, सिख और जैन समुदाय के धार्मिक नेताओं के साथ मिलकर 2009 में राष्ट्रीय स्तर पर विश्व मंगल गौ ग्राम यात्रा का आयोजन किया था। इसके तहत ग्रामीण अर्थव्यवस्था की सेहत के लिए गायों के संरक्षण के बारे में जागरूकता फैलाने का प्रयास किया गया था। उस वक्त इसे वैश्वीकरण के दौर में भारत की आत्मा के लिए संघर्ष के रूप में वर्णित किया गया था।

गाय को हमेशा से संपत्ति का हिस्सा माना जाता रहा है। किसी शख्स की संपत्ति का आकलन इस हिसाब से भी किया जाता था कि उसके पास कितनी गायें हैं। महाभारत में द्रोण की कहानी अपने बेटे के लिए दूध की खोज के साथ शुरू होती है। जब द्रोण युद्ध में पांचाल नरेश द्रुपद को हरा देते हैं तो वह अपनी बात को समझाने के लिए गोशाला को दो हिस्सों में बाँटकर राजा के हिस्से से एक गाय ले लेते हैं। जब धृतराष्ट्र कृष्ण को प्रसन्न करना चाहते हैं, तो वह कृष्ण को गाय भेंट करते हैं।

ऋषि विश्वमित्र की कहानी भी विशिष्ट गाय 'कामधेनु' से जुड़ी हुई है। इस तरह,

हिंदू अनंत काल से गाय को पवित्र मानते रहे हैं। गोहत्या पर प्रतिबंध का विरोध कर रहा तबका इस बात के लिए वैदिक काल के हिंदुओं से लेकर विवेकानंद तक का हवाला देता है कि वे गोमांस खाते थे। सवाल यह नहीं है कि किसने गोमांस खाया और किसने नहीं खाया। असल मुद्दा यह है कि अगर गायों की हत्या से बड़े समुदाय के लोगों की भावनाएँ आहत होती हैं, तो उनकी भावना का क्यों नहीं सम्मान किया जाना चाहिए।

इस दलील का कोई मतलब नहीं है कि भारतीयों ने खुद से गायों के साथ इस तरह का व्यवहार किया और दूध देना बंद करने के बाद गाय की क्या उपयोगिता है। देश के अधिकतर लोगों के लिए गाय सिर्फ सामान्य पशु जैसा नहीं है। यह खास है। यह पवित्र है। यह धार्मिक है। और गोहत्या पर प्रतिबंध की माँग के केंद्र में यही धार्मिक भावना है। इस तर्क का कोई मतलब नहीं है कि कई ऐसे हिंदू हैं, जो गोमांस खाते हैं।

क्या ऐसे ईसाई नहीं है, जो गिरजाघर नहीं जाने का दावा करते हैं? व्यक्तिगत पसंद किसी समाज की आस्था के दायरे में नहीं आते। विवेकानंद योग अनुसंधान संस्थान (वी.वाई.ए.एस.ए.) के अध्यक्ष डॉ. एच.आर. नागेंद्र कहते हैं, "भारत कीटनाशकों पर सालाना एक लाख करोड़ रुपए खर्च करता है। हम इस पैसे को बचा सकते हैं और गाय का गोबर और गोमूत्र को इस्तेमाल कर ग्रामीण स्तर पर जैविक खाद बनाकर अन्य फायदे भी हासिल कर सकते हैं। इससे न सिर्फ उनकी आय में बढ़ोतरी होगी, बल्कि गाँवों में आत्मनिर्भरता को भी बढ़ावा मिलेगा।"

भारत के लोगों का हमेशा से प्रकृति के साथ सौहार्दपूर्ण रिश्ता रहा है। गाँव की पारिस्थितिकी गाय पर केंद्रित है। देश की 80 प्रतिशत आबादी खेती पर निर्भर है। उनके लिए गाय उनके दाहिने हाथ की तरह है, क्योंकि बैलों की मदद के बिना खेतों की जुताई, सिंचाई, कटाई आदि में काफी मुश्किल होगी और जाहिर तौर पर गायों के जरिए ही बैल की उत्पत्ति होती है।

बीफ (गोमांस) को लेकर काफी गुमराह करनेवाली बातें कही गई हैं। दरअसल, गोहत्या पर प्रतिबंध अन्य तरह के बीफ खाने पर प्रतिबंध का मामला नहीं है। ऐसे में यह आशंका गलत है कि इससे मांस तैयार करनेवालों और मांस विक्रेताओं की आजीविका पर बुरा असर पड़ेगा। भारत दुनिया का दूसरा सबसे सबसे बड़ा मांस निर्यातक है। यू.पी.ए. के शासनकाल में गुलाबी क्रांति को प्रोत्साहन के चलते जब बाकी उद्योगों की रफ्तार सुस्त पड़ी हुई थी, भारतीय निर्यात मुख्य तौर पर मांस पर निर्भर था, हालाँकि इससे ग्रामीण अर्थव्यवस्था और भारतीय पशुधन को भयंकर नुकसान हो रहा था। गोहत्या पर पूरी तरह से और प्रभावी प्रतिबंध के लिए, राष्ट्रीय स्तर पर आवाजें उठ रही हैं। यह भारतीय राजनीति की नई दिशा तय करने में अहम भूमिका निभाएगा।

□

6

जोरदार समाजवादी क्षण/भव्य/बड़ा समाजवादी पल

सर्वदा, स्नान्नृपः प्राज्ञः,
स्वमते न कदाचन।
सभ्याधिकारिप्रकृति,

हिंदी में—

"शासक सदा बुद्धिमान होना चाहिए, परंतु उसे स्वेच्छाचारी कदापि नहीं होना चाहिए, उसे सब बातों में मंत्रियों की सलाह लेनी चाहिए, सभा में बैठना चाहिए और शुभ मंत्रणानुसार चलना चाहिए।"

—शुक्र नीति, अध्याय 2-3

(यह श्लोक संसद् भवन के लिफ्ट नंबर 4 पर मौजूद गुंबद पर अंकित है।)

इससे पहले के अध्यायों में हमने देखा कि कैसे नरेंद्र मोदी सरकार ने किस तरह से विशिष्ट सामाजिक कल्याण योजनाओं के जरिए भारत के लोगों का जीवन स्तर बेहतर करने की कोशिश की। पिछले सात दशकों में किसी भी अन्य सरकार ने इस तरह का प्रयास नहीं किया था। लोकलुभावन अंदाज में रेवड़ियाँ बाँटने की पिछली सरकार की परंपरा के उलट, मोदी सरकार ने गरीबों के सशक्तीकरण की योजना शुरू करते हुए उन्हें अपने पैरों पर खड़ा होने में मदद करने के मकसद से योजनाएँ तैयार कीं, ताकि उन्हें गरीबी और कर्ज के दुश्चक्र से निकालने में सहायता की जा सके। इस प्रक्रिया में मोदी ने धन के पुनर्वितरण का प्रयास करते हुए आर्थिक ढाँचे को नए सिरे से तैयार करने का प्रयास भी किया। इसके तहत कर प्रणाली को व्यापक बनाया गया और फायदे को जरूरतमंद तक पहुँचाने की प्रक्रिया को मजबूत किया। यह समाज में बदलाव लाएगा, इसे जवाबदेह बनाएगा और इससे बेईमानों के लिए बच निकलना मुमकिन नहीं होगा।

भारत के सकल घरेलू उत्पाद (जी.डी.पी.) में 2013 से 2017 के बीच 31

प्रतिशत की बढ़ोतरी हुई, जबकि इसी दौरान वैश्विक स्तर पर सकल घरेलू उत्पाद में बढ़ोतरी का आँकड़ा 4 प्रतिशत रहा। यू.पी.ए. सरकार के दौरान मुद्रास्फीति की दर 9.5 फीसदी थी, जबकि मोदी सरकार के कार्यकाल में यह 3.5 फीसदी पर स्थिर बनी रही है। 2014 तक भारत में 93,000 किलोमीटर राष्ट्रीय राजमार्गों का निर्माण हुआ था और मोदी सरकार के कार्यकाल के आखिर दौर में यह आँकड़ा बढ़कर 1,23,000 किलोमीटर तक पहुँच गया।

गुजरे चार साल में ग्रामीण सड़कों के निर्माण का आँकड़ा तेजी से बढ़कर 139 किलोमीटर रोजाना हो गया, जो 2014 तक 69 किलोमीटर रोजाना हुआ करता था। 2017 में भारत में सबसे बड़ी संख्या में पर्यटक आए और इसके परिणामस्वरूप 2017 के आखिर तक उड्डयन क्षमता में 45 फीसदी और होटल संबंधी सुविधाओं में 30 फीसदी की बढ़ोतरी हुई।

किसी भारतीय के लिए पहचान के अहम दस्तावेज आधार को तमाम अहम चीजों से जोड़ना और जन धन योजना मोदी सरकार की दो अन्य महत्त्वपूर्ण परियोजनाएँ हैं। जन धन योजना के तहत 21 करोड़ नए बैंक खाताधारक बने। हर राज्य में एक आई.आई.टी. (भारतीय प्रौद्योगिकी संस्थान) और एक एम्स (अखिल भारतीय आयुर्विज्ञान संस्थान) शिक्षा और स्वास्थ्य के क्षेत्र में बेहतरी का नया तरीका है। सरकार ने देश में मेडिकल सीटों की संख्या बढ़ाकर दोगुनी कर दी है। मोदी सरकार के दौरान अल्पसंख्यक समुदाय के बच्चों को रिकॉर्ड संख्या में छात्रवृत्ति मिली। अर्थशास्त्र को सामाजिक कल्याण से जोड़ना मोदी सरकार की सबसे बड़ी उपलब्धि रही है।

नोटबंदी और जी.एस.टी. की सफलता को इसी रोशनी में देखा जाना चाहिए। भ्रष्टाचार, काला धन, फर्जी नोट और कर चोरी से निपटने में इन कदमों की महत्त्वपूर्ण भूमिका रही। इन दोनों साहसिक फैसलों से मोदी सामाजिक मसीहा के रूप में उभरकर सामने आए और वे गरीबों और वंचितों के प्रिय बन गए। इन फैसलों की आलोचना हुई; पूर्व प्रधानमंत्री मनमोहन सिंह समेत कई आर्थिक विशेषज्ञों ने आर्थिक बरबादी की भविष्यवाणी की, लेकिन मोदी बेहद आत्मविश्वास के साथ इन चुनौतियों से निपटने में कायमाब रहे। चुनौतीपूर्ण आर्थिक सुधारों को अंजाम देने की क्षमता और प्रतिकूल प्रतिक्रियाओं के बीच भी इस पर डटे रहने के कारण मोदी को नया राजनीतिक आधार और स्वीकार्यता मिली।

उन्होंने ऐसी अर्थव्यवस्था को ऊपर उठाया है, जहाँ भ्रष्टाचार, वृद्धि दर में कमी, नीतिगत लकवा, ऊँची महँगाई दर, प्रत्यक्ष विदेशी निवेश में कमी और पूँजी के पलायन के चलते बेहतरी की सारी उम्मीदें खत्म हो चुकी थीं। दुनिया भर में कहा जाने लगा कि 'भारत कभी ऐसा हुआ करता था।' जो देश ईज ऑफ डुइंग बिजनेस (कारोबार करने

के मामले में अनुकूलता) में बिल्कुल निचले पायदान पर पहुँच चुका था, उसने महज तीन साल में 65 पायदान ऊपर चढ़ते हुए रिकॉर्ड बना दिया। यह मोदी का चमत्कार है। पिछले चार साल में कृषि विकास तकरीबन दोगुना हो गया है, हालाँकि किसानों की तकलीफ अब भी एक मुद्दा है। मोदी ने पाँच साल में किसानों की आय दोगुनी करने का वादा किया है, जो मौजूदा परिस्थिति में एक मुश्किल कार्य है। तेल की ऊँची कीमतें उचित नहीं हैं और इसके बिक्री मूल्य पर 50 प्रतिशत से भी ज्यादा कर को सही नहीं ठहराया जा सकता।

मोदी ने अर्थव्यवस्था के विकास के लिए ठोस आधार तैयार किया है। यह चुनावी साल है। अगर बातों और काम के आधार पर मोदी का आकलन किया जाए तो कहा जा सकता है कि उन्होंने अच्छी तरह से अपने वादे पूरे किए हैं और भविष्य के लिए उम्मीदें भी जगाई हैं। 2019 के लिए व्यावहारिक तौर पर उनके पास किसी तरह की चुनौती नहीं है। मोदी ने पाँच साल में देश के आर्थिक ढाँचे को पुनर्गठित कर दिया है। उन्होंने संसाधनों का पुनर्वितरण कर लोगों को अपने पैरों पर खड़ा होने की ताकत प्रदान की है। यह छोटी उपलब्धि नहीं है।

8 नवंबर, 2016 का दिन इतिहास में भारत के लिए शायद आर्थिक क्षेत्र के सबसे बड़े सुधार के रूप में याद किया जाएगा, जिसने देश को पूरी तरह से बदल दिया। इस बात में कोई शक नहीं कि इस फैसले के कारण कुछ दिनों तक बैंकों के सामने लोगों की लंबी कतारें लगी रहीं, साथ ही, ग्रामीण अर्थव्यवस्था को तेजी से बदलने मौद्रिक सुधार के साथ तालमेल बिठाने में थोड़ा वक्त लगा और इस कारण खुदरा क्षेत्र में माँग में अस्थायी गिरावट देखने को मिली, हालाँकि अमर्त्य सेन जैसे जाने-माने अर्थशास्त्रियों ने इस कदम की आलोचना की। नोटबंदी के बाद कई पार्टियों की राजनीतिक ताकत में काफी कमी आई। नोटबंदी कई देशों में उन शासकों के लिए महँगा सौदा साबित हुई है, जिन्होंने इसे लागू किया। इसके बावजूद मोदी ने यह साहसिक फैसला लिया और बिना किसी खरोंच के इससे उबरने में कामयाब रहे।

प्रचलन में मौजूद 86 प्रतिशत मुद्रा को एक झटके में अवैध करार देना, ऐसे देश में गोपनीयता बरकरार रखते हुए यह फैसला लेना, जहाँ आधी आबादी बैंकिंग प्रणाली से बाहर हो और आदतन अपनी गाढ़ी कमाई अपने घर में रखती है, अपने आप में बेहद क्रांतिकारी कदम था। ऊँचे मूल्यवाले 14.90 लाख नोट (तकरीबन 70 प्रतिशत) को काले धन की तरह रखा गया था। ये नोट उन लोगों द्वारा बैंकिंग प्रणाली की पहुँच से बाहर रखे गए थे, जिन्होंने राष्ट्रीय संपत्ति को कहीं छुपाकर रखा हुआ था।

गरीबों की तकलीफ के नाम पर नोटबंदी का विरोध करनेवाले इसको लेकर अपनी असहमति के पक्ष में ढंग का एक भी तर्क नहीं पेश कर सके। सभी इस बात को लेकर

सहमत थे कि भ्रष्टाचार के खिलाफ लड़ाई लड़नी होगी। वे इस बात से भी सहमत थे कि काला धन भ्रष्टाचार का सबसे बड़ा साधन है। इससे असमानता बढ़ती है, कीमतों में वृद्धि होती है और मुद्रा का अवमूल्यन भी होता है। साथ ही, बड़े पैमाने पर नकली नोटों की मौजूदगी भी उतनी ही चिंताजनक बात थी, जिससे देश में आतंकवाद और अपराध के लिए धन मुहैया कराया जाता था।

सभी इससे सहमत थे कि प्रचलन में नकली नोटों का हिस्सा चलन में मौजूद काले धन के तकरीबन बराबर है। कश्मीर में अपेक्षाकृत शांति और वहाँ के स्कूलों की परीक्षा में 100 प्रतिशत उपस्थिति होना और माओवादियों के छिपे हुए रुपयों का महज कागज बनकर रह जाना इस वित्तीय सर्जिकल स्ट्राइक के मकसद के बारे में काफी कुछ बताता है।

रिजर्व बैंक के पूर्व गवर्नर डी. सुब्बा राव और सी. रंगराजन और डॉ. मेघनाद देसाई व डॉ. सुरजीत भल्ला जैसे अर्थशास्त्री समेत कई जानकारों ने प्रधानमंत्री के इस सफाई अभियान को साहसिक और बहुप्रतीक्षित कदम बताते हुए इसकी जमकर तारीफ की। विपक्ष का कहना था कि दूर-दराज के इलाकों में जिन लोगों की पहुँच बैंकिंग प्रणाली तक नहीं है, उन्हें नोटबंदी के कारण सबसे ज्यादा परेशानी झेलनी पड़ी। यहाँ उस अनोखे तरीके का जिक्र करना जरूरी है, जिसके जरिए नोटबंदी के तुरंत बाद असम सरकार ने अनोखे तरीके से 10 लाख से भी ज्यादा चाय बागान मजदूरों के वेतन भुगतान की समस्या को दूर किया।

चाय बागान के कर्मचारी पारंपरिक तौर पर बैंक खाता खोलने को अनिच्छुक रहे हैं। हजारों हेक्टेयर के क्षेत्र में फैले चाय बागान में काम कर रहे 40 लाख लोग सदियों रो नकदी में साप्ताहिक मजदूरी हासिल कर रहे थे। असम के तत्कालीन मुख्य सचिव वी.के. पीपरसेनिया के मुताबिक, मोदी सरकार ने जब नोटबंदी की और नकद लेन-देन पर सख्ती का ऐलान किया, तो उस वक्त राज्य सरकार के लिए सबसे बड़ी चिंता चाय बागान के कर्मचारियों के लिए मजदूरी का भुगतान करना था। उन्होंने बताया कि केंद्र सरकार की मदद से राज्य सरकार को चाय बागान मजदूरों की मजदूरी के भुगतान के लिए पैसे निकालने की मंजूरी मिली।

कंपनियों को राज्य सरकार के खाते में अपना चेक जमा करने को कहा गया और राज्य सरकार द्वारा इतनी ही राशि की निकासी की गई और इसके साथ मजदूरों को भुगतान के लिए गुंजाइश बनी। दरअसल, कुछ दिनों के भीतर मुद्रा के मामले में पूरे असम में चीजें सामान्य हो गईं।

यह अनोखा उदाहरण उन मुख्यमंत्रियों के बिल्कुल उलट है, जो शुद्ध राजनीतिक एजेंडे के तहत काले धन को लेकर लड़ाई के विरोध में धरने पर बैठे। पीपरसेनिया ने

बताया कि जल्दी ही सभी चाय बागान मजदूरों के बैंक खाते खुल गए। यह वित्तीय समावेश की दिशा में बड़ा कदम था। चाय बागानवाले इलाके में बैंकों की कई शाखाओं का अस्तित्व नजर आने लगा। दरअसल, जन धन योजना के तहत देश में जितने खाते खुले, उनकी संख्या स्वतंत्रता के बाद इससे पहले तक खुले बैंक खातों से भी ज्यादा थी। इतिहास में पहली बार असम के चाय बगान मजदूर बैंक खाताधारक बने।

अगर जन कल्याण को लोगों की मुख्य चिंता माना जाए तो नोटबंदी किसी भी सरकार द्वारा उठाए गए इस तरह के सबसे प्रमुख कदमों में से एक थी। ऐसे समाज में जहाँ देश की 59 प्रतिशत संपत्ति महज एक प्रतिशत अमीर लोगों के पास है और देश के सबसे गरीब 10 प्रतिशत लोगों की राष्ट्रीय संपत्ति में हिस्सेदारी सिर्फ 0.2 प्रतिशत है, 2004 और 2014 के बीच अमीर व गरीब के बीच का अंतर 1,480 गुना से बढ़कर 2,450 गुना हो गया था। नरेंद्र मोदी ने इस अंतर को कम करने का बड़ा काम किया।

समाज में असमानता के इस स्तर को दुरुस्त करना होगा और यह इस दिशा में ठोस कदम है। जो अब भी इसका विरोध कर रहे हैं, वे इसलिए ऐसा कर रहे हैं, क्योंकि उन्हें गलत तरीके से हासिल अपना पैसा गँवाना पड़ा या फिर वे मौजूदा स्थिति को बरकरार रखना चाहते थे। इसके साथ प्रधानमंत्री ने अपनी उस प्रतिबद्धता को पेश किया, जिसे डॉ. बी.आर. अंबेडकर ने संविधान के तहत राजनीतिक समानता के साथ 'सामाजिक और आर्थिक समानता' कहा था।

नोटबंदी के आलोचक न तो राजनीतिक तौर पर इसका जवाब दे पाए और न ही मजबूत आर्थिक तर्क पेश कर पाए। यह दिखाता है कि प्रधानमंत्री बड़े पैमाने पर सबसे बड़े मौद्रिक सुधार को अंजाम देने में सफल रहे हैं और बेहद सटीकता और सुगमता के साथ सामाजिक ढाँचे में बदलाव की राह भी बनाई है। इससे छह लाख करोड़ रुपए हासिल होने की उम्मीद है, जो टैक्स चोरों द्वारा दबाकर रखा गया था। इसके साथ राजनीति में ज्यादा पैसा और काले धन की भूमिका कम होने की उम्मीद थी। यह शायद राजनीति में बेहतर प्रतिभा आकर्षित करने के लिए एक समान अवसर मुहैया कराएगा।

नोटबंदी के कारण कीमतों और कर्ज की दर में कमी आई, जिससे निवेश को प्रोत्साहन मिलना तय है। इससे अपराध और आतंकवादी गतिविधियों में काले धन और नकली नोटों का इस्तेमाल रोकने में सफलता मिली। काले धन के खिलाफ अभियान के कारण सरकार की आमदनी में बढ़ोतरी हुई और इस तरह से उसके लिए इंफ्रास्ट्रक्चर, कल्याणकारी योजनाओं, स्वास्थ्य और शिक्षा पर ज्यादा खर्च करना मुमकिन हुआ।

विभिन्न पाठ्यक्रमों कोर्स के लिए कैपिटेशन फीस में काफी कमी हुई है और इस तरह से आबादी के बड़े हिस्से तक शिक्षा की उपलब्धता सुनिश्चित हुई है। महँगाई दर न्यूनतम स्तर पर पहुँच गई है—गरीब और निम्न-मध्य वर्ग को प्रधानमंत्री आवास योजना

और उज्ज्वला योजना के तहत लाभ मिल रहा है। मोदी की नई छवि गरीबों के मसीहा के रूप में बनी है।

सरकार के रोडमैप, दिशा योजना का मकसद समतावादी सामाजिक ढाँचा तैयार करना, सत्ता के दलालों, काला धन और भ्रष्टाचार को खत्म करना और धन का न्यायोचित बँटवारा है। नोटबंदी सरकारी खर्च में पारदर्शिता की शुरुआत और बाकियों की कीमत पर कुछ के बेशुमार खर्च के अंत का संकेत है।

भ्रष्टाचार के खिलाफ लड़ाई को काले धन और नकली मुद्रा के खिलाफ अभियान से सहारा मिला। मोदी का अब दलित, शोषित, वंचित, पीड़ित भारत के साथ पूरी तरह जुड़ाव हो चुका है। नोटबंदी को उनका गौरवपूर्ण समाजवादी क्षण करार दिया जा सकता है। इस कदम ने उन्हें आम आदमी के बेहद करीब पहुँचाया और विपक्षी खेमे में बेचैनी से इसे स्पष्ट तौर पर समझा जा सकता है। नोटबंदी के खिलाफ उनका भारत बंद का शो फ्लॉप रहा, जबकि इसके बाद भा.ज.पा. कई चुनाव जीतने में सफल रही। नोटबंदी के बाद भा.ज.पा. ने नवंबर 2016 से सितंबर 2018 के बीच हुए करीब-करीब प्रत्येक चुनाव में जीत हासिल की।

बेशक नकली नोट पूरी तरह से गायब नहीं होंगे, लेकिन इसे मौद्रिक मोर्चे पर रक्तहीन तख्तापलट कहा जा सकता है। 2018 के आखिर तक देश में कर का दायरा दोगुना हो चुका था। कर नियमों के पालन में भी अभूतपूर्व प्रगति देखने को मिली है। मुमकिन है कि यह देश में सामाजिक-आर्थिक पिरामिड को उलटा नहीं करे, लेकिन यह लंबे समय तक के लिए सत्ता और राजनीतिक चलन संबंधी प्रयोग को बदल देगा।

भारत के लोगों ने इसके आलोचकों को गंभीरता से नहीं लिया है। कोई नहीं कह रहा है कि नोटबंदी के दौरान संक्रमण काल में किसी तरह का कष्ट नहीं था। इसे बड़ा कुप्रबंधन और कानूनी लूट या आम लोगों के लिए बड़ी परेशानी बताना कायरता और मूर्खता का नमूना है। गौरतलब है कि मनमोहन सिंह ने राज्यसभा में 2016 के शीतकालीन सत्र में नोटबंदी को बड़ा कुप्रबंधन और कानूनी लूट करार दिया था, जबकि पी. चिदरंबम ने इसके खिलाफ काफी प्रतिकूल टिप्पणियाँ की थीं।

इसमें कोई शक नहीं है कि सिस्टम में काला धन और भ्रष्टाचार था। किसी ने खुलकर नहीं कहा कि इससे लड़ने की जरूरत है। सभी इस बात को लेकर एक मत थे कि वे इन दोनों बुराइयों से लड़ने के किसी भी प्रयास का समर्थन करेंगे, हालाँकि विवाद तौर-तरीकों को लेकर था। उन्होंने कहा कि इस कदम से गरीब और गाँव के किसानों को कष्ट हुआ है, हालाँकि किसान समुदाय ने उनके इस तर्क को खारिज कर दिया। इसके बाद आलोचकों ने कहा कि इससे अर्थव्यवस्था में सुस्ती आ जाएगी।

एक और आरोप यह था कि प्रधानमंत्री ने इसको लेकर व्यापक स्तर पर सलाह-

मशविरा नहीं किया और इसने बैंकों से पैसे निकालने के लोगों के अधिकारों पर चोट की। चौथी आलोचना यह थी कि आधुनिक धन अंतरण मॉडल के लिए बैंकिंग की पहुँच और जनता की तकनीकी काबिलीयत पर्याप्त नहीं थी।

वित्तीय समावेशन पर मोदी के विचार व्यापक और वास्तविक हैं। नोटबंदी को लेकर सभी तरह के संशयों का सकारात्मक तरीके से जवाब दिया गया है। कर संग्रह ने कई नागरिक इकाइयों को पैसे से भर दिया। उधारी की दरों में कमी आई है।

भा.ज.पा. कहती रही है कि काले धन के साथ खड़े लोग काफी आक्रामकता के साथ नोटबंदी की आलोचना कर रहे हैं। पूर्व प्रधानमंत्री डॉ. मनमोहन सिंह ने अनुमान लगाया था कि भारतीय अर्थव्यवस्था डगमगा जाएगी और वृद्धि दर फिलहाल के मुकाबले घटकर आधी रह जाएगी। उनके दोस्त और नोबेल पुरस्कार से सम्मानित अर्थशास्त्री डॉ. अमर्त्य सेन ने इसे 'तानाशाही' और मुद्रा के सम्मान संबंधी वादे का उल्लंघन बताया था। नरेंद्र मोदी को लेकर उनका विरोध जगजाहिर है। कई अन्य मामलों में भी वह कांग्रेस की राय को प्रतिबिंबित करते हैं। उन्होंने कहा कि भारत में अल्पसंख्यक 'डर में जी रहे हैं।'

पिछले चार साल में मोदी के विरोधियों द्वारा सुनियोजित तरीके से झूठ फैलाया जा रहा है, यहाँ तक कि अमर्त्य सेन ने नरेंद्र मोदी के स्वच्छ भारत अभियान को तुच्छ दिखाने के लिए इंडोनेशिया और बाँग्लादेश में बने शौचालयों के आँकड़ों से इसकी तुलना की, हालाँकि सेन इस बात को लेकर चुप हैं कि यू.पी.ए. सरकार 10 साल के अपने शासन के दौरान ज्यादा-से-ज्यादा शौचालय बनाने में नाकाम क्यों रही, ताकि भारत इस मामले में बाँग्लादेश से आगे निकल सके। जैसा कि कहीं और जिक्र किया गया है, मोदी को जो समय मिला है, उसमें वह ज्यादा-से-ज्यादा बेहतर करने की कोशिश कर रहे हैं।

अगर भारत स्वच्छता के मामले में पिछड़ रहा है, तो इसकी वजह यह है कि पिछली सरकारों ने अपेक्षित कार्य नहीं किए। खुले में शौच के खिलाफ अभियान नया नहीं है। मोदी ने सिर्फ इसको प्राथमिकता दी, जिसका इससे पहले अभाव था।

जी.एस.टी. में बाधा

एन.डी.ए. के प्रधानमंत्री नरेंद्र मोदी द्वारा आर्थिक चुनौतियों से कुशलतापूर्वक निपटने के कारण अंतरराष्ट्रीय मुद्राकोष और मूडी जैसी रेटिंग एजेंसियाँ भारत के बारे में बेहतर अनुमान पेश कर रही हैं। अब इसकी तुलना 2014 के शुरू के आर्थिक परिदृश्य से की जाए, जब अर्थव्यवस्था गिरावट की तरफ जा रही थी, वृद्धि दर घटकर 4.5 प्रतिशत रह गई थी और महँगाई दर उछलकर 14 प्रतिशत हो गई थी। कीमतों में लगातार बढ़ोतरी, रुपए के अवमूल्यन, कर्ज की बढ़ती दरें, पूँजी के पलायन, नीतिगत लकवा

और सभी स्तरों पर भ्रष्टाचार के कारण भारत की सफलता की कहानी को लेकर संदेह पैदा हो गया था। मोदी ने देश को इन तमाम मुश्किलों से उबारते हुए फिर से विकास के रास्ते पर पहुँचाया।

महँगाई दर अब पाँच प्रतिशत से कम है, कर्ज सस्ता हो गया है, बिजली का उत्पादन पर्याप्त है और भ्रष्टाचार काफी हद तक निचले स्तर पर है। इंफ्रास्ट्रक्चर क्षेत्र की बात करें तो सड़क निर्माण के मामले में नए कीर्तिमान बन रहे हैं। औसतन रोजाना 20 किलोमीटर से भी ज्यादा सड़क का निर्माण हो रहा है। आज तेजी से प्रत्यक्ष विदेशी निवेश आ रहा है और निवेशकों का भरोसा मजबूत है। कारोबार में सहूलियत प्रदान करने के लिए सरकार के प्रयासों ने असर दिखाना शुरू कर दिया है।

स्किल इंडिया, स्टैंडअप इंडिया, स्टार्टअप इंडिया, मुद्रा योजना और मेक इन इंडिया के अलावा वित्तीय समावेशन के लिए जन धन योजना जैसे कार्यक्रमों के नतीजे नजर आ रहे हैं। कुल 80,000 करोड़ रुपए के साथ जन धन खातों की संख्या 38 करोड़ के पार कर गई है। यह खाता और आधार प्रत्यक्ष नकदी हस्तांतरण योजना की रीढ़ बन गया है, जिसके तहत पहल (प्रत्यक्ष हस्तांतरित लाभ) योजना के जरिए करीब एल.पी.जी. का उपयोग करनेवाले 20 लाख परिवारों को सीधे नकदी ट्रांसफर का लाभ मिल रहा है।

सरकार ने गड़बड़ी पर अंकुश लगाकर और सब्सिडीवाले एल.पी.जी. सिलेंडर का दुरुपयोग रोककर 14,673 करोड़ रुपए बचाए, जिसका इस्तेमाल व्यावसायिक उद्देश्य के लिए किया जा रहा था। इससे अब प्रधानमंत्री की 'उज्ज्वला' योजना को बढ़ाने में मदद मिलेगी, जिसमें गरीबी रेखा से नीचे गुजर-बसर करनेवाले आठ करोड़ परिवारों को मुफ्त एल.पी.जी. कनेक्शन दिया जाएगा। अगले दो साल में सभी गाँवों के बिजलीकरण के लिए दीन दयाल उपाध्याय ग्राम ज्योति योजना (डी.डी.यू.जी.जे.वाई.) भी उतनी ही महत्त्वपूर्ण है।

समाज के कमजोर तबकों का खयाल रखने के लिए एन.डी.ए. ने कई योजनाओं की शुरुआत की है। स्वास्थ्य संबंधी और दुर्घटना से हुई मौत के मामले में प्रधानमंत्री बीमा योजना ने गरीबों के लिए सुरक्षित जीवन का आश्वासन दिया है।

प्रत्यक्ष विदेशी निवेश (एफ.डी.आई.) के नए नियमों में रक्षा, नागरिक उड्डयन, फार्मा और सिंगल ब्रांड रिटेल में निवेश की राह आसान की गई है। हथियार बनाने वाली और उड्डयन से जुड़ी कई कंपनियाँ हथियार-गोला बारूद की भारतीय जरूरतों और यहाँ के सस्ते श्रम की उपलब्धता के कारण यहाँ निवेश करने को इच्छुक हैं। बेहतर इंफ्रास्ट्रक्चर, बिजली, पानी और जमीन की उपलब्धता और ब्याज दरों में गिरावट की संभावना के कारण विदेशी निवेशक भारत को चीन से ज्यादा आकर्षक ठिकाना मान

सकते हैं। मोदी के लिए बड़ी घोषणाएँ करना और उम्मीदों को बढ़ाना स्वाभाविक था।

नई नीति का मकसद ऊँचे कौशल से लैस लोगों के लिए रोजगार के अवसर तैयार करना और उच्च तकनीक के क्षेत्रों में निवेश आकर्षित करना है। भारत हथियारों और विमान का सबसे बड़ा आयातक है और उसके लिए विदेशी मुद्रा बचाने का यह प्राकृतिक तरीका है। जिन लोगों को भारत द्वारा रक्षा संबंधी आयातित उपकरणों पर हर साल अरबों की विदेशी मुद्रा खर्च करने पर किसी तरह की दिक्कत नहीं है, वे रक्षा क्षेत्र में प्रत्यक्ष विदेशी निवेश की आलोचना कर रहे हैं।

पिछले छह दशकों में हम रक्षा उत्पादन शोध और विकास में पिछड़ चुके हैं और विदेश में निर्मित हथियारों के कारण इसके कल-पुरजों की भी दिक्कत झेलनी पड़ती है। नई रक्षा नीति के आलोचकों को इससे दिक्कत नहीं है। जो लोग यह चाहते हैं कि भारत हमेशा रक्षा उपकरणों के लिए आयात पर निर्भर रहे और रिश्वत घोटाला होता रहे, सिर्फ वही इस नई नीति का विरोध करेंगे।

फार्मा सेक्टर के साथ भी यही बात है। मोदी के सत्ता सँभालने के बाद सभी जरूरी दवाओं की कीमतें घटकर आधी हो गई हैं। परिष्कृत और उन्नत मेडिकल उपकरणों और दवाइयाँ तैयार करने के लिए विदेशी कंपनी को इजाजत दिए जाने से ये दवाएँ और उपकरण आम आदमी के लिए सस्ते हो सकेंगे। इससे सभी भारतीयों के लिए सस्ते में इलाज संबंधी मोदी सरकार के मिशन को बढ़ावा मिलेगा। इस बात में कोई शक नहीं कि इस तरह की पहल का असर दिखना शुरू होगा और विकसित देशों की सूची में भारत का पहुँचना, अब महज कुछ समय की बात है। भारत की जनता मोदी से प्यार करती है, भारत की जनता जी.एस.टी. से प्यार करती है। 2017 में पूरे देश से कुछ इसी तरह संदेश प्रतिबिंबित हो रहा था।

वस्तु और सेवा क्षेत्र में ऐतिहासिक कर सुधार एक जुलाई 2017 को पेश किया गया। बाजार ने बेहद सुगमता के साथ कर की इस नई प्रणाली को अपना लिया। 'एक देश एक कर' दिल को छू लेनेवाला नारा बन गया है और देश के प्रत्येक हिस्से में इस प्रणाली की सफलता के लिए जबरदस्त उत्साह है।

यह मुख्य तौर पर प्रधानमंत्री नरेंद्र मोदी के नेतृत्व में लोगों द्वारा दिखाए गए भरोसे का परिणाम है। प्रधानमंत्री और वित्त मंत्री ने नवंबर 2016 और 1 जुलाई, 2017 के बीच सबसे बड़े सामाजिक-आर्थिक सुधारों को लागू किया। इन 8 महीनों के दौरान बेहद क्रांतिकारी कदम—नोटबंदी और जी.एस.टी. जैसे फैसले देखने को मिले। इन फैसलों ने हर भारतीय के जीवन को प्रभावित किया है और वे बिना ज्यादा परेशानी के सफलतापूर्वक इससे जुड़े।

दुनिया के इतिहास में ऐसी कोई दूसरी मिसाल नहीं है, जहाँ इतने कम समय के

अंतराल में इस तरह के ऐतिहासिक आर्थिक फैसले लिये गए हों। ऐसे समाज में बड़ा बदलाव लाना, जहाँ की कुल आबादी यूरोप, अमेरिका, ऑस्ट्रेलिया और दक्षिण अफ्रीका की संयुक्त आबादी के बराबर है, अपने आप में इतिहास है, यहाँ तक कि भाजपा की प्रबल विरोधी पार्टी मा.क.पा. भी केरल में मोदी सरकार के कदम की सबसे मुखर समर्थक बन गई है। केरल की मा.क.पा. सरकार ने जनता के बीच नए सुधार को पहुँचाने के लिए जिला स्तर पर जी.एस.टी. मेला लगाया, जो अपने आप में प्रशंसा के लायक बात है। बाजार में किसी तरह की उथल-पुथल नहीं थी। कीमतों में उत्तरोत्तर बढ़ोतरी भी नहीं हो रही थी। दरअसल, ऑटोमोबाइल और टिकाऊ उपभोक्ता संबंधी सामान समेत कई चीजों की कीमतें कम हुईं और स्टॉक खाली करने की प्रक्रिया में देश भर के उपभोक्ताओं को विशेष छूट का भी लाभ मिला। चेक पोस्ट पर लंबा ट्रैफिक जाम रातोरात खत्म हो गया। एक दिन में पूरे देश ने वस्तु एवं सेवा कर (जी.एस.टी.) की राह पकड़ ली।

परिवहन अपेक्षाकृत सस्ता हो गया और समय की बचत भी होने लगी। एक बाजार के तौर पर 130 करोड़ की आबादीवाला देश अपने आप में काफी आकर्षक और हैरान करनेवाला है, साथ ही यह किसी भी निवेश के लिए आकर्षक हो सकता है। अगले पाँच साल में सूचना प्रौद्योगिकी क्षेत्र में बड़ा निवेश होने की उम्मीद है।

जी.एस.टी. के कारण उत्पादों के वितरण, संरक्षण और इसकी ताजगी बनाए रखने में मदद मिलेगी। यह उपभोक्ताओं से धोखाधड़ी, गलत तरीके से मुनाफाखोरी और स्थानीय स्तर पर सामान की मनमानी कीमत वसूलने की गुंजाइश भी सीमित करता है। यह देशभर में वस्तुओं और सेवाओं की मुक्त आवाजाही सुनिश्चित करता है और इस तरह से अलग-अलग राज्य सरकारों की पुरानी पाबंदियों के कारण उत्पादन केंद्रों पर सामानों के बरबाद होने की आशंका भी कम हुई है। इससे फल, सब्जियों और खेतों में तैयार अन्य चीजों का बाजार भी तेज होगा और किसानों को अपने उत्पाद का बेहतर मूल्य मिल सकेगा।

जी.एस.टी. के हीरो निश्चित तौर पर अरुण जेटली हैं। इस मुद्दे से निपटने में उनके कौशल और धीरज के कारण राज्यों को इसके लिए तैयार किया जा सका। उन्होंने 36 राज्य/केंद्रशासित प्रदेशों की अलग-अलग राजनीतिक विचारधारावाली सरकारों को पारंपरिक प्रतिद्वंद्विता से अलग हटाकर इस सुधार के लिए एकजुट कर सहमत किया। यह मामला तकरीबन दो दशकों से अटका पड़ा था। उनकी विश्वसनीयता और आश्वासन के कारण ही राज्यों को यह भरोसा हो पाया कि उन्हें इसका फायदा मिलेगा और केंद्र सरकार उनके बिलों का भुगतान करेगी।

उदाहरण के तौर पर केरल के मुख्यमंत्री पिनाराई विजयन के मुताबिक इससे

उनके राज्य को सालाना 1,500 करोड़ रुपए का लाभ होगा और समतावादी समाज बन सकेगा। जिस राज्य ने जोरदार तरीके से नोटबंदी का विरोध किया, वह अब इस नई व्यवस्था का ब्रांड एंबेसडर है। आम आदमी को इससे प्रमुख तौर पर लाभ हुआ है, साथ ही, इससे कर संग्रह भी तकरीबन दोगुना हो जाएगा, ज्यादा-से-ज्यादा लोग कर के दायरे में आ सकेंगे और वितरण में असमानता और भेदभाव खत्म होगा।

अरुण जेटली के संवाद कौशल और प्रेरणादायक असर ने काफी मदद की। इस बारे में लोगों को शिक्षित करने के लिए न्यूज चैनलों और पत्रकारों ने विशेष रिपोर्ट दिखाई। सोशल मीडिया की भूमिका भी काफी अहम रही। ऐसे में इसके कारण आपदा, आसन्न वित्तीय संकट और व्यापारियों में बैचेनी की भविष्यवाणी करनेवालों की बातों को ज्यादा तवज्जो नहीं मिली; यहाँ तक कि पूर्व वित्त मंत्री पी. चिदंबरम ने जी.एस.टी. लागू करने को रोकने या इसमें देरी करने की हर मुमकिन कोशिश की। उन्होंने अफवाह और डर फैलाने का प्रयास किया और कहा कि देश इसके लिए तैयार नहीं है, सिस्टम नहीं बना है और अर्थव्यवस्था बैठ जाएगी।

हालाँकि इसके उलट सेंसेक्स में जबरदस्त उछाल आया, ट्रैफिक जाम की स्थिति खत्म हुई और यह साबित हुआ कि सरकार जी.एस.टी. के लिए निजी क्षेत्र के मुकाबले ज्यादा तैयार थी। जैसा कि जेटली ने कहा, “शुरू में चुनौतियाँ आएँगी, सबसे सक्षम तकनीक में भी व्यवधान हो सकता है, लेकिन सबसे सक्षम तकनीक की खूबसूरती यह है कि उन व्यवधानों को जल्द हटा देती है। यह ऐसा सुधार है, जो आम आदमी, कारोबारी, उद्योग और पूरे देश के हित में है। आपको धैर्य रखने की जरूरत है।” नरेंद्र मोदी और जेटली ने मिलकर एक तरह से कारोबार करने के तौर-तरीकों को पूरी तरह से बदल दिया।

सदियों से हम उस घिसी-पिटी और पुरानी प्रणाली से जुड़े थे, जो हमने मुगलों और अंग्रेजों से विरासत में हासिल की थी। भा.ज.पा. सरकार ने राष्ट्रवादी, एकीकृत, गैर-शोषणकारी, निष्पक्ष और समानता लानेवाला सुधार पेश किया है, जो अर्थव्यवस्था की शक्ल बदल देगा। इससे वृद्धि दर में दो प्रतिशत की बढ़ोतरी मुमकिन हो सकेगी और व्यापार तथा लेन-देन आसान और पारदर्शी बन जाएँगे।

यह आर्थिक विकास के लिए भारत का अतिरिक्त राजनीतिक प्रयास है। राज्यों को लगता है कि वे कई सारे जटिल करों को इकट्ठा करने का दर्द झेले बिना कर हासिल कर रहे हैं। यह उन्हें अपने राजनीतिक दायरे में भी लोकप्रिय बनाएगा। केरल, कर्नाटक और तेलंगाना जैसे विपक्ष शासित राज्य फायदों को लेकर ज्यादा आशावान नजर आए। शुरू में इ-वे बिल, रजिस्ट्रेशन, फॉर्म संबंधी चिंताएँ व्यापारी वर्ग को परेशान कर रही थीं। उस वक्त स्थानीय स्तर पर इन चिंताओं को अच्छे तरीके से दूर किया गया।

प्रधानमंत्री ने भारत में आर्थिक उदारीकरण की शुरुआत को यादगार बनाने के लिए मध्यरात्रि में सांकेतिक तौर पर इस नई अप्रत्यक्ष कर प्रणाली को पेश किया। इसका सबसे ऐतिहासिक पहलू यह है कि इसने देश की $2.6 लाख करोड़ की अर्थव्यवस्था और 1.3 अरब उपभोक्ताओं को एक बाजार के दायरे में ला दिया। व्यापार, उद्योग और आम आदमी ने किसी तरह की आशंका नहीं पाली और उन्हें इस बात को लेकर प्रधानमंत्री पर पूरा भरोसा था कि वह जो भी करते हैं, वह आम आदमी की भलाई, मजबूत व बेहतर भारत बनाने के लिए करते हैं।

जी.एस.टी. भारत के सबसे बड़े कर सुधारों में से एक है। लंबे समय से इसका इंतजार था। इससे वस्तुओं और सेवाओं की मुक्त आवाजाही के लिए भारत के एक विशाल बाजार बनने की उम्मीद थी। जी.एस.टी. विधेयक के पास होने के बाद मैंने नरेंद्र मोदी की तारीफ करते हुए उन्हें नया सरदार और अरुण जेटली को आधुनित टोडरमल कहा।

सरदार पटेल ने देसी रियासतों को एक धागे में पिरोकर भारत को राजनीतिक रूप से एकजुट किया। इस सुधार से भारत एक आर्थिक और वित्तीय इकाई के रूप में नजर आएगा। यह सुधार कर प्रणाली को आसान बनाएगा और अनुपालन, पारदर्शिता तथा कारोबार करने में सुगमता सुनिश्चित करेगा। साथ ही, यह कई स्तरों पर कर और भ्रष्टाचार के सिलसिले को खत्म करेगा। क्या इससे सरकार के राजस्व वसूली में बढ़ोतरी के साथ-साथ करदाताओं का बोझ कम हो सकेगा? उम्मीद यही है।

फिलहाल, भारत में हर नागरिक को औसतन 30 प्रतिशत अप्रत्यक्ष कर देना पड़ता है। जी.एस.टी. का मामला अप्रत्यक्ष कर से ही संबंधित है और दो दर्जन ऐसे अप्रत्यक्ष कर हैं, जिसका भुगतान हम करते हैं। एकीकरण की स्थिति में ज्यादातर मामलों में कर की दर घटकर 18-20 फीसदी हो जाती है। यहाँ सवाल है— स्थानीय संस्थाओं/निकायों को अपनी जरूरतें पूरी करने में राज्य किस तरह से मदद करेंगे? हालाँकि, दिल्ली पूर्ण राज्य नहीं है और केंद्र में भा.ज.पा. की सरकार है, लिहाजा यह समस्या नहीं सुलझ सकी है। एक आशंका यह है कि क्या जी.एस.टी. के अंदर राज्य सरकारें स्थानीय निकायों को उदारतापूर्वक उनके फंड का हिस्सा हस्तांतिरत करेंगी या वे स्थानीय निकायों को दीनहीन बना देंगी और उनके कर के नए संसाधनों की तलाश करने के लिए मजबूर होना पड़ेगा। अगर ऐसा होता है, तो जी.एस.टी. का समग्र मकसद पूरा नहीं हो पाएगा। जी.एस.टी. का मामला उत्पादन से पहले का होता है। तेल की कीमत जैसे कई मामलों में दर कम करने के लिए राज्यों को कहना पड़ता है।

उत्तर प्रदेश विधानसभा चुनावों में भा.ज.पा. को मिली बड़ी जीत ने बड़े आर्थिक सुधारों पर राजनीतिक मंजूरी की मुहर लगा दी। इस चुनाव में भारतीय जनता पार्टी को

326 सीटों पर जीत हासिल हुई, जबकि बाकी विपक्षी पार्टियों का कुल आँकड़ा 80 सीटों से भी कम रहा। कुल मिलाकर, अर्थव्यवस्था ने उन लोगों के अनुमानों को गलत साबित कर दिया, जो अपने आकलन के जरिए सरकार की इरादों और काम पर शक कर रहे थे। इसी संदर्भ में मोदी ने कहा था, "हार्ड वर्क (कड़ी मेहनत) हार्वर्ड इकोनॉमिक्स से ज्यादा संतोषजनक साबित हुआ।" दरअसल, वह उन प्रतिक्रियाओं के सिलसिले में इशारा कर रहे थे, जिसमें उनके मौद्रिक सुधारों की आलोचना की गई थी, हालाँकि एक विकासशील अर्थव्यवस्था में काले धन से पूरी तरह बचने की गुंजाइश नहीं होती है। यह तेजी से वापस लौट रहा है। मोदी को आनेवाले वर्षों में कड़ी मेहनत करनी होगी।

अंतरराष्ट्रीय मुद्रा कोष ने 8 अगस्त, 2018 को किसी देश पर आधारित खंड में 'भारत की मजबूत अर्थव्यवस्था का वैश्विक आर्थिक विकास में अहम योगदान' शीर्षक से रिपोर्ट पेश की थी। इसके मुताबिक, "भारत की अर्थव्यवस्था रफ्तार पकड़ रही है और यहाँ आर्थिक विकास की बेहतर संभावनाएँ नजर आ रही हैं—इसकी एक वजह हालिया नीतियों, मसलन देश भर में वस्तु एवं सेवा कर को लागू किया जाना है। सबसे तेजी से बढ़नेवाली अर्थव्यवस्थाओं में से एक, भारतीय अर्थव्यवस्था ने करोड़ो लोगों को गरीबी से उबारने में मदद की है। वैश्विक विकास में भारत की हिस्सेदारी करीब 15 प्रतिशत है।"

अर्थव्यवस्था को बड़ा सहारा

नरेंद्र मोदी सरकार ने विश्व आर्थिक विकास के प्रमुख ठिकाने के रूप में भारत का रुतबा तैयार किया है। भारत की आर्थिक वृद्धि दर 7.9 प्रतिशत है, जबकि दुनिया की आर्थिक वृद्धि दर 3.1 प्रतिशत है। शेयर बाजार तेजी से आगे बढ़ रहा है। भारत के पास पहली बार जरूरत से ज्यादा बिजली और कोयले का उत्पादन हो रहा है। ऊर्जा के मामले में स्थिति काफी उत्साहजनक है। भारत ऐसे वक्त में सफलतापूर्वक ऊर्जा के वैकल्पिक साधनों को विकसित कर रहा है, जब तेल की कीमतों में गिरावट है। महँगाई दर भी कम हो गई है। कर्ज सस्ते हो रहे हैं। कर्ज की माँग रफ्तार पकड़ने को तैयार है। देश में इंफ्रास्ट्रक्चर में सरकारी निवेश अपने उच्च स्तर पर है। अर्थव्यवस्था से संबंधित सभी बुनियादी पहलू टिकाऊ आर्थिक विकास की तरफ इशारा कर रहे हैं, जिससे भारत दुनिया की एक मजबूत अर्थव्यवस्था बनने की दिशा में आगे बढ़ेगा।

मोदी सरकार ने वाकई में भारत को उस मुश्किल दौर से उबारा है, जहाँ वह नीति शिथिलता, गठजोड़ पूँजीवाद (क्रोनी कैपिटलिज्म) और भ्रष्टाचार के दलदल में फँस गया था। मोदी ने साबित किया है कि अच्छा अर्थशास्त्र, अच्छी राजनीति हो सकती है। उन्होंने विकास को भारतीय राजनीतिक विकास का मुख्य मंत्र बनाया है। वाकई में यह

पिछले चार साल में मौजूदा सरकार की सबसे बड़ी उपलब्धि है।

यह अतीत की राजनीति से बिल्कुल अलग है, जहाँ राष्ट्रीय बहस-विमर्श भावनात्मक मुद्दे, जाति, सांप्रदायिक ध्रुवीकरण और पहचान जैसे मुद्दे हावी रहते थे। हाल में हुए सभी चुनाव विकास के मुद्दे पर लड़े जा रहे हैं। इस पर लोगों की सकारात्मक प्रतिक्रिया के कारण पार्टियों को नैतिक रवैया अख्तियार करने और देश के नागरिकों की चिंताओं को दूर करने पर मजबूर होना पड़ा है। प्रधानमंत्री ने राजनीति ढाँचे का पुनर्गठन किया—सबका साथ, सबका विकास, जहाँ हर कोई भागीदार है।

इसके लिए मोदी सरकार टीम इंडिया की दिशा में आगे बढ़ी, जहाँ हर राज्य आर्थिक विकास की प्राचीर बन गया और वे निवेश को बढ़ावा देने और कारोबार करने में सुगमता के लिए माहौल बनाने के मकसद से माहौल बनाने और निवेश को बढ़ावा देने की खातिर एक-दूसरे से प्रतिस्पर्धा कर रहे हैं। इसके लिए केंद्र सरकार ने 14वें वित्त आयोग की सिफारिशों के मुताबिक राज्यों के लिए आवंटन में बढ़ोतरी की।

अगर हम संविधान की बात करें तो आर्थिक विकास, बिजली, पानी, सड़क, जमीन और शिक्षा से जुड़े सभी प्रमुख पहलू राज्यों की या समवर्ती सूची में हैं। नीति आयोग के जरिए योजना संबंधी भूमिका को फिर से परिभाषित किया जाना राज्यों के बीच विकास के संतुलन स्थापित करने की दिशा में कदम था। इसके परिणामस्वरूप मध्य प्रदेश, छत्तीसगढ़, गुजरात और बिहार जैसे राज्यों ने कृषि विकास दर के मामले में दोहरे अंकों का लक्ष्य हासिल किया है और राष्ट्रीय स्तर पर कृषि विकास दर को बढ़ावा मिला है।

सामाजिक सुरक्षा सुनिश्चित करना इस पूरे मामले का एक और पहलू है। आजादी के बाद पहली बार सबसे ज्यादा लोग बैंक खाताधारक बने। ये सभी लोग स्वत: जीवन बीमा के दायरे में आ गए। भारत के वित्तीय समावेशन के प्रयासों को विश्व बैंक से भी सराहना मिली है। वित्तीय सेवा सचिव राजीव कुमार ने बताया कि 2014-17 में वैश्विक स्तर पर कुल 51.4 करोड़ बैंक खाते खोले गए और इनमें से 55 प्रतिशत भारत में थे। सब्सिडी को युक्तिसंगत बनाए जाने से बड़ी संख्या में लोगों को रसोई गैस का मुफ्त कनेक्शन मिला और एक करोड़ परिवारों ने गैस सब्सिडी भी छोड़ी और गरीब परिवारों को सीधे नकदी ट्रांसफर के जरिए 55,000 करोड़ रुपए की बचत हुई। प्रधानमंत्री आवास योजना और मुद्रा योजना ने लाखों सपनों को पंख मुहैया कराए हैं और इसके जरिए वैसे लोगों को आवास का ठिकाना और रोजगार के अवसर मुहैया कराए गए हैं, जिन्हें घर होने या कारोबार शुरू किए जाने को लेकर किसी तरह की उम्मीद नहीं थी।

पिछले सात दशक में पहली बार ग्रामीण बिजलीकरण ने 19,000 गाँवों को रोशन किया। मनरेगा और आधार जैसी पिछली सरकार की सभी योजनाओं को जारी रखते हुए प्रधानमंत्री जीवन बीमा और सुरक्षा योजना व स्वास्थ्य मिशन जैसी नई कल्याणकारी

योजनाओं की शुरुआत, दवा और स्टेंट की कीमतों के नियमन ने ग्रामीण जीवनशैली में क्रांतिकारी बदलाव किया। इस तरह के कदमों ने कम आयवाले समूहों को उम्मीद और आश्वासन दिया है। नोटबंदी संपत्ति के फिर से बँटवारे की दिशा में एक अहम फैसला था। इससे लाखों-करोड़ों रुपए के काले धन का खुलासा हुआ और बड़ी मात्रा में नकली नोटों को भी खत्म किया जा सकें।

मोदी सरकार की उपलब्धि रही, विकास को लेकर आया पूरी तरह का बदलाव। सरकार सार्वजनिक फंड में काफी बचत हासिल करने में सफल रही। तेल सब्सिडी को खत्म करने, सेवा शुल्क को तर्कसंगत बनाने, बेहतर कर संग्रह, कोयला ब्लॉक और स्पेक्ट्रम के लिए बोली के जरिए हुई कमाई से यह मुमकिन हुआ, जबकि पिछली सरकारों ने इन संपत्तियों का मूल्य शून्य होने का दावा किया था। ऐसा करके प्रधानमंत्री ने न सिर्फ चौकीदार के रूप में राष्ट्रीय खजाने की रक्षा का अपना वादा निभाया है, बल्कि सार्वजनिक जीवन में गिरोहबाजी का भी खात्मा कर दिया।

कैशलेस समाज और डिजिटल लेन-देन के आइडिया की जड़ में दूरदर्शी आर्थिक नियोजन था। अभी तक इस संबंध में रवैया नीति-आधारित, विश्वसनीय, योजनाबद्ध और जनता-केंद्रित रहा है। सरकारी अनुदान, विशेष अधिकार और माई-बाप की सरकार (संरक्षण) का दौर अब अतीत की बात है। दरअसल, शासन व्यवस्था के दिन-प्रति-दिन पहलुओं में वास्तविक लोकतंत्र ताजा हवा के उस झोंके की तरह है, जिसे नरेंद्र मोदी ने राजनीति और शासन में लाए हैं। साफ तौर पर एन.डी.ए. के नेतृत्व में भारत आमदनी का प्रमुख जरिया और निवेश का एक अहम ठिकाना है। हाल में रोजगार बाजार भी रफ्तार पकड़ने लगा है।

सफल स्टार्टअप कंपनियाँ भारत को दुनिया का विनिर्माण केंद्र बना रही हैं। लोकतंत्र, भरोसमंद विश्वसनीय ढाँचा, रिश्वत-मुक्त और पारदर्शी प्रणाली ने निवेशकों के भरोसे के मामले में भारत को चीन से आगे निकालने में मदद की है। मोदी ने भारत के लिए नया अध्याय शुरू किया है, जिससे 30 करोड़ से भी ज्यादा प्रवासी भारतीयों की कहानी पर भरोसा करने और अपने घर बड़ी रकम भेजने के लिए प्रेरित हुए हैं। उन्होंने आशा को निराशा में बदल दिया है और जैसा कि विश्व बैंक ने कहा, भारत अब भी अँधेरे में एकमात्र उम्मीद की किरण है।

वित्तीय क्षेत्र में बड़े पैमाने पर हुए सुधार ने 'न्यू डील' (अमेरिका में महामंदी के दौरान तत्कालीन राष्ट्रपति फ्रैंकलिन डी. रूजवेल्ट द्वारा शुरू की गई योजनाओं की शृंखला) की तरह सिस्टम को बदलना शुरू कर दिया है; हालाँकि डिजिटल पहुँच और दक्षता अब भी पर्याप्त नहीं हैं, लेकिन फैसले की लोकप्रियता, इसे सफल बनाने के लिए लोगों का धैर्य और प्रधानमंत्री की भावुक अपील ने मौद्रिक सुधार के लिए माहौल बनाया है।

कपड़ा मंत्री स्मृति ईरानी ने अप्रैल 2017 में ट्वीट किया था कि डिजिटल भुगतान में 300 फीसदी से भी ज्यादा की बढ़ोतरी हुई है। ज्यादा-से-ज्यादा लोग इस नए प्रचलन की तरफ आकर्षित हो रहे हैं। सरकार ने डिजिटल लेन-देन को प्रोत्साहित करने के लिए लकी ड्रॉ और एक करोड़ रुपए तक के इनाम का भी ऐलान किया। इस लेखक को गुरुग्राम और गुवाहाटी के पास दूर के इलाके में मौजूद मायंग में सब्जी बेचनेवालों को डिजिटल लेन-देन करते हुए देख सुखद आश्चर्य हुआ।

8 नवंबर, 2016 के बाद देश भर में लोकसभा उपचुनाव, विधानसभा और स्थानीय निकायों के चुनाव में देश की सत्ताधारी पार्टी को लाभ हुआ। यह नोटबंदी के बाद तात्कालिक प्रतिक्रिया थी। किसी तरह की परेशानी या असंतुष्टि नहीं होने पर संकट की भविष्यवाणी के सौदागरों ने चुप्पी साध ली है। मौद्रिक क्रांति के आलोचक 500 और 1,000 रुपए के नोटों को अवैध करार दिए जाने के कारणों को खारिज करने के लिए उचित आर्थिक तर्क गढ़ने में में सफल नहीं रहे हैं।

नकदी की दिक्कत के कारण बुआई के सीजन पर बुरा असर पड़ने की खबरों के उलट 2016-17 के सीजन में इससे पिछले साल के मुकाबले खेती के रकबे में बढ़ोतरी हुई। ऑनलाइन और मोबाइल लेन-देन में उल्लेखनीय बढ़ोतरी देखने को मिली, जिसका मतलब यह है कि लोग कुछ दबाव और कुछ प्रोत्साहन के जरिए नई प्रणाली को अपना रहे हैं। हर रोज ऐसे सौदों की संख्या में बढ़ोतरी हो रही है। 2017 से अब तक सब्जियों, खाद्य पदार्थों और टिकाऊ उपभोक्ता सामग्री की कीमतें कम हुई हैं।

रिपोर्ट के मुताबिक, नोटबंदी के फैसले के बाद ऊँचे मूल्यवाले 14.6 लाख करोड़ नोटों में से 12 लाख करोड़ नोट बैंकों में जमा किए जा चुके हैं (रिजर्व बैंक के ताजा आँकड़ों के मुताबिक, अवैध करार दी गई 99 फीसदी नकदी वापस बैंकों में आ गई)। विपक्षी पार्टियाँ मासूम मुद्रा में पूछती हैं कि इसमें कौन सी बड़ी बात है ? उनके मुताबिक, कोई काला धन नहीं था, जैसा कि दावा किया जा रहा था। यहाँ तक कि नकली नोट भी महज दो फीसदी था। यह भ्रम पैदा करने वाला तर्क है। नोटबंदी का मुख्य मकसद चोरी-छिपे रखे गए तकरीबन 10 लाख करोड़ को वापस सिस्टम में लाना था। दूसरा कर के जाल को व्यापक करना था। दोनों लक्ष्य हासिल कर लिये गए हैं। सबसे महत्त्वपूर्ण बात यह है कि इस काले धन को सिस्टम से बाहर निकाला जा चुका है और इस वजह से माओवादी, जम्मू-कश्मीर के आतंकवादी और हवाला सरगना बेरोजगार हो चुके हैं। इसका पहला शिकार पाकिस्तानी हवाला सरगना जावेद खनानी बना, जिसके तार माफिया सरगना दाऊद इब्राहिम से जुड़े थे। इस शख्स ने नोटबंदी के बाद वित्तीय दिवालियापन के कारण आत्महत्या कर ली।

सड़कों के निर्माण की तीव्र रफ्तार

जैसा कि हम देख चुके हैं, मोदी सरकार में कुछ मंत्रालयों-मसलन वित्त, भूतल परिवहन, गृह और विदेश मंत्रालय का प्रदर्शन काफी अच्छा रहा है। इस तरह के शानदार काम ने वास्तव में मोदी सरकार की छवि को बेहतर किया है। इस किताब में मौजूदा सरकार के हर बेहतरीन काम का जिक्र किया गया है—इन कार्यों की सामाजिक प्रासंगिकता के आधार पर ऐसी कुछ चीजें विस्तार में, जबकि कुछ चीजें संक्षेप में बताई गई हैं।

उदाहरण के तौर पर मोदी सरकार ने यू.पी.ए. के आखिरी 4 साल के कार्यकाल की तुलना में 73 प्रतिशत ज्यादा राजमार्गों का निर्माण किया। नितिन गडकरी मोदी सरकार में सबसे लोकप्रिय मंत्रियों में से एक हैं और उनके नेतृत्व में राष्ट्रीय राजमार्गों, बंदरगाहों और जलमार्गों में लगातार बढ़ोतरी हुई है। मई 2014 तक राजमार्गों का निर्माण 11.67 किलोमीटर रोजाना था। 2019 के आम चुनावों से पहले इंफ्रास्ट्रक्चर निर्माण के मोर्चे पर एन.डी.ए. सरकार की ऐतिहासिक उपलब्धियाँ मील का पत्थर साबित हो सकती हैं। अगर वाजपेयी सरकार राष्ट्रीय राजमार्गों को राष्ट्रीय राजमार्ग विकास परियोजना (एन. एच.डी.पी.) के तहत लाने में सफल रही, तो एन.डी.ए.-2 सरकार के पास भारतमाला परियोजना है, जिसका मकसद देश के पश्चिमी और पूर्वी हिस्से को जोड़नेवाले राजमार्गों का नेटवर्क तैयार करना है। इसकी अनुमानित लागत 7 लाख करोड़ रुपए है। पहले चरण के तहत 2022 तक 24,800 किलोमीटर का निर्माण किया जाना है। इसमें 10,000 किलोमीटर की एन.एच.डी.पी. सड़क का निर्माण भी शामिल भी है, जो तटों से सीमाओं को और यहाँ से एक्सप्रेस-वे को जोड़ेगी।

प्रधानमंत्री नरेंद्र मोदी ने अगस्त 2017 में राजस्थान के उदयपुर में एक राष्ट्रीय राजमार्ग परियोजना की आधारशिला रखने से जुड़े कार्यक्रम में कहा था कि अगर अच्छी सड़कों का नेटवर्क तैयार किया जाता है तो देश की अर्थव्यवस्था भी रफ्तार पकड़ लेती है। वाजपेयी के स्वर्णिम चतुर्भुज की तरह मौजूदा सरकार देश के 4 महानगरों को जोड़नेवाली 5,846 किलोमीटर की महत्त्वाकांक्षी परियोजना पर काम कर रही है। इस तरह से इस क्षेत्र के लिए मानक ऊँचे कर दिए गए हैं, जबकि 2007 के बाद 400 अटकी परियोजनाओं के साथ यह विभाग बुरे दौर में था और इसे समय-सीमा का पालन करने में काफी देरी हो रही थी। यह यू.पी.ए. सरकार की नीतिगत शिथिलता थी।

2014 में रोज औसतन 7 किलोमीटर सड़कों का निर्माण किया जा रहा था। 2017-18 में यह आँकड़ा बढ़कर 41 किलोमीटर/रोजाना हो गया, हालाँकि सड़क परिवहन और राजमार्ग मंत्रालय ने अब 45 किलोमीटर/रोजाना सड़कों के निर्माण का लक्ष्य तय किया है। सड़क निर्माण स्टील और सीमेंट समेत कई तरह के उत्पादों की माँग में बढ़ोतरी

करने के अलावा बड़ी संख्या में रोजगार पैदा कर अर्थव्यवस्था को बढ़ावा देगा।

जब एन.डी.ए.-2 सरकार ने 27 मई 2018 को अपने कार्यकाल के 4 साल पूरे किए तो नितिन गडकरी ने कहा, ''हमारे 48 महीनों के काम की कांग्रेस के 48 साल के काम से तुलना कीजिए।'' इस मौके पर उन्होंने मोदी सरकार की उपलब्धियाँ भी गिनाईं। उन्होंने कहा, ''जहाँ तक इंफ्रास्ट्रक्चर का सवाल है, तो सड़क निर्माण की रफ्तार 2 किलोमीटर/दिन से बढ़कर 28 किलोमीटर हो गई है और हम आनेवाले साल में रोजाना 40-45 किलोमीटर सड़क का निर्माण करने की योजना बना रहे हैं।'' इसके अलावा, दिल्ली रिंग रोड और 14 लेन के दिल्ली-मेरठ एक्सप्रेस-वे का भी उद्घाटन किया जा चुका है। मंत्रालय ने 29 किलोमीटर द्वारका एक्सप्रेस-वे और 380 किलोमीटर मुंबई-वडोदरा एक्सप्रेस-वे पर काम शुरू किया है, जो क्रमश: 7,000 करोड़ और 44,000 करोड़ रुपए की परियोजनाएँ हैं। 900 किलोमीटर लंबी चार धाम राजमार्ग परियोजना पर काम शुरू हो गया है। इस परियोजना के जरिए उत्तराखंड के चार तीर्थ स्थलों को जोड़ने की बात है।

गडकरी ने बताया कि पहली बार अंतर्देशीय जलमार्ग पर इस तरह से काम शुरू हुआ है। उनका कहना था, 'दरअसल हम नदियों की 20,000 किलोमीटर लंबाई को जलमार्ग में बदलने जा रहे हैं। इसके अलावा 12 प्रमुख बंदरगाह लाभ में चल रहे हैं। पहले साल में लाभ 3,000 करोड़ रुपए रहा, इसके अगले साल यह 4,000 करोड़ रुपए हो गया और 2016 में यह बढ़कर 5,000 करोड़ पर पहुँच गया और 2017 में यह आँकड़ा 7,000 करोड़ तक चला गया।'

गंगा सफाई अभियान के बारे में उन्होंने कहा, ''हम गंगा नदी पर 210 वाटर रीसाइक्लिंग (जल पुनरावर्तन) परियोजनाओं पर काम कर रहे हैं, जिनमें से 31 उत्तराखंड, 11 पटना और 7 कानपुर और बाकी अन्य जगहों पर कार्यरत हैं। मैं आपको इस बात का आश्वासन दे सकता हूँ कि इन परियोजनाओं के पूरी हो जाने के बाद गंगा नदी को 70-80 प्रतिशत तक साफ करने में मदद मिलेगी।''

बुलेट ट्रेन

भारत में बुलेट ट्रेन को चलाने में क्या दिक्कत है? हैरानी की बात यह है कि 5 दशकों से भी ज्यादा तक देश पर शासन करनेवाली पार्टी कांग्रेस ने इसके बारे में नहीं सोचा और जब चीन ने इसकी शुरुआत की, तो कम्युनिस्टों ने कभी भी अभिजातवाद से नहीं जोड़ा। क्या उनका पक्ष यह है कि भारत हमेशा से गरीब रहने के लिए अभिशप्त है और दुनिया की अच्छी चीजें भारतीयों के लिए नहीं हैं? कुछ साल पहले इसी तरह के लोगों ने 1980 के दशक में रंगीन टेलीविजन, कंप्यूटर, फ्लाईओवर, फाइव-स्टार

होटलों, यहाँ तक कि एशियाई खेलों का विरोध किया था। वे परमाणु परीक्षण और यहाँ तक कि मोबाइल फोन के भी खिलाफ थे। वे नहीं बदलेंगे। वे अतीत में रहते हैं और 'दास कैपिटल' उस वक्त लिखी गई थी, जब लोग हथकरघा, खनन और भाप के इंजन के अलावा और कुछ नहीं सोचते थे।

इस प्रस्ताव के विरोधियों का तर्क यह है कि बुलेट ट्रेन पर खर्च होनेवाले पैसों से कई स्कूल, सड़क और अस्पताल बन सकते हैं। यह भी तर्क दिया जाता है कि ट्रेन यात्रा की सुरक्षा प्राथमिकता है, न कि जबरदस्त रफ्तारवाली यात्रा। उनका यह भी कहना कि यह काफी महँगी भी है, यानी इसका किराया हवाई किराए के बराबर है।

इस बात में कोई शक नहीं कि जिस परिवहन प्रणाली में रोजाना लाखों-करोड़ों लोग चलते हों और जो भारतीयों की आवाजाही का मुख्य साधन है, उसकी सुरक्षा को लेकर किसी तरह का समझौता नहीं किया जा सकता। महत्त्वपूर्ण बात यह है कि जापान में पाँच दशकों की बुलेट ट्रेन सेवा में एक भी दुर्घटना नहीं हुई है। बुलेट ट्रेन के लिए तकनीक के हस्तांतरण से भारतीय रेलवे के आधुनिकीकरण में भी काफी मदद मिलेगी और बेहतर सिग्नल प्रणाली और अन्य बेहतरी के जरिए यह विश्वस्तरीय रेलवे बन सकेगा। रफ्तार की नई तकनीक भारतीय रेल को पूरी तरह से नए माहौल में ले जाएगी। हमारे परिवहन क्षेत्र की बुनियादी जरूरत रफ्तार को अहमियत देना और विश्वस्तरीय सेवाओं की है।

तेज रफ्तारवाली रेलगाड़ियाँ शहरों को बेहतर ढंग से जोड़ेंगी और एक से दूसरे शहरों के बीच हवाई ट्रैफिक की माँग को कम कर सकेंगी। यह एयरलाइंस को लंबे रूट, यात्रा का समय और किराया कम करने पर ध्यान केंद्रित करने में मदद करेगा।

बुलेट ट्रेन में निवेश की गई रकम पूरी तरह से जापान से आ रही है और यह 40 साल की अवधि के लिए 0.1 प्रतिशत ब्याज दर पर मिल रही है। जापान ने भारत में विनिर्माण, अपनी तकनीक साझा करने, भारत को मेक इन इंडिया परियोजना में मदद करने आदि के बारे में सहमति जताई है। यह भारत के हिसाब से सर्वश्रेष्ठ सौदा है।

नकारात्मकता फैलानेवाले अब तक देश में रेल यात्रा को बेहतर बनाने के लिए किसी तरह का उपयोगी सुझाव पेश नहीं कर पाए हैं। मोदी सरकार के नेतृत्व में रेलवे ब्रांड को निवेश का बेहतर ठिकाना बनाने के लिए जबरदस्त प्रयास हुए हैं। अब यह बड़े पैमाने पर प्रत्यक्ष विदेशी निवेश और निजी भागीदारी आकर्षित कर रहा है। सुरक्षा समस्या है, क्योंकि दशकों तक इस पुरानी प्रणाली में आधुनिकीकरण या तकनीक लगाए जाने की दिशा में कोई ध्यान नहीं दिया गया।

एन.डी.ए. को विरासत में पुराना और जर्जर नेटवर्क मिला, जिसे बदलना और नई तकनीक से लैस करना सरकार के लिए प्राथमिकता और चुनौती है। कांग्रेसियों

और कम्युनिस्टों को इस मामले में शिकायत करने की कोई जरूरत नहीं है, क्योंकि यह सरकार वह काम कर रही है, जिसे काफी पहले पूरा हो जाना चाहिए था। सभी अन्य तर्क बेवकूफाना हैं, क्योंकि वे परिवहन का सुरक्षित, तेज और सस्ता माध्यम मुहैया कराने से जुड़े बुनियादी सवालों का जवाब नहीं दे सकते। परिवहन का किफायती माध्यम किसी भी विकासशील समाज की रीढ़ होता है।

अर्थव्यवस्था का पुनर्गठन

नरेंद्र मोदी सरकार के चार बजटों ने नए आर्थिक दर्शन को पेश किया। ये बजट अरबों सपनों को पंख मुहैया कराते हैं। ये बजट बुनियादी रूप से भविष्योन्मुखी थे, जिनका मकसद अमीर और गरीब, शहरी और ग्रामीण के बीच अंतर को कम करना था। बड़ा धमाका, दूरदर्शी, ब्लॉकबस्टर साहसिक, ड्रीम बजट; ये सब ऐसे जुमले हैं, जिनका इस्तेमाल अतीत में अकसर सालाना बजट के मौके पर किया जाता रहा है। उदारीकरण की शुरुआत के बाद शब्दों का यह खेल ऐसे वैश्विक आर्थिक ढाँचे का प्रतिनिधित्व करता था, जिसकी धार नव-राष्ट्रवाद और संरक्षणवाद के हालिया दौर के कारण कुंद पड़ गई है। ट्रंप के अमेरिकी सत्ता में आने के बाद नव-राष्ट्रवाद और संरक्षणवाद जैसे शब्द अहम हो गए हैं। 8 नवंबर, 2016 को नोटबंदी के ऐतिहासिक फैसले ने अनिश्चितता, अपेक्षा और उम्मीद का माहौल पैदा किया। इसके अलावा, ऐसी परिस्थिति में 2017 के बजट को टालने की विपक्ष की माँग भी जोर पकड़ने लगी।

विपक्ष को डर था कि बजट लोकलुभावन होगा और इसके ऐलानों के कारण फरवरी-मार्च 2017 में पाँच राज्यों में होनेवाले विधानसभा चुनाव के कारण वोटरों को 'प्रभावित' करने का खतरा था। विपक्ष को डर था कि बजट में लोक-लुभावन वादों की भरमार होगी और वोटरों को एन.डी.ए. के पक्ष में लुभाने के लिए कई तरह की योजनाओं का ऐलान किया जाएगा। पी. चिदंबरम जैसे वित्त मंत्रियों के हाथ में भले ही ऐसा करने की गुंजाइश थी, जिनके लिए बजट कुछ और नहीं, बल्कि 'आँकड़ों की बाजीगरी' था। अरुण जेटली के बजट की खासियत यह रही कि उन्होंने बजटीय प्रक्रिया की विश्वसनीयता को बहाल किया।

बजट के पीछे एक दर्शन है। प्रधानमंत्री नरेंद्र मोदी ने काव्यमय अंदाज और कुशलता के साथ इसके बारे में बताया। उनके मुताबिक, 'यह बजट हमारे सपनों को प्रतिबिंबित करता है। यह भविष्योन्मुखी है। यह भारत का चेहरा बदल देगा। भारत का पुनर्निर्माण, हर आँख से आँसू पोंछना, गरीबी का पूरी तरह से उन्मूलन इस सरकार का प्रमुख सिद्धांत है।'

अरुण जेटली ने अपने बजट के जरिए प्रधानमंत्री के सपनों को पूरा करने और

अरबों सपनों को पंख मुहैया कराने का प्रयास किया है और इसके लिए वे बधाई के पात्र हैं। बजट-दर-बजट हर बार उन्होंने तर्कसंगत आर्थिक ढाँचा तैयार करने का प्रयास किया और इसी दौरान अंत्योदय की परिकल्पना को साकार किया गया।

मोदी सरकार के नेतृत्व में पेश किए गए तमाम बजट में अमीर और गरीब व शहरी और ग्रामीण भारत के बीच की खाई को कम करने का इरादा सामने आया।

मोदी सरकार के पिछले चार बजटों में निवेश संबंधी माहौल बनाकर, महँगाई दर पर नियंत्रण, इंफ्रास्ट्रक्चर बनाने और अंतिम आदमी तक पहुँचने पर जोर दिया गया। बजट में अगले एक साल में 1.5 लाख से भी ज्यादा गाँवों को डिजिटल कनेक्शन उपलब्ध कराने के ऐलान का मतलब गाँवों में शहरों की सुविधाएँ सुनिश्चित करना है।

सबसे अच्छी बात यह है कि बजट के इतिहास में इससे पहले कभी भी कृषि कर्ज के लिए आवंटन को दोगुना नहीं किया गया। रेल और सड़क निर्माण के लिए आवंटन के मामले में भी कुछ ऐसा ही हुआ है। मोदी सरकार के ज्यादातर बजट में सभी गाँवों को बिजली मुहैया कराने का वादा किया गया है और इस लक्ष्य को हासिल करने के लिए प्रावधान भी किए गए।

इन बजटों में गरीबों के लिए एक करोड़ घर बनाने के लिए संसाधन मुहैया कराए गए हैं। गरीब आदमी के लिए घर के निर्माण क्षेत्र (बिल्ट अप एरिया) को बढ़ा दिया गया है। इसमें प्रधानमंत्री ग्राम सड़क योजना (पी.एम.जी.एस.वाई.) के जरिए सड़क संपर्क तैयार करने पर काफी बल दिया गया है।

रोजगार सृजन सरकार की प्राथमिकताओं में एक रहा है। वित्त मंत्री का कहना है कि उनकी सरकार निवेश में बढ़ोतरी के जरिए ऐसा करने की योजना बना रही है। कौशल विकास और भारतीय युवाओं की रोजगार संबधी क्षमता को बेहतर बनाने के लिए कई योजनाएँ शुरू किए जाने के साथ बड़े पैमाने पर आवंटन भी किए गए हैं। बजट में अंतरराष्ट्रीय कौशल विकास संस्थानों समेत कई परियोजनाओं का मकसद इस लक्ष्य को हासिल करना है। जैसा कि जेटली ने कहा, "जब सड़कों का निर्माण होगा, रेलवे का विस्तार होगा, नए स्वास्थ्य संबंधी नए इंफ्रास्ट्रक्चर तैयार किए जाएँगे और ग्रामीण रोजगार गारंटी और कृषि क्षेत्र में ज्यादा पैसे खर्च किए जाएँगे, तो स्वाभाविक रूप से ज्यादा रोजगार उपलब्ध हो सकेंगे।"

एन.डी.ए. के तमाम बजटों का फोकस विशेष तौर पर सबके लिए स्वास्थ्य सुविधा सुनिश्चित करने पर रहा। महिलाओं, बच्चों और वरिष्ठ नागरिकों के लिए शुरू की गईं स्वास्थ्य संबंधी विशेष योजनाएँ भी उतनी ही प्रशंसा के योग्य हैं। गुजरात और झारखंड में दो नए अखिल भारतीय आयुर्विज्ञान संस्थान (एम्स) बनाए जाने के ऐलान के साथ ही बाकी राज्यों में भी ऐसे बड़े अस्पतालों के लिए माँग जोर पकड़ने लगी है।

बजट में पर्यटन की पहचान विकास और रोजगार के मौके बढ़ाने के बड़े माध्यम के रूप में की गई है। रेलवे स्टेशनों के आधुनिकीकरण और पुनर्निर्माण तथा पर्यटन के ठिकानों के लिए परिवहन सुविधाओं में बढ़ोतरी इस दिशा में उठाए गए अहम कदम हैं।

हालाँकि, नोटबंदी ने सरकार की तिजोरी भर दी है, लेकिन पिछली यू.पी.ए. सरकार की तरह यह सरकार फिजूलखर्ची में यकीन नहीं करती। वित्तीय अनुशासन और राजकोषीय घाटे पर नियंत्रण एन.डी.ए. के विकास मिशन के प्रमुख क्षेत्र हैं। इसके अलावा, बजट पेश करने की तारीख को एक महीना पहले किए जाने का मकसद योजनाओं के बेहतर कार्यान्वयन के लिए माहौल तैयार करना है, साथ ही सरकार ने बजट को स्वदेशी और राष्ट्रीय स्वरूप भी दिया है। रेलवे बजट को मुख्य बजट के साथ जोड़ने से इंफ्रास्ट्रक्चर निर्माण के लिए ज्यादा योजनाबद्ध तरीके से काम करने की गुंजाइश बनी है।

वेतनभोगी मध्यम आय वर्ग से जुड़े कर दाता समुदाय के लिहाज से प्रमुख करदाता समाज है, इसलिए उसकी ईमानदारी को पुरस्कृत करने और उन्हें प्रोत्साहन देने के लिए और छूट की अपेक्षा है, हालाँकि उन्हें जो भी राहत दी गई है, उससे पार्टी को शहरी वोट बैंक हासिल करने और अपनी साख बचाने में काफी मदद मिलेगी। वित्त मंत्री ने छोटी और मध्यम इकाइयों (एस.एम.ई.) से संबंधित क्षेत्र को भी कर में छूट देने में काफी उदारता बरती है। इससे विनिर्माण के केंद्र के रूप में भारत की छवि को बढ़ावा मिलेगा। हमारा देश पहले ही इस मामले में पूरी दुनिया में छठे स्थान पर है। मुद्रा लोन के लिए आवंटन दोगुना करने के फैसले से इस क्षेत्र को और प्रोत्साहन मिलेगा।

विजय माल्या जैसे कर्ज का भुगतान नहीं करनेवाले लोगों की संपत्ति जब्त करने का फैसला भी तारीफ के काबिल है। सरकार अब तक गैर-निष्पादित संपत्तियों (एन. पी.ए.) के मुद्दे पर ढीली रही है। ये गैर-निष्पादित संपत्तियाँ यू.पी.ए. के 10 साल के कुशासन के दौरान इकट्ठा हुईं और यह आँकड़ा काफी विशाल है।

इस संदर्भ में राजनीतिक चंदे से जुड़ी प्रणाली की सफाई के लिए भी सरकार की प्रशंसा की जानी चाहिए। यह काले धन का सबसे बड़ा ठिकाना है। काले को सफेद बनाने की दिशा में एक कदम के तहत ट्रस्टों को फंड या चंदा देने के मामले में कटौती करने का फैसला किया गया है, जो काले धन का एक और बड़ा अड्डा है। ये फैसले काले धन को खत्म करने में सरकार की गंभीरता की तरफ इशारा करते हैं।

बजट का मकसद आदमी के हाथों में ज्यादा पैसे उपलब्ध कराना है, ताकि ज्यादा खर्च करने में सहूलियत हो सके। इस अर्थ में यह उपभोक्ताओं के अनुकूल और विकासोन्मुखी है। इससे माँग को बढ़ावा मिलना चाहिए और उत्पादकता में भी बढ़ोतरी होगी।

लोग अकसर सोचते हैं कि इस सालाना कवायद को लेकर इतनी हलचल क्यों रहती है, जिसकी अवधि महज 12 महीने होती है। दशकों तक कांग्रेस मंत्रियों ने बजट तैयार करने को एक रूटीन काम तक सीमित कर दिया, जहाँ हर साल सिर्फ घोषणाएँ की जाती थीं और जमीनी स्तर पर कोई बदलाव नहीं दिखता था। मोदी सरकार ने यह सबकुछ बदल दिया और बजट को राष्ट्र निर्माण के प्रारूप के तौर पर पेश किया। इसका लक्ष्य तय है, यह नीतियों से संचालित और विश्वसनीय है। वित्त मंत्री अरुण जेटली द्वारा पेश नरेंद्र मोदी सरकार का बजट राजनीतिक सिद्धांत तैयार करने और जमीनी स्तर पर बदलाव को हकीकत बनाने के मामले में शानदार है।

□

7

भारत की जीत का मॉडल

सभा वा न प्रवेष्टव्या, वक्तव्यं वा समंञ्जसम्।
अब्रुवन् विब्रुवन वापि, नरो भवति किल्विषी॥

अर्थात् "कोई व्यक्ति या तो सभा में प्रवेश ही न करे अथवा यदि वह ऐसा करे तो उसे वहाँ धर्मानुसार बोलना चाहिए, क्योंकि न बोलने वाला अथवा असत्य बोलनेवाला मनुष्य, दोनों ही समान रूप से पाप के भागी होते हैं।"

—(मनु 8/13)

(यह कथन संसद् भवन के लिफ्ट नंबर दो के पास गुंबद पर अंकित है।)

अगर विकास गरीबों की जिंदगी नहीं बदलता है, तो इसका कोई मतलब नहीं है, साथ ही, अगर यह गाँवों में जीवन स्तर में बदलाव नहीं लाता है, तो बेकार है। गुजरात के मुख्यमंत्री के रूप में नरेंद्र मोदी ने अपने राज्य की सूरत बदल दी, हालाँकि मोदी ने गुजरात मॉडल के तहत कृषि में ऊँची वृद्धि दर और संरचनात्मक बदलाव का जो चमत्कार किया, उसे अब तक बड़े पैमाने पर वाहवाही नहीं मिली है।

कई राष्ट्रीय और अंतरराष्ट्रीय कृषि संस्थानों के अलावा योजना आयोग ने भी इस तरह की टिपण्णी की थी और अंतरराष्ट्रीय खाद्य शोध संस्थान (आई.एफ.आर.आई.) ने भी 2008 की सालाना रिपोर्ट में गुजरात में इस शानदार विकास को स्वीकार किया है।

मोदी मॉडल ने अपने कार्यों में संपूर्ण दृष्टिपत्र पेश किया है, जहाँ उद्योग, कृषि, तकनीक, संरचना और उपभोक्ता कल्याणकारी राज्य के निर्माण के लिए मिलकर काम करने का माहौल पाते हैं और किस मुख्यमंत्री ने वृद्धि दर सुनिश्चित करने के लिए पूरे राज्य में 24 घंटे बिजली की आपूर्ति सुनिश्चित करने के बारे में सोचा और कौन ग्रामीण विकास की पृष्ठभूमि के तहत काफी तेजी से ग्रामीण सड़कें और बाजार तैयार करने के बारे में गर्व से कह सकता है? मोदी ने एक ऐसे क्षेत्र में खाद्य-क्रांति की कोशिश की, जो खेती के लिए विशेष तौर पर नहीं जाना जाता था। इससे पहले वहाँ सिंचाई के

मकसद से पर्याप्त पानी की उपलब्धता सुनिश्चित की।

मार्च 2008 तक गुजरात की सभी 13,693 ग्राम पंचायत जरूरी कंप्यूटर हार्डवेयर और इंटरनेट कनेक्शन से युक्त थे। इंफ्रास्ट्रक्चर संबंधी सहयोग के लिए इस परियोजना पर गुजरात सरकार ने आई.एल. एंड एफ.एस. (इंफ्रास्ट्रक्चर लीजिंग एंड फाइनेंशियल सर्विसेज लिमिटेड) के साथ मिलकर काम किया, जबकि तकनीकी सुविज्ञता के लिए गूगल की मदद ली गई। यह परियोजना इंफ्रास्ट्रक्चर तैयार करने, इसके रख-रखाव और संचालन के लिए गुजरात में पी.पी.पी. (निजी-सरकारी साझेदारी) मॉडल के सफल कार्यान्वयन के बारे में भी बताती है। मोदी ने गुजरात में कृषि विकास की दो अंकों की दर कैसे हासिल की? जब उन्होंने राज्य के मुख्यमंत्री का पद सँभाला था, तो आधा राज्य निरंतर सूखे के दौर से गुजर रहा था। मवेशी रखनेवाले लोग पानी और आजीविका की तलाश में अन्य हिस्सों में पलायन कर जाते थे और राज्य की औसत कृषि वृद्धि दर दो प्रतिशत से कम थी। गुजरात की सफलता भा.ज.पा. के शासनवाले बाकी राज्यों के लिए इसी तरह से काम करने का मॉडल बन गई।

आई.आई.एम., अहमदाबाद के रवींद्र एच. ढोलकिया और समीर के. दत्ता ने 'गुजरात में कृषि की ऊँची वृद्धि दर और संरचनात्मक बदलाव' शीर्षक से अपने अध्ययन में (25 दिसंबर, 2011 के ऑर्गेनाइजर में इसकी समीक्षा आई) इसको लेकर आकलन किया था। इस अध्ययन के मुताबिक, 'हाल में गुजरात में कृषि की शानदार वृद्धि दर सोच-समझकर तैयार की गई रणनीति, बेहतर योजना और उस पर समन्वित तरीके से अमल, कड़ी मेहनत और कार्यक्रमों को सही ढंग से लागू करने का नतीजा है, साथ ही, साहसिक फैसले लेने की राजनीतिक इच्छाशक्ति और आर्थिक नीतियों में सुधार को लेकर राज्य सरकार की प्रतिबद्धता के कारण यह मुमकिन हो पाया है। कृषि के क्षेत्र में विकास की इस कहानी में जादू या असाधारण जैसा कुछ मामला नहीं था। अगर दृढ इच्छाशक्ति हो, तो यह सफलता दूसरे राज्यों में भी दोहराई जा सकती है।' यही सबसे महत्त्वपूर्ण पहलू है।

मनमोहन सिंह के नेतृत्व में 10 साल तक देश में नीतिगत मोर्चे पर पहल की कमी और नीतियों को लागू करने की प्रतिबद्धता नहीं होने के कारण देश में विकास शिथिल पड़ गया।

मोदी ने जिस तरह से लक्ष्य तय कर सभी स्तरों पर संतुलित विकास सुनिश्चित किया, वह राष्ट्र-निर्माण की बेहतरीन मिसाल है। आई.आई.एम.-अहमदाबाद में सेंटर फॉर मैनेजमेंट इन एग्रीकल्चर (सी.एम.ए.) के पूर्व चेयरमैन समीर दत्ता ने बताया कि जब राज्य सरकार गुजरात में कृषि के लिए प्रबंधन प्रणाली विकसित कर रही थी, तो उस वक्त सी.एम.ए. से भी सलाह-मशविरा किया गया था और आई.आई.एम. का यह केंद्र

इसकी नियोजन प्रक्रिया में भी शामिल था। पूर्व राष्ट्रपति एपीजे अब्दुल कलाम ने भी उस दौरान सी.एम.ए. का दौरा किया था और वे गुजरात में कृषि-क्रांति से इतने प्रभावित हुए थे कि उन्होंने इस केंद्र को इस विषय पर गंभीर शोध के लिए अध्ययन शुरू करने की सलाह तक दे डाली। दत्ता ने बताया कि यह सी.एम.ए. के काम से संबंधित क्षेत्र था और जब गुजरात में कृषि क्षेत्र दोहरे अंकों की वृद्धि दर हासिल कर इतिहास बना रहा था, तो यह केंद्र मूक दर्शक बना नहीं रह सकता था।

सी.एम.ए. के अध्ययन में यह बताया गया है कि मोदी सरकार की तरफ से शुरू की गई इ-ग्राम योजना के जरिए किस तरह से कृषि बाजारों को मदद मिली है। इ-ग्राम योजना के कारण किसानों को अच्छी से अच्छी कीमत मिलने के अलावा वैज्ञानिक सलाह या मौसम के बारे में सूचना भी उपलब्ध कराना मुमकिन हुआ। इसके अलावा, गुजरात के गाँवों के लिए सामूहिक सेवा केंद्रों के कई फायदे हैं—मसलन एक पंचायत से दूसरी पंचायत तक संचार, ग्राम पंचायतों द्वारा दस्तावेजों का निर्गमन (जन्म, मृत्यु और जमीन के मालिकाना हक का प्रमाण-पत्र), बिजली और टेलीफोन बिल का भुगतान, वीजा आवेदन, इ-डाक सेवा आदि।

इ-ग्राम योजना की सबसे खास बात यह रही है कि इसने बड़े पैमाने पर कृषि के व्यवसायीकरण को बढ़ावा दिया और खेती को मुनाफे के काम की तरह देखने के लिए किसानों को प्रोत्साहित किया। जो लोग खुदरा प्रत्यक्ष विदेशी निवेश को भारतीय किसानों के लिए सभी समस्याओं के समाधान के तौर पर पेश करते हैं, उन्हें गुजरात के इस प्रयोग पर गौर करना चाहिए।

खेती से जुड़े उत्पादन और निर्यात को बढ़ावा देने के मामले में पिछले दशक के दौरान गुजरात का प्रदर्शन काफी अच्छा रहा है। इसी अवधि में इंफ्रास्ट्रक्चर (संरचना) का जबरदस्त विकास हुआ। कृषिक्षेत्र में अभूतपूर्व और स्थायी वृद्धि दर देखने को मिली। कृषि उत्पादों की कीमतें स्थिर रही हैं और उत्पादन के कारण इसमें गिरावट नहीं हुई। लिहाजा उत्पादकों, यानी किसानों को बेहतर कृषि उत्पादन का फायदा मिला। यह निर्यात के जरिए बाजार के विस्तार के कारण ही संभव हुआ है, जो निर्यात सुविधाओं से संबंधित इंफ्रास्ट्रक्चर की कमी के कारण पहले मुमकिन नहीं था।

इंफ्रास्ट्रक्चर पिछले दशक की तुलना में बेहतर हुआ है। बंदरगाहों और उनका कारोबार कई गुना बढ़ चुका है। ग्रामीण सड़कों, राजमार्गों और बंदरगाह से जुड़ी सड़कों समेत तमाम सड़कों का नेटवर्क काफी व्यापक हो चुका है। स्वतंत्रता के बाद भारत के इतिहास में शायद पहली बार पानी और बिजली सिलसिलेवार ढंग से किफायती दर पर उपलब्ध हैं, साथ ही, इनके इस्तेमाल को लेकर घरेलू, खेती और औद्योगिक संसाधनों के बीच टकराव की बात भी सामने नहीं आती है।

सुधार का मतलब है विकास की खबरें सुनिश्चित करना। गुजरात ने यही किया है। प्रत्यक्ष विदेशी निवेश (एफ.डी.आई.) और बहुराष्ट्रीय कंपनियाँ (एम.एन.सी.) बीतते वक्त के साथ स्वाभाविक तरीके से इस क्षेत्र में आ सकती हैं।

वेयरहाउसिंग (भंडारण) सुविधाओं की भारी कमी को एक अभिनव तरीके से दूर किया गया है। यह सघन पी.पी.पी. (निजी सार्वजनिक भागीदारी) को नए तरीके से अंजाम देकर किया गया है। गुजरात के ग्रामीण और शहरी क्षेत्र में टेलीफोन की पहुँच विश्वस्तरीय है, लेकिन इसमें अब भी सुधार हो रहा है, हालाँकि गुजरात में इंटरनेट कनेक्शन की कुल संख्या उत्साहजनक नहीं है, लेकिन इ-ग्राम योजना के सफल कार्यान्वयन ने शहरी और ग्रामीण इलाकों के बीच वस्तुतः तकनीकी सुविधाओं के अंतर को नगण्य कर दिया है।

अलग तरीके से काम करने के लिए अलग तरीके से सोचना पड़ता है। गुजरात में कृषि के क्षेत्र में चमत्कार पारंपरिक क्षेत्रों में नवाचार की कहानी है, जिसे आधुनिक विकास के विशेषज्ञ विकास में बाधा के तौर पर खारिज कर देते हैं।

खेती के योग्य जमीन में कमी होगी; विकास का मौजूदा तरीका ज्यादा-से-ज्यादा शहरीकरण है; आर्थिक विकास के लिए खेतिहर मजदूरों और किसानों का बड़े पैमाने पर शहरों में पलायन जरूरी है और एक कृषि-अर्थव्यवस्था में खेती लाभदायक नहीं हो सकती—विकास अर्थशास्त्र में बार-बार इस तरह के तर्क दिए जाते हैं। गाँवों में गरीबी ने किसानों को आत्महत्या करने के लिए मजबूर किया है और पिछले एक दशक में तकरीबन पाँच लाख किसान आत्महत्या कर चुके हैं, हालाँकि इसी दशक में गुजरात में एक भी किसान की आत्महत्या का मामला सामने नहीं आया और राज्य के किसान अपने कृषि उत्पादों से भारी मुनाफा कमा करके अमीर हो रहे हैं और यह कोई कहानी नहीं है।

गुजरात का मुख्यमंत्री रहने के दौरान मोदी राज्य के एक आदिवासी बहुल जिले में गए और आदिवासी किसानों ने उनसे ऐसी सड़क बनाने को कहा कि उनके फल और अन्य उत्पाद पास के बाजार में जाते वक्त बरबाद न हों। उन्होंने इसे उनकी बढ़ती आकांक्षाओं का प्रतीक बताया।

मोदी ने जब गुजरात में कृषि क्षेत्र में दोहरे अंकों की वृद्धि दर के लक्ष्य पर काम शुरू किया था, तो उन्होंने खेती के हर पहलू के बारे में सोचा था। इस बड़े मिशन की तरफ बढ़ने से पहले मिट्टी, पानी, बीज, गोबर से बनी खाद, कीटनाशक, ग्रामीण सड़कें, मिट्टी जाँचनेवाली प्रयोगशालाएँ, बिजली आपूर्ति, इंटरनेट कनेक्शन, मार्केटिंग तकनीक और मौसम का अनुमान बतानेवाली प्रणाली को चाक-चौबंद किया था। यही वजह है कि गुजरात मॉडल को अन्य राज्यों द्वारा अपनाया जा सकता है और भारत सफलतापूर्वक गरीबी की चुनौती का मुकाबला कर सकता है।

बी.टी. कॉटन से संबंधित कई आशाजनक कहानियाँ हैं, साथ ही किसानों की आत्महत्या की निराशाजनक कहानियाँ, फसल बरबादी और कीटनाशकों का कमजोर विरोध जैसी विरोधाभासी कहानियाँ भी बड़ी संख्या में हैं। इस संबंध में बीज की ऊँची कीमत को लेकर भी काफी शिकायत है; हालाँकि गुजरात में अब तक बीटी कॉटन का परीक्षण सफल रहा है।

यहाँ पेश दो उदाहरणों से पता चलेगा कि गुजरात ने किस तरह से अपनी कहानी अलग तरीके से लिखी, जबकि अन्य राज्यों ने प्रयास किया और वे असफल हो गए। ये उदाहरण ढोलकिया और दत्ता के महत्त्वपूर्ण अध्ययन से लिये गए हैं।

पानी की कमी के कारण गुजरात के किसान लंबे समय तक खेती को फायदे का सौदा नहीं बना पाए। राज्य का सौराष्ट्र इलाका, यानी आधा राज्य सूखा प्रभावित क्षेत्र के तौर पर जाना जाता था और आजीविका की तलाश में यहाँ से पलायन नियमित तौर पर देखने को मिलता था। यह नरेंद्र मोदी का दृढ निश्चय और काम को युद्ध की तरह लेने का ही फल था कि उन्होंने नर्मदा का पानी लाना सुनिश्चित किया और साबरमती का पानी भी फैल गया। सैकड़ों नहरों के जरिए, दूरदराज के इलाकों में पानी पहुँचाया गया।

एक और अहम कदम चेक डैम (बाँध) और तालाबों का निर्माण था। इससे पानी का स्तर 20 से 50 फुट तक के दायरे में बेहतर हो गया और गाँववालों के लिए पहली बार खरीफ फसलों की बुआई संभव हुई।

जिन किसानों ने पिछले 25 साल से रबी फसल नहीं उगाई थी, उन्होंने भी रबी फसलों की खेती शुरू कर दी। मुश्किल भरी स्थिति के कारण पलायन की बजाय लोग अब गाँवों की तरफ लौटने के बारे में सोच रहे थे। जल-संरक्षण तकनीक ने उलटी दिशा में पलायन की प्रक्रिया (गाँव लौटने) को आगे बढ़ाने में और महत्त्वपूर्ण भूमिका अदा की। इस तकनीक के जरिए कृषि क्षेत्र के लिए चीजें और बेहतर हो सकीं।

ग्रामीण क्षेत्रों में नियमित तौर पर बिजली की आपूर्ति सुनिश्चित करने के लिए शुरू की गई 'ज्योतिग्राम योजना' ने गाँव के भीतर ही हीरे के काम-संबंधित इकाइयों की स्थापना सुनिश्चित की। बाकी सब इतिहास है। बाँध का निर्माण, कुओं को फिर से सक्रिय करना और कुओं को निर्माण और इन्हें गहरा किया जाने से संबंधित सफल मॉडल को अब व्यापक पैमाने पर दोहराया जा रहा है। यहाँ यह याद करना उल्लेखनीय है कि दृढसंकल्प और लगातार प्रयासों के कारण किस तरह से लोगों की धारणा में बदलाव हुआ।

इस बात को लंबा अरसा नहीं हुआ है, जब कृषि आयोग (1990) ने सौराष्ट्र, कच्छ और उत्तर गुजरात की अपनी यात्रा के दौरान लगातार रोधी बाँधों (चेक डैम) की स्थिति की जाँच की थी। तकरीबन हर जगह इस तरह के बाँधों की स्थिति काफी खराब

थी और ये कारगर नहीं थे। साल 2000 तक न तो अधिकारी और न ही किसानों को सिंचाई के साधन के तौर पर इस तरह के बाँधों के व्यापक असर में यकीन था। सौराष्ट्र, कच्छ और उत्तरी गुजरात के किसान अकसर कहा करते थे, 'हमें सिर्फ पानी दीजिए और हम बाकी चीजों के प्रबंधन में सक्षम हैं।'

सूखाग्रस्त इलाकों में जल संकट की हालत गंभीर हो रही थी कि इससे किसानों और खेती के अस्तित्व पर ही संकट पैदा होने लगा। एन.जी.ओ. के विरोध-प्रदर्शन, मुकदमेबाजी और फंडों की उपलब्धता नहीं होने के कारण पिछले चार दशकों से भी ज्यादा समय से नर्मदा परियोजना अटकी पड़ी थी। मोदी ने हालात में बदलाव करते हुए मिशनरी अंदाज में इस चुनौती को लिया। मेहनतकश और उद्यमी किसानों ने महसूस किया कि जल क्रांति का समय आ चुका है। इस कार्यक्रम की संभावना के अहसास के बाद यह जंगल में आग की तरह फैल गया।

किसानों, सरकार और गैर-सरकारी संगठनों (एन.जी.ओ.) की तरफ से किए गए प्रयासों का आगामी वर्षों में काफी फायदा देखने को मिला। दिसंबर 2008 के आखिर तक कुल 1,13,738 रोधी बाँध (चेक डैम), 55,917 बोरी बाँध और 2,40,199 कृषि जलाशयों का निर्माण हो चुका था। इसके अलावा, सीधे तौर पर जल संसाधन विभाग द्वारा 62,532 बड़े और छोटे रोधी बाँध (चेक डैम) बनाए गए। गुजरात 21वीं सदी में नई हरित क्रांति के लिए तैयार था।

किसानों की आय दोगुना करने का लक्ष्य

यह महज संयोग नहीं है कि मोदी से नफरत करनेवाले समूह द्वारा भयंकर दुष्प्रचार अभियान चलाए जाने के बावजूद मोदी भारत में आज सबसे लोकप्रिय शख्सियत के रूप में उभरकर आए हैं। नफरत फैलानेवालों की अंधी और पक्षपातपूर्ण लॉबी के अलावा राजीव गांधी फाउंडेशन, योजना आयोग, भारतीय उद्योग परिसंघ (सी.आई.आई.), भारतीय वाणिज्य एवं उद्योग मंडल (एसोचैम), भारतीय उद्योग एवं वाणिज्य महासंघ (फिक्की) जैसे व्यापार और उद्योग से जुड़े संगठनों, विश्व बैंक और यूएस कांग्रेसनल रिसर्च सर्विस (सी.आर.एस.) आदि ने गुजरात की उपलब्धियों के कारण मोदी के विकास मॉडल की प्रशंसा की है। सी.आर.एस. ने इसे 'प्रभावकारी शासन व्यवस्था और आकर्षक विकास का भारत का सबसे बेहतर उदाहरण' बताया। इस संस्था के मुताबिक, मोदी कृषि विकास को औद्योगीकरण के साथ असरदार ढंग से जोड़ने में सफल रहे।

मजदूरों के विरोध, इंफ्रास्ट्रक्चर की कमी, भ्रष्टाचार और राजनीतिक हस्तक्षेप के कारण टाटा मोटर्स, जनरल मोटर्स, मित्सुबिशी, प्यूजो, फोर्ड और मारुति सुजुकी को 2011-12 में अन्य राज्यों को छोड़कर गुजरात में संयंत्र ले जाने पर मजबूर होना पड़ा है।

इसके बाद गुजरात ने भारत के डेट्रॉयट का खिताब हासिल कर लिया। इस राज्य ने कृषि से जुड़े आधार पर से भी ध्यान नहीं हटाया है, जिसके कारण देश के निर्यात में उसकी हिस्सेदारी 20 प्रतिशत से भी ज्यादा है। याद रखिए, आबादी के लिहाज से गुजरात का हिस्सा देश की कुल आबादी में सिर्फ पाँच प्रतिशत है।

गुजरात देश के उन चुनिंदा राज्यों में है, जहाँ कृषि और उद्योग, दोनों क्षेत्रों में दोहरे अंकों की वृद्धि दर है। दरअसल, कृषि में दोहरे अंकों की वृद्धि दर के कारण ही गुजरात पिछले एक दशक में आर्थिक विकास के मामले में शीर्ष स्थान पर रहा। जानकारों का मानना है कि सरकार की सक्रियता, जमीन की पर्याप्त उपलब्धता, बेहतर इंफ्रास्ट्रक्चर, बंदरगाहों का बेहतर संपर्क और मजदूरों के साथ सौहार्दपूर्ण रिश्तों के कारण उद्योग और कृषि दोनों क्षेत्र अपने-अपने लक्ष्य हासिल करने में सफल रहे।

नीतिगत मोर्चे पर कृषि में टिकाऊ और तेज विकास प्रमुख चिंता का विषय है, हालाँकि 1970-71 में सकल घरेलू उत्पाद में कृषि की हिस्सेदारी तकरीबन 44 प्रतिशत थी, जो अब घटकर 17 प्रतिशत के आस-पास है। नौवीं और दसवीं पंचवर्षीय योजना में कृषि की वृद्धि दर 2.40 प्रतिशत पर स्थिर रही।

ग्यारहवीं पंचवर्षीय योजना में कृषि विकास दर थोड़ी सी बेहतरी के साथ 2.20 प्रतिशत रही। योजना आयोग ने कृषि विकास दर के लिए जो सबसे महत्त्वाकांक्षी लक्ष्य तय किया था, वह महज चार फीसदी था और कई विशेषज्ञों का मानना था कि इस लक्ष्य को हासिल करना व इसे बनाए रखना मुश्किल है। मोदी ने पिछले चार साल में स्थितियों में सुधार किया है। 10 साल में जब कृषि विकास दर स्थिर रही, तो 2002 से कृषि उत्पादों की कीमतें भी स्थिर रहीं या इनमें गिरावट हुई। इस तरह से किसानों को उनके उत्पाद का कम मूल्य मिला; हालाँकि कीमतों में 4.33 प्रतिशत की बढ़ोतरी हुई और 2010-15 के दौरान इससे किसानों को प्रोत्साहन भी मिला।

मार्केटिंग की बेहतर रणनीति, निर्यात को बढ़ावा और राष्ट्रीय व अंतरराष्ट्रीय कमोडिटी बाजारों से संपर्क ने गुजरात के किसानों के लिए बेहतर और लाभकारी रिटर्न सुनिश्चित किया। यह स्थिति राष्ट्रीय परिदृश्य के बिल्कुल उलट है। प्रधानमंत्री बनने के बाद नरेंद्र मोदी ने गुजरात के विकास मॉडल को राष्ट्रीय परिदृश्य में उतारना चाहा। किसानों की आय को 2022 तक दोगुना करने के वादे की उनकी जड़े गुजरात के प्रयोग से जुड़ी हैं।

कृषि क्षेत्र की अहमियत राष्ट्रीय सकल घरेलू उत्पाद में सीधे तौर पर इसे आर्थिक योगदान से आगे भी है। देश की 70 प्रतिशत से भी ज्यादा आबादी ग्रामीण इलाकों में रहती है और इनमें से तकरीबन तीन चौथाई लोग आजीविका के लिए खेती और इससे जुड़ी अन्य गतिविधियों पर निर्भर हैं। इसके अलावा केंद्र सरकार के अनुमानों के

मुताबिक, देश के 27 करोड़ गरीब लोगों में 80 फीसदी ग्रामीण इलाकों में रहते हैं और इनमें से ज्यादातर खेतिहर परिवारों से आते हैं।

बड़े स्तर पर खेती और पशुपालन विकास दर के लिए महत्त्वपूर्ण प्रेरक हैं, हालाँकि कृषि क्षेत्र की लगातार उपेक्षा हुई और आर्थिक सुधारों के बाद वाले दौर में सिंचाई, खाद के लिए कम आवंटन और अच्छी गुणवत्तावाले बीज की कमी के कारण कृषि की वृद्धि दर 1981-97 के 3.5 प्रतिशत से 1997-2005 में घटकर दो प्रतिशत रह गई। अगर हाल के वर्षों में राष्ट्रीय स्तर पर कृषि की वृद्धि दर तेजी के रुझान के साथ औसतन 3.20 प्रतिशत पर पहुँची है, तो इसका अधिकांश श्रेय गुजरात द्वारा हासिल दोहरे अंकों की वृद्धि दर और मध्य प्रदेश, बिहार, छत्तीसगढ़ और हिमाचल प्रदेश जैसे राज्यों में कृषि उत्पादन में बेहतरी को जाता है। गौरतलब है कि इन राज्यों में लंबे समय तक भा.ज.पा. और उससे जुड़े गठबंधन की सरकारें रही हैं या कुछ राज्यों में अब भी हैं। कई भा.ज.पा. शासित राज्य गुजरात मॉडल की नकल कर रहे हैं।

यहाँ तक कि जब 2009, 2010 व 2011 में सूखे जैसी स्थिति के कारण राष्ट्रीय स्तर पर खाद्य उत्पादन घटकर दो प्रतिशत से नीचे पर पहुँच गया, तो उस दौर में भी गुजरात दोहरे अंकों की वृद्धि दर कायम रखने में सफल रहा, जो चमत्कार की तरह है। कृषि क्षेत्र में बाकी राज्यों की तुलना में गुजरात की वृद्धि दर काफी ज्यादा रही। इस आँकड़े को हासिल करने में कई तकनीकी, संस्थागत और नीतिगत वजहों का अहम योगदान रहा है। खाद्यान्नों (दालों और अन्य अनाज) के अलावा तिलहन और कपास व तंबाकू जैसी नकदी फसलों और फल व सब्जियों के उत्पादन में भी गुजरात ने लंबी छलाँग लगाई है। फल और सब्जियों के रकबे, उत्पादन और पैदावार में अच्छी-खासी बढ़ोतरी हुई है।

उदाहरण के तौर पर 1992-93 से 1999-2000 तक फल और सब्जियों के उत्पादन में 5.5 प्रतिशत सालाना बढ़ोतरी हुई, जबकि 2000-01 के बाद से इसमें सालाना 12.8 फीसदी बढ़ोतरी हुई।

गुजरात में कृषि निर्यात और इंफ्रास्ट्रक्चर विकास के रिश्तों पर अपने अध्ययन में सिद्धार्थ के रस्तोगी और रवींद्र एच ढोलकिया ने लिखा है, 'यह स्पष्ट है कि गुजरात पिछले दशक में अर्थव्यवस्था और कृषि में सबसे ज्यादा वृद्धि दर का गवाह रहा (जिस पर लगातार दो सूखाग्रस्त वर्षों 2008-09 और 2009-10 का आंशिक असर रहा है) है और यह 50 साल के इसके अपने इतिहास के अंदर है।

"हालाँकि, विकास की यह दर भारत में अतुलनीय है और पूरी लोकतांत्रिक दुनिया में इसकी बराबरी नहीं है। यह तारीफ के काबिल है और इस तथ्य के लिहाज से आश्चर्यजनक भी है कि राज्य के भौगोलिक क्षेत्र का तकरीबन दो तिहाई हिस्सा शुष्क या अर्ध-शुष्क है। ऐसा लगता है कि गुजरात में 2002 के बाद कृषि समेत अर्थव्यवस्था के

सभी क्षेत्रों में नाटकीय तेजी देखने को मिली।'

प्रधानमंत्री बनने के बाद अपने पहले केंद्रीय बजट में मोदी ने कृषि के लिए बड़ी रकम आवंटित की थी। मुख्य फोकस ग्रामीण सिंचाई, जल संरक्षण, ग्रामीण सड़कों, मार्केट से जुड़ाव, शहरी केंद्रों से संपर्क की सुविधा, खेती के लिए कर्ज की सुविधा, नीम-कोटेड यूरिया, मिट्टी की जाँच, बीज संरक्षण और फसल बीमा पर था। खेती की दिशा-दशा बदलनेवाले पहलू के रूप में फसल बीमा का प्रचलन तेजी से बढ़ रहा है। मोदी नई भूमि नीति बनाकर ग्रामीण जमीन का मुद्रीकरण करना चाहते थे, लेकिन दुर्भाग्य से राजनीतिक खींचतान में यह मामला फँस गया।

जून 2018 में अनाजों के खरीद मूल्य में रिकॉर्ड बढ़ोतरी किसानों के लिए बड़ी राहत साबित हुई, लेकिन उन्हें और प्रोत्साहन का इंतजार है।

आज दाल की कोई दिक्कत नहीं है। जरा याद कीजिए कि मोदी के प्रधानमंत्री बनने के कुछ समय बाद दाल की कीमतें अचानक से आसमान छूने लगी थीं, जिससे 2016 के बिहार विधानसभा चुनावों में प्रतिकूल नतीजे देखने को मिले। दाल की कमी भी पिछली सरकार द्वारा तैयार की गई थी। अगर उन्होंने किसानों को दाल की खेती के लिए प्रोत्साहित करने का काम शुरू किया होता तो इससे बचा जा सकता था। मोदी ने न्यूनतम समर्थन मूल्य बढ़ाने के साथ-साथ किसानों के लिए भी प्रोत्साहन शुरू किया और उनसे अपनी कुल जमीन के 20 प्रतिशत में दाल उगाने की अपील की।

दो साल में इस जरूरी खाद्य पदार्थ की कीमत में गिरावट आई है। यह शाकाहारी लोगों के लिए प्रोटीन का स्रोत है। किसानों को बेहतर मूल्य मिल रहा है। सरकार अफ्रीकी देशों—मोजांबिक, तंजानिया और मलावी में दालों की कॉण्ट्रैक्ट खेती के विकल्पों की भी तलाश कर रही है। दरअसल, सरकार का इरादा घरेलू स्तर पर इसकी कमी और ऊँची कीमतों के लिए स्थायी हल निकालने का है। ये सभी उपाय काफी सफल रहे हैं।

2011 की जनगणना के मुताबिक, देश की 54.6 प्रतिशत आबादी खेती और इससे संबंधित गतिविधियों में शामिल है और देश के कुल सकल घरेलू उत्पाद में खेती का हिस्सा 17.6 प्रतिशत है। अहम लेकिन संकटग्रस्त क्षेत्र होने के कारण कृषि क्षेत्र का पुनरुत्थान जरूरी और मोदी के लिए भी अहम प्राथमिकता है, क्योंकि यह किसी भी देश में आत्मनिर्भरता और खाद्य सुरक्षा के बारे में तय करती है। विशेष तौर पर भारत जैसे बड़े और बड़ी जनसंख्यावाले देश में इसकी प्रासंगिकता और ज्यादा है।

इस सिलसिले में गुजरात, मध्य प्रदेश और छत्तीसगढ़ जैसे राज्यों में कृषि विकास की सफलता और महत्त्वपूर्ण उपलब्धियाँ उल्लेखनीय हैं। गौरतलब है कि गुजरात में भा.ज.पा. की सरकार है, जबकि मध्य प्रदेश और छत्तीसगढ़ में हाल तक इसी पार्टी की सरकारें थीं।

मोदी सरकार को एक कृषि अर्थव्यवस्था विरासत में मिली थी, जिसमें सिंचाई, मार्केटिंग, भंडारण, खाद उत्पादन, वित्त और फसल बीमा समेत पर्याप्त इंफ्रास्ट्रक्चर की कमी थी। केंद्र में सरकार के गठन के बाद मोदी सरकार ने मेहनताना मूल्य, सिंचाई, कृषि वित्त, मार्केटिंग, फसल बीमा और कृषि से जुड़ी सहायक गतिविधियों जैसे विषयों पर पूरी ताकत और मेहनत के साथ काम करना शुरू किया था।

केंद्र में जब एन.डी.ए. ने केंद्र में सत्ता सँभाली तो उस वक्त खाद्य उत्पादों और निर्यात पर निर्भरता के कारण खाद्य पदार्थों की कीमतें आसमान छू रही थीं। विशेष तौर पर दालों और खाद्य तेलों के मामले में ऐसी स्थिति थी। भारत बड़ी मात्रा में दाल और खाद्य तेल का आयात कर रहा था और इन चीजों की दरें काफी तेजी से बढ़ रही थीं। कड़ी मेहनत करने के बावजूद हमारे किसान गरीबी, बेबसी और कर्ज में रहने के लिए मजबूर थे। ऐसे में ग्रामीण और शहरी इलाकों के बीच प्रति व्यक्ति आय में असमानता पैदा हुई। ऐसी परिस्थितियों में मोदी सरकार ने 2022 तक किसानों की आय दोगुनी करने का संकल्प किया और इसे हासिल करने के लिए तेजी से काम शुरू कर दिया।

अच्छे एमएसपी तंत्र के जरिए सरकार का इरादा उत्पादन लागत में कम से कम 50 प्रतिशत की बढ़ोतरी कर किसानों को अपने सभी उत्पादों के लिए अच्छी से अच्छी कीमत मुहैया कराना है। गन्ना किसानों की समस्याओं को सुलझाने के लिए मोदी सरकार ने विशेष पहल की, जिसके तहत इन किसानों को 5.5 रुपए प्रति क्विंटल की सहायता और एथनॉल उत्पादन बढ़ाने के लिए चीनी उद्योग की क्षमता बढ़ाने के मकसद से 8,000 के करोड़ का राहत पैकेज मुहैया कराना शामिल है।

अप्रैल 2016 में इलेक्ट्रॉनिक नेशनल एग्रीकल्चर मार्केट या इ–नैम नामक इ–व्यापार प्लेटफॉर्म को शुरू किया। इसे अब तक 14 राज्यों की 585 मंडियों में शुरू किया जा चुका है। कई बाजारों में ऑनलाइन ट्रेडिंग भी शुरू हो गई है। इसके जरिए किसान भारत में कहीं भी अपना उत्पाद बेच सकते हैं और वे इसके लिए अच्छी कीमत भी हासिल कर सकेंगे।

यू.पी.ए. सरकार के पिछले 5 साल (2009–14) में कृषि के लिए 1,21,000 करोड़ का बजटीय प्रावधान था, जबकि मोदी सरकार के पाँच बजटों में यह आवंटन बढ़कर 2,11,700 करोड़ रुपए हो गया। यह 74.5 प्रतिशत अधिक है और सॉयल हेल्थ कार्ड, खेती के लिए कर्ज पर ब्याज सब्सिडी, सिंचाई, दालों का विकास, आपदा प्रबंधन, किसान उत्पादक संगठन (एफ.पी.ओ.), फसल बीमा आदि में बजट में बढ़ोतरी की झलक मिलती है।

आयात के कारण होनेवाले नुकसान से किसानों की रक्षा करने के लिए कृषि से संबधित कमोडिटी पर निर्यात शुल्क बढ़ा दिया गया और मात्रात्मक प्रतिबंध भी लगाए

गए। विशेष तौर पर दालों के मामले में ऐसा किया गया।

मोदी सरकार ने प्रधानमंत्री फसल बीमा योजना के तहत फसल बीमा योजना के लिए गंभीर कदम उठाए हैं, जिसके जरिए किसानों की जोखिम कम की जाएगी। अब तक इस योजना के तहत 4 करोड़ किसानों को शामिल किया गया है और कुल बीमित राशि 1,31,000 करोड़ रुपए है, तो इसमें पहले के मुकाबले अहम बदलाव भी हुआ है। सॉयल हेल्थ कार्ड ने किसानों को मिट्टी की सेहत के मुताबिक फसलों की बुआई के संबंध में औपचारिक तौर पर फैसला लेने के संबंध में किसानों का सशक्तीकरण किया है। नीम-कोटेड यूरिया के नए आइडिया ने मिट्टी को फिर से तरोताजा किया है, पौधा संरक्षण की स्थिति को सुधारा है और रासायनिक उपयोग को कम किया है।

सिंचाई के लिए प्रधानमंत्री कृषि सिंचाई योजना (पीएमकेएसवा) को शुरू किया गया है, जिसका मकसद हर खेती के लिए पानी मुहैया कराना और पानी के इस्तेमाल की दक्षता (ज्यादा फसल, ज्यादा पानी) को बेहतर करना है। इसके अलावा 2018-2019 में डेयरी और मछली पालन में शामिल लोगों को भी किसान क्रेडिट कार्ड की सुविधा दी गई। पहली बार भूमिहीन लोगों के लिए भी किसान क्रेडिट कार्ड की सुविधा उपलब्ध कराई जा रही थी।

मछली प्रोटीन का बेहतर जरिया है और यह भोजन और पोषण संबधी सुरक्षा सुनिश्चित करती है। मछली के उत्पादन में चीन के बाद भारत का दूसरा स्थान है। यह क्षेत्र देश में 1.5 करोड़ लोगों को रोजगार मुहैया कराता है और देश के सामाजिक-आर्थिक विकास में इसका अहम स्थान है। लिहाजा इस क्षेत्र ने कृषि के पुनरुत्थान के मौजूदा रुझानों के साथ 'नीली क्रांति' की बुनियाद तैयार की है।

मध्य प्रदेश, पंजाब और यहाँ तक कि गुजरात व महाराष्ट्र जैसे राज्यों में इसकी जरूरत से ज्यादा उत्पादन की समस्या रही है। इस दिशा में बेहतर भंडारण चेन और मार्केटिंग ही समाधान है। सरकार इस मामले में युद्धस्तर पर काम कर रही है।

एन.डी.ए. सरकार का नए सिरे से कृषि पर जोर गरीबी उन्मूलन और ग्रामीण इलाके के गरीबों को भारत के विकास की कहानी का अटूट हिस्सा बनाने संबंधी सोची-समझी रणनीति का हिस्सा है। किसानों की कर्जमाफी और सब्सिडी जैसे लोक-लुभावने उपाय वास्तविक समाधान नहीं हैं। ये वोट हासिल करने के अस्थायी साधन हैं। इस तरह के खर्च से काफी कम राहत मिली है और जमीनी स्तर पर किसी तरह का बदलाव नहीं हुआ है। इस तरह के अनुभव के कारण सरकार को टिकाऊ ग्रामीण इंफ्रास्ट्रक्चर तैयार करने से संबंधित कार्यक्रमों को शुरू करने की तरफ आगे बढ़ना पड़ा, ताकि लोगों को करियर के एक विकल्प के रूप में खेती को अपनाने के लिए प्रेरित किया जा सके।

यह अतीत के ढर्रे से हटकर काम करने का मामला है। सरकार की योजना 'भारत

को बदलो' मॉडल की तर्ज पर देश के सबसे पिछड़े जिलों में बदलाव लाना है। इसमें गुजरात सरकार का कच्छ प्रयोग उपयोगी साबित हो रहा है। इस बार फोकस देश के 100 सबसे पिछड़े जिलों पर है। ये जिले मुख्य तौर पर तीन राज्यों में हैं— बिहार, उत्तर प्रदेश और मध्य प्रदेश। पूरे देश के सबसे पिछड़े जिलों में इन तीनों राज्यों से करीब 70 जिले हैं।

और चौंकाने वाली बात यह है कि इन राज्यों में एक भी 'बेहद विकसित जिला' नहीं है। प्रधानमंत्री ने हाल में कहा था कि कइयों का मानना है कि पिछड़े जिलों के मामले में कुछ नहीं किया जा सकता है, लेकिन उन्हें नंबर वन बनाया जा सकता है। वह देश के कुछ क्षेत्रों में पिछड़ेपन और विकास के संपूर्ण अभाव को लेकर टिप्पणी कर रहे थे।

क्षेत्रीय असमानता का मुद्दा योजना बनानेवालों के लिए लंबे समय से चुनौतीपूर्ण रहा है। पिछली सरकारों ने विशेष तौर पर सबसे पिछड़े जिलों को ध्यान में रखते हुए कई योजनाओं की शुरुआत की है। शायद वे असफल इसलिए हुए, क्योंकि ज्यादा फोकस गरीबी उन्मूलन और अस्थायी रोजगार सृजन पर था। उन्होंने ग्रामीण इंफ्रास्ट्रक्चर तैयार नहीं किया, न ही वे सड़क, सिंचाई और संपर्क के अभाव में कृषि को फायदे का सौदा बना सके।

गुजरात के मुख्यमंत्री के तौर पर मोदी ने भूकंप के कारण विनाश का शिकार बने और सूखाग्रस्त कच्छ के रण को उम्मीदों की जमीन में बदल दिया।

विद्युतीकरण के जरिए तकनीक का विस्तार, पंचायतों का कंप्यूटरीकरण, प्रधानमंत्री ग्राम सड़क योजना के जरिए अच्छी सड़कों का निर्माण जैसे कदम भी मार्केटिंग और इंटरनेट संपर्क में मददगार होंगे। हर गाँव में इंटरनेट पहुँचाने का भी वादा किया गया है। इससे पहले भारत में गरीब लोग इतनी बड़ी संख्या में कभी भी बैंक खाताधारक नहीं बने। 'जन धन योजना' के तहत तकरीबन 32 करोड़ नए खाते खोले जा चुके हैं।

वित्तीय समावेशन गतिशील कृषि अर्थव्यवस्था के केंद्र में है। प्रत्यक्ष नकद हस्तांतरण योजना के जरिए सरकार ने 90,000 करोड़ रुपए की बचत की है। इसके साथ गरीबी रेखा से नीचे गुजर-बसर करनेवाले पाँच करोड़ लोगों को मुफ्त में रसोई गैस दिए जाने से लाखों-करोड़ों परिवारों की जिंदगी बदल रही है। ग्रामीण रोजगार गारंटी योजना के लिए रिकॉर्ड सालाना आवंटन किया गया है और खेतिहर मजदूरों की उपलब्धता सुनिश्चित की जा रही है। यह शहरों में मजदूरों के पलायन को काफी हद तक रोकेगा।

खेती किस तरह से फायदे का सौदा हो सकती है, किसान किस तरह से इस दशक के आखिर तक अपनी आमदनी दोगुनी कर सकते हैं? क्या यह ग्रामीण कर्ज के जाल और किसानों की आत्महत्या का खात्मा सुनिश्चित करेगा? हाँ, यह सबकुछ संभव है

अगर प्रधानमंत्री राष्ट्रीय स्तर पर उसे दोहरा सकें, जो उन्होंने बतौर मुख्यमंत्री गुजरात में हासिल किया। मोदी ने अपने आर्थिक नजरिए में आम आदमी को केंद्र में रखा है। उन्होंने भारतीय किसान में पूरी आस्था जताई है और कृषि को अपने विकास इंजन का मुख्य केंद्र बनाया है।

नई योजनाएँ, कृषि संबंधी बदलाव के लिए आवंटन सरकार की शानदार पहल को प्रतिबिंबित करते हैं। 2018-19 के बजट में कृषि और इससे संबंधित गतिविधियों के लिए आवंटन में बड़े पैमाने पर बढ़ोतरी की गई थी। ऐसे जिन क्षेत्रों में आवंटन में बड़े पैमाने पर बढ़ोतरी की गई है, उनमें मनरेगा, खेती के लिए कर्ज की आसान उपलब्धता और बेहतर सिंचाई शामिल हैं। सिंचाई और डेयरी प्रसंस्करण के लिए फंड में अच्छी-खासी बढ़ोतरी हुई है।

कृषि कर्ज योजना के साथ फसल बीमा योजना के तहत फसल बीमा के लिए एक लाख करोड़ रुपए आवंटित किए गए हैं, जो पहले के मुकाबले काफी ज्यादा है। ज्यादा कर्ज की सुविधा से कृषि निवेश को प्रोत्साहन और खाद्य प्रसंस्करण को बढ़ावा मिल सकेगा। इससे किसानों के लिए बेहतर आमदनी और स्थिरता सुनिश्चित हो सकेगी। यह भारत के ग्रामीण इलाकों में रोजगार के अवसर भी बढ़ा सकता है।

इस सीजन में रबी फसल की बुआई में आठ प्रतिशत की बढ़ोतरी हुई है। सरकार ने खरीफ फसल का उत्पादन रिकॉर्ड 141.59 करोड़ टन रहने का अनुमान तय किया है। पंचायत स्तर पर बेहतर सड़कों के निर्माण, 2,000 किलोमीटर तटीय संपर्कवाली सड़कों के बनने और भारत नेट के तहत 1,30,000 पंचायतों को तेज स्पीड इंटरनेट मिलने से निश्चित तौर पर कृषि उत्पादों की मार्केटिंग और कॅरियर के बेहतर विकल्प मिलेंगे। इस तरह खेती लाभदायक कॅरियर विकल्प हो सकेगी। इन तमाम उपायों के परिणामस्वरूप कृषि उत्पादन में जबरदस्त बढ़ोतरी निश्चित है और सबके लिए भोजन और भारत से गरीबी को पूरी तरह से हटाने का लक्ष्य निकट भविष्य में वास्तविकता बन सकता है, बशर्ते इन नीति आधारित और लक्षित उपायों को कारगर तरीके से लागू किया जाए।

किसी भी प्रगतिशील कानून को सत्ता-तंत्र की स्थापित लॉबी से बड़े पैमाने पर विरोध का सामना करना पड़ता है।

उदाहरण के लिए, भूमि अधिग्रहण बिल दो अवधारणाओं की लड़ाई थी— दो अलग-अलग विचारधाराओं और पूरी तरह से विरोधाभासी नजरिए वाला संघर्ष। अगर भारत को अपने विरासत से संबंधित दो बंधनों—उपनिवेशवाद और समाजवाद से मुक्त होना है, यह बिल इस लक्ष्य की सफलता के लिए काफी जरूरी है। इस बात को लेकर बहस हो सकती है कि इसे अध्यादेश के जरिए क्यों लाया गया या उसके मुख्य बिंदुओं पर संवाद की कमी थी, लेकिन भारत फिर से राहुल-जयराम रमेश की उस अंधभक्ति में

नहीं अटक सकता है, जिसके तहत देश के विकास अंधविश्वास की रोमांटिक कहानियों और 2004 से 2014 तक अटकी पड़ी परियोजनाओं के मामले तक सीमित कर दिया गया। मोदी को इस लड़ाई का हिस्सा बनना पड़ेगा। भारत को बदलने के लिए मिले जनादेश और भारत को मानव जाति का सबसे बेहतर ठिकाना बनाने के लिए उन्हें ऐसा करना होगा।

कांग्रेस की रैलियों और कॉकटेल हलकों में खेती संबंधी परेशानियों और किसानों की आत्महत्या की कहानियाँ पर धड़ल्ले से चर्चा होती है। किसानों की आत्महत्या और गाँवों की पीड़ा को किताबों और पुरस्कार जीतने वाले लेखों में शानदार तरीके से दर्ज किया गया है। हालाँकि वे इस दौर के हैं, जब भारत के राजनीतिक परिदृश्य पर कांग्रेस के पास किसी तरह की चुनौती नहीं थी।

आँकड़ों के विस्तार में गए बिना यह तर्क सुरक्षित ढंग से दिया जा सकता है कि खेती कर कर्ज में फँसने के कारण आत्महत्या करनेवाले कांग्रेस के पुराने गढ़ रहे राज्यों, मसलन आंध्र प्रदेश, महाराष्ट्र, कर्नाटक, केरल, हरियाणा और राजस्थान से हैं। अगर 2013 के भूमि अधिग्रहण बिल में भारतीय किसानों के लिए कांग्रेस का प्रेम इतना मुखर था, तो 2014 के चुनाव में किसी भारतीय किसान ने पार्टी के लिए वोट क्यों नहीं डाला? इस बीच, गुजरात जिसे राहुल गांधी एक ऐसे मॉडल के रूप में पेश कर रहे हैं, जिसे मोदी देश पर थोपना चाहते हैं तो वहाँ की प्रत्येक सीट मोदी ने जीती थी तथा राहुल की पार्टी ऐतिहासिक निचले स्तर पर पहुँच गई थी।

तुलनात्मक दृष्टि से देखा जाए तो तमाम भा.ज.पा. शासित राज्यों में किसानों की आत्महत्या की घटनाएँ अपेक्षाकृत कम हुईं। कृषि परिदृश्य गैर-भा.ज.पा. शासित राज्यों की अलग कहानी बयाँ करते हैं। राहुल गांधी की पार्टी की अगुआई में राष्ट्रीय स्तर पर कृषि वृद्धि दर दो प्रतिशत पर ठहर गई, जबकि भा.ज.पा. शासित राज्य एक दशक से भी ज्यादा से दोहरे अंकों में वृद्धि दर हासिल कर रहे थे। सफलता की एक और कहानी पंजाब से जुड़ी थी, जहाँ भा.ज.पा. का अकाली दल के साथ राजनीतिक गठबंधन है।

इन तमामों चीजों के बीच गुजरात सबसे शानदार उदाहरण है, क्योंकि यह कभी भी कृषि राज्य के रूप में नहीं जाना जाता था।

राहुल गांधी कहते हैं कि मोदी ने भारत के लिए गुजरात मॉडल पेश कर दिया है। एक समय ऐसा था, जब भा.ज.पा. के विरोधी लोगों को यह कहकर डराते थे कि गुजरात संघ परिवार की सैद्धांतिक प्रयोगशाला है। यह कहना सच नहीं है कि कंपनियों को अमीर बनाने के लिए किसानों का शोषण किया गया। गुजरात के किसान सबसे अमीर और खुश हैं।

गुजरात औद्योगिक विकास की कहानी भी बयाँ करता है। रतन टाटा को क्यों अपनी

छोटी कार परियोजना के लिए बंगाल छोड़कर गुजरात जाना पड़ा? ऑटोमोबाइल इंडस्ट्री क्यों हरियाणा, तमिलनाडु और महाराष्ट्र को छोड़कर गुजरात को भारत का डेट्रॉयट बना रही है? इसकी वजह इंफ्रास्ट्रक्चर, श्रम उत्पादकता और निवेश का माहौल है। मोदी ने भारत में निवेश का माहौल बेहतर किया है। अर्थव्यवस्था उम्मीद भरी निगाहों से देख रही है। 'द इकोनॉमिस्ट' ने कहा है कि भारत के पास उड़ने और दुनिया की सबसे बड़ी और गतिशील अर्थव्यवस्था के रूप में उभरने का दुर्लभ मौका है। विश्व बैंक और मूडीज जैसी रेटिंग एजेंसियों ने मोदी की अगुआई वाले भारत को सबसे तेजी से बढ़नेवाली अर्थव्यवस्था बताया है। एजेंसियों के मुताबिक, भारत का मामला दुनिया भर में विकास दर में हो रही गिरावट के मद्देनजर उम्मीद की एक किरण की तरह है और भारत के इतिहास में पहली बार दोहरे अंकों की ग्रोथ की संभावना दरवाजे पर दस्तक दे रही है।

समाजवादी मॉडल में उत्पादन श्रृंखला का बुनियादी संघटक भूमि है। रॉय एफ हैरॉड और ई डोमर जैसे पूँजीवादी अर्थशास्त्रियों की राय है कि वृद्धि दर एक इनपुट पूँजी का काम है। भा.ज.पा. के एकात्म मानववाद के आर्थिक नजरिए के मुताबिक व्यक्ति और उसकी खुशी केंद्र में है और उसकी सर्वोच्च खुशी परम लक्ष्य है। अगर गाँवों में बेहतर सुविधाएँ नहीं पहुँचती हैं तो व्यक्ति खुश नहीं रह सकता है। मोदी ने गुजरात में बेहतर सड़कें, बेहतर अस्पताल, बेहतर सिंचाई, सूचनाओं की बेहतर उपलब्धता, बेहतर शिक्षा और बेहतर मार्केटिंग मुहैया कराया है और पूरे देश के लिए भी वह ऐसा सुनिश्चित करने का प्रयास कर रहे हैं।

ग्रामीण भारत में ये सुविधाएँ निवेश और औद्योगीकरण के बिना नहीं पहुँच सकती हैं। भारतीय किसान को रहन-सहन के बेहतर स्तर की जरूरत है। वह भारतीय मानसून के असफल होने के दुष्चक्र का शिकार नहीं हो सकता। वामपंथी नेताओं और कांग्रेस में उनके वैचारिक प्रतिनिधियों ने 60 साल तक लगातार खेती की दिक्कतों का जिक्र करते हुए घड़ियाली आँसू बहाए, लेकिन इसका हल ढूँढ़ने की कोशिश नहीं की। यू.पी.ए. की अपनी स्वीकारोक्ति के मुताबिक, जयराम रमेश और जयंती नटराजन के कारण पर्यावरण संबंधी मंजूरी के अभाव में 30 लाख करोड़ की परियोजनाएँ अटक गई थीं। डॉ. मनमोहन सिंह सरकार के आखिरी दिनों में भारत से तकरीबन 25 अरब डॉलर की पूँजी बाहर गई।

पहली बार मोदी ने राष्ट्रीय स्तर पर हल ढूँढ़ने की कोशिश की है। इस तरह से उन्होंने बर्र के छत्ते में हाथ डाल दिया है। महाजन, गाँव की 'बड़ी मछलियाँ' और उत्तर भारत के तिकड़मबाज नेता सोनिया गांधी, राहुल गांधी और जयराम रमेश जैसे लोगों के साथ खड़े हो गए हैं, जिनके पास अब तक सफलता की कोई कहानी नहीं है। यह ट्रैक्टरों, खेती के आधुनिकीकरण, कंप्यूटरीकरण, भूमि सुधार और जमींदारी को खत्म किए जाने के खिलाफ पुरानी लड़ाई जैसा है। भारतीय किसानों के खिलाफ इस साजिश

का पर्दाफाश करना होगा। कोई भी किसान नहीं चाहता कि उसका बेटा किसान बने। वह अपनी जमीन से बँधा हुआ है और उसकी किस्मत का फैसला उसकी फसल की सफलता या असफलता से होता है। उसे अपनी जमीन के आधुनिकीकरण, मार्केटिंग और मुद्रीकरण का मौका मिलना चाहिए। भूमि बिल इसी से संबंधित है।

कांग्रेस के कामकाज का जो तरीका है, उसमें किसान हमेशा सरकारी संरक्षण और प्राकृतिक आपदा से सुरक्षा की गुहार लगाएँगे। आदिवासी हमेशा जंगल में रहते हैं। क्या यह सशक्तीकरण गुलामी से आजादी है? पहाड़ों और ईश्वर के कई प्रतीकों की पूजा? क्या यह राहुल के विकास का मॉडल है? आर्थिक गोलबंदी विकास का अहम सूत्र है। भारतीय किसानों के लिए नए अवसर और ठिकाने बनाए जाने की जरूरत है। किसान नेता इस विधेयक का विरोध नहीं कर रहे हैं।

भूमि बिल कृषि को उद्योग से जोड़ने की दिशा में एक कदम है। इससे आर्थिक गतिविधियों को प्रोत्साहन मिलेगा और ग्रामीण अर्थव्यवस्था में नई जान फूँकी जा सकेगी। जमीन ज्यादा महँगी हो जाएगी, माँग बढ़ेगी, निर्माण को प्रोत्साहन मिलेगा और आर्थिक विकास तेज होगा। भूमि विधेयक किसान को भी उद्यमी बनाने और अभी तक उपेक्षित रखे गए विकास के मौकों को खोल देने और आय के वितरण की दिशा में एक कदम है।

दुनिया के सभी विकसित देश इस प्रक्रिया के गवाह रहे हैं। चीन के पूर्व उपराष्ट्रपति ली लैक्विंग ने अपनी किताब 'ब्रेकिंग थ्रू' में बताया है कि किस तरह से देंग शियाओ पिंग की अगुआई में कृषि सुधारों के कारण चीन विश्व की अर्थव्यवस्था में अपनी मौजूदा हैसियत बनाने में कामयाब रहा। भारत को चीन के अनुभव से काफी कुछ सीखना है। जाहिर है कि मोदी ने भी देंग के मॉडल की तरह ही आगे बढ़ने का प्रयास किया है। समस्या के बारे में सबको पता है। समाधान ढूँढ़ने का प्रयास सिर्फ मोदी ने किया है।

□

8

आदर्शवाद और देशभक्ति पर आधारित जीत

धर्म महत्त्वपूर्ण नहीं है, मानवीय अच्छाइयाँ महत्त्वपूर्ण हैं

—श्री नारायण गुरु

राजनीतिक विज्ञानी आम तौर पर इससे सहमत हैं कि अच्छी राजनीति का संबंध सिद्धांत से है। दक्षिणपंथ को शायद मार्क हन्ना के कारण बदनामी मिली, जिन्होंने 19वीं सदी में अमेरिकी राजनीति को सिद्धांत से दूर कर दिया। उन्होंने राजनीतिक अवधारणाओं को राजनीतिक प्रदर्शन में बदलते हुए रिपब्लिक पार्टी के लिए बौद्धिक आधारशिला रखी। इस तरह से उन्होंने संगठन का पुनर्निर्माण किया। अच्छी राजनीति का संबंध सिर्फ प्रदर्शन नहीं, बल्कि करीबी तौर पर मुद्दों से होता है।

हालाँकि, मैनेजमेंट गुरु पीटर ड्रकर के मुताबिक, "अमेरिकी राजनीतिक में तकरीबन एक सदी से जो भी चला, वह आर्थिक हितों और उनके राजनीतिक एकीकरण की हन्ना की अवधारणा पर आधारित था, जिससे 'जल्द जीत और सत्ता' मिली। शुद्ध व्यवहारवाद का यह चलन 20वीं सदी में उलटा हो गया और अमेरिका व यूरोप के राजनीतिक विमर्श में दार्शनिक संवाद, आम संस्कृति और राष्ट्रवाद हावी हो गए। विचाराधारा या सिद्धांत नया चलन बन गया।

तिकड़म की राजनीति के इस दौर में सिद्धांतों की खोज भूसे के ढेर में सुई खोजने जैसा है। सिद्धांत, आदर्श और विचारक, ये सभी शब्द एक-दूसरे से करीबी से जुड़े हैं और इनका चलन फ्रांसीसी क्रांति के बाद हुआ; हालाँकि वामपंथियों ने रूस में बोल्शेविक क्रांति के शीर्ष पर होने के दौरान इन शब्दों को उचित स्वरूप दिया। साम्यवाद के पतन ने न सिर्फ वामपंथियों के झूठेपन को उजागर किया, बल्कि राजनीति में सिद्धांत के प्रभाव पर भी सवाल खड़े किए।

सिद्धांतों के बिना आदर्शवाद नहीं हो सकता है और वैश्वीकरण के बाद के दौर में दोनों चीजें खत्म हो गई हैं। हम व्यावहारिक राजनीति के दौर में जी रहे हैं—यह अवसरवादिता की राजनीति का पर्याय है। यू.पी.ए. सरकार का 10 साल का शासन

(2004–14) इसका बेहतरीन उदाहरण था।

आदर्शवादी को कैसे परिभाषित किया जाए? वे कौन से लक्षण हैं, जो एक आदर्शवादी को बाकी राजनीतिक वर्ग से अलग करते हैं? क्या एक राजनेता सफल और आदर्श दोनों हो सकता है? या आदर्शवाद सफलता की सड़क पर चलने के लिहाज से पुराना पड़ चुका है? सफल राजनेता बड़े समझौते करते जान पड़ते हैं, लेकिन चीजों को बारीकी से देखने पर पता चलेगा कि आदर्शवाद बड़ी राजनीतिक विजय के लिए पूर्व निर्धारित शर्त है। भारत में आज भा.ज.पा. और संघ परिवार सफल आदर्शवाद के स्तंभ रूप में मौजूद हैं और ये इकाइयाँ सार्वजनिक जीवन में कई आदर्शवादी तैयार कर रही हैं।

दूसरी तरफ, अगर देश के आर्थिक और सामाजिक जीवन पर सिद्धांत के लंबे असर के लिहाज से बात करें तो कांग्रेसी, कम्युनिस्ट, समाजवादी और माओवादी सभी तात्कालिक राजनीतिक और निजी लाभ के लिए अवसरवादी राजनीति और सिद्धांतों से समझौता करने के कारण भारत में असफल रहे हैं। नोटबंदी और नए राष्ट्रपति का चुनाव समेत नरेंद्र मोदी सरकार के कई कदमों की आदर्शवाद के दृष्टिकोण से व्याख्या की जा सकती है। कांग्रेस और कम्युनिस्ट पार्टियों की कई असफलताओं की भी इस पैमाने पर व्याख्या की जा सकती है।

एक आदर्शवादी के पास दूरदर्शिता होनी चाहिए और उसे त्याग करने तथा उस तरह की चुनौती के लिए तैयार रहना चाहिए, जो उसे और उसके आइडिया को पूरी तरह से परास्त कर सकता है। कई साल पहले मैंने मोदीजी से पूछा था कि आपकी सफलता का राज क्या है। उन्होंने कहा, "मैं स्वयं को मिटाने की क्षमता रखता हूँ।" आप इस तरह का भाव सभी महापुरुषों की जिंदगी में देख सकते हैं। किसी व्यक्ति के इरादे के सही होने में अलौकिक विश्वास एक भावना जो प्रकृति ने उनके प्रति जिम्मेदारी के रूप में दी है।

इस सिलसिले में महात्मा गांधी शानदार उदाहरण थे। नेहरू भी आदर्शवादी थे और यही वजह है कि हमारे पास इस तरह का लोकतंत्र, शानदार संविधान और हमारे राष्ट्रीय मूल्यों के संरक्षण के लिए संविधान और संस्थाएँ हैं। भारतीय मजदूर संघ और भारतीय किसान संघ के संस्थापक दत्तोपंत ठेंगड़ी ने 1997 में दिल्ली के दीनदयाल उपाध्याय शोध संस्थान में अपने भाषण में राजनीति में आदर्शवाद के पैमानों और शर्तों को परिभाषित करने का प्रयास किया था। उन्होंने कहा था, 'नेताओं की चार श्रेणियाँ हैं। इनमें सिर्फ एक श्रेणी आदर्शवादी है।' उनके मुताबिक, 'पहली श्रेणी के तहत विशुद्ध और सरल नेता हैं, जो सिद्धांत के बोझ के नीचे नहीं दबे हुए हैं। दूसरी श्रेणी में वैसे सिद्धांतवादी नेता हैं, जो अपने सिद्धांतों पर टिके रहने तक अपनी सफलता को लेकर चिंतित नही हैं। तीसरी श्रेणीवाले आवश्यक रूप से राजनेता हैं और कभी-कभार आदर्शवादी हो जाते हैं। इस श्रेणी का दायरा काफी व्यापक है और इस तरह के नेता

जनता को बेवकूफ बनाने के लिए सिद्धांतों की आड़ लेते हैं। जब तक सिद्धांत का मामला उनके लिए फायदेमंद होता है, तब तक वह इसका बोझ ढोते हैं और जब ऐसा करने के लिए राजनीतिक रूप से अप्रभावी हो जाता है, तो वह उसी क्षण सिद्धांत का चोला उतारकर फेंक देते हैं। गठबंधन के दौर में इस तरह के लक्षण काफी कारगर हैं। वे जोर-जोर से सिद्धांत और आदर्शवाद की बात करते हैं, लेकिन मामूली लालच के कारण वे इस तरह की सारी शर्तों को छोड़ देते हैं, ताकि सत्ता में साझेदारी कर सकें और जो कोई मिले, उसके साथ धन कमाया जा सके।

चौथी श्रेणी में दुर्लभ प्रजाति के वैसे नेता शामिल हैं, जिन्हें ठेंगड़ी ने बुनियादी रूप से आदर्शवादी बताया है, लेकिन वह कभी-कभी राजनेता बन जाते हैं। वे राजनीति में आकर्षण या सिर्फ सत्ता के लालच के कारण नहीं है, बल्कि वे समाज और सिस्टम को बदलने के लिए इसमें घुसे हैं। वे इंतजार कर सकते हैं, लेकिन अपनी प्रतिबद्धताओं को नहीं छोड़ सकते। अटल बिहारी वाजपेयी से लेकर मोदी तक भा.ज.पा. नेता इस बात को लेकर साफ रहे हैं कि राजनीति 'मिशन है, न कि अपने आप में यह एक साध्य है।' इस तरह के नेता चुनावी सफलता या असफलता से ज्यादा प्रभावित नहीं होते हैं। 1984 में भारतीय जनता पार्टी के पास सिर्फ दो लोकसभा सांसद थे, लेकिन आज केंद्र और दो-तिहाई राज्यों में उसकी सरकार है।

ऐसे में इस बात को लेकर हैरानी नहीं होनी चाहिए कि नोटबंदी का दाँव उल्टा पड़ने की भविष्यवाणी करते हुए भी सबने स्वीकार किया है कि कोई भी दूसरा नेता इस तरह की बड़ी चुनौती लेने की हिम्मत नहीं करता। जब 1980 के दशक के शुरुआत में इंदिरा गांधी को काले धन और नकली नोटों की समस्या से निपटने के लिए इस तरह के फैसले के बारे में सलाह दी गई थी, तो उन्होंने राजनीतिक मजबूरियों का हवाला देते हुए इसे खारिज कर दिया था। मोदी बड़े जोखिम लेने के मामले में नए नहीं है। यह भी उम्मीद भरा साहस ही कहा जा सकता है कि मोदी को 2014 में भा.ज.पा. के बहुमत के साथ जीत का पूरा भरोसा था।

1950 में राष्ट्रीय स्वयंसेवक संघ (आर.एस.एस.) पर से पाबंदी हटाए जाने के बाद सरदार वल्लभभाई पटेल ने आर.एस.एस. को कांग्रेस के साथ विलय की पेशकश की थी। 1977 में इसी तरह की स्थिति पैदा हुई, जब जनता पार्टी सत्ता में थी। सिद्धांतवाद के कारण ही गुरुजी एम.एस. गोलवलकर और बाला साहब देवरस ने इस प्रस्ताव को अस्वीकार कर दिया और इस तरह से संघ की अलग पहचान कायम रही।

आदर्शवाद में बड़े पैमाने पर त्याग करना होता है। आर.एस.एस. के संस्थापक डॉ. केशव बलिराम हेडगेवार आदर्शवादी थे। वे कांग्रेस में वरिष्ठ पदों पर रहे। वे बी.एस. मुंजे जैसे नेताओं के करीब थे। हेडगेवार के काम ने गांधीजी और नेताजी सुभाष चंद्र बोस

को भी प्रभावित किया। बाद में 1962 में नेहरू ने आर.एस.एस. को गणतंत्र दिवस की परेड में हिस्सा लेने के लिए भी आमंत्रित किया।

चीन से युद्ध के दौरान चीन का समर्थन करनेवाले कम्युनिस्ट नेता तब जेल में थे। इसी तरह, आर.एस.एस. ने आपातकाल के खिलाफ भी लड़ाई लड़ी और इसके नेता और कार्यकर्ता 19 महीने तक जेल में रहे, जबकि भाकपा (भारतीय कम्युनिस्ट पार्टी) ने देश में आपातकाल का समर्थन किया था। आर.एस.एस. ने हमेशा कांग्रेस से दूरी बनाए रखी, जो 2014 तक प्रभुत्ववाली पार्टी थी, हालाँकि कन्युनिस्ट पार्टियों को कांग्रेस के साथ लंबे समय तक साथ रहने की बड़ी कीमत चुकानी पड़ी।

भा.ज.पा. ने प्रदर्शन के मोर्चे पर बढ़त हासिल की और अपनी मौजूदा शानदार भूमिका के लिए जगह बनाई। मोदी के 12.5 साल की तुलना बंगाल में मा.क.पा. के 34 साल के शासन से कीजिए।

पहले दर्जे का औद्योगिक राज्य बंगाल कृषि संबंधी उथल-पुथल और औद्योगिक पलायनवाला राज्य बन गया। आखिरकार बुद्धदेव भट्टाचार्य ने खुद को 'पूँजीवादी' घोषित किया और टाटा के साथ सिंगुर और नंदीग्राम में मारपीट तक की नौबत पैदा कर दी। आदर्शवाद कहाँ गया? कम्युनिस्ट पार्टियों को कांग्रेस के साथ सत्ता साझा करने में किसी तरह की दिक्कत नहीं थी और वे पार्टी के वफादार बन गए। खासतौर पर 1969 में कांग्रेस के विभाजन के बाद यह चलन देखने को मिला। वामपंथी पार्टियाँ केरल और बंगाल में गरीबों की जिंदगी बेहतर कर सकती थीं, लेकिन वे ऐसा नहीं कर पाईं। कम्युनिस्टों के एक तबके ने 1975 में आपातकाल की प्रशंसा की और निजी, प्रेस और राजनीतिक आजादी के दमन को उचित बताया। आज वही कम्युनिस्ट शोर मचाते हुए केरल के मुख्यमंत्री पिनाराई विजयन पर आदर्श से भटकने का आरोप लगा रहे हैं।

समाजवादी कुनबा जातिवादी नेताओं का एक समूह है, जो सोनिया गांधी की प्रशंसा के गीत गाता है।

माओवादियों के बारे में जितना कम कहा जाए, उतना ही बेहतर है। ये आदिवासियों के सबसे बड़े शोषणकर्ता हैं। ये लोग उन्हें शिक्षा और विकास से वंचित रख रहे हैं और जनजातीय समुदाय के बच्चों को अपराधी बना रहे हैं, साथ ही इन लोगों द्वारा आदिवासी लड़कियों का यौन शोषण भी किया जा रहा है। यह क्रांति के आखिरी दौर का पतनशील चेहरा है।

इसके उलट भा.ज.पा. 1977 में जनता पार्टी का एक छोटा सा हिस्सा थी और वहाँ से आगे बढ़ते हुए 1989 में वीपी सिंह सरकार का स्तंभ बनी। इसके बाद 1998 से 2004 तक वाजपेयी के नेतृत्व में भा.ज.पा. की अगुआईवाले गठबंधन ने शासन किया। पिछले तीन दशकों में पहली बार 2014 के लोकसभा चुनावों में भा.ज.पा. को अपने दम पर

बहुमत हासिल हुआ। विकास में निरंतरता और समग्रता लगातार बनी रही है। गरीब लोगों को आवास, स्वच्छता, रसोई गैस और स्वास्थ्य बीमा मुहैया कराने के लिए इस सरकार ने जितनी योजनाएँ और परियोजनाओं की शुरुआत है, उतनी किसी अन्य सरकार ने नहीं की। यह काम में आदर्शवाद का उदाहरण है।

सभी भाजपा शासित राज्य देश के बाकी हिस्सों के मुकाबले बेहतर कृषि और औद्योगिक विकास दर के अलावा बेहतर प्रशासन देने की बात करते हैं। आखिरकार अच्छे सिद्धांत से ही बड़ी संख्या में लोगों के लिए अधिकतम कल्याणकारी योजनाएँ बनती हैं। भा.ज.पा. ने अपनी मुख्य प्रतिबद्धताओं को लागू करने में कुछ चिंताओं को आड़े नहीं आने दिया है, चाहे वह अंत्योदय, गोरक्षा या लैंगिक समानता का मामला हो या जम्मू-कश्मीर का बाकी भारत के साथ पूरी तरह से एकीकरण या कश्मीर से हिंदू परिवारों को न्याय का मसला। यह राजनीति में सिद्धांतवाद का भ्रष्टाचार मुक्त कामकाजी मॉडल है, जिसमें प्रधानमंत्री योगी और सभी भूमिकाओं में हैं।

दक्षिणपंथ ने भारत में ज्यादा निस्स्वार्थी लोग तैयार किए गए हैं और देश के भविष्य के लिए गर्व और भरोसा बहाल कर अहम योगदान किया है। संघ में मोहन भागवत, भैयाजी जोशी, दत्तात्रेय होसबोले और कृष्णगोपाल जैसे सैकड़ों लोग संघ में हैं, जो प्रमुख पद सँभाल सकते हैं, लेकिन उन्होंने परदे के पीछे रहते हुए, फल की चिंता किए बिना बेहद प्रतिकूल परिस्थितियों में चुपचाप काम किया है। सिद्धांतवाद दरअसल सक्रिय दृष्टिकोण है।

राजनीतिक हथियार के तौर पर सिद्धांतवाद और देशभक्ति

देशभक्ति को लेकर बहस अपने मूल स्वरूप में पहुँच गई है। भारत और दुनिया भर में हालिया घटनाक्रमों ने इस विषय में नए सिरे से दिलचस्पी पैदा कर दी है। एक तरफ साम्यवाद और वैश्वीकरण असफल हो चुके हैं, जबकि दूसरी तरफ आर्थिक शोषण बढ़ रहा है और संपत्ति कुछ देशों और लोगों तक सिमट गई है। नई परिस्थिति के निर्माण में दोनों मामलों का बड़ा योगदान है। यह भारत केंद्रित नहीं है, हालाँकि भारत में भा.ज.पा. का सत्ताधारी पार्टी के तौर पर उभरना हमारे देश में एक तरह से दिशा तय करता है। दुनिया के बाकी हिस्सों की बात करें, तो ब्रेग्जिट, अमेरिका में डॉनल्ड ट्रंप की सफलता, वैश्विक ताकत बनकर उभरने की चीनी राष्ट्रीय आकांक्षाएँ और ज्यादातर यूरोपीय देशों में राष्ट्रवादी नेताओं की सफलता के कारण आर्थिक संरक्षणवाद, सांस्कृतिक राष्ट्रवाद और पहचान सुरक्षित रखने की इच्छा का दौर चला हुआ है। उन्होंने साथ मिलकर सिद्धांत के तौर पर वैश्वीकरण की अवधारणा को मात दे दी है। लोगों की किस्मत के बदले स्थान की ताकत मौजूदा चलन है और मानव जाति का भौगोलिक एवं सांस्कृतिक

संबंधों से जुड़ने का चलन और तेज हो रहा है।

यहीं पर देशभक्ति की बात सामने आती है। इसे कैसे पारिभाषित किया जाए? कई दशक पहले एमिल लेगिल ने एक शानदार किताब लिखी थी, 'नेशनलिज्म : लास्ट स्टेज ऑफ कम्युनिज्म' (राष्ट्रवाद : साम्यवाद का आखिरी चरण)'। उस वक्त सोवियत संघ अपने चरम पर था, जो अंतरराष्ट्रीय साम्यवाद के गुणों का बखान कर रहा था और जनमुक्ति की सभी सीमाएँ खत्म होने की बात कही जा रही थी।

साम्यवादियों के लिए राष्ट्रवाद सबसे घृणास्पद आइडिया था। उन्होंने लाल झंडे के तले दुनिया के सर्वहारा का संघ बनाने का वादा किया था, हालाँकि कम्युनिस्ट पार्टी के एक प्रमुख विचारक एस.के. दामोदरन ने अपनी जीवनी में कम्युनिस्ट शासनवाले देशों की अपनी यात्रा का अनुभव लिखा है। दामोदरन स्वीकार करते हैं कि इन देशों में राष्ट्रभक्ति लोगों को प्रेरित करने से जुड़ा एक अहम पहलू था।

उन्होंने हो ची मिन्ह के साथ मुलाकात का जिक्र किया है, जहाँ भारतीय कम्युनिस्ट नेताओं की असफलता का विश्लेषण करते हुए वियतनामी नेता (मिन्ह) का कहना था, 'यहाँ मैं गांधी हूँ। आप भारत में राष्ट्रीय आकांक्षाओं को पहचानने में असफल रहे।' मुमकिन है कि शब्द ठीक-ठीक यही नहीं हों, हालाँकि संक्षेप में कहा जाए तो कम्युनिस्ट नेता से राष्ट्रीय भावनाओं के मामले में अलग-अलग मकसद के तहत काम नहीं करने को कहा गया, हालाँकि चीनी हमले के समय कम्युनिस्ट पार्टी का बड़ा हिस्सा चीनी देशभक्त हो गया और ऐसे लोगों ने राष्ट्रीय भावना के खिलाफ काम किया।

1989 में बर्लिन की दीवार गिरने के बाद फ्रांसिस फुकुयामा ने अपना मशहूर निबंध लिखा था, 'इतिहास का अंत'। उन्होंने एकध्रुवीय दुनिया के जश्न और विश्व पर अमेरिका के आर्थिक तथा सांस्कृतिक दबदबे का ऐलान किया था। उनके मुताबिक, अमेरिका के दायरे में सभी उप-राष्ट्रीयताओं का विलीन हो जाना था, हालाँकि 2008 की आर्थिक मंदी के बाद उन्हें अपने इस बयान से पीछे हटना पड़ा, जब सपाट दुनिया के बड़े समर्थक थॉमस फ्राइडमैन ने पुरानी यादों के हवाले से किताब लिखी—'दैट यूज्ड टू बी अस' (वह हम हुआ करते थे)।' दरअसल, अमेरिकी वैश्विक ढाँचे के पतन और गिरावट ने भी हाल में राष्ट्रवाद पर बहस में योगदान किया था और इस विमर्श को मुख्य तौर पर अमेरिकी लेखकों ने शुरू किया है। ज्यादातर विचारक और राजनेता इसे खुलेआम स्वीकार नहीं करेंगे। इसकी वजह यह हो सकती है कि 20वीं सदी में यूरोप में चरम स्तर पर राष्ट्रवाद देखने को मिला है, लेकिन आज यह भावना वैश्विक राजनीतिक सिद्धांत है।

'द पावर ऑफ प्लेस : ज्योग्राफी, डेस्टिनी एंड ग्लोबलाइजेशंस रफ लैंडस्केप' नामक किताब में दुनिया की असमान और शोषणकारी व्यवस्था में वैश्वीकरण की

सीमाओं के बारे में बताया गया है, जिसे 'वॉशिंगटन सहमति पत्र' ने पूरी दुनिया में बढ़ावा देने का प्रयास किया, हालाँकि क्या वे संपर्क और एकीकरण का माध्यम हैं? क्या वे भागीदारी के लिए नियंत्रण कम कर रहे हैं या इसके खिलाफ प्रयास बढ़ा रहे हैं? क्या उनके असर और प्रभाव से जगह की अनिवार्यता को छोड़ दिया गया है, ताकि उनकी गतिशीलता स्थान की अप्रासंगिकता का प्रतीक बन सके? ये सारे सवाल लेखक द्वारा उठाए गए थे। इस किताब को हर्म डी ब्लिज ने लिखा है, जो एक और मशहूर किताब 'व्हाई ज्योग्राफी मैटर्स' (भूगोल क्यों मायने रखता है?) के लेखक भी हैं।

देशभक्ति का मामला इतिहास, भूगोल, संस्कृति, साझी विरासत, भविष्य को लेकर साझा दृष्टिकोण, सामूहिक हितों, दोस्तों-दुश्मनों के बारे में सामूहिक रवैया, पहचान और मूल्य की साझा प्रणाली और सबसे अहम, किसी भी कीमत पर इन सभी को सुरक्षित रखने की इच्छा से जुड़ा है। यह एक तरह से लोगों के राष्ट्रवाद को परिभाषित करता है। मुमकिन है कि धर्म या भाषा इन संबंधों को मजबूत करे या न करे, लेकिन वे देशभक्ति के सांस्कृतिक जुड़ाव को मजबूत करने के लिए जरूरी या सफल तत्त्व नहीं हैं।

अगर भारतीय संदर्भ में बात करें तो स्वामी विवेकानंद और श्री अरबिंद जैसे देशभक्त संतों ने देश के लोगों के राष्ट्रवाद के लिए अकादमिक और भावनात्मक, दोनों तरह से अपील की। मातृभूमि की पूजा करना और इसके गौरव के लिए काम करने को स्वतंत्रता और लोगों के कल्याण के लिए बुनियादी चीज मानी गई। इसी भावना के आधार पर नरेंद्र मोदी ने 2014 में सफलतापूर्वक चुनाव अभियान चलाया।

राष्ट्रवाद करीबी रूप से देशभक्ति से जुड़ा है। हर देश संकट के समय अपने लोगों की देशभक्ति जगाता है। अपनी सर्वोच्चता के लिए द्वितीय विश्वयुद्ध में लड़ रहे देशों द्वारा देशभक्ति का प्रतिस्पर्धी आह्वान देखने को मिला; हालाँकि यह कहना गलत है कि देशभक्ति पाश्चात्य अवधारणा है। वसुधैव कुटुम्बकम् और व्यापक भाईचारे का पाठ पढ़ाने के साथ भारत सीमाओं की सुरक्षा और अपने लोगों की सांस्कृतिक शुद्धता के संरक्षण के लिए बेहतर और सकारात्मक सूत्र विकसित कर चुका था।

हमारे पास इतिहास, निरंतरता और सामूहिक यादों की शानदार समझ है, जिसने कई तरह से ज्यादातर पश्चिमी विचारकों को चकित कर दिया और उन्हें इसका झटका भी लगा। इसी वजह से कुछ ऐसे विचारक भारत को अतीत में जीने का दोषी ठहराते हैं; हालाँकि वे भारतीयों की बदलाव और परिस्थिति के मुताबिक खुद को ढालने की क्षमता को नजरअंदाज कर देते हैं। हम खुद को सुधार रहे हैं और फिर से खोज रहे हैं। यही वजह है कि आज सबसे पुरानी सभ्यता के रूप में हमारा अस्तित्व कायम है। यह भारतीय देशभक्ति की आधारशिला है।

एक भौगोलिक इकाई के रूप में भारत और उसके लोगों का एकीकरण नई सोच

नहीं है। भारत का आइडिया हमारी प्रार्थनाओं, परंपराओं, तीर्थयात्राओं, त्योहारों और परंपराओं में मौजूद है। हमने इसके आस-पास कार्य पद्धति, विचार प्रक्रिया और विश्वास का तरीका विकसित किया है। भारत ने समय-समय पर इस भावना को फिर से जगाया है। हमारे ग्रंथ—महाभारत, रामायण, कालिदास की रचनाएँ और चाणक्य के अर्थशास्त्र समेत कई किताबें भारत को भौगोलिक तौर पर एक सभ्यता और अलग संस्कृति की तरह बताते हैं। हमारी राष्ट्रीयता निरंतर चलने वाली गाथा है, जो सैकड़ों सदियों में विकसित हुई है।

यही वजह है कि लोकमान्य तिलक ने ब्रिटिश से लड़ने के लिए गोलबंदी के अपने अभियान के तहत गणेश उत्सव को लोकप्रिय बनाया। शिवाजी और राणा प्रताप ने बाहरी शासन के खिलाफ लड़ाई लड़ी और यही वजह है कि वे राष्ट्रीय नायक की तरह पूजे जाते हैं। भारतीयों को ब्रिटिशों के खिलाफ संघर्ष करने के मकसद से तिलक, लाला लाजपत राय, महात्मा गांधी और श्री अरबिंद ने गीता का संदेश फैलाया। गांधीजी के सत्याग्रह में सभी नए तरीकों की जड़ें भारतीय मूल्यों में थीं। भारतीयों द्वारा कई पीढ़ियों से पोषित इस सामूहिक प्रवृत्ति को हम आज राष्ट्रभक्ति कहते हैं।

विलहेल्म वॉन पोचहैमर (Wilhelm von Pochhammer) ने अपनी किताब 'इंडियाज रोड टू नेशनहुड' (भारत की राष्ट्रवाद की राह) और अरबिंद ने अपनी पुस्तक 'फाउंडेशंस ऑफ इंडियन कल्चर' (भारतीय संस्कृति का आधार) में देशभक्ति के मूल तत्त्व के बारे में बताया है। गुरुजी गोलवलकर ने अपनी रचना 'बंच ऑफ थॉट्स' में संपूर्ण भारतीय देशभक्ति परंपरा की संहिता पेश की है। इसी तरह की भावना स्वामी विवेकानंद ने कोलंबो से लेकर अल्मोड़ा तक के अपने भाषणों में जाहिर की है।

भा.ज.पा. जब सांस्कृतिक राष्ट्रवाद की बात करती है तो इसका आशय उन मूल्यों से होता है, जो देश को एकजुट रखते हैं। इन मूल्यों को लेकर प्रतिबद्धता और इसे अक्षुण्ण बनाए रखने की इच्छा न तो सांप्रदायिक है और न ही संकीर्ण। यह समावेशी है, बल्कि इन मूल्यों का इनकार असहज और तर्क के विरुद्ध है। राम जन्मभूमि आंदोलन के दौरान महान् सांस्कृतिक जागरण देखने को मिला और इसके बाद भा.ज.पा. को मिली सफलता तथा लोकप्रियता भारतीय जनमानस पर इस भावना के चुंबकीय आकर्षण की तरफ इशारा करती है।

जो अन्य पार्टियाँ इस भावना का विरोध करती हैं, वे जनता से अलग-थलग पड़ रही हैं। यह शिक्षाप्रद भी है।

कुछ इकाइयाँ मातृभूमि के लिए त्याग को पिछले गौरव के प्रति भावनात्मक बंधन और स्वर्ण युग की आकांक्षा को अरुचिकर बताती हैं। वे तो यहाँ तक सोचते हैं कि **देशभक्ति** एक खतरनाक विचार है। इससे सामाजिक तनाव और हिंसा फैल सकती है।

उनके इस तर्क का कोई आधार नहीं है। क्या कोई देश सिर्फ वर्तमान में रह सकता है?

साम्यवादी चीन में दशकों तक साम्राज्यवाद-विरोधी अभियान के बाद अब पाठ्य-पुस्तकों को फिर से लिखा जा रहा है, जिसमें अतीत के शासकों का गौरव गान है। इन किताबों में शासन से जुड़े प्रमुख वंशों के बारे में ब्योरा है और बॉक्सर क्रांति तथा अफीम युद्ध की फिर से व्याख्या की गई है। द्वितीय विश्वयुद्ध के दौरान सोवियत संघ ने जार के इतिहास, नेपोलियन के जबरदस्त प्रतिरोध और टॉल्सटाय के देशभक्तिपूर्ण लेखन को याद किया था। विंस्टन चर्चिल के युद्ध के समय के भाषण मशहूर हैं। अब तक कोई भी विचारधारा राष्ट्रवादी मूल्यों से संबंधित जनभावनाओं को मिटा पाने में सक्षम नहीं रही है।

कुछ लोग मेरी इस बात पर आपत्ति जता सकते हैं कि वैश्वीकरण को राष्ट्रभक्ति का प्रतिकारक नहीं माना जा सकता है। जैसा कि 'पावर ऑफ प्लेस' (स्थान की ताकत) के लेखक ने लिखा है, "धरती भौतिक और सांस्कृतिक रूप से काफी सख्त है और महत्त्वपूर्ण तरीकों से इसके क्षेत्रीय हिस्से अरबों लोगों को वैसी परिस्थितियों में फँसाते रहते हैं, जो मुश्किल पैदा करती है। स्थान की ताकत और लोगों की किस्मत को कई किनारों से जोड़ा जाता है—वास्तविक क्षेत्र और प्राकृतिक वातावरण से लेकर स्थायी संस्कृति और स्थानीय परंपरा तक। अत: यह किताब दुनिया को इस तरह से देखती है, जहाँ सम्मिलन की दिशा में प्रगति का मुकाबला रूढ़िवाद, यहाँ तक कि बाधाओं से होता है। अपेक्षाकृत समृद्ध वैश्विक समूह से जुड़े वर्ग और समुदाय अपने समृद्ध क्षेत्र में गरीब वैश्विक समूहों के प्रवेश को रोक रहे हैं। इससे दोनों समूहों के बीच खाई बढ़ती है, जिससे विरोधाभास और गहरा होता है और टकराव को बढ़ावा मिलता है। करीब-करीब वैश्विक स्तर पर पहली या दूसरी भाषा के तौर पर अंग्रेजी के विभिन्न स्वरूपों का इस्तेमाल सांस्कृतिक सम्मिलन को बढ़ावा दे रहा है, लेकिन धर्मों के कट्टरपंथ की तरफ बढ़ने का उल्टा असर है। सेहत और तंदरुस्ती का विस्तार पक्षपात और पिछड़ेपन के चिंताजनक संकेतों को जाहिर करता है।"

'द क्लैश ऑफ सिविलाइजेशन और रीमेकिंग ऑफ वर्ल्ड ऑर्डर' (सभ्यताओं के संघर्ष और विश्व व्यवस्था के पुनर्निर्माण) में सैम्युअल पी. हंटिग्टन ने आंग्ल-जर्मन विरासत को अमेरिकी पहचान के तौर पर दिखाया है। हालिया घटनाएँ दिखाती हैं कि हंटिग्टन का सिद्धांत बड़े पैमाने पर प्रचलन में है।

दुनिया में आज राजनीति का क्रमिक विकास एक निश्चित चलन दिखाता है—राष्ट्रवादी भावनाओं का पुनरुत्थान और देशभक्ति के लिए दिलचस्प आग्रह। भारत में कांग्रेस ने कभी राष्ट्रवाद से संबंधित मुख्यधारा के लिए अपनी जगह बनाई थी, जो पिछले कुछ समय में क्षीण पड़ गई। पार्टी पर तकरीबन दो दशकों से इतालवी मूल की ईसाई अध्यक्ष के नियंत्रण के कारण पार्टी की देशभक्तिवाली छवि पूरी तरह से बिखर गई। जल्द

ही भा.ज.पा. ने यह जगह ले ली और आज पार्टी नए भारत की आवाज मानी जाती है। जब तक पार्टियाँ चुनावी मुकाबला जीतती हैं, तो उन्हें अपने सिद्धांत की चिंता नहीं होती, हालाँकि मुश्किल वक्त में पार्टियों को खुद को नए सिरे से तैयार करने की जरूरत है। आनेवाले समय में लंबे वक्त तक देशभक्ति का आइडिया भारत के राजनीतिक विमर्श पर हावी रहने की संभावना है।

भारतीय राजनीति की नई परिभाषा गढ़ रही है भा.ज.पा.

हालाँकि भारतीय छद्म धर्मनिरपेक्षता के झंडाबरदारों के कारण देश को महामना मदन मोहन मालवीय के योगदान को विशेष रूप से सम्मानित करने में लंबा वक्त लग गया। महामना की मौत के 69 साल के बाद उन्हें भारतरत्न से सम्मानित किया गया। यह बहस का विषय है कि क्या भारत रत्न मरणोपरांत दिया जाना चाहिए। यह मुद्दा भी बहस के योग्य है कि क्या मरणोपरांत देश का सर्वोच्च नागरिक सम्मान प्रदान किए जाने के लिए क्या किसी तरह की समयसीमा होनी चाहिए। स्वतंत्रता सेनानी गोपीनाथ बारदोलोई को उनकी मौत के 49 साल बाद भारत रत्न दिया गया। इस नजरिए से महामना को भारत रत्न प्रदान किए जाने के साथ ही नया रिकॉर्ड कायम हुआ है। पूर्व प्रधानमंत्री अटल बिहारी वाजपेयी को मोदी सरकार के कार्यकाल में ही भारत रत्न मिला।

बहरहाल, सवाल यह है कि महामना को आधिकारिक तौर पर सम्मान प्रदान किए जाने में इतना वक्त क्यों लगा। सरदार पटेल, भीमराव अंबेडकर और मौलाना आजाद के साथ भी कुछ ऐसा ही हुआ। इसका मतलब यह हुआ कि स्वतंत्रता के बाद तकरीबन 55 साल तक देश पर शासन करनेवाली पार्टी कांग्रेस ने पुरस्कार देने का चुनाव सिर्फ वैचारिक आधार पर किया था और विशेष तौर पर कथित नेहरूवादी नजरिए को मान्यता दी।

इसमें कुछ गलत नहीं है। लोकतंत्र में सभी सरकारों को अपने आइकन (प्रतिमान) चुनने का अधिकार है, हालाँकि कांग्रेस के धर्मनिरपेक्ष ब्रांड की विडंबना यह है कि उसका नजरिया इकतरफा है। यह अपनी ही ऐतिहासिक विरासत को नहीं अपनाती है। यह कहा जाता है कि परंपरा मरे हुए लोगों का जिंदा विचार है। कांग्रेसी शासकों की नजर में कांग्रेसी परंपरा के महज एक हिस्से की कुछ प्रासंगिकता थी। इस पार्टी के शासकों ने सत्ता तंत्र और इसके दरबारी इतिहासकारों ने इसे विशेष अंदाज में तैयार किया। वरना पार्टी किस तरह से सरदार पटेल, आंबेडकर या मालवीय की उपेक्षा को सही ठहरा सकती है, जिन्हें गैर–कांग्रेसी सरकारों ने सत्ता में आने पर सम्मान और अन्य तरीके से याद करने का प्रयास किया।

यह उपेक्षा व्यापक थी और ऐसा जानबूझकर किया गया। कांग्रेस ने स्वेच्छा से खुद को भारतीय राष्ट्रीय आंदोलन की महान् परंपरा से अलग कर लिया। विशेष तौर पर

सोनिया गांधी के नेतृत्व में यू.पी.ए. सरकार के 10 साल के शासन में ऐसा देखने को मिला। प्रधानमंत्री नरेंद्र मोदी के नेतृत्व में भा.ज.पा. इसी समृद्ध और शानदार परंपरा को पुनर्जीवित कर इसे मुख्यधारा में लाने की कोशिश कर रही है।

राष्ट्रीय आंदोलन पक्षपातपूर्ण या पारिवारिक मामला नहीं था। इसमें तमाम विचाराधारा के लोग शामिल थे और इसकी जड़ें नए भारत की राष्ट्रवादी, सांस्कृतिक और सभ्यतामूलक आकांक्षाओं में थीं। इसका दृष्टिकोण व्यापक, उदार और समावेशी था। इसने राष्ट्रीय मिशन को संकीर्ण, वैचारिक सीमाओं में नहीं बाँटा।

हालाँकि आज की कांग्रेस में यह परंपरा नई है। लिहाजा, पार्टी ने तिलक, नेताजी, लाजपत राय, पंडित मालवीय, पटेल, अरबिंद, सावरकर आदि (यह सूची वास्तव में काफी लंबी है) के योगदानों को गुमनामी के अँधेरे में धकेलने की कोशिश की। इन सभी नेताओं ने ब्रिटिश हुकूमत के खिलाफ संघर्ष किया, राष्ट्रवाद की भावना को पुनर्जीवित करने का प्रयास किया और अपनी तरह से इतिहास की धारा को प्रभावित किया।

मालवीय द्वारा 1916 में काशी हिंदू विश्वविद्यालय की स्थापना के बाद रवींद्रनाथ टैगोर ने उन्हें 'महामना' कहकर सम्मानित किया था। इस और इस विश्वविद्यालय के जरिए मालवीय की गरीबों के उत्थान संबंधी पहल तथा समावेशी दृष्टिकोण को देखते हुए टैगोर ने उन्हें यह उपाधि दी थी। मालवीय धर्मनिष्ठ हिंदू थे। उन्होंने गोहत्या का विरोध किया। वे मिशनरियों द्वारा हिंदुओं के धर्मांतरण के खिलाफ थे। उन्होंने मंदिरों में सभी जातियों के हिंदुओं के लिए प्रवेश का जोरदार समर्थन किया और जाति आधारित भेदभाव तथा छुआछूत की निंदा की। वह सनातन धर्म सभा और आर.एस.एस. समेत कई हिंदू संगठनों से जुड़े थे। दरअसल उन्होंने विश्वविद्यालय परिसर और उत्तर प्रदेश में राष्ट्रीय स्वयंसेवक संघ के विस्तार में हर मुमकिन मदद की। वे हिंदू पुनर्जागरण के शुरुआती प्रसारक थे।

महामना चार बार कांग्रेस अध्यक्ष चुने गए। वे कई बार हिंदू महासभा के अध्यक्ष भी रहे। वे इसके संस्थापक सदस्यों में शामिल थे। 1916 में अपनी स्थापना के बाद से कई दशकों तक हिंदू महासभा और कांग्रेस ने मिलकर काम किया। कई सदस्य दोहरी सदस्यता वाले थे, हालाँकि धार्मिक सौहार्द और धर्मनिरपेक्ष मूल्यों को बढ़ावा देने में यह दोहरी सदस्यता आड़े नहीं आई।

आजादी के बाद कांग्रेस ने इस परंपरा को छोड़ दिया। भारत रत्न और अन्य राष्ट्रीय पुरस्कारों में इसकी झलक देखने को मिली। स्वतंत्रता आंदोलन के एक गौरवपूर्ण पक्ष को पूरी तरह से दबा दिया गया। इसका पता भारत रत्न और अन्य सभी सम्मान देने से चलता है।

भा.ज.पा. के लिए राष्ट्रीय आंदोलन के रूप में इस विरासत को पुनर्जीवित करना

और इस पर पुनः दावा करना स्वाभाविक था। मोदी ने पंडित मालवीय की प्रतिमा पर माल्यार्पण कर अपने वाराणसी के चुनाव प्रचार अभियान की शुरुआत की। उन्होंने स्वतंत्रता आंदोलन की सजीव सांस्कृतिक परंपरा की भी बात कही। देश के पुनर्निर्माण की भावना को पुनर्जीवित करने के लिए इन महान् व्यक्तित्वों के त्याग को याद रखना होगा।

महामना को भारत रत्न देकर मोदी ने एक बड़ी ऐतिहासिक गलती को सुधारा। इस प्रक्रिया में उन्होंने देश के राजनीतिक विमर्श को नए सिरे से पारिभाषित करने के लिए भूले–बिसरे अतीत से एक अध्याय भी खोला। भा.ज.पा. भारतीय राष्ट्रवाद के सच्चे सिपाही के तौर अपना स्थान बना रही है।

□

9

सोशल इंजीनियरिंग

अहिंसा सबसे बड़ा धर्म है, अहिंसा सबसे बड़ा संयम है, अहिंसा सबसे बड़ा उपहार है और अहिंसा सबसे बड़ा प्रायश्चित्त है।

—महाभारत, अनुशासन पर्व, अध्याय 116-28

(यह कथन संसद् के ऊपरी सदन के प्रवेश द्वार के ऊपर अंकित है)

राष्ट्रपति के रूप में रामनाथ कोविंद, उपराष्ट्रपति के रूप में वेंकैया नायडू और प्रधानमंत्री के रूप में नरेंद्र मोदी ने भारतीय राजनीति में ऐतिहासिक बदलाव की शुरुआत की है। यह प्रमुख तौर पर भारतीय सत्ता के ढाँचे में कांग्रेस के वर्चस्व की समाप्ति और उस प्रक्रिया की परिणति है, जो 2014 में शुरू हुई थी। इस प्रक्रिया के तहत आर.एस.एस.-भा.ज.पा. की पृष्ठभूमि के लोगों ने देश के सर्वोच्च पदों को सँभाला। एक तरह से यह उस आंदोलन की सफलता है, जो 1925 में विजयदशमी को नागपुर में शुरू हुआ था। इस आंदोलन का मकसद राष्ट्रीय जीवन के हर क्षेत्र को प्रभावित करना था, ताकि मातृभूमि के गौरव के लिए लोगों को तैयार किया जा सके। एक यह महान् लक्ष्य था, क्योंकि इसका मुख्य मकसद जाति और क्षेत्रीय सीमाओं से ऊपर उठकर हिंदू समाज को एकजुट करना था, ताकि उन्हें देश में प्रभावशाली ताकत बनाया जा सके।

यह भा.ज.पा. के सफल बदलाव और अपने फायदे के लिए मंडल राजनीति को पार्टी में समाहित करने की परिणति है। आज भारत के इतिहास में पहली बार राष्ट्रपति, उपराष्ट्रपति और प्रधानमंत्री की संघ विचारधारावाली पृष्ठभूमि है। महत्त्वपूर्ण बात यह है कि राष्ट्रपति दलित हैं और उपराष्ट्रपति और प्रधानमंत्री सामाजिक रूप से पिछड़े समुदायों से आते हैं। यह भी स्वतंत्र भारत के इतिहास में पहली बार हुआ है।

संघ की विचारधारा और इसके सांगठनिक नेटवर्क ने भारतीय राजनीति में इस तरह के ऐतिहासिक बदलाव को संभव बनाया है। यह एक ऐसे संगठन के लिए छोटी उपलब्धि नहीं है, जिसने सात दशकों तक मुख्यधारा के राजनीतिक तंत्र द्वारा कई तरह की चुनौतियों का सामना किया। इस पर दो बार पाबंदी लगाई गई, इसके सभी नेताओं

को कई महीनों तक जेल में रखा गया और राजनीतिक विमर्श से संघ की विचारधारा को बहिष्कृत करने के लिए सरकारी मशीनरी ने जमकर काम किया।

नरेंद्र मोदी ने सबको चुनौती दी है। उन्होंने 'सबका साथ, सबका विकास' का वैकल्पिक विमर्श तैयार किया और उस दौर की मौजूदा सत्ता को चुनौती दी। उनकी प्रतिभा ने नया भारतीय राजनीतिक ढाँचा तैयार किया, जिसने दरअसल सात दशक लंबे असंवेदनशील रवैए को समाप्त कर दिया। उन्होंने राजनीति में उथल-पुथल पैदा कर दी और अपने दायरे में सकारात्मक कार्यों के जरिए नया मॉडल तैयार किया। उनके कार्यों का दायरा वर्ग, जाति, क्षेत्रीय समूहों से परे था। जन धन, सभी के लिए आवास, मुफ्त गैस कनेक्शन, नोटबंदी और जी.एस.टी. जैसे कदमों के जरिए उन्होंने सीधा गरीबों तक पहुँच बनाई। इसने राजनीति का रंग बदल दिया और पारंपरिक, क्षेत्रीय, संकीर्ण और वंशवाद में डूबे तंत्र को बैठकर सोचने पर मजबूर कर दिया।

मोदी ने सोशल इंजीनियरिंग का नया मॉडल तैयार कर उसे मजबूत किया है, जिसने मंडल और सांप्रदायिक वोट बैंक की राजनीति की हवा निकाल दी है। समाजवादी पार्टी (स.पा.), राष्ट्रीय जनता जल (आर.जे.डी.) और जनता दल यूनाइटेड (जे.डी.यू.) जैसी मंडल पार्टियाँ सामाजिक सशक्तीकरण पर 'मोदी घोषणापत्र' से काफी कुछ सीख सकती हैं। नए मॉडल से संघ परिवार को समाज में अपनी पहुँच बढ़ाने और इसे मजबूत करने में बड़े पैमाने पर मदद मिली है। अगर एन.डी.ए. गठबंधन के दौरान प्रधानमंत्री के रूप में वाजपेयी और उपराष्ट्रपति के तौर पर भैरोसिंह शेखावत के संक्षिप्त कार्यकाल को छोड़ दिया जाए तो संघ के सदस्य देश के उच्च संवैधानिक पदों पर कभी नहीं बैठे थे। पिछले 70 साल में सभी अन्य राष्ट्रपति, उपराष्ट्रपति और प्रधानमंत्री या तो कांग्रेसी या गैर-भा.ज.पा. पृष्ठभूमि के थे। आज लोकसभा में भा.ज.पा. के पास अपना बहुमत है और दो-तिहाई राज्यों में भी इसका शासन है। राज्यसभा में भी भा.ज.पा. सबसे बड़ी पार्टी बन गई है; हालाँकि नरेंद्र मोदी के दूरदर्शी नेतृत्व के बिना यह मुमकिन नहीं हो सकता था।

मोदी के पास बड़ा सोचने का साहस है। वह उस दौर में गठबंधन राजनीति से परे जाकर सोचनेवाले पहले नेता हैं, जब यह स्थापित मान्यता थी कि राष्ट्रीय चुनाव 30 अलग राज्य चुनावों का कुल योग है। मोदी ने अखिल भारतीय लोकप्रियता हासिल की और राष्ट्रीय नेता की तरह प्रचार किया। उन्होंने खुद को संसदीय इतिहास में बेजोड़ राजनीतिक दिग्गज साबित किया।

2014 के लोकसभा चुनाव में जनादेश मिलने के बाद वे 'एक भारत, एक जनता' (वन इंडिया, वन पीपल) के अपने सिद्धांत पर मजबूती से काम करते रहे और पूरी लगन के साथ इसका समर्थन किया। जब कोई कांग्रेसी राष्ट्रपति या प्रधानमंत्री चुना जाता है, तो

कोई भी इस तरह का सवाल नहीं पूछता है, जो कुछ हलकों में पूछा जा रहा था, 'क्या भा.ज.पा. के किसी शख्स के राष्ट्रपति चुने जाने पर संविधान सुरक्षित है?'

रामनाथ कोविंद को राष्ट्रपति का उम्मीदवार बनाए जाने की वजह बिहार के राज्यपाल के रूप में उनका रिकॉर्ड, उनका गैर-पक्षपाती रवैया और उनकी व्यक्तिगत साख थी, जिसके कारण उन्हें एन.डी.ए. के बाहर भी कई पार्टियों का समर्थन मिला।

भा.ज.पा. के एक पूर्व सदस्य को 66 प्रतिशत वोट मिले, यह अपने आप में गर्व की बात है। आर.एस.एस. से जुड़ाव के कारण भा.ज.पा. के खिलाफ अस्पृश्यता का जो माहौल बनाया गया, वह तेजी से खत्म हो रहा है। वेंकैया नायडू को भी इसी तरह का समर्थन मिला।

ऐसे में मा.क.पा., रा.ज.द., तृणमूल कांग्रेस और कांग्रेस जैसी पार्टियों का क्या हाल होगा, जो नरेंद्र मोदी के खिलाफ नफरत से भरी हुई हैं? उन्हें अपनी रणनीति पर फिर से काम करना होगा। मोदी उस वर्ग के मसीहा बनकर उभरे हैं, जो अब तक मंडल के दायरे में सिमटा हुआ था। उन्होंने खुद को सामाजिक न्याय का सबसे विश्वसनीय योद्धा साबित किया है। अपने पारंपरिक मजबूत गढ़ के बाहर भी भा.ज.पा. की पहुँच तथा उसके फैलाव के कारण इस वर्ग के बीच मोदी की विश्वसनीयता है।

1990 में तत्कालीन प्रधानमंत्री वी.पी. सिंह ने जिस मंडल रिपोर्ट को हिंदुत्व के मुकाबले पेश किया था, वह अब संघ परिवार के लिए मुक्ति का औजार बन गया है। 1990 में लालकृष्ण आडवाणी की रथयात्रा ने हिंदू समुदाय में राजनीतिक पुनर्मूल्यांकन के लिए माहौल बनाया। भा.ज.पा. ने सामंजस्य, सुधार और समावेशन के अनुभवों की पूरी श्रृंखला के जरिए मंडल को चुनौती देने के लिए भारतीय विरासत के व्यापक सांस्कृतिक पटल पर एक मॉडल तैयार किया। अंत्योदय, सामाजिक-आर्थिक पायदान पर मौजूद अंतिम आदमी का उत्थान भा.ज.पा. का बुनियादी लक्ष्य बन गया। यह मंडल नेताओं द्वारा अपनाए गए व्यक्ति आधारित और भाई-भतीजावाद की राजनीति का जवाब था। साथ ही भ्रष्टाचार ने मंडल नेताओं की छवि को और पलीता लगाया।

इस शून्यता में जबरदस्त सामाजिक कार्यक्रमों के साथ संघ की सामाजिक अभियंत्रणा, सोशल इंजीनियरिंग और मोदी की स्पष्ट अपील ने जुड़ने तथा खयाल रखने का दृष्टिकोण, आइडिया पेश किया। दरअसल, कई मायनों में यह अवसरवाद के ऊपर सिद्धांतवाद की सफलता है। कमंडल द्वारा मंडल को समाहित किया जाना दिलचस्प कहानी है, जिसकी दूसरी मिसाल समकालीन राजनीतिक इतिहास में नहीं देखने को मिलती है।

□

10

सबका साथ

हर कोई अपने लिए तय कर्तव्यों का पालन कर ही जीवन में संतुष्टि और यश प्राप्त करता है।

—भगवद् गीता, 18-45

(यह कथन संसद् के ऊपरी सदन के प्रवेश द्वार के ऊपर अंकित है।)

कई लोगों ने सोचा कि 2004 में यू.पी.ए. सरकार द्वारा शुरू किए गए अल्पसंख्यक मामलों के मंत्रालय को भा.ज.पा. खत्म कर देगी। 2004 से पहले अल्पसंख्यक कल्याण के लिए अलग से मंत्रालय नहीं था। यह महिला और बाल विकास मंत्रालय के तहत सामाजिक कल्याण विभाग का हिस्सा था, जो मानव संसाधन विकास बहुप्रयोजन मंत्रालय का हिस्सा हुआ करता था, जिसे राजीव गांधी ने 1984 में शुरू किया था। अटल बिहारी वाजपेयी की सरकार ने साल 2000 में इसे तीन भागों में बाँट दिया।

यू.पी.ए. ने इस मंत्रालय को अलग किया और भारत में अल्पसंख्यकों की स्थिति और हैसियत के बारे में पता करने के लिए इस सरकार ने दो अध्ययन समूह बनाए थे—जस्टिस सच्चर कमेटी और जस्टिस रंगनाथ मिश्र कमेटी। इनकी रिपोर्ट ने उसी बात को साबित किया, जो साफ तौर पर दिख रहा था। कथित धर्मनिरपेक्ष पार्टियों, कांग्रेस और मा.क.पा. की सरकारों में अल्पसंख्यकों की हालत और खराब हुई। उनका वोटबैंक के रूप में इस्तेमाल किया गया, उन्हें दबाया और डराया गया और वे मुख्यधारा की संस्कृति एवं भारतीयता की पहचान को स्वीकार कर संपूर्ण नागरिक बनने को लेकर हिचकिचाहट में थे। इन कमेटियों के जरिए यह साबित हुआ कि मुसलमान, ईसाई और सिख समुदाय के लोगों की स्थिति कांग्रेस-शासित राज्यों और 35 साल से भी ज्यादा तक मा.क.पा. के शासन में रहे बंगाल के मुकाबले भा.ज.पा. शासित राज्यों में बेहतर थी। सिख समुदाय के खिलाफ 1984 में हुए नरसंहार को लेकर इस समुदाय की यादें ताजा थीं।

नरेंद्र मोदी के नेतृत्व में सबके साथ एक ही तरीके से समान अवसरों, समान अधिकारों व समान जिम्मेदारियों के साथ बर्ताव करने का भा.ज.पा. का रिकॉर्ड बेहतर

नजर आया। मोदी के शासन में भारत में आम नागरिकों पर एक भी आतंकी हमला नहीं हुआ और न ही कहीं भी सांप्रदायिक दंगे हुए। साल 2002 के बाद मोदी के मुख्यमंत्रित्व में गुजरात में कोई दंगा नहीं हुआ और यह दौर मुसलमानों के लिए शिक्षा तथा कारोबार के लिहाज से राज्य का सबसे अच्छा और समृद्धि वाला दौर रहा। इससे पहले हर महीने औसतन एक दंगा हुआ करता था।

लाभों के वितरण और इसको जरूरतमंदों तक पहुँचाने में मोदी के अल्पसंख्यक मामलों के मंत्रालय का रिकार्ड यू.पी.ए. की तुलना में बेहतर और शानदार रहा है। भा.ज.पा. भारत में एकमात्र धर्मनिरपेक्ष पार्टी है, जो एक देश, एक जनता की अवधारणा में विश्वास करती है। यह धर्म, जाति, समुदाय या क्षेत्र के आधार पर लोगों से भेदभाव नहीं करती है। सभी अन्य पार्टियाँ अल्पसंख्यकों को वोट बैंक की तरह देखती हैं और उनके मन में असुरक्षा, अलगाव और शिकायत की भावना को प्रबल करने की कोशिश करती हैं।

नरेंद्र मोदी का कहना है कि उनके लिए धर्मनिरपेक्षता का मतलब 'भारत सबसे पहले' है। उनका नारा 'भारत के लिए वोट' इस मान्यता को मजबूती देता है कि चुनाव जाति और धर्म के गणित पर नहीं लड़े जाते हैं। उनका अभियान भारत को समृद्ध, एकजुट और भविष्योन्मुखी बनाने का है। इसी वजह से वे युवा भारत के साथ शानदार सामंजस्य बिठाने में सफल रहे हैं। भा.ज.पा. के प्रतिद्वंद्वी अकसर दलील देते हैं कि मोदी ने नेता के तौर पर पार्टी को अलग-थलग कर दिया है और यह नए लोगों को आकर्षित नहीं करेगी। मोदी के सत्ता सँभालने के छह महीने के भीतर वे अपने सहयोगी दलों को खो रहे थे। धर्मनिरपेक्षता का कारवाँ बिखर चुका था और मोदी-विरोधी ढाँचे में दरार पड़ गई थी।

धर्मनिरपेक्ष कुनबा 2019 के लोकसभा चुनावों को 1990 की चिंताओं से जोड़ने को आमादा है। वह अयोध्या, समान नागरिक संहिता, अनुच्छेद 370 और सांप्रदायिक ध्रुवीकरण के मुद्दों को ऐसे वक्त में उठा रहा था, जब भारत वैश्विक ताकत के रूप में उभर रहा है। चुनावी विमर्श को विकास-केंद्रित बनाने को लेकर भा.ज.पा. की दृढ़ता ने उसके प्रतिद्वंद्वियों को घबराहट में डाल दिया है। ऐसे में उनके पास 'मोदी हटाओ' के अलावा कुछ भी बात करने लायक नहीं है।

भा.ज.पा. के शासनवाले सभी राज्यों का ऊँची विकास दर, समावेशी एजेंडा और दंगों से मुक्ति के मामले में बेहतर रिकॉर्ड रहा है। अर्थशास्त्र और दंगों के बीच सीधा संबंध रहा है। विकास सूचकांकों के मामले में जिन राज्यों का प्रदर्शन बेहतर रहा है, वे ऐसे राज्य हैं, जहाँ सांप्रदायिक दंगे नहीं या बेहद कम हुए हैं। गुजरात इसका सबसे बेहतर उदाहरण है। मध्य प्रदेश, छत्तीसगढ़, पंजाब और गोवा के बारे में भी यह उतना ही सच है। बेहतर शासन व्यवस्था सांप्रदायिक सौहार्द सुनिश्चित करती है। निकम्मे राजनेता

अपने ढीलेपन को छिपाने के लिए दंगों को ढाल के तौर पर इस्तेमाल करते हैं। मौजूदा राजनीतिक परिदृश्य इसकी तस्दीक करता है।

समाज के कुछ तबकों को विशेष तरजीह दिए जाने की बजाय सबके साथ एक समान व्यवहार सामाजिक सौहार्द का मार्ग प्रशस्त करता है। 2014 में चुनाव के ऐलान से पहले 2013 में सांप्रदायिक हिंसा विधेयक को आगे बढ़ाने की कांग्रेस की कोशिश, जाट समुदाय को अन्य पिछड़ा वर्ग के तौर पर आरक्षण के लिए अधिसूचना, जैन समुदाय को अल्पसंख्यक का दर्जा दिया जाना और मराठाओं के लिए आरक्षण वोट बैंक की राजनीति के स्पष्ट नमूने थे। खुशकिस्मती से इससे कांग्रेस को मदद नहीं मिली, हालाँकि ये मुद्दे नरेंद्र मोदी सरकार के लिए पीड़ादायक बन गए।

भारत में 90 मुसलिम जिलों के लिए अधिसूचना, 'राष्ट्रीय संपत्ति पर मुसलमानों का पहला हक है' जैसे बयान आदि से इस समुदाय का कोई हित नहीं सधता है और इससे सिर्फ सांप्रदायिकता को बढ़ावा मिलता है। ये भारत के आइडिया और इसकी एकता के ढाँचे को सत्यानाश कर देते हैं। इससे कटुता, पक्षपात और ईर्ष्या का बीजारोपण होता है। एक तरह के बयानों और गतिविधियों से ऐसा लगा, मानो सरकार सिर्फ मुसलमानों को लेकर चिंतित है, न कि बाकी भारतीयों को लेकर। राजनीतिक विमर्शों ने मुसलमानों के पिछड़ेपन के मामले में उल्टी परिभाषा की गुंजाइश बना दी। 'धर्मनिरपेक्ष' शब्द का मतलब राज्य (देश) के मामलों में धार्मिक प्रमुखों का हस्तक्षेप नहीं होने से है; हालाँकि भारत में कांग्रेस की सरकार में इसका मतलब तुष्टिकरण से था। मोदी न इसे बदल दिया।

यही वजह है कि लालकृष्ण आडवाणी ने कांग्रेस पार्टी को छद्म–धर्मनिरपेक्ष कहा था। कांग्रेस जब खुद को हाशिए पर पाती है तो धर्मनिरपेक्ष चोला ओढ़ लेती है। हम अकसर कहते हैं कि अच्छा अर्थशास्त्र अच्छी राजनीति है। मैं इसमें यह बात जोड़ना चाहूँगा कि अच्छा अर्थशास्त्र अच्छी धर्मनिरपेक्षता है। हम दंगों के शिकार होनेवालों की गिनती नहीं करते, हम हिंदू या मुसलमानों की संख्या बताते हैं। कांग्रेस अर्थशास्त्र की बात नहीं करना चाहती है। जाहिर तौर पर उसने 2012 में जी.डी.पी. विकास दर को 4.5 प्रतिशत पर पहुँचा दिया था, जबकि 2004 में यह आँकड़ा 8 प्रतिशत था। कांग्रेस ने भारत को पीछे धकलते हुए 2013 में इसे 1991 की स्थिति में ला खड़ा किया था। मोदी अकसर कहते हैं कि भा.ज.पा. का धर्मनिरपेक्षता को लेकर नारा है, 'सबके लिए न्याय, किसी का तुष्टिकरण नहीं।' इस नारे को व्यापक स्वीकार्यता मिल रही है।

मोदी के नेतृत्व में दलितों का उद्धार

विपक्ष ने देशभर में सामाजिक फसाद का बीजारोपण कर 2019 का प्रारूप तैयार किया है।

अनुसूचित जाति/जनजाति कानून पर सुप्रीम कोर्ट के फैसले के खिलाफ दिसंबर 2017 में विभिन्न संगठनों ने भारत बंद का आह्वान किया था। देश के कई हिस्सों में बंद के इस आयोजन ने हिंसक रूप ले लिया और इसने उन ताकतों को बेनकाब कर दिया जो 2019 के लोकसभा चुनावों के मद्देनजर समाज को बाँटने और इसके ध्रुवीकरण की कोशिश कर रहे थे। इसमें नौ लोगों की मौत हो गई, राजमार्गों को बाधित किया गया, गाड़ियों और दुकानों को जलाया गया, उन पर पत्थरबाजी की गई और ट्रेनों का परिचालन ठप कर दिया गया। यह सबकुछ अदालत के एक आदेश के विरोध करने के लिए हो रहा था और वह भी तब जब केंद्र सरकार पहले ही इसकी समीक्षा के लिए कह चुकी थी।

जाहिर तौर पर यह हिंसा कृत्रिम रूप से निर्मित थी और इसका लक्ष्य दलितों के उद्धार से अलग था। विपक्ष ने इस बंद का समर्थन किया था, लेकिन उसने हिंसा की निंदा नहीं की और ऐसा भी लगा कि उसने विरोध-प्रदर्शनों को और वीभत्स बनाने के लिए अपने कार्यकर्ताओं को सहयोग मुहैया कराने के लिए कहा था।

यह दुखद है कि ईर्ष्या की आग में जल रही राजनीतिक इकाइयों के कारण दलितों के हितों को नुकसान हो रहा था। इन राजनीतिक पार्टियों ने दलित अधिकारों के नाम पर राष्ट्रीय स्तर पर बवाल काटने के लिए गुंडा और असामाजिक तत्त्वों को तैनात कर दिया था। केंद्र सरकार ने अनुसूचित जाति/जनजाति कानून को लेकर सुप्रीम कोर्ट के फैसले के खिलाफ जल्द अपील की और साफ कर दिया कि वह कानून को कमजोर होने नहीं देगी और दलितों की रक्षा करेगी।

यह मुद्दा मूल रूप से कानूनी है और इसे उसी स्तर पर निपटना पड़ा। यह खुशकिस्मती की बात है कि जब दलित अधिकारों के मामले में देश में सामाजिक और राजनीतिक स्तर पर जबरदस्त एकता है, देश व्यापक स्तर पर एकजुट है और प्रधानमंत्री नरेंद्र मोदी समाज में गरीबों के सशक्तीकरण के लिए प्रतिबद्ध हैं। अत:, घृणा और कलह के लिए भड़काना राजनीतिक साजिश का हिस्सा है। हाल में दलित-मुसलिम एकता को लेकर भी कुछ खुराफात किए गए हैं और इसका मकसद दलितों को हिंदू घेरे से अलग करना है। विरोध-प्रदर्शन के दौरान हुई अनुचित हिंसा के मामले में भी देखने को मिला।

कोई भी पार्टी अनुसूचित जाति/जनजाति के लिए आरक्षण के खिलाफ नहीं है। उनके अधिकारों और विशेष अधिकारों को लेकर राष्ट्रीय स्तर पर आम सहमति है। नरेंद्र मोदी सरकार भीमराव अंबेडकर के दर्शन से जुड़े सामाजिक सशक्तीकरण के सिद्धांतों की सुरक्षा करने को लेकर सक्रिय है, बल्कि उसे बढ़ावा देने का प्रयास भी कर रही है।

यह हकीकत है कि उत्तर प्रदेश, बिहार, मध्य प्रदेश, राजस्थान, हरियाणा, गुजरात और झारखंड जैसे उत्तर भारत के राज्यों में दलितों का समर्थन मिलने से ही भा.ज.पा. को 2014 में इतनी बड़ी जीत मिल सकी। इसने पिछले लोकसभा चुनाव में मायावती

की बहुजन समाज पार्टी (बसपा) को पूरी तरह से खत्म कर दिया, जो दलितों की आकांक्षाओं के प्रतिनिधित्व का दावा करती थी। ब.स.पा. फिर से 1990 के अपने दौर में पहुँच गई है। यही वजह है कि उसे समाजवादी पार्टी के साथ भी हाथ मिलाने से परहेज नहीं है, जिसके साथ उसके लंबे समय तक काफी तल्ख रिश्ते रहे।

2017 के आखिर में जिस हिंसा के दौरान कई जानें गईं और निजी और सार्वजनिक संपत्तियों को नुकसान पहुँचा, उसे इसी संदर्भ में देखना होगा। इस तरह की खबरें आई हैं कि मायावती की पार्टी ब.स.पा. ने अपने प्रभाववाले इलाको में हिंसा और उत्पात को हवा दी। सात राज्यों और कुछ शहरों में बड़े पैमाने पर आगजनी और गुंडागर्दी की गई। खुलेआम ब.स.पा. के पक्ष में खड़ी एक सोशल मीडिया साइट 'अंबेडकर्स कैरवेन' ने दो अप्रैल को हिंसा भड़कानेवाली कई पोस्ट डालीं। दलित निराशा की अभिव्यक्ति के रूप में बंद के नाम पर गुंडागर्दी के मद्दनेजर जो पार्टियाँ खुलकर सामने आईं, वे सभी पिछले कुछ साल के दौरान भा.ज.पा. का विरोध करने और इसे दलित-विरोधी करार देने की कोशिश में सबसे आगे रही हैं।

ऐसे में हिंसा के पीछे की असली कहानी क्या है? साफ तौर पर भा.ज.पा. के खिलाफ दलितों के ध्रुवीकरण के लिए दलित विरोध को मोहरे की तरह इस्तेमाल किया गया। 2014 के चुनावों के तुरंत बाद इस दिशा में खेल शुरू हुआ था। हम पहले ही इसकी झलक देख चुके थे, जब हैदराबाद विश्वविद्यालय के एक छात्र ने आत्महत्या की थी। इसी तरह का हंगामा जे.एन.यू. में दोहराने का प्रयास किया गया, उसके बाद जादवपुर विश्वविद्यालय में और फिर राज्य विधानसभा चुनाव से पहले गुजरात में ऐसी कोशिश की गई।

हालाँकि, मुद्दे अलग और विशुद्ध रूप से स्थानीय थे, लेकिन इस दिशा में सक्रिय प्रतिनिधियों ने हर कदम पर तमाम घटनाक्रम में केंद्र सरकार को खलनायक के रूप में पेश करने की कोशिश की। यह कोशिश कामयाब नहीं हुई, हालाँकि केंद्र सरकार के खिलाफ दलित आक्रोश की कहानी में वही चेहरे और आवाजें फिर से मौजूद थीं। यहाँ भी हिंसा का कोई औचित्य नहीं था।

केंद्र सरकार पहले ही सुप्रीम कोर्ट में समीक्षा याचिका दायर कर चुकी थी। याचिका में सरकार ने स्पष्ट तौर पर पिछली तारीख से कानून के सभी खंडों को बहाल किए जाने की माँग की थी। अतः यह कोई मुद्दा नहीं था। इसके बावजूद चिर-परिचित अंदाज में विपक्ष का उत्तेजक भाषण जारी है—मसलन मोदी सरकार दलित विरोधी, किसान विरोधी और छात्र-छात्रा विरोधी है। कोई भी सरकार इन तमाम तबकों के खिलाफ क्यों रहेगी? खासतौर पर जब सभी तबके 2014 के चुनाव के दौरान और उसके बाद भा.ज.पा. के साथ मजबूती से खड़े हैं?

दरअसल, झूठ का यह पोषण विपक्ष के लिए सबसे बड़ी अड़चन है। 'असहिष्णुता', पुरस्कार वापसी से लेकर दलितों को अलग-थलग किए जाने के आरोप तक, कहानी, निर्देशन और नायक एक ही जमात के लोग हैं। मायावती की गहरी निराशा समझी जा सकती है। भा.ज.पा. के राजनीतिक परिदृश्य पर छा जाने के कारण उनकी पार्टी शून्य पर चली गई; हालाँकि भा.ज.पा. ने उन्हें तीन बार मुख्यमंत्री भी बनाया। 1993 में उन्होंने समाजवादी पार्टी के साथ अवसरवादी गठबंधन किया था। इसके दो साल बाद जब उन्होंने समाजवादी पार्टी सरकार से समर्थन वापस लिया, तो समाजवादी पार्टी के कार्यकर्ताओं द्वारा उन पर जानलेवा हमला हुआ। इस मौके पर भा.ज.पा. नेता ब्रह्मदत्त द्विवेदी ने उन्हें बचाया।

भा.ज.पा. द्वारा जाति और क्षेत्र से ऊपर उठकर हिंदुओं को एकजुट किए जाने से 'सबका साथ, सबका विकास' नारा हर भारतीय के दिल को छू चुका है। अब विपक्ष की नई रणनीति अलग-अलग जाति समूहों को टुकड़ों में बाँटने की है, ताकि सामाजिक सौहार्द में गड़बड़ी पैदा की जा सके। आनेवाले दिनों में निश्चित तौर पर पक्षपात और भेदभाव की और ऐसी कहानियाँ सामने आएँगी।

दिल्ली, मुंबई और सतना में विशाल अंबेडकर मेमोरियल समेत अंबेडकरवाद को सामाजिक न्याय का प्रतिरूप बताने के लिए इस सरकार ने जितना काम किया है, उतना किसी और सरकार ने नहीं किया। गरीबों और बेसहारा लोगों के सशक्तीकरण के लिए मोदी के सकारात्मक कार्यों ने उन्हें इस वर्ग में विशिष्ट बना दिया है। कुछ अनर्गल आरोपों से जमीनी स्तर पर हुए उन अच्छे कार्यों को झुठलाया नहीं जा सकता, जो मोदी ने दलितों के लिए किए हैं।

दलितों को हिंदू समाज से छीनने का विचार उतना ही पुराना है, जितना ब्रिटिश हुकूमत का 'फूट डालो और राज करो', हालाँकि गांधीजी के साथ समझौता कर अंबेडकर ने इसका विरोध किया। अंबेडकर के नाम पर राजनीति करनेवाली पार्टियाँ नया अलगाववादी सिद्धांत तैयार करने का प्रयास कर रही हैं।

हालाँकि, आमतौर पर दलित इस घृणित योजना से वाकिफ हैं।

(3 अप्रैल, 2018 को एन.डी.टी.वी. पर मेरा कॉलम)

दलितों और अल्पसंख्यकों के लिए कल्याणकारी योजनाएँ

सामाजिक न्याय को लेकर मोदी की अटूट प्रतिबद्धता पर कोई सवाल नहीं उठ सकता, इसके लिए उन्होंने खुद से चुनौतियों की सीढ़ी को पार किया है। 3.3 करोड़ से भी ज्यादा छात्र-छात्राओं को 7,565 करोड़ की छात्रवृत्ति से फायदा मिला है और अनुसूचित जाति और जनजाति समुदायों के कल्याण के लिए 95,000 करोड़ से ज्यादा

का ऐतिहासिक बजट आवंटित किया गया। स्टैंड-अप इंडिया योजना के तहत अनुसूचित जाति, जनजाति और महिलाओं को बैंक से कर्ज मुहैया कराया जाता है। 'सुगम्य भारत अभियान' (एक्सेसिबल इंडिया कैंपेन) के तहत दिव्यांग भाई व बहनों के लिए सहूलियत सम्मान की जिंदगी सुनिश्चित करने का मकसद है। इसके लिए राष्ट्रीय राजधानी और राज्यों की राजधानियों की कम से कम 50 प्रतिशत इमारतों को 'पूरी तरह से सुगम्य' बनाने के लिए प्रयास किया जा रहा है। सभी 34 अंतरराष्ट्रीय हवाई अड्डों और 48 घरेलू हवाई अड्डों को दिव्यांगों के लिए सुगम्यता संबंधी सुविधाएँ मुहैया कराई गई हैं। शिक्षित भारत सक्षम भारत अभियान के तहत दिव्यांगों को तकनीकी शिक्षा उपलब्ध कराने के लिए छात्रवृत्ति देने का प्रावधान किया गया है। मोदी सरकार ने प्रधानमंत्री जन विकास कार्यक्रम (पी.एम.जे.वी.के.) जैसी अल्पसंख्यक कल्याण योजनाओं का आवंटन और दायरा बढ़ा दिया है।

पहले यह योजना वैसे जिलों के लिए थी, जहाँ अल्पसंख्यक आबादी 50 प्रतिशत से ज्यादा है, हालाँकि अब इसकी पहुँच को व्यापक बना दिया गया है और इसके दायरे में उन जिलों को भी शामिल किया गया है, जहाँ 25 प्रतिशत अल्पसंख्यक आबादी है। ऐसे में यू.पी.ए. के दौरान इस योजना में जितने जिलों को शामिल किया गया था, उसकी तुलना में अब इसके दायरे में 57 प्रतिशत ज्यादा जिले हैं। प्रधानमंत्री जन विकास कार्यक्रम के दायरे में अब देश के 308 जिले हैं, जबकि यू.पी.ए. सरकार के दौरान इस योजना के तहत 196 जिले ही थे। इस योजना के लिए फंडिंग अल्पसंख्यक मामलों के मंत्रालय के लिए किए गए बजटीय प्रावधान से होगी। 2017-18 में इसके लिए 1200 करोड़, 2018-19 में 1450 करोड़ और 2018-19 में 1452 करोड़, यानी कुल 3,972 करोड़ रुपए दिए गए, हालाँकि यह योजना अल्पसंख्यकों के लिए है, लेकिन इसका मुख्य मकसद मुसलिम समुदाय की बेहतरी है। भारत की कुल आबादी में अल्पसंख्यकों की हिस्सेदारी 19 प्रतिशत है। कुल अल्पसंख्यकों में 73 प्रतिशत मुसलमान हैं। दरअसल, इस तरह की 73 प्रतिशत अल्पसंख्यक कल्याण की योजनाएँ मुसलमानों के लिए होंगी। प्रधानमंत्री जन विकास कार्यक्रम के तहत 80 प्रतिशत संसाधन शिक्षा, स्वास्थ्य और कौशल विकास से जुड़ी परियोजनाओं के लिए चिह्नित किए गए हैं।

केंद्र सरकार में अल्पसंख्यक मामलों के मंत्री मुख्तार अब्बास नकवी के मुताबिक, पिछले चार साल में अल्पसंख्यकों में गरीब और कमजोर तबके के दो करोड़ 66 लाख छात्र-छात्राओं को लाभ मिला और इन लाभार्थियों में 60 प्रतिशत लड़कियाँ हैं। स्कूल छोड़ने की दर 73-74 प्रतिशत से घटकर 42-43 प्रतिशत हो गई है। पाँच लाख 43 हजार (5,43,594) से भी ज्यादा युवाओं को रोजगार आधारित कौशल विकास योजनाओं के जरिए रोजगार और रोजगार के अवसर मुहैया कराए गए हैं। 2014 से पहले

यह आँकड़ा महज 20,164 था। जाहिर तौर पर इसमें जबरदस्त बढ़ोतरी हुई है।

मोदी सरकार में पिछड़ों, अनुसूचित जाति/अनुसूचित जनजाति और अल्पसंख्यकों के अधिकार पूरी तरह से सुरक्षित हैं। नकवी ने कहा कि देश के विकास की दिशा में प्रतिबद्धता के साथ काम कर रहे लोगों और सामंती मानसिकता वाले लोगों के बीच संघर्ष है। उनके मुताबिक इस तरह की मानसिकता वाले लोगों को मोदी सरकार द्वारा परास्त किया जाएगा। उनका यह भी कहना है कि जो विकास के एजेंडे के खिलाफ हैं, वे तथ्यों को तोड़-मरोड़कर पेश कर रहे हैं। नकवी ने बताया कि सरकार ने पिछले पाँच साल में समाज के कमजोर तबकों के सामाजिक-आर्थिक-शैक्षणिक विकास के लिए रिकॉर्ड काम किया है। संविधान में अनुसूचित जाति/जनजाति और अल्पसंख्यकों को दी गई सुरक्षा और अधिकारों को किसी भी तरह से कमजोर नहीं करने दिया जाएगा। सरकार ने पिछड़े वर्गों के सशक्तीकरण के लिए संवैधानिक सुरक्षा देने की दिशा में भी उपाय किए हैं।

उन्होंने आरोप लगाया कि कांग्रेस और उसकी सहयोगी पार्टियाँ सामंती मानसिकता के साथ काम कर रही हैं; जबकि प्रधानमंत्री समावेशी विकास को लेकर पूरी तरह से प्रतिबद्ध हैं।

प्रधानमंत्री समावेशी विकास के प्रति दृढ प्रतिबद्धतावाले व्यक्ति हैं। पत्रकारों से बातचीत में नकवी ने कहा कि राष्ट्रीय अल्पसंख्यक आयोग के आँकड़े दिखाते हैं कि मोदी सरकार के कार्यकाल में सांप्रदायिक हिंसा की घटनाओं में 90 प्रतिशत तक की कमी हुई है; हालाँकि सरकार का मानना है कि इस तरह की एक घटना को भी बर्दाश्त नहीं किया जाना चाहिए। कथित गोरक्षा के मुद्‍दे पर उन्होंने विपक्ष को वोटों की खातिर तुष्टिकरण की राजनीति करने का दोषी ठहाराया। नकवी ने कहा, "अल्पसंख्यकों के लिए मोदी सरकार द्वारा उठाए गए कदम तुष्टीकरण की नीति के बिना उनके सशक्तीकरण की तरफ इशारा करते हैं। इससे अल्पसंख्यकों के बीच विकास और भरोसे का माहौल बना है।"

मोदी सरकार ने अल्पसंख्यकों को शिक्षा और कौशल-आधारित प्रशिक्षण मुहैया कराकर अल्पसंख्यकों के उत्थान के लिए काम किया है। इसके जरिए यह सुनिश्चित किया गया है कि वे मुख्यधारा के विकास के लाभार्थी बनें। मंत्रालय ने संघ के विचारक दीनदयाल उपाध्याय की जन्म शताब्दी समारोह के तहत 'उस्ताद सम्मान समागम' नामक कार्यक्रम भी शुरू करने का फैसला किया है। इसका मकसद अल्पसंख्यक समुदायों के कारीगरों को प्रोत्साहित करना और उन्हें बाजार से वाकिफ कराना है। सरकार ने पूर्व राष्ट्रपति एपीजे अब्दुल कलाम की जयंती मनाने के लिए 15 अक्तूबर, 2017 को तहरीक-ए-तालीम कार्यक्रम की शुरुआत की। इस कार्यक्रम का फोकस 100

जिलों के स्कूलों में है और लक्ष्य शिक्षक, टिफिन और शौचालय हैं। उन्होंने कहा, "इस तरह के प्रशिक्षण कार्यक्रम प्रधानमंत्री के 'एक हाथ में कुरान और दूसरे में कंप्यूटर' संबंधी सपने को पूरा करेंगे।"

दूसरी ओर नकवी ने बताया कि कांग्रेस के नेतृत्ववाली पिछली यू.पी.ए. सरकार ने 2007 से 2014 के दौरान अल्पसंख्यकों के लिए 'एक भी' डिग्री कॉलेज नहीं खोला। उनके मुताबिक दूसरी तरफ, मोदी सरकार ने अल्पसंख्यक समुदाय बहुल इलाकों में 23 डिग्री कॉलेज खोले हैं। नकवी ने कहा, "राष्ट्रीय अल्पसंख्यक विकास और वित्त निगम (एन.एम.डी.एफ.सी.) ने 2016-17 में 1,08,588 लाभार्थियों को वित्तीय सहायता बाँटी है, जबकि 2013-14 में इससे 75,966 लोग लाभान्वित हुए थे।"

नकवी का यह भी कहना तथा कि 2017 में संघ लोक सेवा आयोग (यू.पी.एस. सी.) में 2017 में अल्पसंख्यक समुदाय के 162 उम्मीदवारों को चुना गया, जिनमें 52 मुसलमान थे। 2018 में 170 मुसलमानों का इसमें चयन हुआ और इनमें से 58 या 59 मुसलमान थे। उन्होंने कहा, "हमने भेदभाव खत्म कर दिया है।" उन्होंने बताया कि केंद्र सरकार की सेवाओं में पहले मुसलमानों की हिस्सेदारी 4.8 प्रतिशत थी, जबकि 2014 में एन.डी.ए. के सत्ता में आने के बाद यह हिस्सा बढ़कर 10.9 प्रतिशत हो गया।

मुसलमान, बौद्ध, ईसाई, सिख, पारसी और जैन देश में अधिसूचित अल्पसंख्यक समुदाय हैं। अल्पसंख्यक मामलों के मंत्रालय का आवंटन 2017-18 के 4.197 करोड़ से 505 करोड़ रुपए बढ़ाकर इसे अगले वित्त वर्ष के लिए 4,700 करोड़ रुपए कर दिया गया। शिक्षा और कौशल विकास को ध्यान में रखते हुए इसमें बढ़ोतरी की गई। केंद्रीय मंत्री मुख्तार अब्बास नकवी ने अपने मंत्रालय के बजटीय आवंटन में इस 'रिकॉर्ड' बढ़ोतरी का प्रशंसा की।

मोदी सरकार ने पिछले 4 साल के दौरान अल्पसंख्यक की अच्छी-खासी आबादीवाले इलाकों में 1,992 स्कूली इमारतें, 37,123 अतिरिक्त कक्षाएँ, 1,147 छात्रावास, 173 औद्योगिक प्रशिक्षण केंद्र (आई.टी.आई.), 48 पॉलिटेक्निक, 38, 753 आँगनवाड़ी केंद्र, 3,48,624 घर, 324 सदभावना मंडप, 73 आवासीय स्कूल, 17,397 पीने के पानी के केंद्रों का निर्माण किया गया। उनके मुताबिक, ''इससे अल्पसंख्यकों, विशेष तौर पर महिलाओं की हालत में उल्लेखनीय सुधार हुआ।''

नकवी ने बताया कि अल्पसंख्यकों (विशेष तौर पर मुसलिम लड़कियों) के बीच स्कूल छोड़ने की दर पहले 70 प्रतिशत से ज्यादा थी, जो अब जागरूकता और शैक्षणिक सशक्तीकरण संबंधी कार्यक्रमों के कारण तकरीबन 35-40 प्रतिशत कम हो गई है।

राष्ट्रपति कोविंद ने संसद् के दोनों सदनों के संयुक्त अधिवेशन को अपने संबोधन में उम्मीद जताई कि तीन तलाक को प्रतिबंधित करने के लिए जल्द कानून बन जाएगा

और मुसलिम महिलाएँ बिना डर के सम्मान के साथ जिंदगी जी सकती हैं।

कोविंद ने यह भी साफ किया कि मोदी सरकार अल्पसंख्यकों के सशक्तीकरण के लिए हर मुमकिन कोशिश करेगी। मोदी सरकार ने भारतीय अल्पसंख्यकों में (विशेष तौर पर मुसलमानों) बढ़ती गरीबी से निपटने का फैसला किया है और अगले पाँच साल में गरीबी रेखा से नीचे परिवारों के उत्थान के लिए लक्ष्य तय किया है।

□

11

भारत-केंद्रित मोदी नीति

मैं अपनी आत्मा से भी ज्यादा अपने देश से प्यार करता हूँ।

—मोरिजियो विरोली की किताब 'हाऊ टू चूज ए लीडर' में निकोलो मैकियावेली का उद्धरण

नरेंद्र मोदी ने विदेश मामलों में आश्चर्यजनक सफलता हासिल की है, हालाँकि ज्यादातर कूटनीतिक विशेषज्ञों को लगता था कि मोदी के लिए यह सफलता हासिल करना मुमकिन नहीं है। मोदी ने भारतीय कूटनीतिक ढाँचे को फिर से पारिभाषित करते हुए इसकी नई संरचना बनाई। इस तरह इसे पूरी तरह से भारत-केंद्रित बना दिया गया। इस प्रक्रिया में उन्होंने पहली बार दुनिया भर में मौजूद प्रवासियों के बीच सकारात्मक छवि बनाने के लिए काम किया। इससे बड़े पैमाने पर पूरी दुनिया में यह संदेश गया कि भारत में वाकई कुछ बदलाव हुआ है। इससे पहले विदेश में मौजूद भारतीय दूतावास इस मोर्चे पर ज्यादा प्रभावकारी नहीं थे। मोदी के प्रधानमंत्री बनने के बाद भारत को लेकर प्रवासी भारतीयों (एन.आर.आई.) की उम्मीदों को फिर से जगाया जा सका।

जैसा कि अमेरिकी विदेश नीति विशेषज्ञ जोसेफ एस. न्यी कहते हैं, 'स्मार्ट पावर' तरीका भारतीय कूटनीतिक संबंधों का प्रमुख आधार बन गया। तकनीक इस मॉडल की प्रमुख अंग थी। मोदी की कूटनीतिक सफलता का अब तक पूरी तरह से विश्लेषण नहीं किया गया है।

इसके लिए भारत को मोदी के प्रधानमंत्री बनने से पहलेवाले माहौल में देखना होगा। डॉ. मनमोहन सिंह ने भारत को अमेरिका का पिछलग्गू बनाकर रख दिया था। भारत को अकसर पाकिस्तान के साथ जोड़कर देखा जाता था। भारत के अपने सभी पड़ोसी देशों से कमजोर संबंध थे और उसका बरताव ऐसा था, मानो उसके भू-राजनीतिक क्षेत्र में कई देशों का अस्तित्व ही नहीं है।

मोदी ने पिछले पाँच साल में उन देशों तक अपनी पहुँच बनाई, जहाँ दशकों तक किसी शीर्ष भारतीय नेता का दौरा तक नहीं हुआ था। उन्होंने भारतीय राजनयिक मिशन

की प्रणाली को दुरुस्त करते हुए उसे भारतीय प्रवासियों की चिंताओं और जरूरतों के अनुकूल और कारगर बनाया। इस तरह ऐसे मिशन की प्रासंगिकता और मौजूदगी बेहतर हो सकी। मोदी की बड़ी उपलब्धि भारत को पाकिस्तान के संदर्भ से अलग करते हुए दुनिया भर में इस मुल्क को आतंकवाद का पोषक घोषित कराना है। अमेरिका ने पहली बार पाकिस्तान को वित्तीय मदद में कटौती करते हुए उसे आतंकवाद की फैक्टरियाँ बंद करने को कहा और सहयोगी के तौर पर उसका दर्जा भी नीचे कर दिया, साथ ही, भारत ने पाकिस्तान के साथ संबंधों पर पुराने ढर्रे की बजाय व्यवहारवादी तरीके से प्रतिक्रिया दी। मोदी ने स्पष्ट रूप से कहा, "बातचीत और बंदूक, दोनों एक साथ नहीं चल सकते।" उन्होंने पाकिस्तान को उसकी औकात बता दी है। पाकिस्तान जब तक भारत में खून-खराबे को अंजाम देना जारी रखता है और सीमा पर उसकी तरफ से बेवजह फायरिंग जारी रहती है, शांति वार्त्ता का कोई मतलब नहीं है। ऐसा लगता है कि मोदी ने तत्काल पाकिस्तान को अपनी प्राथमिकता सूची से हटा दिया है।

मोदी ने पाकिस्तान को छोड़कर भारत के सभी पड़ोसियों से संबंधों को बेहतर किया—नेपाल, भूटान, चीन, बाँग्लादेश, श्रीलंका, मलेशिया, इंडोनेशिया, म्याँमार और मालदीव। वह सार्क में पाकिस्तान को अलग-थलग करने और उसे अंतरराष्ट्रीय मंच पर बेनकाब करने में सफल रहे। अंतरराष्ट्रीय मामलों में भारत की आवाज ज्यादा मजबूती से सुनी जाती है और देश को अब पहले से कहीं ज्यादा गंभीरता से लिया जा रहा है। अमेरिका से भारत की नजदीकियाँ अब स्थापित हो चुकी हैं। भारत को लेकर चीन का भी नजरिया बेहतर हुआ है। मोदी के कार्यकाल में मध्य-पूर्व देशों से रिश्ते और मजबूत हुए हैं। जापान और चीन प्रमुख निवेशक देश के तौर पर उभरे हैं और संयुक्त अरब अमीरात भी इस सूची में है। मोदी ने पिछले पाँच साल में किसी अन्य प्रधानमंत्री के मुकाबले इन तीनों देशों का ज्यादा दौरा किया।

दरअसल, कूटनीतिक मोर्चे पर भारत के शानदार प्रदर्शन में बेहद सम्मानित और देश की विदेश मंत्री सुषमा स्वराज की कड़ी मेहनत का भी प्रमुख योगदान है। यू.पी.ए. सरकार के दौरान विपक्ष की नेता रहीं सुषमा स्वराज ने अपने लंबे अनुभव के जरिए विदेश में रहनेवाले भारतीयों का खयाल रखा और उनका कार्यकाल बेहद उल्लेखनीय रहा है। वह भारतीय प्रवासियों की तात्कालिक जरूरतों को लेकर भी काफी जागरूक रहती हैं।

मोदी ने दक्षिण एशिया के अपने पड़ोसी देशों के साथ संबंधों को सुधारने, दक्षिण-पूर्व एशिया के देशों और प्रमुख वैश्विक ताकतों को अपने साथ जोड़ने पर ध्यान केंद्रित किया। भारत के लिए भू-राजनीतिक लिहाज से भूटान, नेपाल और जापान काफी अहम थे और सत्ता सँभालने के 100 दिनों के भीतर उन्होंने इन देशों का दौरा किया। इसके बाद

वह अमेरिका, म्याँमार, ऑस्ट्रेलिया और फिजी गए।

स्वराज ने भी अपने कार्यकाल के पहले कुछ वर्षों में बाँग्लादेश, भूटान, नेपाल, म्याँमार, सिंगापुर, वियतनाम, बहरीन, अफगानिस्तान, तजाकिस्तान, अमेरिका, ब्रिटेन, मॉरीशस, मालदीव, संयुक्त अरब अमीरात, दक्षिण कोरिया, चीन, ओमान और श्रीलंका जैसे देशों की यात्रा की।

गुजरात के मुख्यमंत्री के रूप में अमेरिका जैसे पश्चिमी देशों ने उन्हें वीजा देने पर पाबंदी लगा दी थी; हालाँकि मोदी ने अपने राज्य के निवेश-हितों को बढ़ावा देने के लिए कुछ विदेश यात्राएँ की थीं। मोदी की ऊँची शख्सियत होने के कारण उनके बारे में काफी उत्सुकता थी। मोदी विरोधी भारतीय लॉबी की सक्रियता के कारण एक समय में मुख्यमंत्री के रूप में अमेरिका जाने के लिए भले ही उन्हें वीजा नहीं मिल पाया हो, लेकिन बाद में इन लोगों का यह अभियान बेअसर हो गया। गुजरात में अंतरराष्ट्रीय बिजनेस सम्मेलन—'वाइब्रेंट गुजरात' शुरू करने के लिए मोदी की जमकर तारीफ हुई। इसका मकसद गुजरात में निवेश को बढ़ावा देना था। इससे राज्य में विकास और कारोबार के अनुकूल माहौल बनाने में भी मदद मिली।

आसियान (दक्षिण-पूर्वी एशियाई देशों के संगठन) और अन्य पूर्वी एशियाई देशों के साथ संबंधों की बेहतरी के कारण भारत की 'पूरब की तरफ देखो' नीति को नया आयाम मिला।

मोदी ने प्रशांत द्वीप देशों के साथ संबंधों को और बेहतर बनाने के एजेंडे के तहत फिजी का दौरा किया। यहाँ पर उन्होंने द्वीप के लोगों का जीवन स्तर बेहतर करने के लिए 'अंतरिक्ष संबंधी सहयोग' की पेशकश की, साथ ही आपसी तालमेल को बढ़ाने के मकसद से प्रशांत द्वीप देशों के राजनयिकों के लिए प्रशिक्षण के बारे में भी ऐलान किया।

मोदी सरकार के 100 दिन पूरे होने पर विदेश मंत्रालय ने 'फास्टट्रैक कूटनीति' पुस्तिका का प्रकाशन किया। इसमें विदेश नीति के मोर्चे पर सरकार की उपलब्धियों के बारे में बताया गया था। विदेश मंत्री सुषमा स्वराज ने उस वक्त अपने कार्यकाल के सिलसिले में 'फास्टट्रैक कूटनीति' का इस्तेमाल किया था। उन्होंने इसके तीन पहलुओं के बारे में भी बताया था—सक्रिय, मजबूत और संवदेनशील।

मोदी के विदेशी दौरों ने बड़े स्तर पर मीडिया का ध्यान अपनी तरफ आकर्षित किया और विपक्ष ने इन उच्चस्तरीय दौरों की जमकर आलोचना भी की। अगर इन दौरों में लगनेवाले समय या इन पर हुए खर्च को लेकर पड़ताल की जाए, तो पता चलेगा कि मोदी के मुकाबले डॉ. मनमोहन सिंह के इन दौरों पर ज्यादा खर्च हुआ और उन्होंने ज्यादा दौरे भी किए। बात सिर्फ इतनी है कि डॉ. सिंह का दौरा फीका रहता था, लिहाजा यह मीडिया की नजरों से बचा रहता था। मनमोहन सिंह ने किसी एक देश की अधिकतम

यात्रा अमेरिका की। मोदी की अगुआई में प्रधानमंत्री से संबंधित वेबसाइट पर यात्राओं पर खर्च समेत इस बारे में तमाम जानकारी उपलब्ध है। यह भी मोदी की पहल का एक नया नमूना है।

यह दिखाता है कि अगस्त 2018 तक मोदी ने छह महाद्वीपों में 30 से भी ज्यादा विदेश यात्राएँ कीं और अमेरिका समेत 50 से भी ज्यादा देशों का दौरा किया। इनमें संयुक्त राष्ट्र महासभा की यात्रा करने से लेकर एशियाई देशों तक की यात्रा शामिल है। मोदी ने पाँच बार अमेरिका का दौरा किया, जबकि फ्रांस, जर्मनी और रूस की यात्रा तीन-तीन बार कीं।

प्रधानमंत्री के जिस दौरे पर सबसे ज्यादा खर्च हुआ, वह 9–17 अप्रैल, 2015 के दौरान फ्रांस, जर्मनी और कनाडा का दौरा था। 8 दिनों की इस यात्रा के दौरान कुल 31.2 करोड़ रुपए खर्च हुए। मोदी ने अपने पहले साल के दौरान विदेशी मुल्कों में 55 दिन गुजारे, जो यू.पी.ए. के शासनकाल में रहे प्रधानमंत्री मनमोहन सिंह के दूसरे कार्यकाल में विदेश यात्रा के औसत के बराबर है। मोदी के कार्यकाल के दूसरे साल में विदेशी दौरे से संबंधित दिनों की संख्या घटकर 40 और तीसरे साल में 24 हो गई।

नरेंद्र मोदी के लिए भारत उनकी सभी गतिविधियों का केंद्र है। प्रधानमंत्री जब भी विदेश में रहे, उन्होंने अपने इस समय का प्रबंधन इतनी बारीकी से किया कि इसे देश के लिए ज्यादा-से-ज्यादा उत्पादक और फायदेमंद बनाया जाए। इस दौरान उन्होंने विश्व के नेताओं, कॉरपोरेट हस्तियों, वैज्ञानिकों, डॉक्टरों, अर्थशास्त्रियों और कलाकारों से मुलाकात कर यह आकलन करने का प्रयास किया कि भारत को किस तरह से ज्यादा सुरक्षित, सेहतमंद और समृद्ध बनाया जा सकता है। भारत किस तरह से विश्व व्यवस्था में आतंकवादमुक्त और मेहमाननवाज बन सके। उन्होंने शांति और स्वास्थ्य के लिए संयुक्त राष्ट्र में योग को बढ़ावा दिया और दुनिया ने इसे स्वीकार किया। अब हर साल 21 जून को 'अंतरराष्ट्रीय योग दिवस' मनाया जाता है।

निजी संबंध और जुड़ाव मोदी की कूटनीति की विशेषता रही है। अमेरिका के पूर्व राष्ट्रपति बराक ओबामा के साथ दोस्ताना अंदाज अब काफी मशहूर है। अमेरिका के वर्तमान राष्ट्रपति डॉनल्ड ट्रंप, रूसी राष्ट्रपति ब्लादिमीर पुतिन और चीन के राष्ट्रपति शी जिनपिंग के साथ भी वे काफी सहज हैं।

इसलामी देशों पर खास ध्यान

मोदी की हिंदूवादी छवि के कारण कहा जा रहा था कि उनके कार्यकाल में पश्चिम देशों के साथ भारत के ऐतिहासिक रिश्तों को झटका लगेगा; हालाँकि नरेंद्र मोदी के नेतृत्व में इसलामी देशों के साथ भारत के रिश्ते ज्यादा मजबूत और काफी सफल रहे।

इन देशों में 90 लाख भारतीय काम कर रहे हैं और ऐसे में ये रिश्ते घरेलू लिहाज से भी काफी अहम हैं। अगस्त 2018 के तीसरे हफ्ते में जब केरल विनाशकारी बाढ़ से जूझ रहा था, तो संयुक्त अरब अमीरात ने मदद की पेशकश की थी। मोदी ने अपने कार्यकाल में संयुक्त अरब अमीरात के नेताओं से 4 बार मुलाकात की थी, यहाँ तक कि संयुक्त अरब अमीरात की यात्रा में मोदी का जिस तरह से शानदार स्वागत किया गया, उस तरह का सत्कार अमेरिकी राष्ट्रपति को भी नहीं मिला। जब उन्होंने वहाँ पर भारतीय समुदाय को संबोधित किया, तो यह इतिहास बन गया। पश्चिम एशिया में उन्होंने जिन नेताओं से मुलाकात की, उन सभी ने इस क्षेत्र में सुरक्षा में वृद्धि के लिए भारतीयों की व्यापक भूमिका की माँग की। संयुक्त अरब अमीरात तेजी से भारत के सबसे बड़े निवेशक के रूप में उभर रहा है।

पश्चिम एशिया में मोदी का अंतिम दौरा फरवरी 2018 को हुआ था। वह फिलिस्तीन की यात्रा करनेवाले पहले भारतीय प्रधानमंत्री हैं और फरवरी की यात्रा में उन्होंने ओमान के साथ भारतीय संबंधों का नवीनीकरण किया। उन्होंने इजरायली प्रधानमंत्री बेंजामिन नेतन्याहू से भी दो बार मुलाकात की। यह भी कहा जा सकता है कि मोदी ने इसलामी देशों के साथ पुराने संबंधों को चोट पहुँचाए बिना भारत-इजरायली दोस्ती में नए अध्याय का सूत्रपात किया। मोदी पहले ऐसे प्रधानमंत्री हैं, जिन्होंने इतने कम समय में पश्चिम एशिया में इतने व्यापक स्तर पर पहुँच बनाई। भारत के लिए इस क्षेत्र की अहमियत काफी ज्यादा है और बड़ी संख्या में यहाँ भारतीय बसे हुए हैं व काम कर रहे हैं। इस वजह से मोदी ने इस क्षेत्र पर काफी समय और ध्यान दिया। दरअसल, इनमें से ज्यादातर देश आतंकवाद के खिलाफ लड़ाई में भारत की मदद कर रहे हैं। ये देश भारत को वैसे अपराधियों को पकड़ने में भी मदद कर रहे हैं, जो पश्चिम एशियाई देशों को अपनी शरणस्थली बनाने का प्रयास करते हैं।

मोदी ने इजरायल के साथ भारतीय दोस्ती को मजबूत करने के साथ-साथ फिलिस्तीनियों के संघर्ष को भी काफी महत्त्व दिया और मुश्किल हालात से लड़ाई में हिम्मत और दृढता के लिए उनकी तारीफ भी की। उनकी ये यात्राएँ फरवरी 2018 के दौरान हुईं। कुल मिलाकर मोदी ने 2015 से अब तक खाड़ी और पश्चिम एशियाई क्षेत्र का पाँच बार दौरा किया।

मोदी सरकार इस क्षेत्र में निर्यात की संभावनाओं पर काम करने को लेकर उत्सुक है, साथ ही, यह क्षेत्र समृद्ध और तेल उत्पादक है। ये चीजें भारत के विकास लक्ष्यों के लिए महत्त्वपूर्ण पहलू हैं। हाल के वर्षों में इन देशों में भारत का निर्यात बढ़ा है। फरवरी 2018 में संयुक्त अरब अमीरात के अपने दूसरे दौरे में मोदी ने दुबई में छठे 'वर्ल्ड गवर्नमेंट समिट' को संबोधित किया। इस अवसर पर उन्होंने उद्योग-जगत् की हस्तियों

के साथ बड़े स्तर पर व्यापार और निवेश की संभावना की भी तलाश की। संयुक्त अरब अमीरात भारत के निर्यात का दूसरा सबसे बड़ा ठिकाना है। यह सबसे बड़ा विदेशी निवेश बाजार भी है। भारत देश में तीसरा सबसे बड़ा निवेशक है और लार्सन एंड टुब्रो, पुंज लॉयड, हिंदुजा ग्रुप और ओबेराय ग्रुप ऑफ होटल्स ने यहाँ परियोजनाएँ हासिल की हैं। संयुक्त अरब अमीरात के प्रमुख निर्यात केंद्र के रूप में उभरने के बाद भारतीय कंपनियों ने जेबेल अली एफ.टी.जेड., शारजाह हवाई अड्डे और आबू धाबी औद्योगिक शहर में बड़े पैमाने पर निवेश किया है।

संयुक्त अरब अमीरात भारत के लिए 10वाँ सबसे बड़ा प्रत्यक्ष विदेशी निवेश (एफ.डी.आई.) स्रोत बाजार है और पिछले 17 साल, यानी अप्रैल 2000 से सितंबर 2017 तक कुल प्रत्यक्ष विदेशी निवेश बढ़कर 4.76 अरब डॉलर हो गया है, हालाँकि आधिकारिक आँकड़े दिखाते हैं कि पिछले कुछ साल में प्रत्यक्ष विदेशी निवेश के प्रवाह में कमी आई है। अक्तूबर 2017 में संयुक्त अरब अमीरात के निवेशकों ने भारत में करीब 2.5 अरब डॉलर के निवेश के ऐलान किया। इसमें आबूधाबी निवेश अथॉरिटी (ए.डी.आई.ए.) द्वारा एक अरब डॉलर का निवेश भी शामिल है। ए.डी.आई.ए. दुनिया के सबसे बड़े सॉवरेन फंडों में से एक है। संयुक्त अरब अमीरात के निजी निवेशकों के समूह—एन.आर.आई.-एमराती इनवेस्टर्स ग्रुप ने भारत में एक अरब डॉलर के निवेश का ऐलान किया है। ए.डी.आई.ए. राष्ट्रीय निवेश और इंफ्रास्ट्रक्चर फंड (एन.आई.आई.एफ.) में भी भागीदार है। संयुक्त अरब अमीरात के राजदूत अहमद अल बन्ना ने बताया कि ए.डी.आई.ए. ने भारत के विभिन्न क्षेत्रों में एक अरब डॉलर से भी ज्यादा निवेश की गुंजाइश बनाने के लिए वाणिज्य मंत्रालय के साथ कार्यबल तैयार किया है।

पांडा जैसी वहाँ की रीटेल सेक्टर की दिग्गज कंपनी ने अपने घरेलू बाजारों के लिए उत्पाद हासिल करने के मकसद से भारत में प्रसंस्कृत खाद्य क्षेत्र में प्रवेश किया है। इस तरह से दोनों तरफ से आर्थिक सहयोग में बढ़ोतरी हो रही है। वर्तमान में 28 लाख से भी ज्यादा भारतीय मूल के प्रवासी संयुक्त अरब अमीरात में रहते और काम करते हैं, जो इस देश की कुल आबादी का तकरीबन 30 प्रतिशत है। अमीरात में भारतीय सबसे बड़ा प्रवासी समूह हैं, हालाँकि जानकारों का कहना है कि खाड़ी सहयोग परिषद् (जी.सी.सी.) से जुड़े देशों में राजकोषीय सख्ती, तेल की कीमतों में उतार-चढ़ाव और विदेशी मुल्कों के लोगों की भरती को नियंत्रित करनेवाले नीतियों के कारण भारत में इन क्षेत्रों से पैसे की आवक में सुस्ती आएगी। इस क्षेत्र में भारत का सबसे पुरानी रणनीतिक सहयोगी ओमान है और वहाँ भारत के साथ 3,000 से भी ज्यादा संयुक्त उद्यम हैं। आधिकारिक आँकड़ों के मुताबिक इन उद्यमों में कुल 7.5 अरब डॉलर का निवेश है।

ओमान के पर्यटकों और मरीजों के लिए भी भारत प्रमुख ठिकाना है। भारत ने

ओमान में बन रहे दुकम फ्री बंदरगाह कॉम्प्लेक्स में भी दिलचस्पी दिखाई है। ओमानी सल्तनत आस-पास के पूर्वी अफ्रीकी बाजारों इस तक पहुँच बनाने के लिए इस कॉम्प्लेक्स को अड्डे की तरह इस्तेमाल करना चाहती है। चीन पहले ही इन बाजारों में अपनी पहुँच बना चुका है। मोदी ने कहा है कि भारत की विदेश नीति में खाड़ी और पश्चिम एशियाई देश प्राथमिकता सूची में अहम हैं और उनकी यात्राओं का मकसद इस क्षेत्र के देशों से संबंधों को मजबूत करना है।

अपनी फिलिस्तीन, संयुक्त अरब अमीरात और ओमान यात्रा के मौके पर उन्होंने फरवरी 2018 में कहा था, "यह क्षेत्र हमारी विदेश नीति की प्राथमिकता सूची में अहम है। हमारे इन देशों के साथ मजबूत और बहुआयामी संबंध हैं।" मोदी ने संयुक्त अरब अमीरात को 'महत्त्वपूर्ण रणनीतिक साझीदार' बताते हुए कहा था कि भारत ने अर्थव्यवस्था, ऊर्जा, उच्च तकनीक और सुरक्षा समेत सभी प्रमुख क्षेत्रों में इस खाड़ी देश के साथ सहयोग को तेजी से बढ़ाया है।

ओमान में भारतीय सबसे बड़ा प्रवासी समुदाय हैं। मोदी ने कहा था, "भारतीय मूल के प्रवासी भारत और खाड़ी राज्यों के बीच दोस्ती के लिए पुल का काम करते हैं। वे अपने मेजबान देशों की समृद्धि और प्रगति में भी सक्रिय भागीदार हैं।" पाकिस्तान के साथ बेहतर संबंध की तमाम उम्मीद खत्म होने के साथ ही इन इसलामी देशों के साथ रिश्ते बेहद अहम हैं।

ये पश्चिम एशियाई देश राजनीतिक, सामरिक और व्यावसायिक रूप से भारतीय हितों के लिए बेहद महत्त्वपूर्ण हैं। ये सभी देश पारंपरिक रूप से एशिया या पश्चिम के किसी अन्य देश की तुलना में भारत के ज्यादा करीब रहे हैं। मोदी ने सहयोग की इस आपसी जरूरत को समझा है।

किसी भी अन्य भारतीय प्रधानमंत्री ने इस इलाके पर उतना ध्यान नहीं दिया, जितना मोदी ने दिया है। भारत की घरेलू राजनीति में भी इन संबंधों की अहम भूमिका रही है। इसकी वजह सिर्फ इन क्षेत्रों में 90 लाख भारतीयों की मौजूदगी, उनकी दमदार राजनीति और आर्थिक हैसियत नहीं है, बल्कि इन तमाम देशों में विकास की जबरदस्त संभावना और एक-दूसरे देश के प्रति स्वाभाविक झुकाव है।

मोदी के नियमित दौरों और उसके जवाब में इन इसलामी देशों के प्रमुखों की भारत यात्रा के कारण जो सौहार्द देखने को मिला, उससे यह स्पष्ट है कि कूटनीति मोर्चे पर अपनी सफलता में मोदी कथित धार्मिक चुनौतियों से निपटने में सफल रहे हैं।

इसलामी देशों के साथ भारत की मित्रता को बेहतर और मजबूत बनाते हुए मोदी ने एक और शानदार लक्ष्य हासिल किया है, जो पिछले सात दशकों से लटका हुआ था। उन्होंने उच्च स्तर पर इजरायल के साथ कूटनीतिक संबंध स्थापित किए और दोनों

प्रधानमंत्रियों ने बेहद गर्मजोशी और सौहार्दता के साथ एक-दूसरे देशों का दौरा किया। इन यात्राओं के दौरान रक्षा, सामारिक और वैज्ञानिक क्षेत्रों में समझौते भी हुए और सामूहिक दुश्मनों के खिलाफ एक-दूसरे की मदद करने का वादा भी किया गया। इस बात को लेकर अटकले थीं कि इजरायल से नजदीकी बढ़ाने की मोदी की कोशिश को अरब जगत् पसंद नहीं करेगा। यह अलग बात है कि सऊदी अरब का अब इजरायल के साथ बेहतर तालमेल है। भारत सबसे बड़ी संख्या में हज यात्रियों को मक्का-मदीना भेजता है और सऊदी के निजाम का मोदी के साथ काफी सकारात्मक तरीके से जुड़ाव रहा है और बड़ी निवेश योजनाओं की भी पेशकश की गई है। कुल मिलाकर, मोदी ने इस क्षेत्र में कूटनीतिक मोर्चे पर शानदार तरीके से संतुलन साधने का काम किया है। इजरायल भारत में राजनीतिक, सामाजिक और आर्थिक असर छोड़ने के मामले में इसलामी देशों की तुलना नहीं कर सकता, लेकिन रक्षा और सामरिक क्षेत्र में इजरायल की भूमिका विशिष्ट है। मोदी और उनकी पार्टी के लिए पश्चिम एशियाई इसलामी देशों के साथ भारत के संबंधों का किसी अन्य कूटनीतिक गतिविधि की तुलना में व्यापक राजनीतिक महत्त्व है।

ऐसा लगता है कि मोदी घरेलू राजनीति की बजाय कूटनीतिक मोर्चे पर सक्रिय रहना पसंद करते हैं; हालाँकि हकीकत यह है कि उनके पूर्ववर्ती डॉ. मनमोहन सिंह ने मोदी के मुकाबले विदेश में ज्यादा वक्त बिताया, लेकिन उन्होंने कभी भी कूटनीतिक हलकों में सक्रियता नहीं दिखाई। मोदी ने विदेश में कम समय बिताया और इन यात्राओं पर पैसे भी कम खर्च किए, लेकिन भारत को द्विपक्षीय और बहुपक्षीय मोर्चे पर गंभीर दावेदार बनाने की दिशा में आगे बढ़ाकर इतिहास बना दिया। एक बार फिर कूटनीति भारत के लिए असरदार हथियार बन गई।

उदाहरण के तौर पर जुलाई 2017 के पहले सप्ताह में मोदी के इजरायल दौरे को उनकी अमेरिका और यूरोप यात्रा के मुकाबले ज्यादा मीडिया कवरेज मिला, यहाँ तक कि 26 जून, 2017 को अमेरिकी राष्ट्रपति डॉनल्ड ट्रंप से उनका कसकर गले लगना भी इजरायल दौर की तरह सुर्खियाँ बटोर नहीं पाया। इजरायल के साथ संबंधों को अहमियत देने के मामले में मोदी का नजरिया बिल्कुल साफ रहा है। मोदी जब तेल अवीव के बेन गुरियोन हवाई अड्डे पर एयर इंडिया के विमान से बाहर निकले, तो उन्होंने अपनी गर्मजोशी, स्पष्टता और लक्ष्यों से अपने मेजबानों का दिल जीत लिया। वह वास्तव में भारत के कूटनीतिक भविष्य के लिए नए चरण की शुरुआत कर रहे थे। इजरायल ने इस पर तत्काल दृढता और आतिथ्य के साथ प्रतिक्रिया दी। मोदी का प्रधानमंत्री नेतन्याहू के साथ गर्मजोशी से गले मिलना और हाथ मिलाना इस यात्रा की अहमियत के बारे में काफी कुछ कह रहा था। नेतन्याहू ने अद्‌भुत हावभाव के साथ मोदी से हवाई अड्डे पर मुलाकात की थी।

मोदी और नेतन्याहू दोनों को पता था कि इस नई भारतीय पहल से पूरी दुनिया प्रभावित होगी। दोनों देश एक दशक से भी ज्यादा से सुरक्षा के मामले में सहयोगी देश हैं। भारत हथियारों के मामले में इजरायल का सबसे बड़ा खरीदार है। भारत इस देश से हर साल औसतन सालाना एक अरब डॉलर का हथियार खरीदता है। इजरायल ने रेडार मारक मिसाइल, सिंथेटिक अपर्चर रेडार, ग्राउंड सेंसर, असॉल्ट राइफल, मानवरहित यान आदि का निर्यात किया है।

सामारिक रूप से महत्त्वपूर्ण ईरान के चाबहार बंदरगाह को विकसित करने के लिए 85.21 अरब डॉलर निवेश करने का भारत का फैसला भी काफी अहम है। यू.पी.ए. सरकार लंबे समय तक इस बारे में फैसले को लेकर दुविधा में थी। यह बंदरगाह भारत को पाकिस्तान की धरती पर कदम रखे बिना अफगानिस्तान पहुँचने में मदद करेगा और इस तरह दूसरे देश की सीमा से घिरे अफगानिस्तान के लिए एक रास्ता खुलेगा।

प्रवासी समुदाय को वतन से जोड़ना

मोदी के प्रधानमंत्री काल में अनिवासी भारतीयों (एन.आर.आई.) का कई तरह से अपने मूल देश के प्रति रवैया बदल गया। यह बदलाव अद्‌भुत और स्पष्ट है। शायद पहली बार भारतीय प्रवासी समुदाय वास्तविक रूप से अपनी जड़ों से जुड़ा। 1998 से 2004 के दौरान प्रधानमंत्री के रूप में अटल बिहारी वाजपेयी ने देशहित में प्रवासी भारतीयों की ताकत के इस्तेमाल के लिए गंभीर प्रयास किया। दूसरे परमाणु पोखरण विस्फोट के बाद विशेष रूप से इस तरह की पहल की गई, जब अमेरिका और बाकी पश्चिमी देशों ने भारत पर प्रतिबंध लगा दिया था। प्रवासी भारतीय समुदाय ने उस वक्त उन देशों को यह बात समझाने के लिए अपने प्रभाव का इस्तेमाल करने का प्रयास किया कि शांति के प्रति भारत की अटूट प्रतिबद्धता है और वह किसी भी हालत में इससे समझौता नहीं करेगा। दो साल के अंदर इन देशों द्वारा पाबंदियाँ उठा ली गईं।

मोदी सरकार ने भारत के बारे में धारणाओं को बेहतर किया। वाजपेयी को छोड़कर किसी भी अन्य प्रधानमंत्री ने ऐसा नहीं किया था। परमाणु परीक्षण के कारण वाजपेयी ने ऐसा किया था। वाजपेयी को छोड़कर कोई भी प्रधानमंत्री मोदी की तरह भारतीयों को अपने असली देश के प्रति गर्व का अहसास कराने में सक्षम नहीं रहा। यह विदेशी नीति के मोर्चे पर उनकी सबसे बड़ी उपलब्धि है।

जनवरी 2015 में अमेरिका के तत्कालीन राष्ट्रपति बराक ओबामा गणतंत्र दिवस की परेड के मौके पर मुख्य अतिथि के रूप में भारत आए। पहली बार कोई अमेरिकी राष्ट्रपति इस मौके पर भारत पहुँचा था। सिर्फ मोदी ही ऐसा सोचने में सक्षम थे कि इसका दुनिया पर क्या मनोवैज्ञानिक असर होगा। ऐसा क्यों हुआ कि देश के पिछले प्रधानमंत्रियों

ने गणतंत्र दिवस को कभी भी विश्वस्तरीय आयोजन बनाने के बारे में नहीं सोचा? भारत एक उभरती हुई सुपरपावर है और गोल्डमैन सैच्स तथा अन्य अध्ययनों के मुताबिक अगले दो दशकों में यह शायद दूसरी सबसे बड़ी अर्थव्यवस्था बनने जा रहा है। हालाँकि हकीकत यह है कि मोदी ने पिछले पाँच साल में पूरी तरह से देश का माहौल बदलकर रख दिया है।

आधुनिक कूटनीति में धारणाएँ काफी महत्त्वपूर्ण हैं। संचार क्रांति ने अंतरराष्ट्रीय संबंध प्रबंधन को पूरी तरह से बदलकर रख दिया है और मोदी इस कला में माहिर हैं। पहले हम वामपंथी लॉबी, यहूदी लॉबी, पाक लॉबी, अरब लॉबी आदि पर अध्ययन से वाकिफ थे। अब निश्चित तौर पर इसमें भारतीय लॉबी भी शामिल हो गई है। कूटनीति का मतलब अपना प्रभाव छोड़ने से है। दुनिया भर में मौजूद विशाल प्रवासी भारतीय समुदाय आज भारत को लेकर उदासीन नहीं है। वे अपनी मातृभूमि के भविष्य से खुद को जुड़ा हुआ महसूस करते हैं। यह मोदी का योगदान है।

कांग्रेस नेता आनंद शर्मा और अन्य का कहना था कि सत्ता में आने के बाद से मोदी की सभी अंतरराष्ट्रीय गतिविधियाँ यू.पी.ए. सरकार द्वारा पहले से तय की गई थीं और इन्हें मोदी ने शुरू नहीं किया। शर्मा ने अप्रत्यक्ष रूप से राष्ट्रपति ओबामा के दौरे का भी श्रेय लेने का प्रयास किया। उनका दावा था कि कांग्रेसी शासन में प्रधानमंत्री डॉ. मनमोहन सिंह ने इसके लिए जमीन तैयार की थी। यह दावा दो सवाल खड़े करता है। कांग्रेस ने इस संबंध में की गई पहल के बारे में क्यों छिपाया और कांग्रेस यह कहते हुए विदेशों में मोदी के रॉक स्टार जैसे शो की आलोचना क्यों कर रही थी कि अगर अन्य देशों के राष्ट्राध्यक्ष भारत में ऐसा करने लगें तो क्या होगा? हालाँकि हकीकत यह है कि ब्रिटिश औपनिवेशीकरण की विरासत के रूप में हमारे पास प्रवासी समुदाय है, जबकि भारत जैसे अन्य बड़े देशों में ऐसा नहीं है। कांग्रेस ने तो मोदी का नाम 'एन.आर.आई. प्रधानमंत्री' भी रख दिया था।

कूटनीति में पाखंड के लिए गुंजाइश नहीं होती है। हम सभी जानते हैं कि डॉ. मनमोहन सिंह दुनिया भर में सबसे ज्यादा घूमनेवाले भारतीय प्रधानमंत्रियों में से एक थे। यहाँ तक कि मीडिया ने उनके बारे में यह भी टिप्पणी कर डाली कि कांग्रेस अध्यक्ष सोनिया गांधी द्वारा रिमोट कंट्रोल से सरकार चलाने के कारण वह भारत की बजाय विदेश में घर जैसा महसूस करते हैं। हालाँकि डॉ. सिंह के विदेशी दौरे भारत के लिए कूटनीतिक स्तर पर ज्यादा फायदेमंद नहीं रहे, न ही इससे भारत में नीतिगत मोर्चे पर शिथिलता संबंधी छवि को दुनिया भर में खत्म किया जा सका।

यू.पी.ए. सरकार के दौरान भारत में बड़े पैमाने पर पूँजी का पलायन देखने को मिला। एक अनुमान के मुताबिक यह आँकड़ा 25 अरब डॉलर है। यहाँ तक कि भारतीय

कारोबारियों को भी निवेश के लिए भारत असुरक्षित ठिकाना लगने लगा। आर्थिक सहयोग और विकास संगठन (ओ.ई.सी.डी.) और अंतरराष्ट्रीय मुद्रा कोष जैसी एजेंसियों ने भारत को कारोबार करने के लिहाज से सबसे मुश्किल ठिकाना करार दिया।

नरेंद्र मोदी ने भारत को वैश्विक निवेश के ठिकाने के रूप में बदल दिया। ईज ऑफ डूइंग बिजनेस (कारोबार करने में सहूलियत) सूचकांक के मामले में पिछले तीन साल में भारत 65 पायदान ऊपर चढ़ा है। भारत की रेटिंग न सिर्फ विकास को आगे बढ़ानेवाले के तौर पर होती है, बल्कि यह एफ.डी.आई. के प्रमुख ठिकाने के तौर पर उभरकर सामने आया है। विदेश में मौजूद प्रवासी भारतीय श्रोता द्वारा और प्रवासी भारतीय दिवस में प्रधानमंत्री को नई उम्मीद के साथ देखा गया। वह भारत को कारोबार करने के लिए सबसे अच्छी जगह बनाने के लिए संकल्पित हैं। प्रवासी कारोबारियों के लिए भारत एक बार फिर से निवेश का पसंदीदा ठिकाना बन रहा है। मोदी ने सुगमता से वह कर दिखाया है, जिसे उनके पूर्ववर्ती अंजाम देने में असफल रहे। यह प्रवासी भारतीयों को काफी आश्वस्त करनेवाली बात रही है। उन्होंने लंबे समय से चली आ रही उनकी माँगों को तुरंत स्वीकार कर लिया। मसलन स्थायी वीजा, आव्रजन कानून, वोटिंग अधिकार का आश्वासन, संपत्ति रखने और निवेश आदि की इजाजत। मोदी के नेतृत्व में भारत सरकार ने उनका जबरदस्त सत्कार किया है।

मोदी सरकार का एक और महत्त्वपूर्ण योगदान भारतीय दूतावासों को प्रवासियों के लिए ज्यादा मददगार बनाना है। ये अलग-थलग और शिथिलता के द्वीप हुआ करते थे। मोदी के नेतृत्व में ये आर्थिक कूटनीति और सांस्कृतिक आदान-प्रदान के केंद्र बन गए।

मोदी ने वैश्विक भारत की छवि गढ़ने में विदेश में मौजूद 2.5 करोड़ भारतीय समुदाय की जबरदस्त कूटनीतिक संभावना को समझा। मोदी हमेशा से प्रवासी भारतीयों के प्रिय रहे। प्रधानमंत्री बनने से गुजरात के मुख्यमंत्री के तौर पर प्रवासी भारतीय दिवस की सभी बैठकों में भी उनकी सबसे ज्यादा माँग रहती थी और यहाँ तक कि प्रधानमंत्री और कैबिनेट मंत्रियों से भी उनकी ज्यादा लोकप्रियता रहती थी।

ऐसे में यह कोई हैरानी की बात नहीं थी कि 2016 का प्रवासी भारतीय दिवस अपनी शुरुआत के बाद से सबसे बड़ा कार्यक्रम साबित हुआ। जब आप गूगल पर सर्च के लिए एन.आर.आई.+मोदी टाइप करते हैं तो यह 90,00,000 परिणाम देता है, जो अपने आप में एन.आर.आई.-मोदी के स्नेह का संकेत है। धीरे-धीरे वे भारत की कहानी में भागीदार बन रहे हैं। लोकतांत्रिक देशों के वैश्विक नेता प्रवासियों में वोट की संभावना से वाकिफ हैं। उन्हें काफी मेहनत से आकर्षित किया जा रहा है और वे नतीजों को प्रभावित करते हैं। सितंबर 2014 में मोदी के मैडिसन स्क्वायर शो के बाद ओबामा ने आव्रजन नियमों में ढील दी थी, जिससे भारतीय सॉफ्टवेयर इंजीनियरों और कौशलवाले

श्रमिकों को मदद मिली थी। इस शो में तीन दर्जन अमेरिकी सीनेटर भी शामिल हुए थे। भारत अमेरिकी विश्वविद्यालयों में स्नातक और उच्च शिक्षा के लिए सबसे ज्यादा संख्या में छात्र-छात्राओं को भेजता था। मोदी लोकतंत्र, जनसंख्या और माँग के सहारे चीजों को प्रभावित कर रहे हैं।

अमेरिका और चीन के साथ संबंध

स्पष्ट तौर पर मोदी भारतीय विदेश नीति में बुनियादी बदलाव चाहते थे। उन्होंने शायद नई सदी को एशिया की सदी के रूप में देखा और इस वजह से पूरब पर फोकस करने की हरसंभव कोशिश की। ऑस्ट्रेलिया के अलावा, जापान, चीन और अन्य एशियाई देशों की उनकी बार-बार यात्राओं का अपना तर्क था। उन्होंने अपने शपथ ग्रहण समारोह में सभी पड़ोसी देशों के राष्ट्राध्यक्षों को बुलाया।

वह पाकिस्तान के साथ अच्छे संबंध चाहते थे और इसके लिए गैर-परंपरागत रुख भी अपनाया। 25 दिसंबर, 2015 को वे पाकिस्तान के तत्कालीन प्रधानमंत्री नवाज शरीफ के जन्मदिन पर उन्हें शुभकामनाएँ देने के लिए किसी तय कार्यक्रम के बगैर ही पाकिस्तान पहुँच गए। हालाँकि पाकिस्तान किसी और एजेंडे पर चलता हुआ नजर आ रहा था। मोदी ने भूख, बीमारी और निरक्षरता से एक साथ लड़ने के लिए पाकिस्तान से अपील की; हालाँकि पाकिस्तान ने समझदारी से इस पर प्रतिक्रिया नहीं जताई। जाहिर तौर पर इसमें धर्म बाधा नहीं है। हम देख चुके हैं कि भारत ने सुदूर पूरब और पश्चिम एशिया के साथ मजबूत संबंध बनाए हैं। दरअसल, पाकिस्तान इस तरह का संकेत देना चाहता है कि वह सिर्फ भारत को नीचा दिखाना चाहता है।

चीन के साथ भी मोदी नए अध्याय की शुरुआत करना चाहते हैं। मोदी और राष्ट्रपति शी जिनपिंग के रिश्तों की शुरुआत काफी शानदार रही। जहाँ तक अमेरिका का सवाल है, तो मोदी ने मनमोहन सिंह की विरासत को अपनाते हुए इसे और बेहतर किया। अमेरिका के नए राष्ट्रपति डॉनल्ड ट्रंप आतंकवाद, पाकिस्तान को मदद और आतंकवाद के पोषक के तौर पर उसकी भूमिका को लेकर भारत की चिंताओं के प्रति संवेदनशील हैं। ट्रंप के साथ अपनी बैठकों के दौरान मोदी ज्यादातर मुद्दों पर साझा वैश्विक नजरिया विकसित करने में सफल रहे हैं।

प्रधानमंत्री की अमेरिका और इजरायल यात्रा के बाद दोनों देशों ने भारत के साथ मिलकर आतंकवाद से लड़ने पर सहमति जताई, साथ ही पहली बार दुनिया ने नरेंद्र मोदी का यह नजरिया स्वीकार किया कि आतंकवाद कहीं भी हो, मानव जाति के लिए खतरा है और पाकिस्तान पूरी दुनिया में आतंकवाद की धुरी बन गया है। अमेरिका ने आगे बढ़कर हिजबुल मुजाहिद्दीन के सरगना सैयद सलाउद्दीन को वैश्विक आतंकवादी

घोषित कर दिया; हालाँकि मोदी ने चीन के साथ संबंध बेहतर करने के लिए काफी ऊर्जा लगाई है। उन्हें पता है कि गरीबी खत्म करने और नई विश्व व्यवस्था के मामले में दोनों देश मिलकर चमत्कारी कार्य कर सकते हैं।

अप्रैल 2018 में मध्य चीन के हुबेई प्रांत के वूहान शहर में मोदी के दौरे और चीन के राष्ट्रपति शी जिनपिंग के साथ अनौपचरिक बातचीत ने सीमा पर माहौल को काफी हल्का कर दिया। दोनों नेताओं ने तनाव कम करने और भविष्य में ज्यादा अनौपचारिक बातचीत का फैसला किया। चीनी नेता के इसी तरह की बातचीत के लिए भारत आने का भी कार्यक्रम है।

2017 में 73 दिनों तक चला डोकलाम विवाद पूरी तरह से चीन की तरफ से पैदा किया गया था। यह ऐसे वक्त में हुआ, जब प्रधानमंत्री नरेंद्र मोदी द्वारा शुरू की गई कूटनीतिक पहल सामान्य तौर पर सफल साबित हुई। पश्चिम के प्रमुख देशों को पाकिस्तान को आतंकवाद की फैक्टरी के तौर पर देखा जा रहा था। अब सिर्फ चीन ही पाकिस्तान को बेहतर संबंधों के परिप्रेक्ष्य में देखता है।

शुरू में चीन ने मोदी की कूटनीतिक पहल को गलत तरीके से समझा। डोकलाम पर किया गया दुस्साहस इस बात का संकेत था। चीन लगातार सीमाओं का उल्लंघन करते हुए भारतीय क्षेत्र में घुसपैठ कर रहा था, हालाँकि डोकलाम मामले में हफ्तों तक सख्त रवैया अपनाने, धमकी देने और ताकत दिखाने के बाद चीनी सुरक्षा बल को पीछे हटना पड़ा। मोदी ने भारतीय सेना से घुसपैठियों को पीछे भेजने और समर्पण नहीं करने को कहा था। आखिर में ऐसा लगा, मानो चीनी निजाम ने मोदी को समझने में गलती कर दी।

उन्होंने उत्तेजित करने का काम नहीं किया, लेकिन उन्होंने डरने-डराने का मौका भी नहीं दिया। कई दशकों से चीनी सेना भारतीय सीमाओं का उल्लंघन करती रही है। सिर्फ इस बार उसे अलग तरह के भारतीय जवाब का मुकाबला करना पड़ा। मोदी के नेतृत्व में भारत अलग है। हमारे देश ने बराबर के स्तर पर मुकाबला करने का फैसला किया। भारत न सिर्फ घुसपैठियों को वापस पीछे भेजने लगा, बल्कि इसने स्थिर रहते हुए भूटान को भी विदेशी आक्रमण की स्थिति में सुरक्षा का आश्वासन दिया।

चीन दिमागी खेल खेलने में जुटा था। वह क्षेत्रीय दबंग बनना चाहता था। वह भारत के खिलाफ असंयमित युद्ध में पाकिस्तान को मदद करना चाहता था। वह भारत को पश्चिम के अपने बेहद छोटे पड़ोसी तक सीमित करना चाहता था। चीन भारत की वृद्धि दर को सुस्त करना चाहता था, जो पहले उससे ज्यादा हो चुकी है और भारत सबसे तेजी से विकास करनेवाली अर्थव्यवस्था के रूप में उभरकर आया है।

पिछले पाँच साल में मोदी ने वैश्विक नेता के तौर पर अपनी स्थिति को मजबूत किया है। उन्होंने इजरायल, रूस और अमेरिका के साथ जो सामरिक गठबंधन तैयार

किया है, उसने चीन को हैरान कर दिया है, यहाँ तक कि रूस भी (जो कभी चीन के करीब हो रहा था) व्यापार और रक्षा के क्षेत्र में भारत का बड़ा साझीदार है और व्यावसायिक हितों ने उसे भारत से करीबी तौर पर जोड़ दिया है।

इसके अलावा चीन इस बात को लेकर भी परेशान है कि भारत का अमेरिका, जापान, इजरायल और दक्षिण कोरिया के साथ संयुक्त सैन्य अभ्यास चल रहा है। जब चीन ने पाक-अधिकृत कश्मीर के रास्ते कॉरीडोर का निर्माण किया, तो भारत ने ईरान में चाबहार बंदरगाह विकसित किया और ईरान, अफगानिस्तान और अरब जगत् के केंद्र को जोड़नेवाली सड़क का लिंक विकसित कर इसका जवाब दिया। चीन कई वर्षों से भारत को घेरने और म्याँमार, बाँग्लादेश, श्रीलंका और मलेशिया से भारत की कीमत पर संबंध बढ़ाने की कोशिश कर रहा है।

हालाँकि, पिछले 5 साल में नरेंद्र मोदी ने इन सभी देशों से संबंध मजबूत करने के लिए फिर से प्रारूप तैयार किया। दरअसल, उन्होंने इन देशों में चीन की बड़ी योजना को नाकाम कर दिया। नरेंद्र मोदी के नेतृत्व में भारत की विदेश नीति में जबरदस्त बदलाव देखने को मिला। पहली बार यह नीति भारत-केंद्रित बनी है। इसमें आकर्षक सिद्धांतों की बजाय राष्ट्रीय हितों का ज्यादा-से-ज्यादा समावेश है। अत: चीन चेतावनी देने, धमकाने या डराने का प्रयास कर सकता है, हालाँकि इस तरह के दाँव कारगर नहीं होंगे।

सितंबर 2016 में मोदी की विदेश नीति पर पी.ई.डब्लू. सर्वेक्षण में कहा गया था कि ज्यादातर भारतीयों की राय में यह नीति काफी सफल है। जुलाई 2018 में इंडिया टुडे के राष्ट्रीय पोल में दिखाया गया है कि भारतीय मतदाताओं के बीच मोदी की लोकप्रियता अब भी कायम है। देश के भीतर इस तरह की लोकप्रियता और प्रवासियों के बीच इस तरह की पहचान मोदी को वास्तव में वैश्विक परिदृश्य पर पर्याप्त ताकतवर बनाती है। भारत ने लंबे समय तक इस तरह की ऊँची शख्सियत की कमी महसूस की है।

□

12

राफेल की कहानियाँ

मैं जानता हूँ और बिना शर्म के कहना चाहता हूँ कि जिंदगी या इतिहास में किसी विलक्षण प्रतिभा को खुद से ऊँचा मानने का प्रचलन नहीं है। हमारे लोकतांत्रिक सिद्धांत ने न सिर्फ सभी मतदाताओं, बल्कि सभी नेताओं को भी एक समान कर दिया है; हम यह दिखाकर प्रसन्न होते हैं, जीवित विशिष्ट प्रतिभाएँ साधारण कोटि की हैं और जो मर गए है, वे मिथक हैं।

—विल ड्डरांट

द ग्रेटेस्ट माइंड्स एंड आइडियाज ऑफ ऑल टाइम
अभी तक के महानतम मस्तिष्क और आइडिया

नरेंद्र मोदी का जिन क्षेत्रों पर विशेष ध्यान है, उनमें रक्षा क्षेत्र भी है। उन्होंने रक्षा क्षेत्र को निजी निवेश के लिए खोलकर एक तरह से रिकॉर्ड कायम किया है। इसका मकसद भारत को रक्षा उपकरणों का प्रमुख विनिर्माण केंद्र बनाना है। इसके तहत सरकार ने निजी निवेश को आकर्षित करने के लिए कई तरह के प्रोत्साहनों का ऐलान किया है।

इस सिलसिले में जुलाई 2018 में मंजूर दिशा-निर्देश एक महत्त्वाकांक्षी पहल है, जिसके बारे में इससे पहले कभी भी भारत में प्रयास नहीं किया गया। रक्षा मंत्रालय की फैसले लेनेवाली सर्वोच्च संस्था—रक्षा अधिग्रहण परिषद् (डी.ए.सी.) की तरफ से मंजूर इस सामरिक साझेदारीवाले मॉडल के तहत किसी भी विदेशी कंपनी के साथ प्रत्येक रक्षा उपकरण सौदे में भारत पनडुब्बी या लड़ाकू विमान जैसे क्षेत्रों में घरेलू कंपनियों के साथ भारत में विनिर्माण इकाई स्थापित करने के लिए प्राइवेट फर्मों को तैयार करने के विकल्प की संभावना तलाश करेगा। इसमें तकनीक के हस्तांतरण का मामला भी शामिल होगा। भारत दुनिया भर में रक्षा और सैन्य उपकरणों का प्रमुख खरीदार है और उसके तकरीबन सभी सैन्य उपकरण फिलहाल आयात ही किए जा रहे हैं। इस खरीद पर भारत को हर साल बड़े पैमाने पर विदेशी मुद्रा खर्च करनी पड़ रही है। रक्षा उपकरण बनानेवाली कई

विदेशी कंपनियाँ बड़े पैमाने पर भारत की खरीदारी पर निर्भर हैं।

मोदी सरकार ने तमाम आलोचनाओं और राजनीतिक चालबाजी के बीच नीतिगत स्तर पर इस विवादास्पद बदलाव को अंजाम दे दिया है, ताकि विदेशी सैन्य आपूर्ति पर भारत की निर्भरता को सिलसिलेवार ढंग से कम किया जा सके। इसका मकसद साल 2025 तक रक्षा सामग्री के लिए भारत को विनिर्माण केंद्र बनाना और 1.70 लाख करोड़ की बिक्री का लक्ष्य हासिल करना है। इसके लिए भारत को प्रमुख उपकरण खरीदार के तौर पर हासिल अपने प्रभाव का इस्तेमाल करना होगा और विदेशी फर्मों को भारतीय कंपनियों के साथ साझीदारी तथा उन्हें अपनी तकनीक साझा करने के लिए लिए राजी करना होगा। ऐसा नहीं है कि ये विदेशी इकाइयाँ अपने क्षेत्र में अपने एकाधिकार को कम करने के लिए इच्छुक या उत्सुक हैं: हालाँकि इसे रक्षा क्षेत्र में बड़े पैमाने पर राष्ट्रीय आत्मनिर्भरता के रूप में देखना होगा, जिसका सपना मोदी ने राष्ट्र के पुनर्निर्माण अभियान के तहत देखा है।

सामरिक साझेदारी का मॉडल मई 2017 में पेश किया गया, जिसका मकसद भारतीय कंपनियों और वैश्विक रक्षा फर्मों के संयुक्त उपक्रम के जरिए देश में रक्षा विनिर्माण का मजबूत पारिस्थितिकी तंत्र तैयार करना है। शुरू में कम्युनिस्टों और शांति कार्यकर्ताओं ने इस कदम की आलोचना करते हुए कहा कि इस कदम से हथियारों को लेकर होड़ तेज होगी और महाद्वीप में शांति पर बुरा असर पड़ेगा; हालाँकि बड़े पैमाने पर विदेशी मुद्रा की बचत, बड़ी संख्या में रोजगार पैदा होने की संभावना और निर्यात संभावनाएँ भारत के विश्व शक्ति के तौर पर उभरने में अहम भूमिका अदा करेंगी और भारत के भविष्य के नुकसान की कीमत पर ही इसे नजरअंदाज किया जा सकता है।

सामरिक साझेदारी के मॉडल को कारगर बनाने के लिए प्रधानमंत्री ने अधिकार प्राप्त परियोजना कमेटी बनाई है, जिसका मकसद संबंधित अभियान पर फोकस कर समय पर इसका अमल सुनिश्चित करना है। 'विस्तृत दिशा-निर्देशों' में विशिष्ट तकनीक के हस्तांतरण को प्रोत्साहन पर जोर दिया गया है और भारत में ही ज्यादा-से-ज्यादा सैन्य सामग्री का उत्पादन सुनिश्चित करने की भी बात है।

विश्व की प्रमुख रक्षा कंपनियाँ पहले ही भारतीय साझेदारों के साथ सहयोग के लिए तैयार हैं और वे देश को रक्षा उत्पादन का प्रमुख केंद्र बनाने में मदद कर सकती हैं। इन कंपनियों को भी प्रोत्साहन दिया जाएगा। 30 जुलाई, 2018 को एक समाचार एजेंसी की रिपोर्ट में रक्षा मंत्रालय के अधिकारियों के हवाले से कहा गया, 'यह आत्मनिर्भरता को प्रोत्साहित करने और सरकार के 'मेक इन इंडिया' अभियान के साथ रक्षा क्षेत्र को आगे बढ़ाने की दिशा में काफी अहम होगा।'

सामरिक साझीदारी मॉडल का लक्ष्य रक्षा औद्योगिक पारिस्थितिकी तंत्र को फिर से मजबूती प्रदान करना है और सैन्य बलों की भविष्य की जरूरतों के लिए निजी क्षेत्र में

जटिल हथियार प्रणाली के विनिर्माण की स्वदेशी क्षमता विकसित करना है।

वित्त मंत्री अरुण जेटली ने जुलाई 2018 में इस मॉडल पर लार्सन एंड टुब्रो, अशोक लीलैंड, महिंद्रा एंड महिंद्रा, रिलायंस इन्फ्रा, टाटा समूह, पुंज लॉयड, अदानी ग्रुप और भारत फोर्ज लिमिटेड समेत प्रमुख भारतीय समूहों की रक्षा इकाइयों के प्रतिनिधियों के साथ बैठक की थी।

बैठक में उद्योग-जगत् के कुछ प्रतिनिधियों ने नए खिलाड़ियों के प्रवेश की इजाजत देकर इस उद्योग के आधार का विस्तार करने और एक समान अवसर उपलब्ध कराए जाने का समर्थन किया था। यह भी सूचना मिली कि एक 'सामारिक साझेदार' को एक के बाद एक ऑर्डर दिए जाने की स्थिति में कुछ अधिकारियों ने संभावित 'न्यायिक हस्तक्षेप और संघीय ऑडिट' को लेकर भी चिंता जताई थी।

दस सदस्योंवाली धीरेंद्र सिंह कमेटी ने जुलाई 2015 में सामरिक साझेदारी के मॉडल का प्रस्ताव किया था। पी.टी.आई. की खबर के मुताबिक कमेटी ने कहा था कि रक्षा क्षेत्र में 'मेक इन इंडिया' कार्यक्रम को व्यापक बनाने के लिए सरकार को सामरिक साझेदारी का मॉडल अपनाना चाहिए, जहाँ किसी खास मंच का विकास करने के लिए निजी फर्म का चुनाव किया जाएगा।

इस पृष्ठभूमि में कांग्रेस अध्यक्ष राहुल गांधी का प्रधानमंत्री के खिलाफ रिश्वतखोरी का आरोप अपरिपक्व, मूर्खतापूर्ण और विचित्र लगता है। अपने अंदाज के अनुरूप मोदी ने इस पर प्रतिक्रिया देने से इनकार कर दिया। अतीत में जब भी मोदी पर अनर्गल और बेबुनियाद आरोप लगाए गए तो उन्होंने चुप रहना पसंद किया और प्रतिद्वंद्वी को कभी भी इस पर अपने जवाब से रू-ब-रू कराने का मौका नहीं दिया। ऐसा लगता है कि राहुल यह मानकर चल रहे हैं कि यह उनके लिए बोफोर्स जैसे अवसर की तरह है। वह भलीभाँति जानते हैं कि मामा ओतिवियो क्वात्रोची ने क्या किया था—उसका 'भूत' अब भी परिवार को परेशान करता है। अब उनके पास उन पार्टियों से बदला लेने का मौका है, उन्होंने उनके पिता राजीव गांधी और उनकी माँ सोनिया गांधी को बोफोर्स घोटाले में बेनकाब किया था। उन्हें आशा है कि इससे उनके लुढ़कते राजनीतिक कॅरियर को फिर से आगे बढ़ाने में मदद मिलेगी; हालाँकि दुर्भाग्य से राहुल ने जल्दबाजी में कदम बढ़ाया है।

एन.डी.ए. की डील में रिश्वत का सवाल ही नहीं उठता है। वित्त मंत्री जेटली ने इसे करार को रोकने की साजिश कहा है। यह समझा जा सकता है कि सरकार अतीत में राहुल गांधी के गैर-जिम्मेदाराना व्यवहार को देखते हुए इस करार से संबंधित कई चीजों के बारे में खुलासा करने को लेकर सहज नहीं है। उन्होंने कई मौकों पर पाकिस्तान के बयानों को दोहराया है, जबकि वह भारत के साथ छद्म युद्ध लड़ रहा है। उदाहरण के तौर, पर सर्जिकल स्ट्राइक पर उन्होंने भारतीय सेना से सबूत माँगा और भारतीय दावों पर

संदेह जताया। उन्होंने स्पष्ट रूप से भारतीय सेना पर हमला करते हुए पूर्व सैन्यकर्मियों की 'वन रैंक वन पेंशन' की दो दशक पुरानी माँग को सफलतापूर्वक पूरा करने के मोदी सरकार के कदम को ज्यादा तवज्जो नहीं दी; हालाँकि यू.पी.ए. सरकार ने 10 साल तक इस मामले को लटकाए रखा।

राहुल गांधी राफेल पर करीब एक साल से अनाप-शनाप आरोप लगा रहे हैं। आखिर में उन्होंने प्रधानमंत्री पर आरोप लगाने में सबसे घृणित उपाधि का इस्तेमाल किया, हालाँकि मोदी पिछले 16 साल में कांग्रेस की तरफ से इस तरह की अभद्र बातों के आदि हो चुके हैं।

राफेल सौदा यू.पी.ए. सरकार की परियोजना है। साल 2012 से 2014 के दौरान इसकी कीमत में 100 प्रतिशत की बढ़ोतरी हो गई। इसके बाद नए सौदे में सरकार ने तकनीकी बेहतरी, अतिरिक्त चीजों और तकनीक के हस्तांतरण की बात कही। अगर मोदी सरकार चाहती तो वह इस सौदे को खत्म कर वैश्विक स्तर पर नई संविदा जारी कर सकती थी। राफेल को जनवरी 2012 में चुना गया था और उस वक्त डॉ. मनमोहन सिंह देश के प्रधानमंत्री थे। उसी साल यानी यू.पी.ए. के कार्यकाल में ही रिलायंस भी इस पूरे मामले में परदे पर आई। फरवरी 2012 में रिलायंस इंडस्ट्रीज और फ्रांस की कंपनी दसॉ ने भारत में रक्षा और आंतरिक सुरक्षा क्षेत्र में साझीदारी के लिए समझौते पर हस्ताक्षर किए। 'रॉयटर्स' की एक रिपोर्ट के मुताबिक, '15 अरब डॉलर में भारत को 126 लड़ाकू विमान की आपूर्ति में बोली लगाने में दसॉ के सफल होने के करीब दो हफ्ते बाद यह समझौता हुआ।'

इस साझेदारी के तहत दसॉ को अपनी निर्यात संबंधी जिम्मेदारी पूरी करने के लिए भरपूर मौका दिया गया। दसॉ रिलायंस इंडस्ट्रीज लिमिटेड को मुख्य साझीदार बनाना चाहती थी। ऑफसेट प्रावधान के तहत विदेशी आपूर्तिकर्ता को बदले में भारतीय कंपनियों को सौदे के मूल्य के एक हिस्से का ठेका देना जरूरी है। राफेल पर विपक्ष का हंगामा हमारी वायु सेना को विश्वस्तरीय लड़ाकू विमान से वंचित करने की कोशिश जान पड़ती है। अब संयुक्त संसदीय कमेटी बनाए जाने की माँग की जा रही है, जिससे खरीद की पूरी प्रक्रिया और 'मेक इन इंडिया' कार्यक्रम वर्षों तक ठंडे बस्ते में चला जाएगा। जहाँ तक रिलायंस के पास इस तरह का अनुभव नहीं होने की बात है, तो फ्रांस की कंपनी ने इसे भी उपयोगी पाया।

जैसा कि हम देख चुके हैं, अगर इस सौदे के तहत मुकेश अंबानी की रिलायंस इंडस्ट्रीज फरवरी 2012 में ठीक थी, तो अनिल अंबानी की 2016 में रिलायंस डिफेंस को इससे जोड़ा जाना किस तरह से गठजोड़, पूँजीवाद और घोटाला हो सकता है, क्या ऐसा सिर्फ इसलिए हो रहा है कि यह मोदी के कार्यकाल में हुआ, जहाँ तक कीमतों का सवाल

है तो राहुल गांधी 2008 की कीमत 2018 में बता रहे हैं। क्या वह आज 2008 की कीमत पर एक ब्लेड भी खरीद सकते हैं? संयुक्त उपक्रम में साझेदार को पैसे निवेश करने होते हैं और राफेल सिर्फ तकनीक का हस्तांतरण करेगी। यहाँ रिलायंस किस तरह से पैसा बना सकती है? इसकी बजाय उनको पैसा लगाना होगा। फ्रांस की सरकार ने कहा है कि भारतीय साझेदार को चुनना दसॉ एविएशन का काम था। फ्रांसीसी कंपनी ने कहा है कि उसने भारतीय साझेदार का चुनाव किया। इसके लिए राहुल किस तरह से मोदी को दोषी ठहरा सकते हैं? वह दुर्भावना के तहत ऐसा कर रहे हैं या उनके पास गलत सूचना है या फिर हमेशा की तरह उनके पास आधी-अधूरी सूचना रहती है।

इस पूरी प्रक्रिया के दौरान फ्रांस में तीन राष्ट्रपति हुए। पूर्व राष्ट्रपति फ्रांस्वा ओलांद के उस बयान की वजह राजनीतिक प्रतिद्वंद्विता हो सकती है, जिसमें उन्होंने कहा था कि 'भारत सरकार ने इस समूह का प्रस्ताव किया।' यू.पी.ए. सरकार के दौरान सोनिया गांधी से रिलायंस इंडस्ट्रीज के करीबी रिश्ते कोई गोपनीय मामला नहीं है। बात सिर्फ इतनी है कि 2012 में रिलायंस इंडस्ट्रीज ने जिस एम.ओ.यू. पर हस्ताक्षर किए थे, उसकी मियाद खत्म हो गई और नए समझौते पर अनिल अंबानी की कंपनी—रिलायंस डिफेंस ने दसॉ के साथ हस्ताक्षर किए हैं।

जहाँ तक राहुल के इस दावे का सवाल है कि भारतीय साझेदार के पास किसी तरह का अनुभव नहीं है, तो इसके लिए उनकी पार्टी जिम्मेदार है, जिसने कभी नवाचार को प्रोत्साहन नहीं दिया। रक्षा उत्पादन में किसी भी बड़ी भारतीय निजी कंपनी का अनुभव नहीं है। यही वजह है कि इस क्षेत्र को खोले जाने के बाद मोदी सरकार ने दर्जन भर भारतीय कॉरपोरेट घरानों का चुनाव किया, जो भविष्य में विश्वस्तरीय खिलाड़ी के तौर पर विकसित हो सकते हैं। जहाँ तक डीआरडीओ (रक्षा शोध और विकास संगठन) और एच.ए.एल. (हिंदुस्तान एयरोनॉटिक्स लिमिटेड) का सवाल है, तो अब तक इन कंपनियों ने किसी तरह का नया कौशल या आयात का वैकल्पिक मॉडल नहीं दिखाया है, जबकि पिछले कई दशकों से काफी पैसा सरकार इन कंपनियों में निवेश कर रही है। मोदी द्वारा रक्षा उत्पादन को निजी क्षेत्र के लिए खोले जाने की वजह सार्वजनिक क्षेत्र की कंपनियों का गड़बड़ रवैया भी है। अगर भारत रक्षा उत्पादन के क्षेत्र में वैश्विक भूमिका पाना चाहता है, तो सभी प्रमुख देशों—अमेरिका, चीन, रूस और ब्रिटेन की तरह भारत सरकार को भी शुरुआती दौर में चुनिंदा कंपनियों को खड़ा करना होगा। भारत ने अब तक भारत के लिए किसी तरह की दूरदर्शिता नहीं दिखाई है, लिहाजा भारतीय खेल में विध्वंस फैलाने की उनकी उत्सुकता को समझा जा सकता है।

हर गुजरते दिन के साथ राफेल पर राहुल गांधी के आरोप हास्यास्पद और बेतुके होते जा रहे हैं। यह स्पष्ट है कि उनके पास इस विषय की कोई जानकारी नहीं है। राहुल

के आरोपों के बारे में पूछे जाने पर केंद्रीय वित्त मंत्री अरुण जेटली ने दिलचस्प टिप्पणी की। उन्होंने कहा, ''फौजदारी मुकदमों की पैरवी करनेवाले युवा वकीलों को अपने कॅरियर के शुरुआती दौर में एक सलाह दी जाती थी। उनसे कहा जाता था कि अगर आप तथ्यों के मामले में मजबूत हैं तो तथ्यों से टकराएँ। अगर आप कानून के मामले में मजबूत हैं तो कानून से टकराएँ। अगर आप दोनों में कमजोर हैं तो मेज को थपथपाएँ।'' ऐसा लगता है कि जो लोग राहुल गांधी को सलाह देते हैं, उन्होंने गांधी को यह बता दिया कि वह तीसरे विकल्प के लिए ही बने हैं, चूँकि मेज ठोंकना पर्याप्त नहीं होगा, लिहाजा इसके साथ कुछ नया विकल्प होना चाहिए। अगर तथ्यात्मक विकल्प आपके लिए उपयुक्त नहीं है तो एक विकल्प गढ़ लीजिए। झूठी बातों को एक दर्जन बार दोहराएँ और खुद को इस बात के लिए तैयार करें कि झूठ ही दरअसल सच है। इसके बाद आप सहजता के साथ आत्म-मोह में रह सकते हैं या फिर यह झूठे भाषण का मामला है?

उन्होंने कहा, "उन बातों का प्रमाण देने की मेरी जिम्मेदारी है, जो मैंने कही हैं। राहुल गांधी के भाषण और ट्वीट इस तरह के उदाहरणों से भरे पड़े हैं। मैं उदाहरण पेश कर सकता हूँ।"

राहुल संवाददाता सम्मेलनों, ट्वीट और चुनावी रैलियों में कहते रहे हैं कि यू.पी.ए. सरकार ने सस्ती दर पर राफेल के लिए समझौते पर हस्ताक्षर किए थे और उस वक्त राफेल की भारतीय साझीदार एच.ए.एल. थी, हालाँकि एन.डी.ए. सरकार ने काफी महँगे में राफेल समझौता किया और उसने एच.ए.एल. की बजाय रिलायंस को चुना तथा इसमें रिलायंस को भारी मुनाफा हुआ, हालाँकि हर बार राहुल गांधी ने रिलायंस को होनेवाले फायदों और यू.पी.ए. व एन.डी.ए. द्वारा किए गए समझौते के बारे में अलग-अलग आँकड़े दिए। हकीकत यह है कि राहुल की पूरी कहानी काल्पनिक है। पहली बात यह है कि यू.पी.ए. ने दसॉ एविएशन के साथ कोई समझौता नहीं किया था। वह सिर्फ बातचीत कर रही थी और अलग-अलग कीमतों की पेशकश की गई थी।

यू.पी.ए. सरकार ने आखिर में जिस कीमत पर सहमति जताई थी, वह 737 करोड़ रुपए प्रति विमान थी और अतिरिक्त फिटिंग और क्षमताओं के साथ 2,000 करोड़ रुपए प्रति इकाई की कीमत पर सहमति बनी थी; हालाँकि इससे संबंधित समझौते पर कभी हस्ताक्षर नहीं हुए। एन.डी.ए. ने 670 करोड़ रुपए प्रति विमान के हिसाब से समझौते पर हस्ताक्षर किए और अतिरिक्त क्षमताओं के साथ यह कीमत 1,600 करोड़ रुपए बैठती है। एन.डी.ए. ने 3 विमानों को खरीदने का ऑर्डर दिया है, जबकि यू.पी.ए. 126 विमान खरीदने की तैयारी में थी।

भारतीय वायु सेना ने 2001 में 126 मध्यम बहुद्देशीय लड़ाकू विमान (एम.एम.आर.सी.ए.) की सख्त जरूरत के बारे में कहा था और यू.पी.ए. सरकार की

अगुआई में 2007 में इसकी चयन प्रक्रिया खत्म हो गई। इस सिलसिले में जिन दो विमानों को शॉर्टलिस्ट किया गया था, उनमें राफेल और यूरोफाइटर शामिल थे। जब मोदी सरकार सत्ता में आई, तो यूरोफाइटर को यह सौदा हासिल होने की उम्मीद थी, क्योंकि उसे लगा कि यू.पी.ए. सरकार की तरफ से चुनी गई कंपनी को बदला जाएगा। उन्होंने ब्रिटिश सरकार की मदद से इसके लिए हरसंभव प्रयास किया। इसी तरह फ्रांस की सरकार भी काफी खुश थी, जब यू.पी.ए. सरकार द्वारा राफेल को चुना गया। फ्रांस के राष्ट्रपति ने इसको लेकर खुशी का इजहार करते हुए संसद् में बयान दिया। उन्होंने कहा कि इससे फ्रांस की विनिर्माण की संभावना को बढ़ावा मिलेगा। यूरोप और अमेरिका, दोनों जगहों पर संबंधित सरकारें अपनी निजी कंपनियों को विदेश में बड़ा सौदा हासिल करने में मदद करती हैं और उन्हें वित्त के अलावा भी अन्य तरह की मदद करती हैं।

यू.पी.ए. सरकार ने एक बिचौलिए का चुनाव किया था, जिसे 10 प्रतिशत मिलना था। इसी वजह से सौदे पर आखिरकार शायद हस्ताक्षर नहीं हो सके, हालाँकि भारतीय वायु सेना इसको लेकर काफी उत्सुक थी, लेकिन तत्कालीन रक्षा मंत्री ए.के. एंटनी ने किसी भी दस्तावेज पर हस्ताक्षर करने से इनकार कर दिया। इसके बाद यह कहा गया कि यू.पी.ए. के पास पैसा नहीं था, इसलिए अगली सरकार के आने तक इस खरीद को टाल दिया गया। एन.डी.ए. सरकार ने सरकार से समझौता किया था, इसलिए न तो इसमें कोई बिचौलिया है या न ही कोई कमीशन एजेंट। भारत सरकार किसी भी भारतीय कंपनी का समर्थन नहीं कर सकती है। यू.पी.ए. सरकार ने अमेरिका के साथ कई रक्षा सौदे किए हैं और उसके कार्यकाल में यह देश भारत के लिए हथियारों का सबसे बड़ा आपूर्तिकर्ता हो गया। यू.पी.ए. सरकार को पता था कि सरकार से सरकार के बीच समझौते में कोई बिचौलिया नहीं होता है। जेटली ने कहा कि इसके बावजूद राहुल झूठ को बार-बार दोहरा रहे हैं, जो अब मीडिया जोक बन गया है।

अब हम देखते हैं कि जेटली ने किस तरह से राहुल को बेनकाब किया। पहला, उन्होंने कहा कि राहुल बार-बार दावा करते हैं कि भारत के एक निजी कारोबारी घराने (रिलायंस) को 38,000 करोड़ से 1,30,000 करोड़ का फायदा हुआ। उनका यह भी कहना है कि जिसे पहले एच.ए.एल. द्वारा बनाया जाना था, उसे अब ऐसे निजी कारोबारी समूह द्वारा बनाया जा रहा है, जिसके पास विमान बनाने का कोई अनुभव नहीं है।

जेटली ने इस बारे में सच्चाई को कुछ इस तरह बयाँ किया—“राफेल विमान और इसके हथियार भारत में बिल्कुल भी नहीं बनाया जा रहा है, न तो दसॉ और न ही किसी अन्य निजी कंपनी द्वारा। सभी 36 विमान और उनके हथियार पूरी तरह से तैयार और इस्तेमाल करने के स्वरूप में भारत आएँगे। आपूर्ति शुरू होने के बाद दसॉ को ठेका मूल्य के 50 प्रतिशत हिस्से की भारत में खरीदारी करनी होगी। यह ‘मेक इन इंडिया’ को बढ़ावा

देने की एन.डी.ए. की नीति का हिस्सा है। अगर कुल सौदा 58,000 करोड़ रुपए का है तो इसकी 50 प्रतिशत रकम 29,000 करोड़ रुपए बैठती है। दसॉ को ये आपूर्तियाँ 120 ऑफसेट आपूर्तिकर्ताओं द्वारा की जानी हैं और जिस कारोबारी घराने का नाम लिया जा रहा है, वह उनमें से एक है। दसॉ ने कहा है कि सिर्फ तीन प्रतिशत ऑफसेट इस करोबारी घराने को मिल सकते हैं और यह रकम 1,000 करोड़ रुपए से भी कम बैठती है।"

जैसा कि जेटली ने कहा, "राहुल अन्य 119 ऑफसेट विनिर्माण इकाइयों के नाम क्यों नहीं ले रहे हैं, जिनके पास भी पहले का अनुभव नहीं है? एक जिम्मेदार नेता होने के नाते पैसे के आँकड़ों को लेकर वह किस तरह से इतनी गैर-जिम्मेदारी के साथ बात कर सकते हैं?" 23 सितंबर, 2018 को इस सिलसिले में फ्रांस के पूर्व राष्ट्रपति फ्रांस्वा ओलांद द्वारा बयान दिए जाने के बाद से राहुल ने 'घोटाला' चिल्लाना शुरू कर दिया; हालाँकि फ्रांस सरकार और दसॉ, दोनों ने ओलांद के इस दावे का खंडन किया। अरुण जेटली ने बिंदुवार जवाब में सच को स्थापित किया। उनके मुताबिक यह आरोप कि भारत सरकार की सलाह पर दसॉ एविएशन के साथ रिलायंस डिफेंस के साथ समझौता हुआ, बहुत बड़ा झूठ है।

उन्होंने कहा कि फ्रांस के पूर्व राष्ट्रपति ने अपने इस बयान के बाद एक और बयान में बताया कि भारत सरकार द्वारा समझौता किए जाने के बाद रिलायंस डिफेंस इस पूरे मामले में परदे पर आई। बाद के बयान में ओलांद ने कहा कि वह इस बात से वाकिफ नहीं हैं कि सरकार ने रिलायंस डिफेंस के लिए लॉबीइंग की और साझीदारों ने खुद से अपना चुनाव किया। जेटली का कहना था, "सच के दो रूप नहीं हो सकते।"

फ्रांस की सरकार और मेसर्स दसॉ एविएशन ने पूर्व राष्ट्रपति के पहले बयान का सिलसिलेवार ढंग से खंडन किया है। फ्रांस सरकार ने कहा है कि दसॉ के ऑफसेट ठेकों को लेकर फैसला कंपनी द्वारा किया जाता है, न कि सरकार द्वारा। दसॉ एविएशन ने खुद से कहा है कि उन्होंने ऑफसेट ठेकों को लेकर कई सार्वजनिक और निजी कंपनियों के साथ कई तरह के समझौते किए हैं और इस सिलसिले में फैसला पूरी तरह से उनका है।

फ्रांस की मीडिया में विवाद या किसी बात के सही होने को लेकर टिप्पणी किए बिना यह कहा जा सकता है कि फ्रांस के पूर्व राष्ट्रपति ओलांद अपने खिलाफ दिए गए उन बयानों का जवाब पेश कर रहे हैं, जिसमें रिलायंस डिफेंस के साथ समझौते में हितों के टकराव को लेकर उन पर निशाना साधा गया है।

अलग-अलग शख्सियतों द्वारा दिए गए बयानों के सही होने पर सवाल खड़े किए जा सकते हैं, लेकिन परिस्थितियाँ कभी झूठ नहीं बोलती हैं। यह निम्नलिखित तथ्यों से साफ है—

जैसा कि पूर्व राष्ट्रपति ने कहा है कि दसॉ एविशन द्वारा भारत सरकार को 36

राफेल विमानों की आपूर्ति के सिलसिले में किसी तरह की 'साझेदारी' नहीं है। यह सरकार से सरकार का समझौता है, जिसके तहत हथियारों से लैस विमान भारतीय वायु सेना को मिलेंगे। भारत में किसी तरह का विनिर्माण संबंधी कार्य नहीं किया जाना है। अत: यह कहना गलत है कि 36 विमानों की आपूर्ति के लिए 'साझीदारी' है।

रिलायंस इंडस्ट्रीज लिमिटेड ने फरवरी 2012 में दसॉ एविएशन के साथ एमओयू पर हस्ताक्षर किए थे। यह ऐसे समय में हुआ था, जब 126 राफेल विमान से जुड़े ठेके पर यू.पी.ए. सरकार द्वारा विचार-विमर्श अहम दौर में था। इसके तहत 18 विमानों के फ्रांस और 108 के भारत में विनिर्माण की बात थी। राहुल गांधी की गैर-जरूरी आलोचना 2012 के एमओयू पर भी समान रूप से लागू होती है।

ऑफसेट ठेका भारत में मूल उपकरण आपूर्तिकर्ता (दसॉ एविएशन) द्वारा निवेश सुनिश्चित करता है। इसके तहत वे भारतीय कंपनियों से 50 प्रतिशत तक (इस मामले में) खरीदारी कर सकते हैं। 2005 की ऑफसेट नीति के तहत ऑफसेट साझेदार का विकल्प दसॉ एविएशन के पास है और इसने आपूर्ति के लिए कई सार्वजनिक और निजी कंपनियों का चुनाव किया है।

ऑफसेट साझेदार का चुनाव पूरी तरह से मूल उपकरण विनिर्माता इकाई, दसॉ एविएशन द्वारा किया जाता है, न कि फ्रांस या भारत सरकार की इसमें कोई भूमिका है। यह संयोग नहीं है कि 30 अगस्त, 2018 को राहुल गांधी ने इस तरह से ट्वीट किया, "वैश्विक भ्रष्टाचार। यह राफेल विमान वाकई में दूर और तेजी से उड़नेवाला है! यह अगले कुछ हफ्तों में कुछ बड़े बंकरों को तोड़नेवाला बम गिराने जा रहा है।"

फ्रांस के पूर्व राष्ट्रपति का पहला बयान राहुल गांधी की भविष्यवाणी से मेल खाता है। कांग्रेस पार्टी के आधिकारिक ट्वीटर हैंडल ने 31 अगस्त, 2018 को अपने एक नेता का ट्वीट पेश किया था, "यह स्पष्ट है कि अनिल अंबानी ने दसॉ के साथ साझीदारी के लिए अपने एक कलाकार साझीदार के जरिए राष्ट्रपति ओलांद को रिश्वत दी।" कांग्रेस पार्टी द्वारा पूर्व राष्ट्रपति पर किसी भारतीय कारोबारी समूह से रिश्वत लेने का आरोप लगाना और उसके बाद प्रमुख गवाह के तौर पर उनका इस्तेमाल करना गलत है, खासतौर पर ऐसे वक्त में जब वह (पूर्व राष्ट्रपति) अपने ही देश में कथित हितों के टकराव को लेकर आलोचना का सामना कर रहे हों।

फ्रांस के पूर्व राष्ट्रपति का पहला बयान आया था कि भारतीय कारोबारी समूह के नाम का प्रस्ताव भारत सरकार की तरफ से किया गया था। इसके बाद उन्होंने इस बयान के बदले यह कहा कि वह इस बात से 'वाकिफ नहीं' नहीं है कि सरकार ने कभी रिलायंस डिफेंस के लिए प्रचार किया था। उनका यह भी कहना था कि 'साझेदार' इस संबंध में खुद से चुनाव करते हैं।

राहुल गांधी ने एक बेतुकी बात कही है कि भारतीय सैनिकों के हितों के साथ समझौता किया गया है। किसके द्वारा ऐसा किया गया—यू.पी.ए, जिसने खरीद की प्रक्रिया में देरी की या एन.डी.ए., जिसने कम कीमत पर इस प्रक्रिया को तेज कर दिया ?

जेटली ने इस संबंध में जो निष्कर्ष पेश किए हैं, वे कुछ इस तरह हैं—

- एक रिलायंस समूह 2012 से इस सौदे का हिस्सा था। यह रक्षा उत्पादन से हट गया। दूसरा रिलायंस समूह पहले से रक्षा क्षेत्र में है। वह राफेल सौदे में साझेदार नहीं है। उनका भारत सरकार या फ्रांस सरकार के साथ कोई करार नहीं है।
- वे किसी सरकार द्वारा कई ऑफसेट साझेदारों में से एक के तौर पर नहीं चुने गए। जैसा कि पूर्व राष्ट्रपति ओलांद अब कहते हैं, ''साझेदारों (दसॉ और रिलायंस) ने खुद से चुनाव किया।''

यह उनके पहले संदेहास्पद बयान के विपरीत है, जिससे फ्रांस सरकार और दसॉ ने इनकार किया है। तथ्य भी इसे संदेहास्पद बताते हैं। एएफपी को कनाडा के मॉण्ट्रिअल में दिया गया उनका दूसरा बयान उनके पहले बयान की प्रामाणिकता को और संदेहास्पद बना देता है। दरअसल, राहुल को यहाँ बोफर्स जैसा मौका नहीं मिलेगा। वह अँधेरे में तीर चला रहे हैं और इससे उन्हें किसी तरह का राजनीतिक लाभ नहीं मिलेगा। जैसा कि जेटली कहते हैं, "मोदी सरकार भारतीय इतिहास में सबसे साफ-सुथरी सरकार है।"

□

13

मोदी को लेकर थरूर की मनोग्रंथि

ऐसा कहना उचित होगा कि सूती कपड़ों को तैयार करने में भारतीय श्रेष्ठता के मद्देनजर ब्रिटेन की आयात प्रतिस्थापन नीतियों के कारण पश्चिम में औद्योगीकरण की शुरुआत हुई होगी। सन् 1700 में भारतीय कॉटन के आयात पर पाबंदी की शुरुआत के कारण दो हजार साल पुरानी भारतीय कौशल की परंपरा की बराबरी के लिए मशीनों का मामला शुरू हुआ।

—डब्ल्यू.डब्ल्यू रोस्टो, द वर्ल्ड इकोनॉमी : हिस्टरी एंड प्रॉस्पेक्ट

कांग्रेस नेता शशि थरूर ने जब नरेंद्र मोदी पर अपनी किताब के लोकार्पण का ऐलान किया, तो यह किताब लगभग तैयार थी। थरूर ने अपनी इस किताब में मोदी को विरोधाभासों से भरा प्रधानमंत्री बताया। भाजपा से जुड़े होने के कारण मैं शशि की नई किताब को देखने का इच्छुक था। दरअसल, मैंने सोचा कि 2019 के चुनावों के मौके पर कांग्रेस नेता अपनी पार्टी के सबसे भारी-भरकम राजनीतिक प्रतिद्वंद्वी को राजनीतिक रूप से परास्त करने के लिए कुछ धमाका कर सकते हैं। चूँकि मेरी किताब थरूर की किताब के कुछ हफ्ते बाद आनी थी, लिहाजा मैंने तर्क के बदले तर्क, तथ्य के बदले तथ्य पेश कर इसका मुकाबला करने और एक अकादमिक बहस शुरू करने का फैसला किया। हालाँकि मैं निराश था। थरूर की छवि एक अच्छे लेखक की है। उनसे उस नई राजनीति के खिलाफ कुछ ठोस स्तर पर विरोध की उम्मीद की जा रही थी, जिसकी मोदी ने शुरुआत की है।

मेरी किताब के पहले 3 अध्याय में उन बुनियादी बदलावों के अर्थ और संवेदनशीलता के बारे में बात की गई है, जिन्हें मोदी ने भारतीय राजनीति में पेश किया है। दरअसल, थरूर पहले 5 खंड में मोदी की जिंदगी और समय के बारे में बात करते हैं, जबकि बाकी 4 खंड भी इस बारे में हैं कि मोदी एक नेता और प्रधानमंत्री के रूप में कैसे हैं। थरूर का रवैया आलोचनात्मक है, लेकिन यह कृत्रिम रूप से लिखी गई जीवनी जैसी जान पड़ती

है। मोदी के लिए थरूर का जो छिपा हुआ प्रेम और प्रशंसा है, शायद उसी वजह से उन्होंने यह किताब लिखी है, अन्यथा वे अपने नेता राहुल गांधी पर किताब लिखते। हालाँकि लिखने के लिए विषय को पर्याप्त दिलचस्पीवाला होना चाहिए। थरूर इस विषय के पूरे लगाव में हैं और एक तरह से इस किताब ने मेरा काम आसान कर दिया है।

थरूर ने मोदी के बारे में कुछ नया या ऐसा नहीं कहा है, जो हमने नहीं सुना हो। यह किताब मोदी को वह मशहूर नकारात्मक प्रोपगेंडा भी मुहैया कराती है, जो उनकी कामयाबी का एक कारण है। थरूर पूछते हैं कि असली नरेंद्र मोदी कौन है? "एक सज्जन, निस्स्वार्थी नेता, जो अपने देश के लोगों के हितों में प्रभावकारी ढंग से काम करता है या एक तानाशाह, दक्षिणपंथी धर्मांध, जिसकी दिलचस्पी सिर्फ सत्ता हासिल करने और बहुलतावादी भारत को हिंदू राष्ट्र में बदलने में है या दोनों के बीच का कुछ मामला है?" थरूर ने यह साबित करने के लिए 50 अध्यायों पर काम किया है कि मोदी दूसरी श्रेणी में हैं। जाहिर तौर पर आपकी राय इस बात पर निर्भर करती है कि आप किस तरफ हैं।

थरूर इस बात को स्वीकार करते हैं कि मोदी ऐसे नेता हैं, जो जितने पूजे जाते हैं, उतनी ही उनसे नफरत भी की जाती है। क्या थरूर अपने नेता के बारे में ऐसा कह सकते हैं? इस किताब के 5 में से 4 खंडों में थरूर काफी मेहनत के साथ यह साबित करने का प्रयास करते हैं कि मोदी सरकार ने अपने सभी वादों को पूरा नहीं किया है। वह अपनी किताब में यह भी कहते हैं कि मोदी सरकार समाज को बाँटती है, इसने सबका साथ सबका विकास नहीं किया, मोदी ध्रुवीकरण करनेवाले हैं और उनका सांप्रदायिक एजेंडा है। यह दोहराव का मामला है, थरूर साहब।

थरूर ने पाठक को उन चार विरोधाभासों के बारे में नया सबूत या नया नजरिया नहीं पेश किया है, जिनके बारे में उन्होंने मोदी पर आरोप लगाए हैं। उनके मुताबिक, पहला विरोधाभास यह है कि मोदी कहते कुछ और हैं, जबकि करते कुछ और हैं। वह उदारवादी विचारों की बात करते हैं (मसलन संविधान उनके लिए पवित्र ग्रंथ है और सबका साथ सबका विकास) और साथ ही भारतीय समाज के सबसे गैर-उदारवादी तत्त्वों का भी तुष्टीकरण कर देते हैं, जिन पर वह अपने राजनीतिक समर्थन के लिए निर्भर हैं। जाहिर तौर पर अगर अतीत के अनुभव के आधार पर बात की जाए तो यह आरोप काफी घिसा-पिटा है, जिसे कोई गंभीरता से नहीं लेता है। मोदी अपनी बातों पर चलने के लिए जाने जाते हैं। अपनी इसी साख पर मोदी ने अपने राजनीतिक कॅरियर का निर्माण किया। लोगों ने 2014 में उनकी बातों पर इसलिए भरोसा किया, क्योंकि वे गुजरात के मुख्यमंत्री के तौर पर अपनी साख बना चुके थे। मेरी किताब के पहले तीन अध्याय इन बातों पर आधारित हैं कि मोदी ने किस तरह से अपनी बातों, बड़े सुधारों पर अमल किया, जबकि उनकी जगह किसी अन्य राजनेता ने कभी इस तरह का प्रयास भी नहीं किया। चूँकि लोगों

ने मोदी में भरोसा किया, इसलिए उन्होंने मोदी को चुनावी तोहफा और भरपूर प्यार दिया। उदाहरण के लिए यूपीए ने एक दशक के अपने शासन काल में जीएसटी लागू करने के लिए राजनीतिक हिम्मत नहीं दिखाई। गौरतलब है कि थरूर यूपीए सरकार में मंत्री भी रहे थे, साथ ही गैस और तेल की सब्सिडी में भी कटौती नहीं की गई थी, लेकिन मोदी ने ऐसा किया। कांग्रेस ने लोक-लुभावने वादों को ध्यान में रखा, जबकि नरेंद्र मोदी ने बड़े राजनीतिक जोखिम की कीमत पर सख्त राजकोषीय अनुशासन का पालन किया। गैर-निष्पादित संपत्तियों (एनपीए) के बारे में भी कुछ ऐसी ही कहानी है, जो यूपीए सरकार के दौरान इकट्ठा हुईं। मोदी ने इस सिलसिले में काररवाई की और इस किताब में तमाम तथ्यों के साथ इसके बारे में जानकारी है।

मौद्रिक सुधारों और भारत में मोदी ने किस तरह से देश में राजनीतिक विमर्श और आदतों को बदल दिया, आदि अध्यायों में थरूर के पहले आरोप का विस्तार से जवाब दिया गया है। दरअसल, थरूर का आरोप उनके नेता राहुल गांधी पर ज्यादा फिट बैठता है, क्योंकि वह कभी अपनी बातों पर नहीं टिके रहते हैं, यहाँ तक कि जीएसटी, राफेल और एनपीए के बारे में मैंने यह दिखाया है कि राहुल किस तरह से लगातार अपनी हँसी उड़वा रहे हैं, जिसे मीडिया द्वारा प्रमुखता से पेश किया जा रहा है।

थरूर एक गंभीर लेखक की अपनी छवि की खातिर ही कम-से-कम मोदी पर अपने दूसरे आरोप से बच सकते थे। उनका कहना है कि एक और विरोधाभास यह है कि एक प्रधानमंत्री जहाँ प्रभावकारी शासन व्यवस्था को लेकर गौरव जताते हैं, वहीं अपनी चुप्पी के जरिए कुशासन के सबसे खतरनाक पहलुओं, मसलन सांप्रदायिक दंगों, भीड़ द्वारा पीटकर की गई हत्या, गोरक्षकों की हिंसा को माफ करते हुए जान पड़ते हैं। भीड़ द्वारा की गई हत्याओं और मोदी से नफरत करने वाले समूह द्वारा फैलाए गए झूठ का मैंने जवाब दिया है। यूपीए के सत्ता में रहने के दौरान हर साल भीड़ द्वारा हत्या के औसतन एक दर्जन से भी ज्यादा मामले सामने आए। मैंने आँकड़े पेश किए हैं। दरअसल, सड़क छाप बेतुकी बातों को दोहराकर थरूर ने अपनी किताब को खराब किया है। मोदी ने गाय के नाम पर की जा रही सभी तरह की हिंसा की निंदा की थी। भारत सरकार ने दोषी को सजा देने के लिए सख्त कदम उठाए हैं। गृह मंत्रालय और अल्पसंख्यक आयोग के मुताबिक, जहाँ तक सांप्रदायिक दंगों का सवाल है तो इस तरह की घटनाओं में 90 प्रतिशत की गिरावट आई।

थरूर के मुताबिक तीसरा विरोधाभास यह है कि मोदी ऐसे वक्त में देश के लिए बड़ी आकांक्षाओं की बात कर रहे हैं, जब उनकी अपनी सरकार का प्रदर्शन सुस्ती का शिकार हो रही है। सुर्खियों की तलाश करनेवाला थरूर जैसा शख्स ही इस तरह ऊटपटाँग टिप्पणी कर सकता है। यहाँ क्या विरोधाभास है, क्या बड़ा सोचना और अपने देश के लिए

कड़ी मेहतन करना हमेशा मुश्किल भरा सफर नहीं रहा है? मैंने अंतरराष्ट्रीय मुद्रा कोष, विश्व बैंक और रेटिंग एजेंसियों का उद्धरण पेश करते हुए दिखाया है कि वे किस तरह से भारत को अगले 30 साल में विश्व आर्थिक विकास का 'ड्राइवर' मानते हैं। भारत निवेश का पसंदीदा ठिकाना बन चुका है और डॉ. मनमोहन सिंह के कार्यकाल के उलट, मौजूदा सरकार में पूँजी का पलायन नहीं है और भारत ने मोदी के नेतृत्व में तीन साल में ईज ऑफ डुइंग बिजनेस (कारोबार करने में सहूलियत) के मामले में 65 पायदान की बेहतरी हासिल कर ली है। संयुक्त राष्ट्र ने अंतरराष्ट्रीय योग दिवस मनाने के मोदी के सुझाव को मान लिया। संयुक्त राष्ट्र ने पर्यावरण का अपना सर्वोच्च पुरस्कार 'चैंपियन ऑफ द अर्थ' मोदी को दिया। मोदी को यह पुरस्कार प्रकृति के संरक्षण और सौर ऊर्जा संबंधी पहल और प्रयासों के सिलसिले में मिला। फ्रांस के राष्ट्रपति इमैन्युअल मैक्रोन और नरेंद्र मोदी को 2018 में नीतिगत नेतृत्व श्रेणी में सम्मानित किया गया। दोनों नेताओं को यह पुरस्कार अंतराष्ट्रीय सौर गठबंधन की खातिर उल्लेखनीय काम करने या पर्यावरण गतिविधियों में सहयोग के नए क्षेत्रों को बढ़ावा दिए जाने के मामले में दिए गए। दरअसल, मोदी ने 2022 तक प्लास्टिक के सभी इस्तेमाल को खत्म करने का अभूतपूर्व संकल्प लिया है। भारत के इतिहास में कौन दूसरा प्रधानमंत्री इस तरह के अंतराष्ट्रीय सम्मान का दावा कर सकता है? थरूर अपने नेता की तरह उथली और बेवकूफी भरी टिप्पणियाँ कर रहे हैं, जबकि हम गंभीर बातों पर विचार कर रहे हैं।

मुझे थरूर के लिए खेद है, जिन्होंने इस किताब को छोड़कर कई अच्छी किताबें लिखी हैं। हालाँकि पिछले कुछ समय से वे भाजपा और हिंदुत्व की राजनीति से मनोग्रस्त हो गए हैं। किसी खास भावना से प्रेरित और गलत सूचनाओं पर आधारित तंज के अलावा थरूर के पास कोई ठोस और सहमत करनेवाला तर्क नहीं है। थरूर के पास अपनी बातों और धारणाओं को साबित करने के लिए कुछ ठोस तत्त्व नहीं है। मोदी ने पिछले 5 साल में खुद को नायक-विरोधी साबित करने के लिए एक भी मौका नहीं छोड़ा है। मोदी सादा जीवन व्यतीत करते हैं, कोई तामझाम नहीं, किसी तरह का भ्रष्टाचार नहीं और वे देश व लोगों को लेकर प्रतिबद्ध हैं।

अत: जाहिर तौर पर अपने बॉस को खुश करने के लिए थरूर को इस तरह के अप्रांसगिक सवाल पूछने थे। थरूर जिस चौथे विरोधाभास या संदेह की बात करते हैं, वह हास्यास्पद है। 'लिहाजा वास्तविक नरेंद्र मोदी कौन हैं, एक निस्स्वार्थी, सज्जन नेता, जो अपने सभी देशवासियों के हित में प्रभावकारी तरीके से काम करता है या एक तानाशाह, दक्षिणपंथी धर्मांध, जिसकी दिलचस्पी सिर्फ सत्ता हासिल करने और बहुलतावादी भारत को हिंदू राष्ट्र में बदलने में है या दोनों के बीच?'

यहाँ थरूर दो भागों में फँसे हुए नजर आते हैं। उनका दिल पहली राय व्यक्त करता

हुआ जान पड़ता है, जबकि उनकी राजनीतिक जरूरत दूसरी राय की बात करती है और समझौते का फॉर्मूला दोनों के बीच है। प्रधानसेवक शीर्षकवाला मेरा अध्याय थरूर द्वारा नेतृत्व के मुद्दे से संबंधित उठाए गए सभी सवालों के जवाब देता है। मोदी ने अब तक अपने आलोचकों को अपने ऊपर जोरदार हमला करने का मौका नहीं दिया है। मोदी ने भारतीय राजनीति पर असर डाला है और यह कितनी देर तक कायम रहेगा, यह 2019 के चुनाव नतीजों पर निर्भर करेगा। कांग्रेस को चुनाव से पहले मोदी के करिश्मा को खत्म करने की सख्त जरूरत है। राहुल गांधी अब तक हिमालय से टकरा रहे हैं, यहाँ तक कि राफेल का जाप और कैलाश की तीर्थयात्रा से भी कुछ मदद नहीं मिली है। थरूर ने अब अपनी कोशिश की है। मेरी अपनी शंकाएँ हैं।

थरूर ने बेहद सीमित व्यावहारिक अवयवों के साथ इस किताब को तैयार किया है। हालाँकि थरूर की यह राय सही है कि मोदी भारत के बेहद विवादास्पद प्रधानमंत्री हैं। इतिहास में सभी महान् नेता ऐसे ही रहे हैं।

क्या नरेंद्र मोदी विरोधाभासी प्रधानमंत्री हैं? उनके बारे में क्या विरोधाभासी है?

एक ऐसा शख्स, जो अपनी पार्टी का निर्विवाद नेता है, जिसे 1984 के तीन दशकों के बाद स्पष्ट जनादेश मिला, जिसकी पार्टी को इतिहास में पहली बार 284 सीटों के साथ पूर्ण बहुमत मिला, जो आम सहमति के हिसाब से भारत का सबसे ताकतवर प्रधानमंत्री है, उसे कभी भी 'विरोधाभासी' नहीं कहा जा सकता। मोदी की लोकप्रियता, ताकत, दृढ़ता और आकर्षण के कारण थरूर को मोदी पर इस तरह की किताब लिखने की प्रेरणा मिली। साथ ही एक तथ्य यह भी है कि मोदी के बारे में उनकी कुंठा और ज्ञान ही नहीं, उनसे संबंधित कुछ भी बिकता है।

मोदी ने कई मौकों पर मुझसे कहा है कि लोग उनके खिलाफ इसलिए लिखते हैं कि वह अच्छी खबर हैं। वे जानते हैं कि लोगों में उत्सुकता है और यह पढ़ी जाएगी। भारत में ऐसा कोई राजनेता और टीकाकार नहीं है, जो कभी मोदी परिघटना के वशीभूत नहीं हुआ हो। थरूर भी मोदी के फैन हैं। भाजपा से जुड़े होने के कारण मैं यह कह सकता हूँ कि 2014 में मोदी की जीत के बाद कांग्रेस की हालत बेहद खराब थी तो थरूर भाजपा के नेताओं के साथ नजदीकियाँ बढ़ा रहे थे, साथ ही एक समय में मोदी और स्वच्छता अभियान के लिए उनके उत्साह ने ऐसा माहौल बना दिया था कि वह कभी भी भाजपा के रथ पर सवार हो सकते हैं। उस वक्त वह अपनी पत्नी की आत्महत्या के मामले में मुश्किलों से घिरे थे। इस मामले में अब उनके खिलाफ आरोप-पत्र दाखिल हो चुका है। दरअसल इससे जुड़ी जाँच के लंबा खिंचने के कारण थरूर को राहत के लिए गुंजाइश मिल गई और कइयों को मानना है कि भाजपा से नजदीकी के कारण ही यह मुमकिन हुआ।

ऑक्सफोर्ड यूनियन में 2015 में दिए गए उनके मशहूर भाषण को संघ परिवार के ज्यादातर लोगों ने भी सराहा था और मेरी विश्लेषणात्मक क्षमता के हिसाब से यह मोदी समर्थक फंतासी का हिस्सा था। इस भाषण में उन्होंने भारत के आर्थिक नुकसान और सभ्यता संबंधी क्षय के लिए औपनिवेशिक लूट को जिम्मेदार ठहराया था। उस वक्त उग्रराष्ट्रवादी होने का फैशन सा बन गया था। ऐसा नहीं था कि यह थरूर का अपना आइडिया था। भारत की औपनिवेशिक लूट को इतिहासकार विल डुरांट ने अपने अध्ययन 'द केस फॉर इंडिया' में खूबसूरत तरीक से पेश किया है। इस किताब पर ब्रिटिश सरकार ने प्रतिबंध लगा दिया। अन्गस मैडिसन की किताब 'द वर्ल्ड इकोनॉमी : हिस्टोरिकल स्टैटिस्टिक्स' और डब्ल्यूडब्ल्यू रोस्टो की किताब 'द वर्ल्ड इकोनॉमी : हिस्ट्री एंड प्रॉस्पेक्ट' में 19वीं सदी तक भारत की आर्थिक समृद्धि के बारे में विस्तार से बताया गया है और दोनों अध्ययनों को काफी प्रशंसा और सम्मान प्राप्त है। हालाँकि यहाँ हम अलग मुद्दे पर बात कर रहे हैं। ऐसा लगता है कि भाजपा में अपनी संभावनाओं के लिए पर्याप्त गुंजाइश नहीं देखते हुए थरूर ने कांग्रेस में रहने का फैसला किया। केरल की भाजपा इकाई उनके प्रवेश के पूरी तरह खिलाफ थी। पार्टी की राज्य इकाई ने सुनंदा पुष्कर (थरूर की पत्नी) की आत्महत्या को बड़ा मुद्दा बना दिया। थरूर की लोकसभा सीट तिरुअनंतपुरम् में भाजपा काफी मजबूत है और भाजपा इकाई के भीतर सुरेश गोपी, अल्फांस के, ओ. राजगोपाल, के. राजशेखरन समेत तकरीबन आधा दर्जन ऐसा नेता थे, जो इस सीट से चुनाव लड़ना चाहते थे। यह एक अलग कहानी है। हालाँकि यह किताब आखिर में मोदी को मदद ही करेगी। फोकस फिर से मोदी पर है। शायद अंगूर खट्टे होने का मामला है।

थरूर ने अपनी किताब में 2001 के बाद से मोदी पर हुए तमाम हमलों और आलोचनाओं को संकलित किया है। कई जगहों पर एक ही तरह के आरोपों को विस्तार से दोहराया गया है, ताकि किताब के पन्नों को भरा जा सके। सांप्रदायिक अफवाह, गुजरात दंगे, मोदी के आरएसएस से संबंध, इन तमाम विषयों पर पहले बहस हो चुकी है। मोदी ने विधानसभा और लोकसभा चुनाव समेत गुजरात में कुल 7 चुनाव जीते हैं, साथ ही कई स्थानीय निकायों के चुनाव में भी विजय हासिल की है। यह उनकी लोकप्रियता और इस तरह के आरोपों के बेतुकेपन को साबित करता है। गुजरात में मुख्यमंत्री के तौर पर उनके कार्यों और भूमिका के बारे में राग अलापना राज्य के जनादेश का अपमान है, जो वहाँ की जनता ने बार-बार उन्हें दिया। इसी वजह से मैंने अपनी किताब में 2002 के दंगों के विषय को नजरअंदाज किया है। न्यायपालिका ने सभी स्तरों पर जाँच कर मोदी को आरोपों से मुक्त किया।

मोदी के पक्ष में अपने शुरुआती बयानों और जुड़ाव के बचाव में थरूर का कहना

है कि विपक्ष के कई नेताओं के उलट वह मोदी को 'बदलने' का मौका देना चाहते थे। वे चाहते थे कि मोदी के लिए लोगों को मिले जनादेश का सम्मान हो। यहाँ चालबाजी करने या झूठ बोलने का मामला है। जब मोदी ने मई 2015 में अपनी सरकार का एक साल पूरा किया तो केरल के मातृभूमि दैनिक ने मुझे एक लेख लिखने को कहा, जिसमें पहले साल में मोदी सरकार की उपलब्धियों का जिक्र हो। कांग्रेस की तरफ से थरूर ने इसके विरोध में लिखा था। मोदी की आलोचना में उन्होंने तमाम चीजों के अलावा 'ईज ऑफ डुइंग बिजनेस' (कारोबार करने में सहूलियत) के मामले में भारत का स्थान काफी नीचे होने के लिए उन्हें (मोदी) जिम्मेदार ठहराया। थरूर ने इस तथ्य को छुपा लिया कि यह यूपीए सरकार की विरासत थी, जिसमें वह मंत्री थे। यह अलग बात है कि मोदी के शासन काल में इस मोर्चे पर भारत की स्थिति में काफी सुधार हुआ है। थरूर ने धार्मिक तनाव, आर्थिक असमानता, स्वच्छता की खराब स्थिति, तेल की ऊँची कीमतों समेत देश की सभी समस्याओं के लिए मोदी सरकार को दोषी ठहराया था। साथ ही विदेशी दौरों को लेकर भी उन्होंने मोदी पर निशाना साधा था।

हालाँकि एक साल बाद थरूर ने मोदी को दूसरे अंदाज में देखा। उन्हें स्वच्छता अभियान में काफी दम नजर आया, योग को अंतरराष्ट्रीय मंच पर लाने में मोदी की भूमिका को उन्होंने माना, साथ ही, कूटनीति में नई ऊर्जा लाने के लिए भी मोदी की तारीफ की। थरूर अपनी किताब में यह 'अफवाह' फैलाने के लिए मीडिया को जिम्मेदार ठहराते हैं कि वह भाजपा के करीब जा रहे थे। उनका कहना है कि उनके ऑक्सफोर्ड भाषण की प्रधानमंत्री मोदी द्वारा तारीफ और इससे पहले एक किताब के लोकार्पण के मौके पर उनकी तरफ से विदेश नीति के मोर्चे पर मोदी की नई पहल को स्वीकारे जाने के कारण इस तरह की अटकलों को बल मिला। थरूर ने कहा कि मीडिया ने उनके भाषण के चुनिंदा हिस्सों को प्रमुखता से पेश किया। हकीकत यह है कि थरूर अपने विचार में विरोधाभासों से भलीभाँति वाकिफ हैं और मोदी विरोधी किताब लिखने की उनकी हालिया मजबूरी वैचारिक मान्यताओं की बजाय राजनीतिक सुविधा का नतीजा है। यही वजह है कि यह सब खुद के फायदे के लिए अवसरवादी गतिविधि की तरह जान पड़ता है।

□

14
परिवार

आत्मविश्वास की कमी सभ्यता के खत्म होने की सबसे बड़ी वजह है। हम निराशावाद और मायूसी के जरिए खुद का विनाश कर सकते हैं और यह इसमें बम जितना ही कारगर है।

—'सिविलाइजेशन' में केनेथ क्लार्क

कुछ ऐसे सवाल हैं, जिनके जवाब कभी भी सबको संतुष्ट नहीं करेंगे। आरएसएस-भाजपा के संबंध को लेकर सवाल कुछ ऐसा ही है। इस सवाल ने भारतीय जनसंघ को परेशान किया; इसके कारण 1979 में जनता पार्टी का विभाजन हुआ और अब इस पर बहस चल रही है—जब नरेंद्र मोदी के नेतृत्व में स्पष्ट बहुमतवाली भाजपा की सरकार है। क्या आरएसएस मोदी के लिए समस्याएँ पैदा कर रहा है ? क्या मोदी को परेशान करने के लिए घर वापसी, लव जिहाद आदि विवाद पैदा किए जा रहे हैं ? भारतीय मजदूर संघ (बीएमएस), भारतीय किसान संघ (बीकेएस), अखिल भारतीय विद्यार्थी परिषद् (एबीवीपी) और स्वदेशी जागरण मंच जैसे संगठन प्रधानमंत्री के सुशासन के एजेंडे की तर्ज पर नहीं चल रहे हैं ? राष्ट्रीय स्वयंसवेक संघ पूरी तरह से नरेंद्र मोदी के पीछे है या नहीं है ? इस तरह के सवाल अकसर पूछे जाते हैं। इसका आसान जवाब है—संघ के विभिन्न संगठनों को जोड़ने में पारस्परिक सम्मान और व्यापक वैचारिक समानता जरूरी पहलू हैं।

संघ-भाजपा के रिश्तों के बारे में सवाल उठने की मुख्य वजह यह है कि दरअसल संघ के विरोधियों की सीधा जवाब प्राप्त करने में कोई दिलचस्पी नहीं है। संघ संभ्रांत तंत्र के लिए पहेली की तरह है और वे उसे हमेशा ऐसे ही रहने देना चाहते हैं। इसकी विचारधारा और सांगठनिक पहुँच को समझना या जुड़ना उनकी दिलचस्पी का विषय नहीं है। हालाँकि भाजपा के पास लोकसभा में स्पष्ट बहुमत है, लेकिन यह वर्ग यह मानता है कि भाजपा का शासन एक अस्थायी दौर है।

इसी मान्यता के कारण मोदी और उनकी सरकार के खिलाफ कांग्रेस व वामपंथी

पार्टियाँ लगातार हमले करती रहती हैं। मसलन तत्कालीन अमेरिकी राष्ट्रपति बराक ओबामा द्वारा भारत में 'धार्मिक असहिष्णुता' का संदर्भ पेश किए जाने या हिंद महासागर में पाकिस्तान की नाव जलाने पर कांग्रेस की प्रतिक्रिया से इसे समझा जा सकता है।

आरएसएस ने 2014 में भाजपा की जीत के लिए काफी परिश्रमपूर्वक काम किया। इसका मतलब यह है कि भाजपा को व्यापक जनादेश दिलाने में संघ का बड़ा योगदान था। माना यह जाता है कि संघ इस सरकार को अस्थिर करने के लिए कुछ नहीं करेगा। संघ और इससे जुड़े संगठन सरकार की सफलता से भी जुड़े हुए हैं। भाजपा और संघ सभी प्रमुख मुद्दों पर विचारों का आदान-प्रदान करते हैं, लेकिन सरकार के फैसले लेने की प्रक्रिया से संघ खुद को दूर रखता है। संघ अपने से जुड़े संगठनों पर सिर्फ नैतिक अधिकार रखता है और यह उनके रोजाना के कामकाज में हस्तक्षेप नहीं करता है।

चाहे वह घर वापसी, लव जिहाद या आर्थिक नीति का मामला हो, इन मुद्दों को लेकर संघ के किसी भी वरिष्ठ नेता ने विवादास्पद बयान नहीं दिया है। मीडिया में जिन लोगों के बयान सुर्खियों में रहे, वे मुख्यधारा के विचारों का प्रतिनिधित्व नहीं करते हैं। संघ सलाह और सहमति के वैचारिक आधार पर काम करता है।

मीडिया अकसर राई को पहाड़ बना देता है। छिटपुट घटनाओं को बेवजह बड़ा बना दिया जाता है। इससे निश्चित तौर पर माहौल खराब हो जाता है, गलतफहमियाँ पैदा होती हैं और छवि को नुकसान पहुँचता है। साथ ही, संघ में आम-सहमति के मायने समझने के लिए जरूरी है कि आप सहानुभूति रखनेवाले उत्सुक पर्यवेक्षक बनें।

दिल्ली में 2015 में भाजपा को मिली बड़ी हार के बाद काफी कुछ कहा जा रहा था। हालाँकि भाजपा ने वोटों का हिस्सा बरकरार रखा था, लेकिन यह कहा जा रहा था कि पार्टी को अपने कार्यकर्ताओं का पूरा समर्थन नहीं मिला। करीब 8 महीने पहले इसी शहर में भाजपा ने बड़े अंतर से सभी 8 लोकसभा सीटों पर जीत हासिल की थी। दरअसल, प्रवृत्ति भाजपा की जीत को कमतर आँकने और हार को बढ़ा-चढ़ाकर पेश करने की है। इस बार नरेंद्र मोदी उम्मीदवार नहीं थे, जिनकी किस्मत पर सवाल था।

पिछली सदी में गैर-कांग्रेसवाद भारतीय राजनीति का मुख्य आधार था, जो अब गैर-भाजपावाद में बदल गया है। 1977 के बाद से पहली बार जब सभी विपक्षी मतों का कांग्रेस के खिलाफ एकीकरण हो गया तो उनकी जीत के सिलसिले को रोकने के लिए मोदी-विरोधी वोट एकजुट हो गए। इसके अलावा आम आदमी पार्टी (आप) द्वारा मुफ्त पानी, बिजली और वाई-फाई के लालच ने भी चीजों को प्रभावित किया। मोदी के लिए वोट करनेवाला एक तबका भी आप के पक्ष में चला गया।

राज्य विधानसभा चुनावों में जीत

केंद्र की सत्ता में आने के बाद पहले 9 महीनों के दौरान भाजपा ने चार राज्यों के विधानसभा चुनावों में जीत हासिल की—महाराष्ट्र, हरियाणा, झारखंड, जम्मू-कश्मीर, जबकि एक जगह, यानी दिल्ली में उसे हार का सामना करना पड़ा। राष्ट्रीय राजनीतिक परिदृश्य के विश्लेषण के लिए सिर्फ दिल्ली चुनाव पर्याप्त नहीं है।

यहाँ सवाल है : क्या सबका साथ, सबका विकास का एजेंडा अपना आकर्षण खो चुका है और संघ परिवार में कथित तनाव-मतभेद से मोदी की शासन व्यवस्था पर असर पड़ा?

इस तरह की मान्यताएँ भाजपा की राजनीति में संघ के दखल को बढ़ा-चढ़ाकर पेश करती हैं और सरकार के रोजमर्रा के कामकाज में उसकी सक्रियता के बारे में दुष्प्रचार भी करती हैं। आरएसएस भाजपा पर नियंत्रण नहीं रखता है और न ही यह संगठन खुद से जुड़े अन्य संगठनों के बारीक प्रबंधन से जुड़ा है। प्रत्येक संगठन का अपना स्वतंत्र तरीका है और प्राथमिकताओं की अपनी सूची है। किसी बाहरी पर्यवेक्षक के लिए इस बड़े परिवार के वैचारिक भाईचारे को समझने में अकसर दिक्कत हो जाती है और इस वजह से गलतफहमी पैदा होने लगती है। सबके लिए विकास संबंधी भाजपा के चुनावी वादे का मकसद इस प्रक्रिया से सबको जोड़ना है, ताकि भारत के परम वैभव के लक्ष्य को हासिल किया जा सके, जिसको लेकर आरएसएस प्रतिबद्ध है।

मोदी के 2014 के चुनाव अभियान ने समकालीन राजनीतिक बहस के ढर्रे में जो बदलाव किया, वह इसी विचार का नतीजा है। उनके प्रचार अभियान से संबंधित भाषणों ने उनके आलोचकों को निराश किया, क्योंकि उन्हें उसमें वे चीजें नहीं मिलीं, जिनकी वे तलाश कर रहे थे—रामजन्मभूमि, अनुच्छेद 370, समान नागरिक संहिता आदि पर बहस और विचार-विमर्श। मोदी ने 21वीं सदी के भारत का नजरिया पेश किया, जो लोकतंत्र, बड़ी संख्या में मौजूद मानवशक्ति और माँग से संचालित है। मोदी को लेकर सनक बढ़ाने में भी इन चीजों का योगदान रहा है। संघ इस मुद्दे के साथ पूरी तरह से जुड़ा था।

हालाँकि श्रम, अकादमिक और किसानी जैसे अलग-अलग क्षेत्रों में काम कर रहे संगठनों की अपने क्षेत्र से जुड़ी प्राथमिकताएँ हैं। यह स्वाभाविक है कि वे इन चिंताओं को अपनी अभिव्यक्ति-आवाज दें और उनके जल्द समाधान के लिए उन्हें सामने लाएँ। हालाँकि बड़ी तसवीर नजर से कभी ओझल नहीं हुई है। आम सहमति से विवादास्पद मुद्दों को ठंडे बस्ते में रख दिया गया है। भाजपा अपना आधार व्यापक करने का प्रयास कर रही है। इसके तहत वह नए क्षेत्रों तक पहुँचकर ज्यादा-से-ज्यादा लोगों के लिए जिंदगी बेहतर कर रही है। इस अभियान में उसे पूरे संघ परिवार का समर्थन मिल रहा है।

मई 2014 से पहले किसी को इस बात के लिए सहमत करना मुश्किल था कि भाजपा खुद से सत्ता में आ सकती है। बाद में चुनौती यह साबित करने की थी कि यह पूरे कार्यकाल तक सफलतापूर्वक सरकार चला सकती है। निश्चित तौर पर पार्टी और उससे जुड़े प्रतिनिधियों ने निंदकों को गलत साबित कर दिया है।

□

15

कश्मीर की उलझन

व्यवस्थित करने से मुश्किल, सफलता से ज्यादा संदेहपूर्ण, बदलाव की शुरुआत से ज्यादा उसे पूरा करने से खतरनाक कुछ भी नहीं है, नया करनेवाला उन सभी लोगों को अपना दुश्मन बना लेता है, जो पुरानी व्यवस्था में फलते-फूलते हैं और नई व्यवस्था से लाभान्वित होनेवाले से मामूली समर्थन ही मिलता है।

—निकोलो मैकियावेली, द प्रिंस

सबसे जोखिम भरी राजनीतिक कलाबाजी जम्मू-कश्मीर में खेली गई। ऐसा भाजपा द्वारा शांति और सौहार्द की खोज में किया गया। भाजपा को राज्य के लोगों को यह संदेश भेजना था कि वह खुले दिमाग के साथ आगे बढ़ने की कोशिश कर रही है। हालाँकि उसे दो साल के बाद सरकार से बाहर निकलना पड़ा। पीपुल्स डेमोक्रेटिक पार्टी (पीडीपी) के साथ काम करना सफल नहीं रहा। पीडीपी राज्य के निर्माण या विभाजनकारी तत्त्वों को नियंत्रित करने को लेकर गंभीर नहीं थी।

पीडीपी के भीतर एक ऐसा तबका था, जो महबूबा मुफ्ती के पिता की मौत के बाद महबूबा का नेतृत्व स्वीकार करने के लिए तैयार नहीं था। इस तबके ने महबूबा को गुमराह करने का प्रयास किया, जो अकसर कश्मीर पर बेहद आक्रामक रुख अख्तियार कर लेती थीं और केंद्र सरकार के साथ टकराव की नौबत आ जाती थी। कश्मीर का यह प्रयोग असफल नहीं हो, इसके लिए नरेंद्र मोदी और भाजपा ने काफी समझौते किए।

बुनियादी तौर पर वैचारिक विभाजन के अलावा राजनीतिक मतभेद भी थे। हालाँकि जम्मू-कश्मीर के लोगों की आकांक्षाओं को ध्यान में रखते हुए इस क्षेत्र के विकास के लिए न्यूतनम साझा कार्यक्रम पर सहमति बनी। अगर यह गठबंधन सफल रहता तो यह राज्य मोदी के विकास के एजेंडे में मुख्यधारा के राज्य के रूप में प्रमुखता से मौजूद रहता। राज्य 1990 से पहलेवाली स्थिति में पहुँच जाता। हालात सामान्य हो सकते थे।

27 अगस्त, 2016 को प्रधानमंत्री से मुलाकात के बाद महबूबा ने अपने समर्थकों

से एक मौका देने की अपील की। उन्होंने पाकिस्तान की पहचान भड़काने वाले एजेंट के तौर पर की। महबूबा ने 400 ऐसे लोगों की सूची तैयार की, जो निर्दोष युवाओं को सेना से लड़ने के लिए उकसाते थे। अलगाववादी इस तरह का खतरनाक खेल को अंजाम दे रहे थे। केंद्र सरकार ने साफ कर दिया था कि संविधान के दायरे में वह किसी से भी बात करने के लिए तैयार है।

भूमि, निवासी, इतिहास महत्त्वपूर्ण

यूपीए और एनडीए के काम करने के तौर-तरीकों में मौलिक अंतर था। मोदी सरकार सभी की राय सुनने और समझने के लिए तैयार है, लेकिन वह किसी को जबरन अपनी शर्तें लागू करने नहीं देगी। क्षेत्रीय अखंडता को लेकर किसी तरह का समझौता नहीं होगा। कुछ लोग कहेंगे कि भूमि महत्त्वपूर्ण नहीं है, लेकिन निवासी हैं। जहाँ तक भाजपा का सवाल है, तो भूमि, निवासी, गौरवशाली अतीत और इतिहास कश्मीर पर किसी भी तरह की बातचीत का आधार हैं। जम्मू, लद्दाख और कश्मीर का बड़ा हिस्सा किसी तरह की मुश्किल से मुक्त है। हिंसा सिर्फ चार जिलों तक सीमित है—बारामूला, सोपोर, श्रीनगर और अनंतनाग। वहाबी और सुन्नी यहाँ इसलामी राज्य बनाने की कोशिश कर रहे हैं।

इसका मूल मकसद पत्थरबाजों को अलग-थलग करना था, जो आजादी के लड़ाके नहीं, बल्कि भटके हुए युवा हैं। ये लड़के अलगाववादियों और पाकिस्तान के हाथों में खेल रहे हैं। मोदी ने कश्मीर के मामले में बलूचिस्तान, गिलगिट और पाकिस्तानी कब्जेवाले कश्मीर का नया आयाम जोड़ा है। यह अतीत के रुख से बिल्कुल अलग है। भारत कश्मीर के किसी भी समाधान के लिए पाकिस्तान को पक्षकार की तरह मान्यता नहीं देता है।

प्राथमिकता कानून-व्यवस्था की बहाली की है। मोदी ने हमेशा कहा है कि बंदूकों के साये में बात नहीं हो सकती। आजादी बड़ा शब्द है और इसका अर्थ या इससे जुड़ी जिम्मेदारी को समझे बिना इसके बारे में बोलने की गुस्ताखी नहीं करनी चाहिए। यह संवेदनशीलताओं के बिना भावनाओं का पुलिंदा नहीं है।

अगर संवेदनशीलता होती तो जिहादी समूहों की धोखाधड़ी में गुम हुई कश्मीरियत को लेकर अफसोस होता, जिन्होंने एक तिहाई कश्मीरी आबादी-पंडितों को राज्य छोड़ने पर मजबूर कर दिया और वे अपने देश में शरणार्थी बन गए। कश्मीरियत का संबंध सांस्कृतिक इतिहास, साझा अतीत, हिंदू मत, शैव मत, सूफी मत और इसलाम से है, जहाँ सभी महान् परंपराएँ और विचार विकसित हुए और फले-फूले। इसने मानवीय मूल्यों का पोषण किया। इसने शारदा लिपि (एक पुरानी लिपि, जिसका इस्तेमाल 8वीं सदी से मुख्य

तौर पर कश्मीर में होता था), शंकराचार्य हिल्स और अभिनव गुप्ता (कश्मीरी दार्शनिक अभिनवगुप्त {950–1016 ईस्वी} की खूबसूरती और नाट्यशास्त्र का उत्सव मनाया। अभिनव भारती भरतमुनि नाट्यशास्त्र (अभिनय से संबंधित संस्कृत का प्राचीन ग्रंथ) की एकमात्र उपलब्ध समीक्षा है। कश्मीरियत की जड़ें कल्हण (12वीं सदी के कश्मीरी ब्राह्मण, जिन्होंने राजतरंगिनी लिखी) की शिक्षाओं में हैं। कश्मीर का इतिहास सांस्कृतिक धाराओं और आध्यात्मिकता के संगम का है।

यहाँ मामला अलगाववाद और धार्मिक कट्टरता का नहीं है। यहाँ भाड़े के आतंकवादी और उकसानेवाले एजेंट की परंपरा नहीं रही है। यह वहाबी मजहब और स्थानीय संस्कृति और परंपरा को मिटाने से जुड़ा हुआ नहीं है, जिसमें अरबी लिपि को लाया गया और विदेशी आदतों की नकल की गई। सिनेमा हॉल, म्यूजिक स्टोर, ब्यूटी पार्लर, कला, साहित्य और पारंपरिक ज्ञान को बंद करने और इसके बदले शरीयत और मुल्लाओं की हुकूमत कश्मीरियत नहीं है। कश्मीरियत का मतलब महिलाओं को बुर्के में ढकना, तीन तलाक के अँधेरे में धकेलना और आधुनिक शिक्षा से वंचित करना नहीं है।

कश्मीरियत मानवता और विवेक से जुड़ी हुई है। इसकी सभ्यता संबंधी विशिष्टताओं में विवेक और आनंद के लिए लगातार मानवीय प्रयासों की बात है। इसने ज्ञान के मंदिर बनाए। हालाँकि उपद्रवियों ने स्कूलों को जलाया, ताकि बच्चों को शिक्षा नहीं मिल सके और हताश अलगाववादियों के सत्ता के खेल में उन्हें मोहरे की तरह इस्तेमाल किया जा सके। ये अलगाववादी पाकिस्तान में मौजूद आतंकी ठिकाने को एजेंट के तौर पर काम करते हैं।

आतंकवाद को बढ़ावा देनेवाले इन मोहरों और धार्मिक कट्टरपंथियों के मुँह से आजादी की बात हास्यास्पद है, जिन्होंने कश्मीरियत को धर्मनिरपेक्ष भारत में इसलामी राज्य के अपने सपने से जोड़ दिया है। यहाँ मैं उस मदद के बारे में नहीं बताने जा रहा हूँ, जो भारत के बाकी हिस्सों की तरफ से कश्मीर को दी गई है। मैं यह भी नहीं पूछ रहा हूँ कि क्या कश्मीर भारत से अलग रहने के लिए आर्थिक या सांस्कृतिक रूप से सक्षम है। जब आजादी के नारे लगानेवाले ये बंदूकधारी अपनी स्वतंत्रता का अधिक-से-अधिक दुरुपयोग करते हैं तो उनसे यह पूछा जा सकता है कि वे कश्मीर में कितने लोगों का प्रतिनिधित्व करते हैं, क्या उन्हें भारत माँ के खिलाफ अभियान चलाने में लद्दाखी, लेह या जम्मू के लोगों की इजाजत मिली हुई है, क्या वे कश्मीर के शियाओं की आवाज हैं, या गुज्जरों की, वे किसकी आजादी की बात कर रहे हैं और किसके लिए आजादी?

गर्भनाल को ही काट देना, उन हाथों को काटना, जो उन्हें खिलाते हैं? भारत के अन्य हिस्सों के लोग कश्मीर में वोटर नहीं बन सकते। ये धार्मिक कट्टरपंथी जम्मू-कश्मीर में पिछले 7 दशक से रह रहे पाकिस्तान के 5 लाख कश्मीरी शरणार्थियों को कभी

भी व्यक्तिगत और राजनीतिक स्वतंत्रता नहीं देंगे। वे इन कश्मीरी भाइयों को आंशिक नागरिकता से भी वंचित करने के लिए उपद्रव करेंगे।

ये कट्टरपंथी विधानसभा को चलने नहीं देंगे और ढाई दशक पहले राज्य से भगाए गए कश्मीरी हिंदुओं की वापसी को रोकने के लिए गलियों को जाम कर देंगे और खून की नदियाँ बहा देंगे। उनके भाइयों ने कॉलोनी स्थापित की है। वे भारत के सभी शहरों शिमला, चंडीगढ़, दिल्ली, हैदराबाद, बेंगलुरु, चेन्नई और कोच्चि आदि शहरों में अच्छा-खासा कारोबार कर रहे हैं, उनके पास अपनी संपत्ति और बैंक बैलेंस है और वे कश्मीर में अपने घर पैसे भी भेजते हैं। वे भारत में बिना किसी उत्पीड़न या भेदभाव के पढ़ते और काम करते हैं।

हालाँकि क्या आजादी की माला जपनेवाले ये कश्मीरी देश के किसी भी अन्य हिस्से से ताल्लुक रखनेवाले किसी भारतीय को कश्मीर में अपना कोराबार खड़ा करने या संपत्ति रखने की इजाजत देंगे, अगर नहीं तो ये जिहादी आजादी के योद्धा का स्वाँग रचते हुए क्या बात कर रहे हैं?

क्या उन्होंने प्लेटो के 'रिपब्लिक' का पहला अध्याय भी पढ़ा है? क्या उन्होंने कभी दुनिया भर की आजादी के आंदोलनों के बारे में भी कभी सुना है? क्या उन्होंने स्वतंत्रता के बारे में रवींद्रनाथ टैगोर की महान् पंक्ति सुनी है? 'झूठों का पुलिंदा क्रांति नहीं ला सकता।' साथ ही, अर्ध-साक्षर लोगों का समूह और भाड़े के गुंडे लोकतंत्र पर आख्यान और सिद्धांत तैयार नहीं कर सकते।

कश्मीर दर्जनों निष्पक्ष और शांतिपूर्ण चुनावों का गवाह रहा है। हाल तक कश्मीर में ऐसे मुख्यमंत्री का शासन था, जो लंबे समय तक कट्टरपंथियों का नायक रहा। कश्मीर अपनी सामाजिक और आर्थिक समृद्धि और सुरक्षा के लिए पूरी तरह से केंद्र सरकार और देश के बाकी हिस्सों पर निर्भर है।

कश्मीर को हमलवारों और आतंकवादियों से बचाने के लिए हजारों शहीदों ने अपनी जान की कुरबानी दी है। हम किसी भी कीमत पर अपनी सीमाओं और सभ्यताओं की रक्षा करेंगे। हम कश्मीर को सीमा पार के मौत के सौदागरों की दया पर नहीं छोड़ेंगे। हम कश्मीरी बच्चों को पत्थरबाज और धार्मिक कट्टरता का नुमाइंदा बनने से रोकेंगे, ताकि हम कशमीरियत की महान् विरासत की सुरक्षा कर सकें।

भारत में ही हजारों सांस्कृतिक धाराएँ मिलकर बह सकती हैं और यहाँ स्वतंत्रता अपने गौरव के शिखर पर रही है। हमने सदियों से शांति में रहना सीखा है। अवार्ड वापसी से चर्चों पर हमले और कैंपस में तनाव, जातिगत भेदभाव के कारण हैदराबाद में दलित छात्र की कथित खुदकुशी तक, मोदी सरकार को बदनाम करने के लिए सभी तरह के दाँव खेले गए। हालाँकि ये सभी छिटपुट स्थानीय मुद्दे थे।

पीडीपी के साथ भाजपा के प्रयोग का अंत

पीडीपी–भाजपा गठबंधन का अंत हैरानी का मामला नहीं था। हालाँकि इसके समय और तेजी की कल्पना किसी ने नहीं की थी। राष्ट्रीय स्तर पर बड़े पैमाने पर इसका स्वागत किया गया और इससे भाजपा को खो चुके अपने पारंपरिक वोट बैंक को काफी हद तक वापस हासिल करने में मदद मिली। भाजपा का यह पारंपरिक वोटर इकतरफा युद्धविराम और पीडीपी द्वारा अलगाववादियों के खुलेआम तुष्टीकरण से सदमे में था।

हालाँकि राज्य में राज्यपाल शासन लागू कर दिया गया है और भारतीय सेना को खुली छूट दी गई है। हालाँकि यह कहना अभी जल्दबाजी होगी कि वहाँ हत्याओं का दौर रुकेगा और घाटी में पूरी तरह से शांति बहाल हो पाएगी। रमजान महीने में इकतरफा युद्धविराम के ऐलान तक भाजपा पूरी तरह से अपने गठबंधन सहयोगी पीडीपी की इच्छाओं के साथ चल रही थी। केंद्र सरकार और राज्य की भाजपा इकाई ने महबूबा मुफ्ती को काफी छूट दी हुई थी।

हालाँकि विकास के लिए धन के आवंटन में विषमता के आरोप थे, लेकिन घाटी पर जम्मू और लद्दाख की कीमत पर विशेष ध्यान दिया गया। भाजपा शिकायतों के साथ चुप रही। भाजपा के मंत्रियों के साथ बरताव ठीक नहीं रहा और मुख्यमंत्री द्वारा ज्यादातर अहम फैसले इकतरफा तरीके से लिये गए। रमजान महीने के दौरान अलगाववादियों और आतंकवादियों द्वारा युद्धविराम के उल्लंघन के 66 मामले देखने को मिले। सुरक्षा विशेषज्ञों और राष्ट्रवादियों ने युद्धविराम की आलोचना की, क्योंकि इससे आतंकवादियों को फिर से संगठित होने का समय मिला।

सेना द्वारा किनारे किए जाने के कारण अलगाववादियों को राहत की जरूरत थी और युद्धविराम के कारण उन्हें यह मौका मिल गया। मरहूम मुफ्ती मोहम्मद सईद ने भाजपा और पीडीपी के बीच गठबंधन को 'उत्तरी और दक्षिणी ध्रुव' के एक साथ आने जैसा बताया था। यह तुलना एक तरह से बिल्कुल सही थी। वैचारिक आधार पर दोनों पार्टियाँ बिल्कुल अलग हैं। पीडीपी की ताकत घाटी तक सीमित है, जबकि भाजपा का जम्मू और लद्दाख में आधार है।

जब दोनों पार्टियों ने महीनों की बातचीत के आधार पर राज्य के विकास के लिए न्यूनतम साझा कार्यक्रम बनाया, तो कइयों ने इस पर आपत्ति जताई। सत्ता के बँटवारे का मामला ठीक चल रहा था और भाजपा छोटी भूमिका में ही सुंतष्ट थी। हालाँकि दोनों पार्टियों के कट्टरपंथियों ने इसका विरोध किया और इसको लेकर खुलकर आलोचना की। बहरहाल, मोदी की समझदारी और दूरदर्शिता के कारण इन चुनौतियों से निपटा जा सका।

मोदी शांति के लिए एक मौका देने के इच्छुक थे। पीडीपी की तमाम माँगों को

लेकर वे बेहद संजीदा थे और उसकी भावनाओं का सम्मान कर रहे थे। इसके तहत बुरहान वानी की हत्या की जाँच, पत्थरबाजों को माफी, घाटी के कुछ हिस्सों से सैन्य बलों की वापसी, जनवरी 2018 के कठुआ रेप मामले में जाँच और गलत बरताव करने के आरोपी सैन्यकर्मियों के खिलाफ काररवाई को लेकर भाजपा चुप थी। हालाँकि इसने देश में राष्ट्रवादियों को निराश कर दिया। इसके बावजूद भाजपा गठबंधन को चलाने की खातिर इच्छुक थी। उसे उम्मीद थी कि वह घाटी के लोगों को सद्भावना का संदेश देने में सफल होगी।

हालाँकि अलगाववादियों से नजदीकी के लिए जानी जानेवाली महबूबा ने उकसाने वाले एजेंटों के प्रति अपने झुकाव को कभी नहीं छुपाया। केंद्र सरकार ने पिछले चार साल में राज्य के विकास के लिए 80,000 करोड़ रुपए मंजूर किए हैं।

18 जून, 2018 को भाजपा अध्यक्ष अमित शाह ने जब पार्टी के राष्ट्रीय मुख्यालय में विचारों के आदान-प्रदान के लिए पार्टी की जम्मू-कश्मीर इकाई के वरिष्ठ पदाधिकारियों की बैठक बुलाई तो किसी को उम्मीद नहीं थी कि इस असहज गठबंधन का अंत इतनी जल्दी हो जाएगा। दरअसल, हताशा का माहौल था। पार्टी की खराब होती छवि और लोगों का हौसला बढ़ाने के लिए कुछ कठोर कदम उठाना जरूरी था। तकरीबन हर किसी का गठबंधन अनुभव को लेकर आलोचनात्मक रुख था। चूँकि गठबंधन न तो बाकी भारत से राज्य के जुड़ाव में मदद कर रहा था और न ही इससे लोगों को मुख्यधारा में शामिल होने के लिए भरोसा बन पा रहा था, लिहाजा यह महसूस किया गया कि इसके जारी रहने से भाजपा के मुख्य समर्थन आधार को चोट पहुँच रही है।

सुरक्षा बलों पर हमले बढ़ गए थे। सैन्यकर्मियों की हत्याओं में भी बढ़ोतरी देखने को मिल रही थी और सीमा के उस पार से बिना उकसावे की फायरिंग में भी तेजी दिख रही थी। इन तमाम परिस्थितियों को ध्यान में रखते हुए भाजपा ने महबूबा की सरकार से समर्थन वापस लेने का फैसला किया। वह अलगाववादियों के साथ पींगें बढ़ा रही थी और राज्य के विकास और शांति को लेकर काम करने की बजाय राजनीतिक और कूटनीतिक मुद्दों पर ज्यादा ध्यान दे रही थी। ऐसा लग रहा था कि दोनों गठबंधन सहयोगी अलग-अलग मकसद के लिए काम कर रहे थे।

ऐसे में भाजपा ने समर्थन वापसी के लिए पहल कर पीडीपी को हैरान करने का फैसला किया। अमरनाथ यात्रा जल्द शुरू होने वाली थी और तीर्थयात्रियों की सुरक्षा चिंता का प्रमुख विषय था। महबूबा इस मामले में उदासीन नजर आ रही थीं। रोजमर्रा के जीवन में बाधा, घाटी में शैक्षणिक संस्थानों का बंद होना, नियमित रूटीन का हिस्सा बन चुका था। भाजपा के महासचिव राम माधव ने आतंकवादी गतिविधियों में बढ़ोतरी और राष्ट्रीय हित का हवाला देते हुए सरकार से अलग होने का ऐलान किया।

क्या इससे घाटी में ताकत की भूमिका बढ़ेगी? क्या इससे भाजपा को अपना राष्ट्रवादी आधार मजबूत करने में मदद मिलेगी, क्या यह 2019 लोकसभा चुनाव जीतने की रणनीति का हिस्सा है? इन सभी सवालों का जवाब 'हाँ' में है। घाटी में अलगाववाद और आतंक से निपटने में भाजपा को अलग तरीके से काम करना होगा।

कश्मीर में पिछली सरकारों द्वारा अपनाई गई तुष्टीकरण की नीति कारगर नहीं रही। पिछले चार साल में भाजपा का अपना अनुभव बताता है कि अलगाववादियों के साथ सौहार्दपूर्ण तरीके से निपटने की नीति सार्थक नहीं है, क्योंकि ये कट्टरपंथी जिहादी हैं, पाकिस्तान से प्रेरित हैं और कश्मीर के इसलामीकरण को लेकर आमादा हैं। जब तक उनके भरण-पोषण और समर्थन के स्रोत को खत्म नहीं किया जाता और कश्मीर में क्षेत्रीय अखंडता और धर्मनिरपेक्षता को सुरक्षित रखने की सरकार की दृढ इच्छाशक्ति का उन्हें अहसास नहीं कराया जाता, तब तक कितना भी मान-मनौवल कर लिया जाए, किसी तरह का सकारात्मक नतीजा नहीं देखने को मिलेगा। इन लोगों को भारत के खिलाफ अभियान चलाने के लिए पैसे दिए जाते हैं।

अत: कश्मीर में प्राथमिकता आतंकी नेटवर्क की रीढ़ तोड़ना है। उनके मिलनेवाले धन के साधनों को रोकने की जरूरत है। दूसरी प्राथमिकता सुरक्षा का माहौल तैयार करने की है, ताकि आम जनजीवन में किसी तरह की बाधा नहीं पहुँचे। राज्य के ज्यादातर लोग अलगाववादियों से ऊब चुके हैं, जिन्होंने लोगों को सिर्फ तकलीफ दी है। सेना में भर्ती के लिए जुटी भीड़, केंद्रीय प्रोफेशनल टेस्ट के लिए बड़ी संख्या में आए छात्र, सिविल सेवा परीक्षा और विभिन्न खेलों में बढ़ी दिलचस्पी दिखाती है कि कश्मीरी सामान्य और शांतिपूर्ण जीवन के लिए तैयार हैं। शांति और विकास के लिए अनुकूल माहौल तैयार करना तभी संभव होगा, जब स्थानीय राजनीतिक नेतृत्व राष्ट्रीय हित को वोट बैंक संबंधी पक्षपातपूर्ण गतिविधियों से ऊपर रखे। इससे आतंकवाद और अलगाववादियों के खिलाफ संपूर्ण जंग के लिए माहौल बनाने में भी मदद मिलेगी, जिस पर केंद्र सरकार राज्य में राज्यपाल शासन के नए दौर में विचार कर रही है।

□

16
मोदी-शाह टीम

इनसानों की सिर्फ एक जाति, एक धर्म, एक ईश्वर है।

—श्री नारायण गुरु

अमित शाह युवा एवं ऊर्जावान हैं और उनके पास कड़ी मेहनत करने की अपार क्षमता है। वह दफ्तर में लंबा समय गुजारते हैं, जो एक और रिकॉर्ड है। अमित शाह के पार्टी अध्यक्ष बनने के साथ ही सरकार और पार्टी के बीच पूरी तरह से तालमेल देखने को मिल रहा है। इस तरह की संगति पिछले पाँच वर्षों में देखने को मिली है। ऐसी स्थिति में जब सरकार का नेतृत्व एक शख्स के पास है, जबकि पार्टी का नेतृत्व किसी अन्य के पास, राजनीति में यह दुर्लभ उदाहरण है।

राजनीतिक पार्टियों में अहं के टकराव की संभावना काफी आम है, लेकिन भाजपा इसमें अपवाद है। प्रधानमंत्री मोदी और अमित शाह ने पिछले चार साल में साहचर्य का शानदार मॉडल पेश किया है। जब कांग्रेस ने देवगौड़ा को प्रधानमंत्री और सीताराम केसरी को पार्टी का अध्यक्ष (1996) बनाकर परदे के पीछे से शासन किया, तो अहं को टकराव साफ तौर पर देखने को मिला। सीताराम केसरी ने उस वक्त प्रधानमंत्री को निकम्मा कहा और आखिरकार गौड़ा को पद छोड़ने के लिए मजबूर कर दिया। वे अलग-अलग पार्टियों से थे। कांग्रेस के शासन में प्रधानमंत्री नरसिम्हा राव पार्टी के अध्यक्ष भी थे। बाद में उन्होंने सीताराम केसरी को पार्टी का अध्यक्ष बनाया, जिन्होंने बाद में सत्ता के लिए उनके साथ धोखेबाजी कर दी।

जिस तरह से कांग्रेस अध्यक्ष के तौर पर सोनिया गांधी ने प्रधानमंत्री डॉ. मनमोहन सिंह की भूमिका को कमजोर किया, उसके बारे में संजय बारू ने अपनी किताब 'द एक्सिडेंटल प्राइम मिनिस्टर' में विस्तार से बताया है।

भाजपा में यह परंपरा रही है कि प्रधानमंत्री ही सर्वोच्च होता है। अटल बिहारी वाजपेयी के प्रधानमंत्री रहने के दौरान भाजपा के तीन अध्यक्ष हुए—बंगारू लक्ष्मण, के. जन कृष्णमूर्ति और एम. वेंकैया नायडू। इन तीन नेताओं ने वाजपेयी की कद, वरिष्ठता

और विशिष्टता को देखते हुए उनकी राह का अनुसरण किया।

जब मोदी प्रधानमंत्री बने तो उन्होंने अमित शाह को पार्टी का नेतृत्व करने की जिम्मेदारी सौंपी। शाह गुजरात मंत्रिमंडल में मोदी के कैबिनेट सहयोगी थे। जिस तरह से यूपीए सरकार ने मोदी को परेशान किया था, उसी तरह से अमित शाह को भी निशाना बनाकर उन्हें परेशान किया गया था। सिर्फ इसलिए कि वह मोदी के भरोसमंद सिपहसालार थे। एक टीम क रूप में मोदी और अमित शाह की जोड़ी भारत की सबसे आदर्श और अनोखी साझेदारी कही जा सकती है। दोनों के बीच हितों के टकराव या अलग-अलग राय पेश करने का एक भी उदाहरण देखने को नहीं मिला है। शाह को पार्टी के मामलों में पूरी स्वतंत्रता हासिल है। मोदी सौभाग्यशाली हैं कि उन्हें इतना सक्षम रणनीतिकार और काबिल पार्टी अध्यक्ष मिला है, जिसने उन्हें पूरी तरह से सरकार चलाने पर फोकस करने का मौका दिया।

शाह न सिर्फ पार्टी के लिए सौभाग्यशाली रहे हैं, बल्कि उनकी राजनीतिक काबिलीयत, चालाकी और युक्तियों ने भाजपा को अपराजेय बना दिया है। शाह ने पार्टी के सांगठनिक ढाँचे में काफी कुछ नया किया है। उन्होंने पार्टी को सक्रिय चुनावी मशीन में बदल दिया है।

उन्होंने चुनाव प्रबंधन की सबसे आधुनिक शैली को पेश किया, जिससे भाजपा के प्रतिद्वंद्वियों के पास कोई विकल्प नहीं बचा। वह 2014 के लोकसभा चुनाव में उत्तर प्रदेश राज्य के पार्टी प्रभारी थे, जहाँ भाजपा ने 80 में से 73 सीटों पर जीत हासिल की थी। बाद में, यानी उत्तर प्रदेश में 2017 में हुए विधानसभा चुनावों में उनके नेतृत्व में पार्टी ने 400 में से 326 सीटों पर जीत हासिल रिकॉर्ड कायम किया।

अजेय अध्यक्ष

बिहार और दिल्ली समेत कुछ राज्यों को छोड़ दें तो उनकी अध्यक्षता में भाजपा ने वैसी सभी जगहों पर जीत हासिल की, जहाँ पार्टी मजबूत दावेदार थी। भाजपा भारत के चीन-चौथाई राज्यों में सत्ताधारी पार्टी बनकर उभरी साथ ही पार्टी 11 करोड़ सदस्यों के साथ दुनिया की सबसे बड़ी पार्टी बनी। उन्होंने कार्यकर्ताओं को अद्‍भुत तरीके से सक्रिय किया और बूथ प्रभारी तथा पन्ना प्रमुख (मतदाता सूची के एक पन्ने का इनचार्ज) की अवधारणा पेश की, ताकि मतदाताओं से सीधा संबंध स्थापित हो सके।

उनके मशहूर पं. दीनदयाल उपाध्याय प्रशिक्षण महाभियान ने देशभर में 13 लाख कार्यकर्ताओं को प्रशिक्षित किया गया, जो एक और विश्व रिकॉर्ड है। इस महत्त्वाकांक्षी अभियान में 15 विषय शामिल थे और मंडल (प्रखंड स्तर), जिला, राज्य और राष्ट्रीय स्तर पर प्रशिक्षण का आइडिया उनके दिमाग की ही उपज थी। प्रशिक्षण का यह ढाँचा

ऐसा था, जिसमें हर स्तर पर प्रशिक्षण की छोटी-छोटी बारीकियों का खयाल रखा गया था। इसकी तुलना सिर्फ आरएसएस कार्यकर्ता तैयार करने से जुड़े प्रशिक्षण से की जा सकती है।

अगर नरेंद्र मोदी के आरोहण ने भाजपा में नए दौर का सूत्रपात किया तो पार्टी अध्यक्ष के रूप में अमित शाह ने इस प्रकिया को पूरा किया और पार्टी में पीढ़ीगत बदलाव की शुरुआत की। अमित शाह के नेतृत्व में भाजपा वास्तव में जनता से जुड़ी और कार्यकर्ताओं की पार्टी के तौर पर उभरकर सामने आई है।

भाजपा की अनोखी विशेषता यह है कि भारत की अन्य पार्टियों के उलट इसके पास वैचारिक परिवार है और इसमें कई भागीदार हैं। बाकी पार्टियाँ वंशवाद या व्यक्ति केंद्रित हैं। इस अर्थ में शाह का कार्यकाल एक विचारक, संगठन और टीम लीडर के रूप में उनकी सफलता की पुष्टि है। केंद्र सरकार की उपलब्धियों को जनता तक पहुँचाने और 2019 का लोकसभा चुनाव को जीतने के लिए पार्टी का भरोसा तैयार करने में उनका बड़ा योगदान है।

प्रधानमंत्री नरेंद्र मोदी ने बड़े अभियान के लिए पार्टी को संगठित और सक्रिय करने को लेकर अमित शाह में पूरी तरह से भरोसा जताया है। अमित शाह ने ऐसे कई रिकॉर्ड बनाए हैं, जो पिछले 38 साल में कोई भी अन्य पार्टी अध्यक्ष नहीं बना सका।

चार महत्त्वाकांक्षी कार्य

अमित शाह को पार्टी के चार सबसे महत्त्वाकांक्षी कार्यों को अंजाम देने और इसमें बड़े पैमाने पर सफलता हासिल करने का श्रेय जाता है। इस तरह का पहला कार्य महासदस्यता अभियान था, जिसने चार महीनों की छोटी अवधि में पार्टी का विस्तार करते हुए दुनिया का सबसे बड़ा राजनीतिक संगठन बना दिया। 11 करोड़ की सदस्यता के साथ यह पार्टी चीनी कम्युनिस्ट पार्टी से भी आगे निकल गई। मिस्ड कॉल देकर पार्टी के साथ जुड़ने का उनका आइडिया इतना लोकप्रिय हुआ कि शुरू में भाजपा के इस अभियान की आलोचना करनेवाली कांग्रेस पार्टी ने अपनी पार्टी के सदस्यता अभियान के लिए भी इसकी नकल शुरू कर दी।

दूसरा महासंपर्क अभियान व्यक्तिगत स्तर पर लोगों से संपर्क करने और हर नए सदस्य को औपचारिक तौर पर पार्टी में शामिल करने का था। तीसरी पहल मंडल से राष्ट्रीय स्तर पर 15 लाख कार्यकर्ताओं को प्रशिक्षित करने के लिए पं. दीनदयाल उपाध्याय महाभियान की शुरुआत थी।

अब तक किसी भी राजनीतिक पार्टी ने इस तरह का ऐतिहासिक काम नहीं किया है। यह प्रशिक्षण पार्टी की विचारधारा, बेहतरी, व्यवहार और रणनीति से जुड़ा है, ताकि वह

अपना लक्ष्य हासिल कर सके। इस अभियान से समाज के हर तबके ने जुड़ाव महसूस किया और इसका ढाँचा और कार्यप्रणाली केंद्रीय स्तर पर तैयार की गई है और इसे मसीहाई अंदाज में लागू किया गया है।

चौथा महत्त्वपूर्ण कार्य पार्टी को जिला स्तर पर उच्च तकनीकवाले आधुनिक कार्यालय से लैस करना था, जहाँ लाइब्रेरी और अन्य आधुनिक सुविधाएँ हों। अमित शाह द्वारा कांग्रेस-मुक्त भारत का लक्ष्य हासिल करने की दिशा में बढ़ने के साथ वह यह भी सुनिश्चित करने में जुटे हैं कि उनकी पार्टी भारत में श्रेष्ठ राजनीतिक इकाई बन सके।

वैचारिक एजेंडे पर आक्रामक तरीके से काम करने के लिए भाजपा को आगे बढ़ाने की उनकी कोशिशों ने उन्हें संघ परिवार का चहेता बना दिया है। उनके नेतृत्व में बड़ी संख्या में आरएसएस प्रचारक भाजपा में शामिल हुए हैं। उन्होंने छात्र-छात्राओं, किसानों, श्रम आंदोलनों और स्वदेशी लॉबी समेत समाज के विभिन्न तबकों के साथ बेहतर समन्वय और तालमेल सुनिश्चित किया है। अमित शाह का प्रधानमंत्री के साथ शानदार तालमेल है, जिससे सरकार और पार्टी के कामकाज में सुगमता सुनिश्चित होती है।

यह भारतीय राजनीति के भविष्य को किस तरह से प्रभावित करता है? गठबंधन दौर का खात्मा 2014 में भाजपा की जीत का सबसे बड़ा संदेश था। अमित शाह ने इसका फायदा उठाते हुए हरियाणा, झारखंड, असम, उत्तर प्रदेश, महाराष्ट्र, उत्तराखंड, त्रिपुरा, मणिपुर, अरुणाचल प्रदेश और गोवा में शानदार चुनावी सफलता हासिल की है। हालाँकि पार्टी ने तमाम वैचारिक मतभेदों के बावजूद अन्य पार्टियों के साथ राजनीतिक गठबंधन के लिए अपने दरवाजे बंद नहीं किए, जैसा कि जम्मू-कश्मीर के मामले में देखने को मिला।

नए-नए रिकॉर्ड बनाने को तैयार

अमित शाह के नेतृत्व में पार्टी का नए क्षेत्रों में विस्तार हुआ और दक्षिण भारत में इसने बड़े स्तर पर सत्ता हासिल करने का प्रयास किया, साथ ही भाजपा आंध्र प्रदेश, तेलंगाना, तमिलनाडु और पश्चिम बंगाल में बढ़त हासिल करने को तैयार है। बिहार विधानसभा चुनाव में पार्टी के निराशाजनक प्रदर्शन से अब वह बेअसर हो गई है, क्योंकि जेडी(यू) अब एनडीए का हिस्सा है और भाजपा वहाँ फिर से सत्ता में है। दरअसल, भाजपा के प्रतिद्वंद्वियों के लिए शाह की रणनीति सबसे बड़ी चिंता है।

अमित शाह के चुनावी राजनीति के नए तौर-तरीकों ने विपक्ष के लिए प्रचार अभियान को मुश्किल कर दिया है और वे इससे डरे हुए हैं। शाह आक्रामक, नवाचार और तकनीक को बढ़ावा देनेवाले हैं। विपक्षी वोटिंग मशीन को लेकर शिकायत करते हैं। उनका कहना है कि भाजपा 24X7 चुनावी मोड में रहती है। भाजपा ने राजनीतिक प्रोपेगेंडा के लिए तकनीक और संचार के आधुनिक उपकरणों का जिस तरह से सफलतापूर्वक

इस्तेमाल किया है, वैसे अब तक कोई भी अन्य पार्टी करने में सफल नहीं रही है।

कांग्रेस अब भी इस बात को लेकर अनिश्चित है कि 2019 के लोकसभा चुनाव में गठबंधन का नेतृत्व कौन करेगा, जबकि एक दशक से भी ज्यादा तक टालमटोल के बाद राहुल गांधी ने दिसंबर 2017 में कांग्रेस अध्यक्ष का पदभार ग्रहण कर लिया था। कथित गठबंधन का ढाँचा अब तक तय नहीं हो पाया है और उसके नेतृत्व का सवाल अब भी अटका हुआ है। हालाँकि भाजपा ने शुरुआत कर दी है। भाजपा ने सितंबर 2018 मे अपने राष्ट्रीय कार्यकारिणी में 2019 के चुनाव अभियान के लिए अपनी तैयारी के संकेत दिए थे।

अमित शाह बोलते कम हैं, लेकिन पार्टी के वैचारिक आधार के प्रति उनकी प्रतिबद्धता, पार्टी-सरकार के बीच संतुलन स्थापित करने की उनकी कला और आरएसएस का पूर्ण विश्वास आदि चीजें 2019 के चुनावी समर में कार्यकर्ताओं को उत्साहित करने में मदद करेंगी।

अमित शाह ने राजनीतिक दृष्टि से अपने प्रतिद्वंद्वियों को अपने अगले कदम के बारे में अटकलें लगाने के लिए छोड़ दिया है। जिन राज्यों में उन्हें पार्टी की स्थिति मजबूत लगती है, वहाँ वह 'एकला चलो' के मंत्र पर अमल करते हैं, जबकि जहाँ की पार्टी ज्यादा मजबूत नहीं है, वहाँ पर वह गठबंधन करने और सहयोगी चुनने में भी नहीं हिचकिचाते। उनका लक्ष्य भाजपा को वैसी नई सीमाओं तक ले जाना है, जहाँ पहले वह नहीं पहुँची है।

मोदी-शाह का निशाना

अमित शाह ने 2019 के लोकसभा चुनावों में भाजपा के लिए 350 सीटों का लक्ष्य तैयार किया है। वे सही इरादों के साथ इस शानदार लक्ष्य के लिए कार्यकर्ताओं को तैयार कर रहे हैं। अगर आप ज्योतिषी नहीं है, तो चुनावी नतीजों की भविष्यवाणी करना मुमकिन नहीं है। मोदी और शाह ने 8-9 सितंबर, 2018 को राष्ट्रीय कार्यकारिणी की बैठक में पार्टी को ऊँचे लक्ष्य की जिम्मेदारी सौंपी थी।

हाल में देशभर में हुए सर्वेक्षण में प्रधानमंत्री नरेंद्र मोदी को मजबूत स्थिति में बताया गया और तत्काल चुनाव होने की दशा में एनडीए के लिए शानदार जीत का अनुमान जताया गया। बहरहाल, भाजपा समर्थक और उसके विरोधी 2014 के उसके रिकॉर्ड को बारीकी से देखते हैं, जब उसने इन क्षेत्रों में कई आश्चर्यजनक जीत हासिल की थीं, जिसे अब तक नामुमकिन माना जा रहा था।

हाल के इस लक्ष्य को हासिल करने के लिए भाजपा को उन राज्यों में बड़े पैमाने पर जीत हासिल करनी होगी, जो अब तक पार्टी के लिए अभेद्य लग रहे हैं। इसके अलावा उसे उन सीटों को बरकरार रखना होगा, जिन पर पार्टी ने पिछले लोकसभा चुनावों में जीत हासिल की थी। मोदी-शाह टीम ने अब तक लक्ष्यों को तय करने और उन्हें हासिल करने

में शानदार सफलता पाई है और राजनीतिक दक्षता का प्रदर्शन किया है।

जाहिर तौर पर भाजपा गठबंधन अजेय है। इसके लिए एकमात्र प्रमुख चुनौती राहुल गांधी हैं, जो हाल में एनडीओ के खिलाफ मुखर हो गए हैं। जैसा कि हम जानते हैं, इतिहास अलग-अलग तरीके से अपने आप को दोहराता है। और कभी-कभी एक कार्टून के जरिए शानदार राजनीतिक टिप्पणी की जाती है। हाल के एक कार्टून में दिखाया गया है कि एक शख्स, जो कभी चाय बेचता था, वह प्रधानमंत्री बन गया है और जो कभी प्रधानमंत्री बनना चाहता था, वह पूरे कर्नाटक में चाय स्टॉल खोलने में व्यस्त है। दरअसल, इसका संदर्भ कांग्रेस अध्यक्ष राहुल गांधी का वह ऐलान था, जिसमें उन्होंने तमिलनाडु में 'अम्माँ कैंटीन' की तर्ज पर पूरे राज्य में कैंटीन खोलने का ऐलान किया था। मुमकिन है कि कांग्रेस नेता मणिशंकर अय्यर 2014 के चुनाव से पहले मोदी पर 'चायवाला' टिप्पणी को लेकर छटपटा रहे हों।

कांग्रेस ने सितंबर 2017 में विपक्षी एकता का नमूना पेश करने की कोशिश की, लेकिन कई कारणों से यह शिथिल पड़ गया। इस बैठक में शरद पवार और उनकी राष्ट्रवादी कांग्रेस पार्टी (एनसीपी) ने हिस्सा नहीं लिया। जेडी (यू) के चंद प्रतिनिधियों ने इसमें हिस्सा लिया, जबकि पार्टी का बड़ा हिस्सा नीतीश कुमार (जेडी-यू नेता और बिहार के मुख्यमंत्री) के साथ खड़ा था। कांग्रेस के लिए अब बड़ी चुनौती यूपी में समाजवादी पार्टी (सपा) और बहुजन समाज पार्टी (बसपा) के साथ भरोसेमंद गठबंधन तैयार करने की है, ताकि दोनों पार्टियों के साथ मिलकर वह भाजपा का मुकाबला कर सके।

चूँकि बिहार का मामला स्पष्ट है, लिहाजा उत्तर प्रदेश विपक्ष के लिए आनेवाले वक्त में गतिविधियों का सबसे दिलचस्प केंद्र साबित होनेवाला है। एक और राज्य, जहाँ दिलचस्प गतिविधियाँ देखने को मिल रही हैं, वह तमिलनाडु है। पश्चिम बंगाल में ममता बनर्जी की पार्टी के भीतर भी दिलचस्प राजनीतिक ड्रामे की पटकथा लिखी जा रही है। त्रिपुरा अग्रदूत की तरह जान पड़ता है, जहाँ विधानसभा चुनाव में भाजपा ने माकपा को हराया और राज्य के इतिहास में पहली बार सरकार बनाई।

बंगाल में भी इसी तरह का घटनाक्रम चल रहा है। हाल के स्थानीय चुनावों में भाजपा दूसरे नंबर पर रही। हालाँकि बड़ी खबर इन चुनावों में माकपा और कांग्रेस की करारी शिकस्त है। जुलाई 2017 में राज्यसभा से इस्तीफा देनेवाली मायावती ने समाजवादी पार्टी के साथ उत्तर प्रदेश में गठबंधन किया है। यह भाजपा के खिलाफ विपक्षी एकता का अहम परीक्षण जैसा है। उत्तर प्रदेश ने पिछली बार एनडीए के 73 सांसदों को लोकसभा में भेजा था। भाजपा ने फरवरी-मार्च 2017 में हुए राज्य विधानसभा चुनावों में इस आँकड़े में और बढ़ोतरी की।

भाजपा ने 2014 के लोकसभा चुनावों में उत्तर भारत के राज्यों में सभी सीटों पर

जीत हासिल की। इनमें गुजरात, राजस्थान, हिमाचल प्रदेश, दिल्ली शामिल हैं, साथ ही बिहार, महाराष्ट्र, मध्य प्रदेश, छत्तीसगढ़, असम, झारखंड, कर्नाटक और हरियाणा जैसे राज्यों में एनडीए को 90 प्रतिशत से ज्यादा सीटों पर सफलता मिली। सत्ताधारी गठबंधन को 335 सीटें मिलीं, जिनमें से सिर्फ भाजपा को 282 सीटों पर जीत हासिल हुई थी। करीब 150 लोकसभा क्षेत्रों में भाजपा दूसरे स्थान पर रही। अगर पार्टी को आगामी लोकसभा चुनाव में 350 सीटों पर जीत हासिल करनी है, तो उसे उन राज्यों में जीत की रफ्तार को कायम रखना होगा, जहाँ उसने अधिकतम सीटों पर जीत हासिल की। साथ ही, बंगाल, ओड़िशा, तेलंगाना, केरल, तमिलनाडु, पंजाब और उत्तर-पूर्व राज्यों में बढ़त हासिल करनी होगी। आगामी चुनाव तक कई और पार्टियाँ इधर-उधर जा सकती हैं और नए समीकरण उभर सकते हैं।

भाजपा उन राज्यों में नए सहयोगी बनाने को लेकर काम कर रही है, जहाँ वह कमजोर है। इसके कारण एनडीए का आकार 2013 के मुकाबले बड़ा हो सकता है। पार्टी अन्नाद्रमुक, तेलंगाना संघर्ष समिति (टीआरएस) आदि के मामलों में दिलचस्पी दिखा रही है, जो विस्तार की उसकी नई रणनीति का संकेत है। फिलहाल, विपक्ष में इंडियन नेशनल लोकदल (आईएनएलडी), बीजू जनता दल (बीजेडी), टीआरएस तेलंगाना राष्ट्र समिति, एआईएडीमके जैसी कई पार्टियाँ हैं, जो कांग्रेस के मुकाबले एनडीए के करीब हैं। वे चुनाव से पहले भाजपा की तरफ जा सकती हैं। ऐसी स्थिति में 350 सीटें जीतने का अमित शाह का इरादा हवा-हवाई नहीं है।

विपक्ष का मानना है कि भाजपा की मौजूदा आकांक्षा 2004 के 'इंडिया शाइनिंग' कैंपेन जैसी है, जिसका फायदा उठाने में भाजपा नाकाम रही। उनका आकलन है कि जीएसटी, नोटबंदी और पेट्रोल की ऊँची कीमतों के कारण लोगों को परेशानी हुई और इसके कारण भाजपा के लिए फिर से जीत हासिल करना मुश्किल होगा। विपक्षी पार्टी को लगता है कि भारत में बदलाव को लेकर शिथिलता और भ्रष्टाचार को लेकर कांग्रेस के झुकाव के कारण उन्हें मदद मिलेगी।

दूसरी तरफ मोदी बदलाव, पारदर्शिता और जवाबदेही के लिए जनता की इच्छा और नोटबंदी, जीएसटी में गरीबों के हित तथा अमीर व समृद्ध लोगों पर ऊँचे टैक्स जैसे कदमों के कारण फिर से सत्ता में लौटने की तैयारी में जुटे हैं। भाजपा को नीतीश फैक्टर और दक्षिण भारत में नए गठबंधन से भी फायदा होगा। मुमकिन है कि विपक्ष के लिए खेल अभी खत्म नहीं हुआ हो। हालाँकि अमित शाह के 350 से भी ज्यादा सीट जीतने के लक्ष्य में वास्तविकता का तत्त्व विचारणीय और दिमागी खेल में बेहतर चिंतन है।

□

17
वादे पूरे किए

राजनीति मोटी दफ्ती में मजबूती से और धीर-धीरे छेद करने की तरह है। इसके लिए योजना और जुनून दोनों की जरूरत होती है। निश्चित तौर पर सभी ऐतिहासिक अनुभव सच की पुष्टि करते हैं, अगर वह शख्स बार-बार असंभव के लिए प्रयास नहीं करता, तो वह इसे संभव नहीं बना पाता।

—मैक्स वेबर, 'पॉलिटक्स ऐज ए वोकेशन'

आगामी लोकसभा चुनाव में एनडीए से मुकाबले के लिए क्षेत्रीय पार्टियों के गठबंधन की शक्ल और ताकत के बारे में अभी तसवीर साफ नहीं हो पाई है। फिलहाल यह काल्पनिक जीव की तरह है, जिसका नाम तय करना या इसकी व्याख्या करना मुश्किल है।

कांग्रेस और बाकी भाजपा विरोधी पार्टियों की सामूहिक निराशा और हताशा को समझा जा सकता है। भाजपा अब तकरीबन दो दर्जन राज्यों में सत्ता में है, जहाँ देश की तकरीबन तीन-चौथाई आबादी रहती है। पार्टी एक प्रमुख राजनीतिक ताकत के रूप में उभरी है और 2014 के बाद ज्यादातर विधानसभा चुनावों के नतीजों पर गौर किया जाए, (जिसमें कांग्रेस को करारी हार का सामना करना पड़ा) तो नरेंद्र मोदी का उत्कर्ष अभेद्य है।

बसपा, सपा और माकपा जैसी क्षेत्रीय पार्टियों को भी भाजपा के हाथों करारी हार का सामना करना पड़ा। ऐसे में उत्तर प्रदेश में हुए संसदीय उपचुनाव गोरखपुर, फूलपुर और कैराना में बसपा, सपा और कांग्रेस को संयुक्त उम्मीदवार उतारने पर मजबूर होना पड़ा। इस प्रयोग ने भाजपा-विरोधी कैंप में यह उम्मीद जगा दी कि संयुक्त विपक्ष 2019 के लोकसभा चुनाव में भाजपा के लिए मुश्किल खड़ी कर सकता है।

हालाँकि यह सतही नजरिया है और यह उस तरह का सीधा गणित नहीं है, जैसा कि उपचुनाव के समय दिखा। कई मुद्दे स्थानीय होते हैं और स्थानीय स्तर पर सामंजस्य बिठाना मुश्किल होता है। अलग-अलग पार्टियों के वोटों की हिस्सेदारी का गणित बेहतर तरीके से काम करता है। हालाँकि आम चुनाव में 'केमिस्ट्री' और माहौल बेहतर काम करता

है। पार्टियों को सीटों के बँटवारे पर काम करना पड़ता है। उन्हें सरकार चलाने के लिए एजेंडा पेश करना पड़ता है और ऐसा नेता घोषित करना होता है, जो चुनाव-दर-चुनाव देश पर शासन करने के लायक हो। क्या विपक्ष एनडीए और नरेंद्र मोदी का भरोसेमंद विकल्प पेश कर सकता है? क्षेत्रीय पार्टियों की ताकत किसी विशेष राज्य तक सीमित रहती है। वे एक-दूसरे के पूरक नहीं होते।

कांग्रेस उड़ीशा में बीजेडी, केरल में माकपा, तेलंगाना में टीआरएस और आंध्र प्रदेश में तेदेपा (तेलुगू देशम पार्टी) की प्रतिद्वंद्वी है। कांग्रेस की छत्रच्छाया में अन्य पार्टियों का उसके साथ जुड़ना मुश्किल है। इस अर्थ में वह राष्ट्रीय पार्टी के तौर पर अपनी प्रासंगिकता खो चुकी है। वरिष्ठ क्षत्रपों का राहुल गांधी के साथ सामूहिक मोर्चा तैयार होने की संभावना नहीं है। कई क्षेत्रीय पार्टियाँ अब भाजपा की सहयोगी हैं। एनडीए ने अब तक संयुक्त इकाई की तरह काम किया है। कुछ चतुर रणनीति के साथ एनडीए के पास विस्तार का और विकल्प है और वह एआईएडीएमके, टीआरएस, तेलुगू या वाईएसआर कांग्रेस के वाईएस जगमोहन रेड्डी तथा उत्तर-पूर्व की क्षेत्रीय पार्टियों को अपने साथ कर सकती है। जब कांग्रेस 1980 के दशक तक कांग्रेस का व्यापक प्रभाव था, तो संयुक्त विपक्ष के वोटों का हिस्सा ज्यादा था। अब भाजपा के मामले में यही स्थिति है। हालाँकि राष्ट्रीय चुनाव में लोग स्थिर सरकार और भरोसमंद नेता के लिए वोट करते हैं। लोगों के पास चुनने के लिए भाजपा और मोदी का विकल्प नहीं है। छिटपुट गठबंधनों का मामला ज्यादा-से-ज्यादा राज्य स्तर तक कारगर हो सकता है, लेकिन राष्ट्रीय स्तर पर यह दूर की कौड़ी है। भाजपा के पास डरने के लिए कुछ भी नहीं है, साथ ही प्रधानमंत्री की करिश्माई छवि का जादू लोगों के बीच कायम है।

नरेंद्र मोदी की गिनती पिछले सात दशक के बेहतरीन प्रधानमंत्रियों में हो रही है। राजनीतिक लिहाज से करिश्मा बरकरार रखने के मामलों में मोदी का कोई मुकाबला नहीं है। बहरहाल, सामाजिक क्षेत्र में जबरदस्त बदलाव लाने और अर्थव्यवस्था तथा कूटनीति के बेहतर प्रबंधन के कारण उन्होंने इतिहास में अपनी जगह बनाई है।

प्रतिद्वंद्वी परास्त हो चुके हैं, आलोचक खामोश हो गए हैं और चुनावी सर्वेक्षण 2019 में मोदी की आसान जीत की भविष्यवाणी कर रहे हैं। यह शानदार यात्रा रही है—2014 में भर्त्सना और तिरस्कार से लेकर एक साल बाद संशयवाद और इसके तीन साल बाद जबरदस्त समर्थन तक। मोदी के आलोचक आज भारी भ्रम में हैं। वे अपना रास्ता नहीं ढूँढ़ पा रहे हैं।

मोदी ऐसी राजनीतिक परिघटना के तौर पर उभरकर सामने आए हैं, जिसे भारत ने पहले कभी नहीं देखा। इंदिरा गांधी, राजीव गांधी और वी.पी. सिंह जैसे लोकप्रिय नेता जबरदस्त जनादेश के साथ आए, लेकिन अपने कार्यकाल के बीच में ही जलवा खो बैठे।

इन तथ्यों पर गौर कीजिए, मोदी प्रधानमंत्री बनने से पहले 12.5 साल तक गुजरात के मुख्यमंत्री रहे। उन्होंने भाजपा के लिए लगातार तीन बार गुजरात में जीत हासिल की और जब उन्होंने गुजरात से प्रधानमंत्री पद के लिए चुनाव लड़ा तो लोकसभा में उन्हें राज्य की 26 में से 26 सीटों पर जीत हासिल हुई।

इसके बाद से मोदी को तकरीबन हर चुनाव में जीत हासिल हुई है, चाहे वह विधानसभा चुनाव हो, उपचुनाव या स्थानीय निकाय चुनाव। बिहार और दिल्ली विधानसभा चुनाव के नतीजे इस मामले में अपवाद रहे और यहाँ पार्टी की जीत की प्रबल संभावना थी। हालाँकि अप्रैल 2017 में भाजपा ने दिल्ली में नगर निकायों के चुनाव में शानदार सफलता हासिल की। पूर्व के किसी और राजनेता ने यह रुतबा हासिल नहीं किया है।

मोदी ने खुद को जीत का शुभंकर साबित किया है, जबकि अमित शाह चुनाव मैदान में अर्जुन की भूमिका में हैं। मोदी की जबरदस्त लोकप्रियता ने भाजपा को उन क्षेत्रों में भी सत्ता दिलाई, जहाँ पार्टी ने इसकी कल्पना भी नहीं की थी। हरियाणा, महाराष्ट्र, झारखंड, जम्मू-कश्मीर, असम, मणिपुर, उत्तर प्रदेश, त्रिपुरा और अरुणाचल प्रदेश में मोदी को शानदार जीत मिली। इस तरह की राजनीतिक अपराजेयता ही विपक्ष के गुस्से और सभी तुच्छ बातों को लेकर मोदी पर हमले का प्रमुख कारण है।

मोदी ने यह राजनीतिक पूँजी कैसे हासिल की? उनके विरोधियों और आलोचकों के लिए आज यह सबसे बड़ी पहेली है। मोदी ने अपनी विश्वसनीयता दो आधार पर तैयार की—गरीबों की जिंदगी को बदलने की प्रतिबद्धता के जरिए और अच्छे अर्थशास्त्र को अच्छी राजनीति मानकर। ने बाकियों से अलग राजनेता के रूप में देखे जाते हैं। पिछले पाँच साल में मोदी गरीबों के मसीहा बनकर उभरे हैं और प्रधानसेवक की भूमिका निभाने और राष्ट्रीय खजाने के एक-एक पैसे की रक्षा के उनके वादे की याद आज भी आम जनता को झकझोर देती है।

कौन दूसरा राजनेता इतने कम समय में पाँच करोड़ परिवारों को रसोई गैस का मुफ्त कनेक्शन देने में सक्षम रहा है? पिछली कोई भी सरकार 35 करोड़ भारतीयों के लिए बैंक खाता नहीं खुलवा पाई और ऐसे ज्यादातर खाताधारकों को मुफ्त बीमा और स्वास्थ्य का कवर मिला। प्रधानमंत्री आवास योजना हर जगह काफी सफल रही है। इस छोटी अवधि में ही आठ करोड़ शौचालयों का निर्माण किया जा चुका है और स्वच्छता लोकप्रिय राष्ट्रीय अभियान बन चुका है। किसी भी अन्य सरकार ने बंदरगाह, ग्रामीण सड़क, राजमार्ग, जलमार्ग या वाई-फाई आदि जैसी संरचना के निर्माण के लिए करीब छह लाख करोड़ का आवंटन नहीं किया। इससे अरबों दिलों में सपने जल चुके हैं।

मोदी विकास को सफलतापूर्वक राजनीतिक एजेंडा बना चुके हैं। एक साल पूरा होने पर केरल की माकपा सरकार द्वारा जारी किया गया विज्ञापन मोदी सरकार की कार्ययोजना जैसा नजर आ रहा था या यों कहें कि मोदी ने विकास के मामले में राजनीतिक प्रतिस्पर्धा की

शुरुआत कर दी है। इस तरह मोदी ने राष्ट्रीय राजनीतिक विमर्श को बदल दिया है। जाति, धर्म, भाषा और क्षेत्रीयता जैसे भावनात्मक मुद्दों की बजाय मोदी देश में निवेश और विकास की बात करते हैं और यह विमर्श राजनीतिक बहस में हावी रहता है। मोदी ने अर्थशास्त्र को राजनीति के केंद्र में ला दिया है, साथ ही अन्य पार्टियों को भी इस नए चलन को स्वीकार करने के लिए मजबूर होना पड़ा है।

29 सितंबर, 2016 को सर्जिकल स्ट्राइक और नोटबंदी मोदी सरकार के दो ऐतिहासिक कदम साबित हुए। सर्जिकल स्ट्राइक से उद्दंड पाकिस्तान अपनी ही उस रणनीति में घिर गया, जिसे वह लंबे समय से आजमा रहा था। पाकिस्तान को आज आतंकवाद के संरक्षक के तौर पर आलोचनों का सामना करना पड़ रहा है, मजबूरन अमेरिका को उसकी दी जाने वाली सहायता में भारी कटौती करनी पड़ी है। अमेरिकी राष्ट्रपति डॉनल्ड ट्रंप ने भारत को आतंकवाद का शिकार बताया है। मोदी पिछले चार साल में भारत को सभी तरह के आतंकवादी हमलों से बचाने और सीमा पार आतंकवाद को कश्मीर तक सीमित करने में सफल रहे हैं, जो छोटी उपलब्धि नहीं मानी जा सकती है।

नोटबंदी में मोदी ने खुद बड़ा जोखिम लिया और अर्थशास्त्रियों के साथ राजनीतिक आलोचकों को भी गलत साबित किया। इससे जुड़ा संक्रमण काल करीब-करीब दिक्कतों से मुक्त रहा और जैसा कि उन्होंने कहा, 'हार्ड वर्क हार्वर्ड के मुकाबले जीत गया।' भारत की वृद्धि दर 7.9 प्रतिशत है, जबकि दुनिया की वृद्धि दर 3.1 प्रतिशत है। पिछले 28 साल में पहली बार मूडीज ने 2017 में चीन को रेटिंग घटाते हुए उसे डाउनग्रेड कर दिया। भारत को आर्थिक मोरचे पर सबसे चमकीले सितारे के रूप में देखा जा रहा है। सेंसेक्स नई ऊँचाई छू रहा है, महँगाई दर में गिरावट है तथा कर्ज की माँग में तेजी देखने को मिल रही है। मोदी का स्टार्टअप और मेक इन इंडिया मिशन नई तकनीक और निवेश ला रहा है तथा इससे भारत के विनिर्माण का प्रमुख केंद्र बनने की संभावनाएँ खुल रही हैं।

मोदी के नेतृत्व में भाजपा का जो प्रदर्शन है, वह पहले कभी देखने को नहीं मिला। सादगी से भरी उनकी जीवनशैली, राष्ट्र निर्माण को लेकर निस्स्वार्थ समर्पण ने पार्टी के लिए जो राजनीतिक गंभीरता पैदा की है, वह युवाओं और प्रतिभाओं को पहले से बड़े पैमाने पर आकर्षित कर रही है। ज्यादातर कार्यकर्ता मोदी को पार्टी की विचारधारा और लक्ष्य का साकार रूप मानते हैं। पार्टी की तरह राष्ट्र भी आगे बढ़ रहा है। मोदी के नेतृत्व में देश कल्याणकारी अंदाज में आगे बढ़ रहा है।

12 अगस्त, 2018 को अंग्रेजी अखबार 'द टाइम्स ऑफ इंडिया' को दिए इंटरव्यू में प्रधानमंत्री मोदी ने भरोसा जताया था कि भाजपा 2014 से ज्यादा अंतर से 2019 में होने वाला लोकसभा चुनाव जीतेगी। उन्होंने 'महागठबंधन' को असफल आइडिया करार देते हुए खारिज कर दिया था। उनका कहना था कि यह महागठबंधन इसलिए सफल नहीं हो

सकता है, क्योंकि लोग केंद्र में मजबूत और निर्णायक फैसले लेनेवाली सरकार चाहते हैं, जो नतीजे दे सके।

भारतीय लोकतांत्रिक इतिहास में मोदी सरकार एक शानदार अनुभव रही है। मोदी ने गुजरात में भी ऐसा कर दिखाया था और उन्होंने बड़े परिदृश्य पर, यानी राष्ट्रीय स्तर पर भी इस तरह का प्रयोग किया है। उन्होंने भारत को दिखाया है कि बेहतर शासन से समाज में किस तरह बदलाव लाया जा सकता है, किस तरह से आदतों, चरित्र और राष्ट्रीय प्रतिबद्धता को बदला जा सकता है। आज सबसे बड़ा डर यह है कि अगर मोदी 2019 में सत्ता में वापस नहीं लाए जाते हैं तो देश का क्या होगा। मोदी ने जिस तरह से काम किया है, देश की शासन व्यवस्था उस तरह से पहले कभी नहीं चलाई गई। देश के नागरिकों के कल्याण और बेहतर भविष्य के लिए जिम्मेदारी तय कर उन्होंने खुद को अपरिहार्य बना दिया है। उन्होंने संस्थानों को मजबूत बनाया है, लोगों की भागीदारी सुनिश्चित की है और सरकार को जवाबदेह तथा पारदर्शी बनाया है। डिजिटल इंडिया ने यह मुमकिन बनाया है कि सरकार का हर कदम जनता के लिए पारदर्शी हो।

पहले की सरकारें एक से दूसरे चुनाव को ध्यान में रखकर काम करती थीं। हर काम अगले चुनाव के लिए तैयारी के अवसर की तरह किया जाता है।

तमाम फैसले यह सुनिश्चित करने के मकसद से लिए जाते थे कि अगले चुनाव में उनका लाभ मिल सके। ऐसे में निहित स्वार्थी तत्त्व तैयार होते थे, वोटबैंक का पोषण किया जाता था, विशेष कैटेगरी और कई तरह के प्रोत्साहन दिए जाते थे और हित समूहों का सूक्ष्म प्रबंधन चुनाव नतीजों के प्रबंधन का एकमात्र तरीका माना जाता था।

मोदी ने बड़ी तसवीर के बारे में सोचा। राष्ट्रीय मूल्यों और चरित्र को बढ़ावा देने के लिए 'मेक इन इंडिया' के आइडिया को केंद्र में लाया गया। इसी वजह से भारत हर गतिविधि का पहला ब्रांड बना। वे अपनी राजनीतिक कीमत चुकाने के लिए तैयार थे, यहाँ तक कि प्रतिकूल चुनावी नतीजों ने भी उन्हें डिगने नहीं दिया। उन्होंने बीच में ही कुछ सुधार नहीं किया, उन्होंने उलटी दिशा में मुड़ने में यकीन नहीं किया। पहले के प्रधानमंत्रियों को बीच में ही बदलाव करने या अचानक से उलटी दिशा में मुड़ने में विशेषज्ञ के तौर पर बताया जाता था। चाहे वह तेल पर टैक्स का मामला हो, जीएसटी या नोटबंदी। कइयों ने मोदी को वापस कदम खींचने की सलाह दी; उन्हें बड़ी राजनीतिक आपदा या अपनी हैसियत पर खतरे की बात भी कही गई।

2002 के दंगों के बाद गुजरात में भी ऐसा हुआ था। जब मोदी ने कृषि में सुधार का फैसला किया, तो उन्होंने किसानों को अटके पड़े बिजली बिल का भुगतान करने को कहा और पूरे राज्य के लिए चौबीस घंटे (24X7) बिजली की सप्लाई देने का फैसला किया। इस पर उन्हें काफी विरोध का सामना करना पड़ा। जब उन्होंने सड़कों को चौड़ा करने और ट्रैफिक को सुगम बनाने की पहल की, तो उन्हें भारी विरोध झेलना पड़ा। इसी तरह

जब उन्होंने निवेश का माहौल तैयार करने के लिए जमीन का अधिग्रहण किया और राज्य को औद्योगिक रूप से शीर्ष पर पहुँचाने के लिए काम शुरू किया तो उन्हें आंदोलनों का सामना करना पड़ा।

वे अपनी पहल से पीछे नहीं हटे। वे मैदान में डटे रहे और जीत हासिल की। इस दृढ संकल्प ने ही भरोसा करने की प्रेरणा दी। उन्होंने अपने इर्द-गिर्द मंडली नहीं तैयार की। उनका अपना कोई एजेंडा नहीं है। लोगों को पता है कि वे पैसे के पीछे नहीं हैं, जैसा कि बाकी नेताओं का आचरण है। उनका कोई चाचा, भाई, भतीजा, दामाद या करीबी रिश्तेदार नहीं है, जिसका वे संरक्षण करें और बढ़ावा दें।

अगर मोदी ने कोई कदम उठाया है तो यह देश की बेहतरी, बड़े जनसमूह के व्यापक हितों के लिए है। इसमें स्वयं के हित का कोई मामला नहीं है। यही वजह है कि उनके कदम विश्वसनीय नजर आए, राष्ट्र उनके साथ खड़ा रहा और उन्हें पूरे देश की जनता ने सराहा और उसका समर्थन मिला। वैचारिक और अन्य स्तरों पर कड़े मुकाबले के बाद भी उन्होंने हर चुनाव जीता। 2019 को लेकर चिंता यह है कि अगर मोदी हारते हैं तो देश हारेगा।

सोनिया गांधी के नेतृत्व के दौरान यह साफ नजर आ रहा था कि वे देश को टुकड़ों-टुकड़ों में बरबाद करने की दिशा में काम कर रही थीं। नीरा राडिया टेप ने यह दिखाया कि हित समूह या बाहरी एजेंट किस तरह से कैबिनेट के विभागों के आवंटन और उच्च स्तर पर सरकार की नीतियों को प्रभावित कर सकते हैं।

घोटालों के कारण बड़े पैमाने पर राष्ट्रीय संपत्ति की लूट और बरबादी हुई। बेलगाम और बेशर्मी से लूट को प्रोत्साहित किया गया। सुपर कैबिनेट राष्ट्रीय सलाहकार परिषद् (एनएसए) द्वारा लूट को बढ़ावा दिया गया। किचन कैबिनेट द्वारा हर गोपनीय फाइल को देखा जाता था और इसकी जाँच की जाती थी, जैसा कि संजय बारू ने अपनी किताब 'द एक्सिडेंटल प्राइम मिनिस्टर' में बताया है। उन्होंने भारत की संभावनाओं पर जमकर पलीता लगाया।

चीन में 1989 तक विकास का मामला ठप रहा और यह भारत से पीछे रहा। देंग जियाओ पिंग ने सबकुछ बदलकर रख दिया और इस तरह से देश में बदलाव का मार्ग प्रशस्त हुआ। नरेंद्र मोदी ने भारत के लिए वह कर दिखाया है, जो देंग ने चीन के लिए किया।

एनडीए और यूपीए दोनों के लिए लक्ष्य 2019 के चुनाव में शानदार जीत हासिल करना है। जहाँ तक नरेंद्र मोदी का सवाल है, तो उनका प्रदर्शन उनके लिए सबसे बड़ा हथियार है। आमतौर पर विपक्ष और खास तौर पर राहुल गांधी ने मोदी को बदनाम करना, उनकी छवि को धूमिल करने की रणनीति अपनाई है। कांग्रेस और उसके मुखिया राहुल गांधी के लिए 'अभी नहीं तो कभी नहीं' जैसा मामला है। गैर-निष्पादित संपत्तियों, फरार बिजनेसमैन विजय माल्या, राफेल जेट व असहिष्णुता पर मोदी के खिलाफ राहुल के अनर्गल आरोप और कांग्रेस सांसद शशि थरूर की नई किताब में मोदी की शख्सियत पर

कीचड़ उछालने को इसी संदर्भ में देखा जा सकता है। कांग्रेस के लिए दुर्भाग्य की बात यह है कि उसके पास मोदी का मुकाबला करने के लिए कोई असरदार हथियार नहीं है। मोदी ने सत्ता में रहते हुए अपनी छवि को कमजोर नहीं किया है। उन्होंने इसे और बेहतर बनाया है। हालाँकि मोदी के लिए सत्ता में लौटना अहम है। यही इतिहास में उनकी जगह का पैमाना तय करेगा।

कांग्रेस अगर सत्ता में आती है तो कांग्रेस उन सभी कार्यों पर पानी फेर देगी, जो मोदी ने सुधार और आधुनिकीकरण व देश में जवाबदेह, सक्रिय और विश्वसनीय शासन देने के लिए किए हैं। पहले भारतीय पर्यटन की निर्देश-पुस्तिका में एक मशहूर वाक्य होता था, जिसका जिक्र षष्ठी ब्राता ने अपनी मशहूर किताब 'माई गॉड डायड यंग' में शासन व्यवस्था की जड़ प्रकृति पर व्यंग्य करते हुए किया है, 'भारत के बारे में कुछ शाश्वत और स्थायी था।' कांग्रेस ने इस पहलू को अपना लिया और वंशवादी ठप्पे के साथ इसकी पुष्टि की। मोदी पर कांग्रेस का अशिष्ट और पाश्विक हमला उन्हें खत्म करने, कमजोर करने में नाकाम रहने से उपजी कुंठा का नतीजा है। कांग्रेस-मुक्त भारत का आइडिया किसी राजनीतिक पार्टी का खात्मा नहीं है, बल्कि ह्रासोन्मुख राजशाही, प्रीवी पर्स संस्कृति के अवशान से है।

विपक्ष की अन्य पार्टियों को पता है कि भ्रष्टाचार या कुशासन के आरोपों को लेकर मोदी पर हमले का आधार नहीं है। यही वजह है कि वे एनडीए से मुकाबला करने के लिए स्थानीय गठबंधन तैयार कर एक-एक ईंट जोड़ने की रणनीति पर ध्यान केंद्रित कर रहे हैं। हालाँकि ये पार्टियाँ राहुल को नेता मानते हुए एक ही सामूहिक व्यवस्था के तहत आने की इच्छुक नहीं हैं। कांग्रेस का खेल यहीं नहीं जीतने की स्थिति में पहुँच जाता है। राहुल मोदी की छवि धूमिल करना चाहते हैं। क्या वे ऐसा कर सकते हैं? उन्हें मोदी प्रशासन में कुछ प्रमुख छेद ढूँढ़ने होंगे। ऐसा लगता है कि राहुल मुख्य तौर पर राफेल सौदा, एनपीए, जीएसटी और नोटबंदी पर अपना हमला केंद्रित रखते हैं। राफेल पर राहुल का हमला दोषपूर्ण है, जिसके बारे में अध्याय-12 में विस्तार से बताया गया है।

जीएसटी और नोटबंदी के नकारात्मक मामलों के बारे में सबको पता है। जब तेल को छोड़कर ज्यादातर मामलों में टैक्स वास्तव में 20 प्रतिशत से घटकर 10 प्रतिशत हो गया, तो जाहिर तौर पर व्यापारी और उपभोक्ता दोनों को फायदों के बारे में ठीक-ठीक जानकारी होगी। इसके बावजूद राहुल इसे 'गब्बर सिंह टैक्स' कहते हैं। शायद राहुल अब भी शोले के दिनों में जी रहे हैं और उन्हें यह नहीं पता है कि नई सदी शुरू हो गई है। तकनीक से लैस भारत डिजिटल अनुभव को लेकर काफी सहज है, लेकिन राहुल डरे हुए हैं।

भारतीय इतिहास में नया अध्याय शुरू हो गया है और एक अरब सपनों को उड़ने के लिए पंख मुहैया कराए गए हैं। भारत इतिहास के इस अहम चरण में करीबी रूप से जुड़ा हुआ है।

□

18

पासा पलटनेवाला दाँव

भारतीय राजनीति में आरक्षण हमेशा पासा पलटनेवाला दाँव रहा है। भाजपा एकमात्र राजनीतिक पार्टी थी, जिसने अब तक कभी भी इसका फायदा उठाने की कोशिश नहीं की। प्रधानमंत्री नरेंद्र मोदी ने संविधान में संशोधन के जरिए समाज के आर्थिक रूप से कमजोर वर्गों के लिए शिक्षा और रोजगार में 10 प्रतिशत आरक्षण का प्रावधान कर आरक्षण की राजनीति को नए सिरे से पारिभाषित किया है, साथ ही चुनाव संबंधी नया उत्प्रेरक भी पेश कर दिया है, जो बड़े पैमाने पर 2019 के चुनावी नतीजों को प्रभावित करेगा।

इस बात में कोई शक नहीं है कि इससे भाजपा को बड़े पैमाने पर फायदा होगा। पार्टी ने पहली बार प्रतिबद्ध वोट बैंक इकट्ठा किया है। हालाँकि इस तबके का मुख्य तौर पर भाजपा की तरफ ही झुकाव रहा है, लेकिन अकसर कांग्रेस और बसपा, अन्नाद्रमुक, टीआरएस, माकपा, तृणमूल, बीजेडी और तेदेपा जैसी क्षेत्रीय पार्टियाँ इस समूह को भाजपा से छीनकर अपने पाले में करने में सफल रही हैं। मोदी की नई पहल ने व्यावहारिक तौर पर सभी गैर-भाजपा दलों के लिए इस समूह में सेंध लगाना नामुमकिन बना दिया है। अगर नोटबंदी और अनुसूचित जाति-जनजाति कानून 2018 ने मोदी को गरीबों और वंचितों का मसीहा बनाया तो आर्थिक रूप से कमजोर सामान्य वर्ग के लोगों के लिए आरक्षण ने 'सबका साथ सबका विकास' के मोदी के एजेंडे को मजबूती दी है। उनके इस कदम ने इस समूह को उनका दोस्त बना दिया है, जो अब तक नाराज और आरक्षण के फायदे से वंचित था। यह एक सोची-समझी योजना का बड़ा राजनीतिक महत्त्व है।

दुर्भाग्य से सवर्ण समुदाय के लोगों से जुड़े मुद्दों के प्रति सामान्य तौर पर उदासीनता और भाजपा को लेकर एक बड़े हिस्से की बौद्धिक जमात और राजनीतिक वर्ग के विरोध के कारण मीडिया ने इस ऐतिहासिक कानून को पर्याप्त तवज्जो नहीं दी, जिसे अंजाम देने का साहस अब तक कोई नहीं कर पाया था। कांग्रेस, माकपा, समाजवादी पार्टी और बसपा जैसी विपक्षी पार्टियाँ इस कदम से भौचक और डरी हुई थीं; उन्होंने अनमने ढंग से

इस बिल का समर्थन किया। इस बिल को पेश किए जाने के 48 घंटों के भीतर इसे पास कर दिया गया और चार दिनों के अंदर राष्ट्रपति की मंजूरी मिलने के साथ इसके कानून बनने के साथ एक इतिहास भी बन गया। इससे सामान्य कैटेगरी के लिए आरक्षण देने की सरकार की तैयारी और प्रतिबद्धता जाहिर होती है।

कथित सामान्य श्रेणी की तरफ से इसकी माँग लंबे समय से की जा रही थी, जो अनुसूचित जाति, जनजाति और अति पिछड़ा वर्गों के लिए आवंटित 50 प्रतिशत आरक्षण के दायरे में शामिल नहीं थे। सुप्रीम कोर्ट के फैसलों ने राज्यों और पार्टियों के लिए आरक्षण के मामले में 50 प्रतिशत से आगे सोचना मुश्किल कर दिया था, अतः आरक्षण को लेकर ज्यादातर राजनीति का मॉडल 50 प्रतिशत के दायरे में था, यानी मौजूदा कोटे के भीतर ही विकल्पों को आजमाना पड़ता था। इससे आरक्षण के लाभार्थियों के बीच नाराजगी पैदा हो जाती थी और राजनीतिक वर्ग भी समय-समय पर वोट बैंक की राजनीति करने लगते थे।

कांग्रेस, तेदेपा और टीआरएस ने बार-बार धर्मांतरित अनुसूचित जाति, अनुसूचित जनजाति के सदस्यों, ईसाइयों, मुसलमानों, जाटों और मराठों को पिछड़ा वर्गों से संबंधित आरक्षण कोटे में ही समाहित करने की कोशिश की। उन्होंने 50 प्रतिशत की सीमा से परे मुसलमानों के लिए 5 और 7 प्रतिशत आरक्षण देने का प्रयास किया। अदालतों ने इन प्रस्तावों को खारिज कर दिया। अल्पसंख्यकों के लिए गुंजाइश बनाने में अब तक तमिलनाडु और केरल में ही 50 प्रतिशत के आरक्षण की सीमा पार की गई है।

मोदी द्वारा किया गया संशोधन अनोखा और पासा पलटनेवाला दाँव इसलिए है, क्योंकि यह साहसिक, नवोन्मेषी और राजनीतिक विमर्श को बदलनेवाला है। यह साहसिक इसलिए है, क्योंकि इसने संविधान में संशोधन कर सीमा की बाधा को दूर करने का प्रयास किया है और खुद से सीमा में बढ़ोतरी कर दी है। इसके नवोन्मेषी होने का कारण यह है कि आरक्षण की यह व्यवस्था जाति और धर्म से परे है और इसमें जाति की बजाय वर्ग के जरिए आर्थिक पिछड़ेपन के सबसे समतावादी और कल्याणकारी मुहावरों को शामिल किया गया है।

इसने भारत में पहली बार राजनीतिक मायनों को बदलकर रख दिया है। कथित सवर्ण जातियाँ, मसलन ब्राह्मण, क्षत्रिय, बनिया, कायस्थ, जाट, मराठों और पटेलों को पहली बार आरक्षण का फायदा मिलेगा और वे अब महत्त्वपूर्ण राजनीतिक कारक बन जाएँगे। कुछ राज्यों, मसलन गुजरात में क्षत्रिय को पिछड़े वर्ग में शामिल किया गया है। मोदी की इस पहल से जाट, मराठा और पटेल की आरक्षण राजनीति का रोमांच खत्म हो जाएगा, जो यूपी में अजित सिंह और गुजरात में हार्दिक पटेल खेल रहे थे। पार्टियों ने अब तक सिर्फ मुसलमानों, ईसाइयों, अनुसूचित जाति/जनजाति और पिछड़े वर्गों का वोट

बैंक के रूप में इस्तेमाल किया। अब उन्हें इस आकलन के लिए सवर्ण जातियों पर भी विचार करना होगा।

उत्तर प्रदेश, हिमाचल प्रदेश, उत्तराखंड, मध्य प्रदेश, राजस्थान, हरियाणा और छत्तीसगढ़ जैसे उत्तर भारतीय राज्यों में सवर्ण जाति के लोगों की आबादी 30 प्रतिशत से ज्यादा है और निश्चित रूप से ये लोग भाजपा की तरफ आकर्षित होंगे। अब तक भाजपा पर अनुसूचित जाति/जनजाति और पिछड़े वर्गों की बड़ी संख्या में आबादी होने के कारण इन वर्गों की खातिर राजनीति का खेल खेलने का आरोप लगता रहा है। इस संबंध में हुए अध्ययनों ने दिखाया है कि इन आँकड़ों में अकसर गड़बड़ी की गई और पिछड़े वर्गों, अनुसूचित जाति/अनुसूचित जनजाति के पक्ष में इन्हें बढ़ा–चढ़ाकर पेश किया गया। मध्य प्रदेश, छत्तीसगढ़ और राजस्थान के हालिया विधानसभा चुनावों में भाजपा को बड़े पैमाने पर सवर्ण जातियों की अवधारणात्मक नाराजगी के कारण हार का सामना करना पड़ा। उदाहरण के लिए, उत्तर प्रदेश में सपा–बसपा के संदर्भ में देखा जाए तो भाजपा को अपने पारंपरिक आधार के एकीकरण से लाभ हो सकता है।

नई आरक्षण नीति दक्षिण के राज्यों में बड़े पैमाने पर भाजपा को फायदा पहुँचाएगी। इन राज्यों में लंबे समय से आरक्षण का मामला काफी संवेदनशील है और सवर्ण जातियाँ खुद को निराशा की स्थिति में पाती रही हैं। आर्थिक आधार ने इस क्षेत्र में हजारों लोगों के सपनों को पंख दिए हैं। इन राज्यों ने दशकों तक नई वंचित जातियों का बड़े पैमाने पर पलायन देखा था। मोदी का सुधारवादी कदम उन्हें नई उम्मीदें देगा। उदाहरण के लिए केरल में नायर समुदाय राज्य की आबादी का 18 फीसदी है और वह पिछले छह दशकों से आर्थिक आधार पर आरक्षण के लिए अभियान चला रहा है। नायर सेवा सोसाइटी (एनएसएस) सैकड़ों शैक्षणिक संस्थान चलाती है और वह इसके लिए कई सरकारों से माँग कर चुकी है। यूपीए सरकार ने 2004 में इस माँग की व्यावहारिकता को समझने के लिए एस.आर. सिंधु आयोग बनाया था। आयोग ने 2009 में अपनी रिपोर्ट सौंपी थी, लेकिन यूपीए ने इसमें आगे कुछ नहीं किया।

अब नायर सेवा सोसाइटी के महासचिव जी. सुकुमारन नायर ने प्रधानमंत्री को चिट्ठी लिखकर ऐसा करने के लिए उनका शुक्रिया अदा किया है, 'जिसे करने की हिम्मत किसी और ने नहीं दिखाई।' उन्होंने इस चिट्ठी में लिखा, 'जब सिंधु आयोग ने पूर्ववर्ती यूपीए सरकार को अपनी रिपोर्ट सौंपी, तो हमें उनसे सकारात्मक कदम की उम्मीद थी। हालाँकि उन्होंने रिपोर्ट को किनारे रख दिया। उसके बाद हमने इस पर सहानुभूतिपूर्वक विचार के लिए प्रार्थना की थी। अपने दृढ संकल्प के साथ सवर्ण समुदाय के लिए आर्थिक आधार पर आरक्षण को हकीकत में बदलने के लिए हम एक बार फिर से अपनी कृतज्ञता जताते हैं।' एनएसएस अब तक सभी पार्टियों से एक समान दूरी बनाए

हुई थी और अब उसका झुकाव भाजपा की तरफ बढ़ रहा है। हालाँकि पारंपरिक तौर पर नायर और सवर्ण जातियाँ राज्य में एलडीएफ का समर्थन करती रही हैं। कम-से-कम राज्य की 10 लोकसभा सीटों पर एनएसएस काफी अहम है। सबरीमाला मंदिर परंपरा पर सुप्रीम कोर्ट के आदेश के खिलाफ आंदोलन में सबसे आगे रहनेवाली एनएसएस अब एलडीएफ से अलग हो रही है। दरअसल, इस मुद्दे पर एलडीएफ के रवैये ने हिंदू समुदाय को नाराज कर दिया है।

इसी तरह कर्नाटक में लिंगायत, आंध्र प्रदेश और तेलंगाना में रेड्डी व कम्मा जातियाँ, तमिलनाडु में सवर्ण जातियाँ (जो अन्नाद्रमुक के कैंप में थीं) आर्थिक आधार पर आरक्षण दिए जाने के फैसले के बाद भाजपा को लेकर विचार करेंगी। मोदी की लोकप्रियता के साथ-साथ इस कदम से भाजपा को दक्षिणी राज्यों में नई जमीन तैयार करने में मदद मिलेगी। निश्चित तौर पर आर्थिक आधार पर आरक्षण के फैसले ने देश में जमीनी हकीकत और राजनीति विमर्श को काफी हद तक भाजपा के पक्ष में बदल दिया है।

लोकसभा चुनाव से पहले अयोध्या विवाद का फटाफट निपटारा ?

विश्व हिंदू परिषद्, राम जन्मभूमि न्यास और संत समाज ने राम जन्मभूमि विवाद का तत्काल समाधान करने की माँग की है। मंदिर का निर्माण पिछले 28 साल से अटका पड़ा है, जब 06 दिसंबर, 1992 को विवादित ढाँचे को ध्वस्त किया गया था। प्रधानमंत्री नरेंद्र मोदी के नेतृत्व में केंद्र सरकार ने जनवरी 2019 में सुप्रीम कोर्ट से विवादित स्थल के पास मौजूद जमीन का गैर-विवादित हिस्सा न्यास को सौंपे जाने की अनुमति देने का अनुरोध किया, ताकि मंदिर निर्माण का कार्य शुरू हो सके। इस संबंध में समाधान इस माँग पर सुप्रीम कोर्ट की राय पर भी निर्भर करेगा।

सुप्रीम कोर्ट द्वारा मुख्य न्यायाधीश रंजन गोगोई की अगुआई में पाँच सदस्यों की संविधान पीठ बनाए जाने के साथ ही यह उम्मीद है कि राम जन्मभूमि मंदिर निर्माण पर फैसला जल्द होने वाला है। एनडीए सरकार पहले ही सर्वोच्च अदालत से अनुरोध कर चुकी है कि इलाहाबाद हाई कोर्ट के फैसले के खिलाफ पेंडिंग अपील की रोजाना सुनवाई हो।

हाल के महीनों में राम जन्मभूमि मंदिर आंदोलन ने इसके जल्द निपटारे के लिए केंद्र सरकार पर दबाव बढ़ाया है। 2019 के लोकसभा चुनावों के मद्देनजर राजनीतिक मोर्चे पर इसका असर स्वाभाविक है।

केंद्र सरकार द्वारा आर्थिक रूप से पिछड़ों के लिए 10 प्रतिशत आरक्षण का प्रावधान किए जाने से इस समूह में भाजपा का आधार मजबूत हुआ है, जो अब तक

आरक्षण के फायदे से वंचित था। राम जन्मभूमि आंदोलन पर इसका असर पड़ना तय है, क्योंकि इसने बड़े पैमाने पर भाजपा के समर्थन आधार से जुड़े बड़े हिस्से की शिकायतों का खयाल रखा है। ये लोग अयोध्या आंदोलन में भी अग्रणी भूमिका में रहे। मोदी सरकार ने आरक्षण में आर्थिक पैमाना डालकर बृहत् हिंदू भावनाओं की नाराजगी को दूर किया है और यह कदम राम मंदिर के निर्माण में देरी के कारण इस समूह में पैदा हुई असहजता को भी खत्म करने में काफी मददगार होगा।

यह कहना मुश्किल है कि 13 याचिकाओं को निपटाने में अदालत कितना वक्त लेगी। काफी कुछ इस मुद्दे पर मुस्लिम संगठनों द्वारा अपनाए गए रवैये पर निर्भर करेगा। हाल में एक बड़े घटनाक्रम के तहत शिया समुदाय ने मंदिर गतिरोध पर समाधन ढूँढ़ने में मदद करने का फैसला किया है।

अयोध्या में पवित्र राम जन्मभूमि स्थल पर मौजूद विवादित ढाँचे के विध्वंस के 25 साल बाद एक ऐतिहासिक और नाटकीय हल मुमकिन नजर आ रहा है, बशर्ते संबंधित पक्ष इसमें वास्तविक टाइटलधारक शिया वक्फ बोर्ड के सुझावों पर सहमत हों। इसके मुताबिक, मस्जिद को पास के मुस्लिम इलाके में स्थानांतरित करने की बात है, जिससे भव्य राम मंदिर के निर्माण का मार्ग प्रशस्त होगा। शिया वक्फ बोर्ड ने अगस्त 2017 में इस तरह का ऐलान किया था। सुप्रीम कोर्ट इसका संज्ञान ले सकता है।

हिंदुओं ने अदालत में इस पेशकश का स्वागत किया। हालाँकि कट्टरपंथी सुन्नी बोर्ड के तहत मुसलमानों के एक हिस्से और बाबरी मस्जिद एक्शन कमेटी के प्रतिनिधियों ने इस पर सख्त प्रतिक्रिया जताई है।

यह बड़ा अवसर है। मुस्लिम समुदाय की यह पेशकश नरेंद्र मोदी सरकार की समावेशी नीति का नतीजा है, भले ही यह पेशकश सिर्फ एक गुट की तरफ से की जा रही हो। मुसलमान सुरक्षित और आजादी के बाद पहली बार खुद को मुख्यधारा का हिस्सा महसूस करते हैं। मामला अदालत में जाने के बाद से यह भी पहली बार देखने को मिला है कि मुस्लिम समुदाय के एक टाइटलधारक पक्ष ने मस्जिद को विवादास्पद जमीन से हटाने का प्रस्ताव दिया है। यह अपने आप में महत्त्वपूर्ण, अभूतपूर्व और हिंदू-मुस्लिम रिश्तों में नया अध्याय शुरू करनेवाला है। यह बातचीत के जरिए इस मामले के निपटारे का शुरुआती बिंदु बन सकता है।

शिया बोर्ड की इस पेशकश में बड़ी राहत की बात इस प्रस्ताव के 3 प्रमुख पहलू हैं—पहला तकनीक, वह यह कि इस संपत्ति पर सिर्फ शिया समुदाय का कानूनी अधिकार है। ढहाई जा चुकी बाबरी मसिजद शियाओं का मजहबी ठिकाना था, हालाँकि कई दशकों से वहाँ नमाज अदा नहीं की गई थी। ऐतिहासिक तौर पर यहाँ एक मंदिर बना हुआ था, जिसका अस्तित्व 14वीं सदी तक था। दूसरा, ऐसा पहली बार है, जब कोई मुस्लिम

शख्स या इकाई मस्जिद को कहीं और स्थानांतरित करने की पेशकश कर रही है। तीसरा, किसी भी बातचीत को शुरू करने का बिंदु हिंदुओं के दावे की वह स्वीकारोक्ति होगी कि संबंधित स्थल राम-जन्मभूमि है और यह हिंदुओं के लिए पवित्र है। जब तक इन बुनियादी मान्यताओं को बातचीत में शामिल नहीं किया जाता, तब तक कोई समाधान नहीं निकल सकता।

शिया वक्फ बोर्ड के सुझाव का एक और अहम पहलू है। उसने पाया है कि बाबरी एक्शन कमेटी की दिलचस्पी सौहार्दपूर्ण समाधान में नहीं है और वह सामाजिक सौहार्द को बिगाड़ने की कोशिश कर रही है। उसका कहना है, ''यह कट्टरपंथियों और शांतिपूर्ण सहअस्तित्व में भरोसा नहीं रखनेवालों के प्रबल नियंत्रण में है, जिनका इस मामले में पूरी तरह से कोई पक्ष नहीं है।'' हालाँकि सुन्नी वक्फ बोर्ड ने भी इस विवाद में पक्षकार के तौर पर सुप्रीम कोर्ट में याचिका दायर की है, लेकिन जहाँ तक टाइटिल विलेख का सवाल है तो उसकी कोई अधिकारिता नहीं है। इलाहाबाद हाई कोर्ट ने 2011 के अपने फैसले में ऐसा ही कहा था। हाई कोर्ट ने तीन तरीके से जमीन के बँटवारे का सुझाव दिया था—एक हिस्सा शिया वक्फ बोर्ड को और दो अन्य हिस्से हिंदू संगठनों को। जाहिर तौर पर बोर्ड हिंदुओं की उस ऐतिहासिक मान्यता को स्वीकार कर रहा है कि विवादास्पद जगह राम जन्मभूमि है।

उसके बाद से हाई कोर्ट के फैसले के खिलाफ अपील सुप्रीम कोर्ट में लंबित है। 2007 के शुरू में डॉ. सुब्रमण्यम स्वामी की पुनर्विचार याचिका पर जवाब देते हुए सुप्रीम कोर्ट ने संबंधित पक्षों को पारस्परिक सहमति के आधार पर समाधान ढूँढ़ने को कहा था। तब से हिंदू और मुसलमान नेता लगातार स्वामी के साथ तथ्यों का आदान-प्रदान करते रहे हैं और विश्व हिंदू परिषद् के नेता चंपत राय पहल कर रहे हैं। हालाँकि सुन्नी वक्फ बोर्ड का कट्टरपंथी समूह मामले को लटकानेवाले उपाय आजमा रहा था।

1980 के दशक के उत्तरार्ध में इस मुद्दे के गरमाने के बाद से बातचीत के कम से कम 200 दौर हो चुके हैं। 1990 के शुरुआती दशक में चंद्रशेखर जब प्रधानमंत्री थे, तो बातचीत के जरिए मामले को सुलझाने की बेहद गंभीर कोशिश हुई थी। दोनों पक्षों के इतिहासकार, पुरातत्त्वविद् और विद्वान् अपने पक्ष को साबित करने के लिए अध्याय और पद्य का हवाला दे रहे थे। डॉ. बी.बी. लाल, डॉ. एस.पी. गुप्ता, डॉ. बी.आर. ग्रोवर और कई ऐसी शख्सियतों ने उस वक्त हिंदुओं के दावों की ऐतिहासिक जाँच में अहम भूमिका निभाई थी। इरफान हबीब जैसे इतिहासकारों ने दूसरे पक्ष की तरफ से तर्क पेश किया था। आखिर में पुरातत्त्व विज्ञान, इतिहास और आस्था ने हिंदुओं के दावों को ज्यादा मजबूत साबित किया। हालाँकि बाबरी कमेटी अपने रुख से पीछे हटने को तैयार नहीं थी।

शिया बोर्ड ने अगस्त 2017 में इस कमेटी के झाँसे को बेनकाब किया है, जो अब

भी अड़ी हुई है। जन्मभूमि न्यास के महंत नृत्यगोपाल दास ने शिया बोर्ड के प्रस्ताव पर कुछ हद तक संतुष्टि जताई थी। सुब्रमण्यम स्वामी और विश्व हिंदू परिषद् इस घटनाक्रम को लेकर ज्यादा उत्साह में हैं। शिया बोर्ड ने दो जजों की कमेटी का सुझाव दिया था, जिसमें विरोधी पक्ष के भी सदस्य हों और विशेषज्ञ बातचीत के जरिए समाधान के अहम पहलुओं पर काम करें। अब सर्वोच्च अदालत ने तेज प्रक्रिया को अपनाया है, जिससे मदद मिलेगी।

उत्तर प्रदेश और केंद्र में भाजपा के सत्ता में आने से अयोध्या में भव्य राम मंदिर के लिए रास्ता साफ होने की उम्मीद शीर्ष पर है। वैसे तो भाजपा 1990 के दशक में हुए इससे संबंधित आंदोलन में पक्ष थी, लेकिन उसने अपने घोषणा–पत्र में इसका जिक्र सिर्फ सुगमता के लिए किया है, लेकिन राम मंदिर के निर्माण को लेकर प्रतिबद्धता स्पष्ट है। भाजपा कहती रही है कि मंदिर का निर्माण आपसी बातचीत या सुप्रीम कोर्ट के अनकूल आदेश के जरिए होगा। हालाँकि हिंदू संगठन विवादास्पद जमीन हिंदुओं को सौंपने और राम मंदिर निर्माण पर काम आगे बढ़ाने के लिए कानून की माँग कर रहे हैं। यह स्पष्ट है कि बदले हुए राजनीतिक माहौल ने शिया बोर्ड को बहुसंख्यक भावना को एक मौका देने के लिए प्रोत्साहित किया। पिछले चार दशकों से इस जमीन को मुक्त कराने के लिए आंदोलन चला रहे राम जन्मभूमि न्यास को सुप्रीम कोर्ट के सामने शिया वक्फ बोर्ड द्वारा दिए गए हलफनामे में आशा की किरण नजर आई है।

इस सुझाव ने निश्चित तौर पर इससे जुड़े सभी पक्षों के लिए समझौते का अवसर मुहैया कराया है। किसी भी स्थिति में सभी तबके की राय को संतुष्ट करना संभव नहीं हो सकता है। मुमकिन है कि नया सुझाव ठोस समाधान उपलब्ध करा दे या ऐसा भी हो सकता है कि नहीं कराए। निश्चित तौर पर ज्यादा ताकतवर सुन्नी वक्फ बोर्ड द्वारा इस पर आपत्ति की जाएगी, जो इस विवाद में प्रमुख खिलाड़ी बनना चाहता है। मुस्लिम समुदाय को इस मुद्दे को अपने प्रतिद्वंद्वी गुटों के भीतर ही सुलझाना होगा। सबसे महत्त्वपूर्ण सवाल यह है कि क्या सुप्रीम कोर्ट 2019 के चुनाव से पहले इसका निपटारा कर देगा?

(डॉ. आर. बालाशंकर भाजपा चुनाव साहित्य अभियान, प्रशिक्षण से जुड़ी भाजपा की केंद्रीय कमेटी और प्रकाशन से संबंधित कमेटी के सदस्य, भाजपा के राष्ट्रीय बौद्धिक सेल के पूर्व संयोजक और 'ऑर्गेनाइजर' के पूर्व संपादक हैं।)

आइडिया की जंग कांग्रेस परिवार पर निर्भर

प्रियंका गांधी वाड्रा की तरफ से राजनीति में अपनी भूमिका को लेकर अनिश्चितता खत्म करने से वंशवाद की राजनीति का एक चक्र पूरा हो गया है। वह आखिरकार राजनीति में पूरी तरह से सक्रिय हो गई हैं। मुमकिन है कि 2019 के चुनावों में इससे

ज्यादा फर्क नहीं पड़े, लेकिन इसका दीर्घकालिक असर होगा।

गॉड मदर गाइड और दार्शनिक के रूप में सोनिया गांधी, पार्टी अध्यक्ष के रूप में राहुल गांधी और महासचिव के तौर पर प्रियंका गांधी; क्या रॉबर्ट वाड्रा पीछे रह सकते हैं? यह अब पूरी तरह से परिवार कल्याण का मॉडल बन गया है। पारिवारिक महत्त्वाकांक्षाओं को बढ़ानेवाले इस शानदार मॉडल के साथ कांग्रेस प्रधानमंत्री नरेंद्र मोदी से लोकतंत्र को बचाने के लिए 2019 का आम चुनाव लड़ेंगी, वही नरेंद्र मोदी जिनके पास बचाने के लिए कोई परिवार नहीं है।

क्या मैं लोकतंत्र की अवधारणा को गलत तरीके से समझ रहा हूँ या कांग्रेस पार्टी की लोकतंत्र की परिभाषा उससे अलग है, जो आमतौर पर मानी जाती है? कांग्रेस की हताशा का अंदाजा लगाना मुश्किल नहीं है। नरेंद्र मोदी ने जब से बिना राजनीतिक खानदान के साथ राजनीति को बड़े पैमाने पर बदला और उसका लोकतंत्रीकरण किया है, पारिवारिक बिजनेस मॉडल बड़ी मुश्किल में है। 2014 तक यह कहा जाता था कि भारतीय राजनीति दो दर्जन सामंती परिवारों के अवगुणों का योगफल है। मोदी ने इसे बदल दिया। अब सभी परिवार 'मोदी को छोड़कर कोई भी' नारे के साथ पारिवारिक जागीर बचाने के लिए महागठबंधन के इंजन के लिए भाप इकट्ठा कर रहे हैं। क्या देश उन्हें गंभीरता से लेगा? अब तक ऐसा नहीं हुआ है। यही वजह है कि उनके तरकश का आखिरी तीर बाहर निकलकर सक्रिय राजनीति में प्रवेश कर चुका है।

पारिवारिक अनुचर और दरबार में अकसर जानेवाले टीकाकार हमेशा सोचते हैं कि सिर्फ प्रियंका परिवार को ऊपर पहुँचा सकती हैं, क्योंकि उनके पास वह सबकुछ है, जो उनकी दादी माँ के पास था—चेहरा, अपील और दृढ इच्छाशक्ति। दरअसल, वे हमेशा से राजनीति में थीं, सिर्फ परिवार के प्रशंसक उनकी सीमित भूमिका से संतुष्ट नहीं थे। वे उन्हें खुलकर पूरी सक्रियता के साथ देखना चाहते थे। यह तबका आनंदित होगा, कपड़ों की खूबसूरती सुस्त पारिवारिक नाटक की चमक-दमक में कुछ और इजाफा करेगी और यह भूमिका अब तक राजकुमार काफी अक्षमता के साथ निभाते रहे हैं।

दो दशक के लंबे इंतजार के बाद आखिर में इस अंतिम प्रवेश का क्या राजनीतिक महत्त्व है, क्या यह भारतीय लोकतंत्र के कदम को वापस खींच पाएगा, क्या इससे एनडीए कैंप में घबराहट होगी और क्या यह ममता बनर्जी और मायावती को असहज करेगा, जो छत से गरज रही थीं कि राहुल उनकी पसंद नहीं हैं और विपक्ष में शीर्ष स्तर पर उनका दबदबा रहेगा?

प्रियंका गांधी के प्रवेश से एनडीए की रणनीति में कोई महत्त्वपूर्ण अंतर नहीं होगा। इसकी बजाय यह नरेंद्र मोदी के उस आरोप की पुष्टि करता है कि विपक्ष का मतलब देश की पारिवारिक लूट को जारी रखना है। रॉबर्ट वाड्रा के कारोबारी सौदों की लंबी सूची के

कारण अब तक प्रियंका खुलेआम राजनीति में प्रवेश के प्रलोभन से बच रही थीं, यहाँ तक कि जब राहुल गांधी लगातार असफल होते गए तो उस वक्त भी कांग्रेस के रणनीतिकारों ने प्रियंका को पीछे ही बैठने को कहा। वाड्रा के दाग के डर के कारण ऐसा कहा गया था, जिसकी पड़ताल जल्द होने का अंदेशा था।

प्रियंका को आगे बढ़ाकर कांग्रेस ने दो चीजों का खुलासा किया है। पहला यह कि वे वोटरों का रुख मोड़ने में भ्रष्टाचार और परिवारवाद को अहम मुद्दा नहीं मानती है। दूसरा, यह स्वीकारोक्ति कि राहुल गांधी महागठबंधन के लिए कांग्रेस की छतरी में विपक्षी पार्टियों को आकर्षित करने के लिए पर्याप्त सक्षम नहीं हैं। प्रियंका का प्रवेश विपक्षी अंग्रिम पंक्ति को अस्थिर कर देगा। यह राहुल गांधी की नेतृत्व क्षमता के बारे में भी सवाल उठाएगा। इस तरह के सुझाव भी आएँगे कि 2019 के लोकसभा चुनाव में एनडीए के खिलाफ बहन को ही कांग्रेस के अभियान का नेतृत्व करना चाहिए। क्या उन्हें कांग्रेस के प्रधानमंत्री पद के उम्मीदवार के तौर पर पेश किया जाएगा?

महासचिव के तौर पर प्रियंका गांधी पार्टी के बाकी महासचिवों के लिए गुंजाइश सीमित कर देंगी और पार्टी मामलों में रॉबर्ट वाड्रा के हस्तक्षेपों को मान्यता मिल सकेगी। अब पार्टी खुलेआम वाड्रा के कॉरपोरेट हितों का बचाव कर सकती है और उनके विवादास्पद सौदों की 'ख्याति' साझा कर सकती है। यह दरशाता है कि कांग्रेस विचारों की लड़ाई में भाजपा से हार चुकी है। मोदी का मामला विकास, राष्ट्रीय निष्पक्षता और आकांक्षा से जुड़ा है। कांग्रेस परिवार से बेहतर कुछ अन्य चीजों की पेशकश नहीं कर रही है। युवा भारत इसकी तलाश नहीं कर रहा है।

प्रियंका गांधी राजनीति के लिए नई नहीं हैं। मुमकिन है कि उनकी राजनीतिक ताकत का आकलन नहीं किया गया हो, लेकिन वे अकसर उत्तर प्रदेश में चुनाव प्रचार करती नजर आई हैं। इससे कांग्रेस को उत्तर प्रदेश में समाजवादी पार्टी और बहुजन समाज पार्टी के साथ बेहतर मोलभाव करने में मदद मिल सकती है। राहुल गांधी भीड़ इकट्ठा करनेवाले नहीं हैं। कांग्रेस का आकलन यह हो सकता है कि प्रियंका गांधी रैलियों में सम्मानजनक भीड़ आकर्षित करने में मददगार होंगी। अब कांग्रेस में सत्ता के तीन केंद्र हैं—सभी एक ही परिवार में। प्रियंका ज्यादा-से-ज्यादा कांग्रेस समर्थकों को फिर से आश्वस्त कर पार्टी पर परिवार की पकड़ को और मजबूत बनाएँगी। राहुल गांधी ने जब अपनी बहन को 'काबिल' बताते हुए सक्रिय राजनीति में उनके प्रवेश का ऐलान किया तो सब ने इसे सामान्य तरीके से ही लिया। यह कोई अभूतपूर्व ऐलान नहीं था। महासचिव के रूप में नई भूमिका को स्वीकार कर अपनी दादी इंदिरा गांधी का जिक्र करते हुए प्रियंका गांधी ने भारतीय संस्कृति और मूल्यों के खतरे में होने की बात भी कही। उनका कहना था कि सिर्फ कांग्रेस ही देश को बचा सकती है। यह सामान्य तरीके का आख्यान है, न

कि महत्त्वाकांक्षी, जैसा कि कई लोगों ने उम्मीद जताई। प्रियंका के लिए आगे लंबा और चुनौतीपूर्ण रास्ता है।

राहत के साथ फीलगुड बजट

नरेंद्र मोदी सरकार ने 2019-20 के बजट में जिस तरह के आश्वासन, संजीदगी का नमूना पेश किया है, उससे पता चलता है कि नरेंद्र मोदी सरकार चुनाव के बाद सत्ता में अपनी वापसी को लेकर कितनी आश्वस्त है। इसमें कई नए पहलू हैं। पहली बात यह है कि इसमें विजन डॉक्युमेंट (दृष्टिपत्र) है।

वित्त मंत्री पीयूष गोयल द्वारा पेश बजट सभी तबके के लोगों के लिए सौगातों की बारिश है। जिन किसानों के पास दो हेक्टेयर से कम जमीन है, उनके लिए बजट में 6,000 रुपए सालाना की मदद के लिए प्रावधान किया गया है। इसके अलावा, बोनस को दोगुना करना, ईएसआई योजना का फायदा, श्रमिकों को न्यूनतम मजदूरी, किसानी के साथ-साथ बागवानी, मछली पालन और जानवरों के प्रजनन के लिए 2.5 प्रतिशत की ब्याज छूट पर क्रेडिट कार्ड की सुविधा के जरिए मोदी ने हर तबके तक पहुँचने की कोशिश की है।

स्वास्थ्य बीमा (हेल्थ केयर) से 50 करोड़ लोगों को फायदा होगा और पहले ही इससे 10 लाख परिवारों को फायदा हो चुका है। 'उज्ज्वला योजना' पहले ही छह करोड़ परिवारों तक पहुँच चुकी है और अब इसका दायरा बढ़ाकर 8 करोड़ परिवारों तक किया जा रहा है। बजट में कई तरह की योजनाओं के जरिए महिलाओं और युवाओं को संतुष्ट करने के लिए विशेष खयाल रखा गया है, साथ ही स्व-रोजगार को बड़े पैमाने पर बढ़ावा दिया जा रहा है। भारत स्टार्टअप का दूसरा सबसे बड़ा ठिकाना है।

मध्य वर्ग के लिए सबसे बड़ी राहत टैक्स छूट की सीमा बढ़ाकर 6.5 लाख किया जाना रही, जिसके दायरे में 3 करोड़ करदाता आएँगे। इसके अलावा फिक्स्ड डिपॉजिट, कैपिटल गेंस में ब्याज पर छूट, किराए से आय के मामले में टैक्स की सीमा को दोगुना किया जाना और शहरी मध्य वर्ग को दूसरा मकान रखने में मदद करना जैसे उपाय भी शामिल हैं। मध्य वर्ग के लिए किए गए इन उपायों से निश्चित तौर पर तमाम तबकों के लिए सरकार को लेकर सकारात्मक नजरिया विकसित होगा।

नरेद्र मोदी सरकार का 2019-20 का बजट लेखानुदान की बजाय मुख्य तौर पर देश की जनता की तरफ से जनादेश के फिर से नवीनीकरण के भरोसे की अभिव्यक्ति है। यह चार महीन के लिए पेश किया गया है और लोकसभा चुनावों के बाद नई सरकार मई में पूर्ण बजट पेश करेगी। चार महीनों के लिए पेश किए गए इस बजट में कई चीजें हैं। हालाँकि प्रमुख रूप से मोदी के आर्थिक विकास मॉडल को दोहराया गया है, जिस पर

2014 से काम चल रहा है। बजट ने किसानों, मध्यम वर्ग और 30 करोड़ छोटे व मध्यम स्तर के स्वरोजगार से जुड़े लोगों को बड़ी राहत दी है। ये लोग मुद्रा योजना का लाभ उठा रहे हैं और यह मोदी सरकार के लिए राहत का बड़ा ब्रांड बन गया है।

जीएसटी के जरिए टैक्स सुधार को आसान कर दिया गया है और अगर बजट का संकेत माना जाए तो नोटबंदी के कारण अर्थव्यवस्था में आई सुस्ती अब खत्म हो चुकी है।

मोदी सरकार की सबसे बड़ी उपलब्धि 2009 से 2014 यानी 5 साल के डॉ. मनमोहन सिंह के सबसे बुरे दौर के बाद 7.2 प्रतिशत सालाना वृद्धि दर के साथ सबसे तेजी से विकास करने वाली अर्थव्यवस्था के रूप में भारत का भरोसा बहाल किया जाना है। इसने डॉ. सिंह समेत मोदी विरोधियों के दावों को खारिज कर दिया है, जिन्होंने नोटबंदी के बाद भविष्यवाणी की थी कि अर्थव्यवस्था लुढ़ककर काफी निचले स्तर पर पहुँच जाएगी।

बजट में जोरदार ढंग से यह दावा किया गया है कि भारत को रिकवरी की तेज पटरी पर लाने के लिए मोदी अपने ज्यादातर लक्ष्यों को हासिल करने में सफल रहे हैं। राहुल गांधी जैसे विपक्षी नेता, जहाँ अब भी गरीबों को खैरात बाँटने के लिए 1972 के गरीबी हटाओ संबंधी अधूरे वादे को ही थोड़े फेरदबल के साथ पेश करते हैं, वहीं मोदी ने गरीबी, खुले में शौच, बेघर को घर और सबके के लिए पीने का पानी और स्वच्छता की सुविधा संबंधी नजरिया पेश किया है।

बजट में पिछले पाँच साल के फायदों पर जोर दिया गया है। 2014 में मोदी ने विरासत में क्या हासिल किया और उन्होंने क्या हासिल किया, दोनों के बीच तुलना काफी शिक्षाप्रद है। भारत भ्रष्टचार में शीर्ष स्थान पर था और अब अमेरिका की तरह अन्य लोकतांत्रिक देशों की तुलना में कम भ्रष्ट है, यहाँ तक कि चीन की तुलना में भी भारत का प्रदर्शन बेहतर है, जो लोकतांत्रिक देश नहीं है। पूँजी के पलायनवाले दौर से भारत आज प्रत्यक्ष विदेशी निवेश के लिए प्रमुख ठिकाना है। ईज ऑफ डुइंग बिजनेस (कारोबार करने में सहूलियत) में भारत 152वें पायदान से खिसककर 78वें पायदान पर पहुँच गया है।

महँगाई दर रिकॉर्ड 6.5 प्रतिशत पर है, जबकि यूपीए सरकार के कार्यकाल के दौरान यह 10.5 प्रतिशत थी। पिछले पाँच साल में कर्ज की ब्याज दरें तकरीबन आधी हो गई हैं। राजकोषीय नियंत्रण और इस घाटे को 3.6 प्रतिशत पर रखना मोदी के शासन मॉडल की विशिष्टता रही है। भारत ने मोबाइल, इंटरनेट संपर्क और डिजिटलाइजेशन के क्षेत्र में लंबी छलाँग लगाई है।

2014 में जहाँ रोजाना 11 किलोमीटर सड़क का निर्माण हो रहा था, वहीं आज रोजाना सड़क निर्माण का औसत आँकड़ा 28 किलोमीटर है। ग्रामीण सड़क निर्माण और

इंफ्रास्ट्रक्चर विकास तीन गुना बढ़ चुका है। बंदरगाह, जलमार्ग या रेल या हवाई संपर्क-सभी जगहों पर जबरदस्त प्रगति देखने को मिल रही है। हवाई किराए घटकर तकरीबन आधे हो गए हैं, जिससे आम लोगों के लिए हवाईजहाज से यात्रा करना मुमकिन हुआ है और वे तेजी से अपने कारोबार को निपटा सकते हैं। हाल के वर्षों में सबसे ज्यादा संख्या में विदेशी सैलानी भारत आए। देश पिछले पाँच साल में आतंकवादी हमलों से मुक्त रहा है, जिसके कारण बड़े पैमाने पर व्यापार और पर्यटन को बढ़ावा देने में मदद मिली।

मोदी के पुराने बजट लोकलुभावन वादों और इस तरह की सौगातों से मुक्त रहे हैं। पहली बार उन्होंने व्यापक स्तर पर मध्य वर्ग और किसानों को लुभाने के लिए इस तरह के ऐलान किए हैं। टैक्स छूट की सीमा बढ़ाए जाने से आम आदमी की जेब में ज्यादा पैसा होगा। इसे लोग ज्यादा खर्च कर सकेंगे और अर्थव्यवस्था को तेजी से आगे बढ़ने में मदद मिलेगी। हाल में टिकाऊ उपभोक्ता क्षेत्र और विनिर्माण क्षेत्र में तेजी देखने को मिली है। बेहतर अर्थव्यवस्था का और रफ्तार पकड़ना तय है। मोदी साफ तौर पर अच्छे अर्थशास्त्र को अच्छी राजनीति के रूप में देख रहे हैं। यह तय है कि 2019 के चुनाव में वे विकास के मुद्दे पर वोटरों का सामना करने की योजना बना रहे हैं। नए बजट में बड़े पैमाने पर लोकलुभावने वादे हैं।

उदाहरण के लिए स्वास्थ्य क्षेत्र में किया जाने वाला सुधार बड़े पैमाने पर, यानी तकरीबन आधी आबादी को फायदा पहुँचाएगा। बजट यह कहानी बयाँ करता है कि किस तरह से गरीबों को रसोई गैस का मुफ्त कनेक्शन, ग्रामीण सड़कें और विद्युतीकरण, सभी के लिए घर और शौचालयों की जबरदस्त पहुँच (38 प्रतिशत से 98 प्रतिशत तक) पासा पलटने की संभावना रखते हैं। बजट 2019 के चुनाव के लिए मोदी का घोषणा-पत्र है।

□

19

आर्थिक आरक्षण : 2019 लोकसभा चुनाव का गेम चेंजर

आरक्षण सदा से ही भारत की राजनीति में गेम चेंजर रहा है। केवल बीजेपी ही एकमात्र राजनीतिक पार्टी थी, जिसने अब तक कभी अपने फायदे के लिए इस खेल को खेलने का प्रयास नहीं किया था। प्रधानमंत्री नरेंद्र मोदी ने आर्थिक रूप से कमजोर वर्गों के लिए शिक्षा और नौकरी में दस प्रतिशत आरक्षण के लिए संविधान का संशोधन कर आरक्षण की राजनीति को फिर से परिभाषित किया और चुनावी राजनीति में एक ऐसे नए पहलू को जोड़ दिया, जो 2019 के चुनाव नतीजों पर बहुत बड़ा असर डालेगा।

इसमें कोई संदेह नहीं कि यह बीजेपी को बहुत बड़े तरीके से फायदा पहुँचाएगा। पहली बार बीजेपी ने एक समर्पित वोट वैंक को सुनिश्चित किया है। यह वर्ग वैसे तो काफी हद तक बीजेपी के प्रति झुकाव रखता है, लेकिन कांग्रेस तथा बी.एस.पी., ए.आई.ए.डी.एम.के., टी.आर.एस., सी.पी.एम., तृणमूल, बी.जे.डी. और टी.डी.पी. जैसे क्षेत्रीय दल अकसर इन्हें सफलतापूर्वक बीजेपी से छीनकर ले जाते रहे हैं। मोदी की इस नई पहल ने गैर-बीजेपी दलों के लिए इस वर्ग में सेंधमारी को लगभग असंभव बना दिया है। यदि नोटबंदी तथा एस.सी.-एस.टी. एक्ट 2018 ने मोदी को गरीब और दबे-कुचले वर्ग का मसीहा बना दिया तो सामान्य वर्ग में आर्थिक रूप से कमजोर तबके के लिए आरक्षण ने मोदी के सबका साथ सबका विकास के एजेंडा को फिर से पुख्ता कर दिया है। इस पहल ने उन्हें उस वर्ग का मित्र बना दिया है, जो अब तक गुस्से में था और आरक्षण के लाभ से वंचित था। यह बहुत बड़े राजनीतिक महत्त्व की बहुत अच्छी तरह सोची-समझी योजना है।

दुर्भाग्य से अगड़े वर्ग के लोगों के मुद्दों के प्रति उदासीनता और बीजेपी के प्रति एक बड़े बुद्धिजीवी वर्ग तथा राजनीतिक वर्ग के बीच विरोध ने इस ऐतिहासिक कानून को काफी हद तक महत्त्व नहीं दिया है, जबकि इसे लागू करने का साहस अब तक किसी ने नहीं दिखाया था। कांग्रेस, सी.पी.एम., समाजवादी पार्टी और बी.एस.पी. जैसे

विपक्षी दल इतने स्तब्ध और भयभीत थे कि नाक-भौंह सिकोड़कर भी उन्होंने इस बिल का समर्थन किया। यह बिल पेश किए जाने के 48 घंटे के भीतर पास हो गया और चार दिनों के भीतर राष्ट्रपति की सहमति के बाद जब यह कानून बना तो एक इतिहास रच गया। इसने सामान्य वर्ग को आरक्षण देने के लिए सरकार के समर्पण और उसकी तैयारी को स्पष्ट रूप से दिखा दिया।

लंबे समय से यह उस तथाकथित सामान्य वर्ग की गंभीर माँग थी, जो एस.सी., एस.टी. और ओ.बी.सी. को दिए जानेवाले कुल मिलाकर 50 प्रतिशत आरक्षण के अंतर्गत नहीं आते थे। सुप्रीम कोर्ट के आदेश ने राज्यों और दलों के लिए 50 प्रतिशत के दायरे को पार करने पर विचार करना भी कठिन बना दिया था। इस कारण आरक्षण की राजनीति के अधिकांश मॉडल इस पचास प्रतिशत के वर्तमान कोटे में नए वर्गों को शामिल करने की तिकड़म करते रहते थे। इससे लाभार्थियों के बीच असंतोष पैदा हो जाता था और वह राजनीतिक वर्ग हैरान परेशान था, जो समय-समय पर वोट बैंक का खेल खेलना चाहता था। कांग्रेस, टी.डी.पी. और टी.आर.एस. ने धर्मांतरित, एस.सी., एस.टी., ईसाइयों और मुसलमानों तथा जाटों और मराठों को एस.सी., एस.टी. और ओ.बी.सी. कोटा में शामिल करने के लिए ओ.बी.सी. आरक्षण के साथ बार-बार छेड़छाड़ करने का प्रयास किया। उन्होंने पचास प्रतिशत की सीमा के पार जाकर भी मुसलमानों को पाँच और सात प्रतिशत आरक्षण देने का प्रयास किया था। अदालतों ने इन्हें खारिज कर दिया था। अब तक सिर्फ तमिलनाडु और केरल को ही अल्पसंख्यकों को शामिल करने के लिए पचास प्रतिशत के पार जाने में सफलता मिली है।

मोदी का संशोधन इस कारण इतना अनोखा और गेम चेंजिंग है कि यह साहसिक, अनोखा और राजनीतिक चर्चा को नई दिशा देने वाला है। यह साहसिक है, क्योंकि इसने संविधान का संशोधन कर आरक्षण की सीमा को तोड़ने का प्रयास किया तथा उस सीमा को ही बदल दिया। यह अनोखा है, क्योंकि इसने जाति और धर्म से ऊपर उठकर जाति के स्थान पर वर्ग की बात की तथा आर्थिक पिछड़ेपन के सबसे लोक हितकारी तथा कल्याणकारी विषय को शामिल किया।

इसने राजनीतिक चर्चा को नई दिशा दे दी, क्योंकि पहली बार ब्राह्मणों, क्षत्रियों, बनियों, कायस्थ, जाट, मराठों और पटेलोंवाली तथाकथित अगड़ी जातियों को आरक्षण मिलेगा और वे अब एक महत्त्वपूर्ण राजनीतिक कारक बन जाएँगे। उदाहरण के लिए, गुजरात जैसे कुछ-कुछ राज्यों में क्षत्रियों को ओ.बी.सी. वर्ग में शामिल किया गया है। मोदी की पहल जाट, मराठा और पटेल आरक्षण की राजनीति की हवा निकाल देगी, जिसका खेल यूपी में अजित सिंह और गुजरात में हार्दिक पटेल खेल रहे थे। अब तक राजनीतिक दल मुसलमानों, ईसाइयों, एस.सी.-एस.टी. तथा ओ.बी.सी. को वोटबैंक के

तौर पर इस्तेमाल कर रहे थे। अब इस नए गणित में उन्हें अगड़ी जातियों को भी ध्यान में रखना होगा।

यू.पी., हिमाचल, उत्तराखंड, एम.पी., राजस्थान, हरियाणा और छत्तीसगढ़ में अगड़ी जातियों की आबादी तीस प्रतिशत से अधिक है और उनका बीजेपी के करीब आना निश्चित है। अब तक बीजेपी पर संख्या बल के बढ़ा-चढ़ाकर बताए गए एस.सी./एस.टी. और ओ.बी.सी. वर्ग के प्रभुत्व से छेड़छाड़ के आरोप लग रहे थे। अनुभव पर आधारित अध्ययनों ने दिखाया है कि इनकी संख्या को अकसर अल्पसंख्यकों तथा ओ.बी.सी., एस.सी./एस.टी. के पक्ष में तोड़-मरोड़कर तथा बढ़ा-चढ़ाकर बताया गया। एम.पी., छत्तीसगढ़ और राजस्थान में हाल के विधानसभा चुनावों में बीजेपी को अगड़ी जातियों के बीच इन बातों को लेकर उभरे असंतोष के कारण हार का सामना करना पड़ा। उदाहरण के लिए, यूपी में एस.पी.-बी.एस.पी. के गठबंधन की बात करें तो बीजेपी को अपने परंपरागत आधार के मजबूत होने का लाभ मिल सकता है।

नई आरक्षण नीति से दक्षिण के राज्यों में बीजेपी को बहुत बड़ा फायदा मिलेगा। इन राज्यों में आरक्षण लंबे समय से संवेदनशील मुद्दा बना हुआ था और उच्च वर्ग अपने आप को पूरी तरह से निराशाजनक स्थिति में महसूस करता था। आर्थिक आधार ने इस वर्ग के हजारों सपनों को पंख दे दिए हैं। यह नया वर्ग इन राज्यों से दशकों तक बड़े पैमाने पर पलायन करता रहा। मोदी के सुधारवादी कदम से उन्हें एक नई उम्मीद मिलेगी। उदाहरण के लिए, केरल में नायर समुदाय, जो आबादी का 18 प्रतिशत है, छह दशक से भी अधिक समय से आर्थिक आरक्षण के लिए जोर-शोर से अभियान चला रहा है। सैकड़ों शिक्षण संस्थान चलानेवाली नायर सर्विस सोसाइटी इस विषय पर हर नई सरकार के सामने अपना पक्ष रखती रही है। यूपीए ने 2004 में इस विषय की व्यावहारिकता का अध्ययन करने के लिए सिन्हा कमेटी का गठन किया था। कमेटी ने 2009 में अपनी रिपोर्ट सौंप दी, लेकिन यू.पी.ए. ने इसके बाद कुछ भी नहीं किया।

अब एन.एस.एस. महासचिव जी सुकुमारन नायर ने प्रधानमंत्री को ढेर सारा धन्यवाद देते हुए पत्र लिखा और कहा कि उन्होंने "वह कर दिखाया, जिसका साहस किसी ने नहीं दिखाया था।"

एन.एस.एस. के नेता ने लिखा, "सिन्हा आयोग ने जब अपनी रिपोर्ट पूर्व की यू.पी.ए. सरकार को सौंपी थी, तब हमने उनसे सकारात्मक काररवाई की उम्मीद की थी, लेकिन उन्होंने उस रिपोर्ट को किनारे कर दिया। उसके बाद हमने अपनी प्रार्थना और समाधानों को आपके सकारात्मक विचार के लिए भी रखा था। सवर्ण समुदाय के लिए आर्थिक आरक्षण को अपने दृढ संकल्प से वास्तविकता में बदलने के लिए हम एक बार फिर पूरे मन और हृदय से आपका आभार व्यक्त करते हैं।" अब तक एन.एस.एस.

सभी दलों से समान दूरी की नीति पर चल रही थी, भले ही अधिकांश नायर और अगड़ी जातियों का समर्थन एल.डी.एफ. के साथ था, लेकिन अब वे धीरे-धीरे बीजेपी के करीब आ रहे हैं। राज्य की लगभग दस लोकसभा सीटों पर एन.एस.एस. की भूमिका महत्त्वपूर्ण है। सबरीमला मंदिर परंपरा पर सुप्रीम कोर्ट के आदेश के खिलाफ आंदोलन में अग्रणी भूमिका निभा रही एन.एस.एस. एल.डी.एफ. से दूर जा रही थी, क्योंकि उसके रुख से हिंदू समुदाय गुस्से में था।

इसी प्रकार, कर्नाटक में लिंगायत समुदाय, आंध्र और तेलंगाना में रेड्डी और खम्मा तथा तमिलनाडु में जो अगड़ी जातियाँ ए.आई.ए.डी.एम.के. खेमे में थीं, वे इसके बाद बीजेपी पर फिर से गौर करेंगी। यह और इसके साथ मोदी की लोकप्रियता दक्षिणी राज्यों में बीजेपी के लिए नई सुबह लेकर आएगी। निश्चित रूप से आर्थिक आरक्षण ने देश में जमीनी सच्चाई और राजनीतिक चर्चा को नई दिशा दी है, जिसका फायदा काफी हद तक बीजेपी को मिलेगा।

□

20

राहत के बड़े-बड़े उपायोंवाला फील गुड बजट

2019-20 के लिए पेश किए गए बजट ने जितने आश्वासन, सुधारों और गंभीर कदमों की बात की है, वह दिखाता है कि नरेंद्र मोदी चुनावों के बाद अपनी वापसी को लेकर कितने आश्वस्त हैं। इसके साथ कई नए पहलू जुड़े हैं। सबसे पहले तो यह एक विजन डॉक्यूमेंट है।

वित्त मंत्री पीयूष गोयल द्वारा पेश बजट ने सभी वर्गों के लिए सौगातों की झड़ी लगा दी। 2 हेक्टेयर तक भूमिवाले 12 करोड़ किसानों को प्रतिवर्ष रुपए 6000 का वार्षिक लाभ, ई.एस.आई. योजना के लाभ को दोगुना करने और श्रमिकों के लिए न्यूनतम मजदूरी, किसानों के साथ ही बागवानी, मछलीपालन तथा पशुपालन से जुड़े लोगों को ब्याज में 2.5 प्रतिशत के साथ क्रेडिट कार्ड देने जैसी पहल से मोदी ने सौगातों का लाभ हर वर्ग को देने का प्रयास किया है।

स्वास्थ्य सेवा की सहायता 50 करोड़ लोगों को मिलेगी और दस लाख परिवार इसका लाभ उठा भी चुके हैं। उज्ज्वला योजना, जो 6 करोड़ परिवारों तक पहुँच चुकी है, उसे 8 करोड़ परिवारों तक बढ़ाया जा रहा है।

महिलाओं और युवाओं को अनेक योजनाओं के माध्यम से संतुष्ट करने पर विशेष ध्यान दिया गया है। स्वरोजगार को जबरदस्त बढ़ावा दिया गया है। भारत दूसरा सबसे बड़ा स्टार्टअप का केंद्र है।

सबसे बड़ा कदम आयकर छूट की सीमा 6.5 लाख किए जाने के रूप में उठाया गया, जिसके अंतर्गत 3 करोड़ तक आयकरदाता आएँगे। फिक्स्ड डिपॉजिट, कैपिटल गेन के ब्याज पर छूट और रेंटल इनकम टैक्स लिमिट को दोगुना करने तथा शहरी मध्यम वर्ग को दूसरा घर हासिल करने में मदद को भी इसमें जोड़ लें। मध्यम वर्ग को दिए गए इस लाभ से चारों ओर एक बेहतर माहौल बनेगा।

2019-20 के लिए नरेंद्र मोदी का बजट बाकी बचे चार महीनों के लिए वोट

ऑन अकाउंट से कहीं अधिक भारत के लोगों की ओर से नया जनादेश मिल जाने के आत्मविश्वास की अभिव्यक्ति है। लोकसभा चुनावों के बाद मई में नई सरकार पूर्ण बजट पेश करेगी। इस बजट में कई नई खूबियाँ हैं, लेकिन वास्तविक रूप से इसमें उस आर्थिक विकास मॉडल को फिर से दोहराया गया है, जिसे मोदी 2014 से ही अपना रहे हैं। इस बजट ने किसानों, मध्यम आय वर्गों तथा छोटे और मध्यम स्वरोजगार माध्यमों में शामिल 30 करोड़ से भी अधिक लोगों को बड़ी राहत दी है। स्वरोजगार में शामिल लोगों को मुद्रा योजना का लाभ मिला है, जो मोदी सरकार की ओर से दी जा रही राहत का एक बड़ा ब्रांड बन गया है।

जी.एस.टी. के माध्यम से किया गया कर सुधार अब व्यवस्थित हो गया है और बजट को यदि सूचक मानें तो नोटबंदी के कारण आई मंदी से भी हम उबर चुके हैं।

मोदी सरकार की सबसे बड़ी उपलब्धि यह है कि 2009 से 2014 के बीच डॉ. मनमोहन सिंह के विनाशकारी पाँच वर्षों के बाद भारतीय अर्थव्यवस्था में आत्मविश्वास फिर से बहाल हो चुका है और अब 7.2 प्रतिशत वार्षिक विकास के साथ यह दुनिया की सबसे तेजी से उभरती अर्थव्यवस्था बन गई है। इसने डॉक्टर सिंह समेत मोदी विरोधियों के दावों को चकनाचूर कर दिया, जिन्होंने भविष्यवाणी की थी कि नोटबंदी से अर्थव्यवस्था रसातल में चली जाएगी।

यह बजट इस बात को जोर-शोर से कहता है कि मोदी ने अपने अधिकांश लक्ष्यों को प्राप्त कर भारत को तेजी से उबरने के रास्ते पर आगे बढ़ा दिया है। राहुल गांधी जैसे विपक्षी नेता, जहाँ 1972 के गरीबी हटाओ के अधूरे वादे को नया रूप देते हुए गरीबों को सौगात देने के नए वादे कर रहे हैं, वहीं 2019 के चुनावों के बाद के लिए मोदी ने ऐसा विजन पेश किया है, जिसमें देश गरीबी, खुले में शौच, सबको आवास तथा सबके लिए पेयजल और स्वच्छता से युक्त होगा।

इस बजट ने पिछले पाँच वर्षों के लाभ पर जोर दिया है। मोदी ने 2014 में विरासत में क्या पाया था और उसके बाद उन्होंने क्या हासिल किया, उसकी तुलना काफी शिक्षाप्रद है। भ्रष्टाचार के शिखर से भारत अमेरिका जैसे अधिकांश लोकतंत्रिक देशों, यहाँ तक कि चीन की तुलना में भी, जो लोकतांत्रिक देश नहीं है, कम भ्रष्ट बना है। पूँजी के पलायन से, भारत प्रत्यक्ष विदेशी निवेश का बेहद लोकप्रिय गंतव्य बन गया है। कारोबार में आसानी के लिहाज से भारत ने पायदान नंबर 152 से 78 पर छलाँग लगाई है।

मुद्रास्फीति 6.5 प्रतिशत के रिकॉर्ड निचले स्तर पर है, जो, यूपीए के अंतर्गत 10.5 प्रतिशत पर थी। पिछले पाँच वर्षों में ऋण देने की दर भी लगभग आधी हो गई है। राजकोषीय विवेक और घाटे को 3.6 प्रतिशत तक रखना मोदी सरकार के मॉडल की बानगी रही है। भारत ने मोबाइल, स्मार्ट फोन तथा इंटरनेट कनेक्टिविटी और

डिजिटाइजेशन में जबरदस्त छलाँग लगाई है।

2014 में जहाँ प्रतिदिन 11 किमी. सड़क बनाई जाती थी, अब प्रतिदिन औसत रूप से 28 किमी. बन रही है, जो दुनिया में सर्वोच्च है। ग्रामीण सड़क निर्माण और बुनियादी संरचना का विकास तीन गुना हो गया है। चाहे बंदरगाह हो, जलमार्ग या रेल और हवाई संपर्क, सभी में जबरदस्त तरक्की हुई है। विमान का किराया लगभग आधा हो गया है, जिससे अधिक-से-अधिक आम लोगों के लिए विमान से सफर करना और कारोबार में तेजी लाना संभव हुआ है। हाल के वर्षों में पर्यटन के क्षेत्र में देखा जाए तो विदेशी मेहमानों की संख्या सबसे अधिक रही है। पिछले पाँच वर्षों से देश आतंकी हमलों से मुक्त रहा है, जिससे कारोबार और पर्यटन के विकास में बहुत अधिक तेजी आई है।

मोदी के पिछले बजट मुफ्त की सौगातों और लोकलुभावन वादों से मुक्त थे। पहली बार उन्होंने मध्यम वर्ग और किसानों को बड़े पैमाने पर लुभाने का प्रयास किया है। कर में रियायतों से आम आदमी की जेब में अधिक पैसा आएगा। इससे खर्च करने में तेजी आएगी, जिससे अर्थव्यवस्था की तरक्की तेज होगी। हाल के दिनों में घरेलू सामानों और निर्माण क्षेत्र में उछाल देखा गया है। इस उछाल में और तेजी आना निश्चित है। मोदी स्पष्ट रूप से अच्छी अर्थव्यवस्था के साथ अच्छी राजनीति की तरफ देख रहे हैं। यह निश्चित है कि 2019 के चुनावों में वे मतदाताओं के सामने विकास के मुद्दे को लेकर जाने की योजना बना रहे हैं। नए बजट में लोकलुभावन वादों का एक बड़ा तत्त्व है।

उदाहरण के लिए, स्वास्थ्य क्षेत्र में सुधार के महत्त्वाकांक्षी प्रयास से लगभग आधी आबादी को बहुत बड़ा फायदा मिलेगा। यह बजट इस बात को बताता है कि कैसे गरीब को मुफ्त रसोई गैस, ग्रामीण सड़क और विद्युतीकरण, सबके लिए मकान तथा शौचालयों की 38 प्रतिशत से 98 प्रतिशत घरों तक पहुँच संभावित गेम चेंजर है। यह बजट 2019 चुनाव के लिए मोदी का घोषणा-पत्र साबित हो रहा है।

□

21

बालाकोट ने मोदी को राष्ट्रीय प्रतीक बनाया

राष्ट्रीय सुरक्षा, या कहें कि मोदी के हाथ में देश सुरक्षित है, यह बात 2019 चुनाव में जीत दिलाएगी।

26 फरवरी को बालाकोट में पाकिस्तान की जमीन से चल रहे आतंकी कैंपों पर भारतीय वायु सेना के हमले में सैकड़ों आतंकवादी मारे गए और उनका प्रशिक्षण शिविर नष्ट कर दिया गया। यह हमला आतंक के खिलाफ लड़ाई की ऐतिहासिक घटना बन गया है। इसकी व्यापकता, सफलता, दुरुस्ती, चौंकाने की क्षमता और निश्चितता ने पूरी दुनिया को हैरान कर दिया। इसके साथ ही यह भारतीय सैन्य इतिहास की सबसे महान् घटनाओं में से एक बन गया। इसके लिए राजनीतिक नेतृत्व, सैन्य तैयारी, युद्ध-कौशल तथा योजना के साथ-साथ हवाई हमले की बेहतरीन क्षमता की आवश्यकता थी। इन पहलुओं का विश्लेषण लंबे समय तक किया जाएगा। चूँकि यह 2019 के चुनावों के पहले महत्त्वपूर्ण समय में हुआ, इस कारण इसका राजनीतिक प्रभाव तात्कालिक महत्त्व रखता है।

इस बात के स्पष्ट संकेत हैं कि हवाई हमले ने पूरे देश में राष्ट्रवाद की भावना को जाग्रत् कर दिया है। राष्ट्रीय प्रतीक के रूप में प्रधानमंत्री नरेंद्र मोदी की छवि फिर से मजबूत हुई है। भारत के साथ जिस प्रकार पूरा विश्व खड़ा था, जबकि पाकिस्तान स्पष्ट रूप से अलग-थलग पड़ गया, उसने मोदी-सुषमा स्वराज की ओर से पिछले पाँच वर्षों में की गई पहल के कारण भारत की ओर से लंबी कूटनीतिक छलाँग पर मुहर लगा दी।

राजनीतिक, कूटनीतिक और रक्षा के मोर्चे पर 26 फरवरी के हवाई हमले की बड़ी बातें क्या हैं? वर्तमान संदर्भ में सबसे महत्त्वपूर्ण बात यह है कि किस प्रकार इसने राष्ट्रीय मानस को छुआ और इस प्रकार राजनीतिक घटनाक्रम को एक नया मोड़ दे दिया। चार दशकों से भारत उस इसलामी आतंकवाद के एक असहाय शिकार के रूप में देखा जा रहा था, जिसे पाकिस्तान प्रायोजित, संचालित, निर्देशित और संरक्षित कर

रहा था। दुनिया के किसी भी देश ने इतने लंबे समय तक नुकसान नहीं झेला, न ही इतनी भारी कीमत चुकाई है, जितनी कि भारत को चुकानी पड़ी है। नरेंद्र मोदी के सत्ता में आने से पहले तक भारत की प्रतिक्रिया दुनिया से सहानुभूति पाने के लिए गिड़गिड़ाने और पाकिस्तान को मनाने की रहती थी, जिसमें उसे शांत करने के लिए अंतहीन व्यापक बातचीत और परदे के पीछे की कूटनीति शामिल रहा करती थी। पूर्व प्रधानमंत्री डॉ. मनमोहन सिंह ने पाकिस्तान को आतंक का शिकार बताया था। मुंबई पर हुए 26/11 आतंकी हमले के बाद भारतीय सुरक्षा तंत्र ने पाकिस्तान के खिलाफ समुचित जवाबी कारवाई की सलाह दी थी, लेकिन यू.पी.ए. नेतृत्व ने एक कायराना रवैया अपना लिया था। उन्होंने इसे शांति की प्रक्रिया को पटरी से उतारनेवाला बताया था। भारत पर होनेवाले हर आतंकी हमले के विषय में यही कहा जाता था। मोदी ने इन सारी चीजों को बदलकर रख दिया। पुख्ता प्रमाण के साथ उन्हें मालूम था कि पाकिस्तान भारत के खिलाफ आतंकी संगठनों का इस्तेमाल रणनीतिक हथियार के रूप में छद्म युद्ध चलाने के लिए कर रहा है। अगर भारत शांति से रहना चाहता है तो पाकिस्तान को सजा देनी पड़ेगी। मोदी ने जब कड़ा रुख अपनाया, सुरक्षा बढ़ाई गई और सुरक्षा बलों को खुली छूट दी तो जम्मू-कश्मीर के अलावा भारत में और कहीं एक भी आतंकी हमला नहीं हुआ। अब मोदी ने ठान लिया है कि भारत पर होनेवाले आतंकी हमलों को हमेशा-हमेशा के लिए समाप्त कर दिया जाएगा।

नरेंद्र मोदी दुनिया को यह समझा सके कि आतंक का असली गढ़ पाकिस्तान ही है। इस प्रकार पाकिस्तान को अलग-थलग करने और बातचीत की अंतहीन प्रक्रिया को समाप्त करने की कवायद शुरू हुई।

मोदी आसान विकल्पों पर गौर नहीं कर रहे थे। मोदी ने सुरक्षा का एक नया सिद्धांत बना लिया है। यह 2019 के चुनाव का सबसे निर्णायक पहलू होगा। चलिए, देखते हैं, मोदी ने इस नई कहानी को किस प्रकार लिखा है। सबसे पहले तो लगातार अपनी पहल से उन्होंने विश्व समुदाय को यह समझा दिया कि आतंकवाद किसी भी रूप में, कहीं भी, किसी भी देश के खिलाफ किसी भी संगठन द्वारा मानवता के लिए खतरा है। दुनिया ने यह समझ लिया कि पाकिस्तान आतंक के निर्यात का मुख्य स्रोत है और वह भारत के साथ एक जटिल युद्ध लड़ रहा है।

14 फरवरी को हुए पुलवामा आतंकी हमले के बाद, जिसमें सी.आर.पी.एफ. के 41 जवान शहीद हो गए थे, पूरे विश्व ने एक सुर में इसकी निंदा की और भारत के जवाबी कारवाई के अधिकार को अपना समर्थन दिया। पहली बार अमेरिका ने सार्वजनिक तौर पर भारत के बदले की कारवाई के अधिकार को स्वीकार किया। अब तक पाकिस्तान अपने परमाणु हथियारों से भारत को ब्लैकमेल किया करता था और धमकी देता था कि

भारत ने काररवाई की तो वह जवाबी हमला करेगा।

वायु सेना के हमले से मोदी ने पाकिस्तान के परमाणु हमले की धमकी की हवा निकाल दी, जिसमें पाकिस्तान के दो एफ-16 विमानों को मार गिराया और भारतीय वायुसेना की बेहतर शक्ति ने पाकिस्तान के पलटवार को नाकाम कर दिया।

सारी काररवाई का दुनिया भर के नेताओं ने स्वागत और समर्थन किया। यहाँ तक कि चीन को भी पाकिस्तान के समर्थन में नरमी बरतनी पड़ी और उसने पाकिस्तान को सावधान किया कि वह इस मामले को बढ़ने न दे। चीन को छोड़कर यू.एन. सुरक्षा परिषद् के सभी सदस्यों ने अपने आप ही आतंकी संगठनों को पालनेवाले पाकिस्तान के खिलाफ काररवाई करने और मसूद अजहर को वांछित आतंकवादी घोषित करने का प्रस्ताव पेश किया। आंतरिक रूप से भारत ने पाकिस्तान को दिए मोस्ट फेवर्ड नेशन का दर्जा वापस लेने, वहाँ से किए जानेवाले आयात पर भारी कर लगाने और जमात-ए-इसलामी को बैन करने के साथ ही अलगाववादी नेताओं को मिली सुरक्षा वापस लेने के कदम उठाए।

देश ने इन सारे कदमों पर खुशी जताई। भारत के अभूतपूर्व कूटनीतिक प्रयासों ने रंग दिखाया। ओ.आई.सी. में विदेश मंत्री सुषमा स्वराज को सम्मानित किया गया, जिसे देखकर पाकिस्तान जल-भुन गया, जबकि सुषमा स्वराज ने शानदार प्रदर्शन कर मेजबानों को भारत के रुख से खासा प्रभावित किया। वे चीन को तटस्थ रहने और आतंक के खिलाफ लड़ाई में एक भूमिका निभाने के लिए मना सकीं।

चुनाव से पहले, मोदी-विरोधी विपक्ष ने ऐसी भाषा का इस्तेमाल किया, जिसका इस्तेमाल पाकिस्तान करता है और इस प्रकार उन्होंने चूक कर दी। मोदी को अब जहाँ राष्ट्रीय एकता और अखंडता सुनिश्चित करने की गारंटी के रूप में देखा जा रहा है, वहीं राहुल गांधी जैसे विपक्ष के नेता इस प्रकार की बातचीत कर रहे हैं, मानो देश की सुरक्षा से उन्हें कोई लेना-देना ही नहीं है। 12 मार्च, 2019 को अपने ब्लॉग में बीजेपी के वरिष्ठ नेता अरुण जेटली ने लिखा—जे.एन.यू. से छत्तीसगढ़ तक, कांग्रेस ने उनके साथ डील कर ली है। ऐसी घटनाएँ तेजी से बढ़ी हैं, जिनमें वामपंथी अतिवादियों ने कश्मीर घाटी में कश्मीरी जेहादियों का खुलकर हौसला बढ़ाया है। कांग्रेस आतंक को उसकी जड़ पर प्रहार कर नष्ट करने की सक्रियता का विरोध नहीं करती है, लेकिन उसे इस बात की चिंता सता रही है कि इस सक्रियता से प्रधानमंत्री मोदी की छवि निखरेगी और उसके अनुकूल ही राजनीतिक परिणाम आएँगे। कांग्रेस पुलवामा पर हमले की निंदा करने में सरकार के साथ है, लेकिन वह बालाकोट को लेकर परेशान है। इस कारण यह बार-बार सर्जिकल स्ट्राइक को बकवास बता रही है। इसका कहना है कि इस तरह के हमले पहले भी हुए हैं, वहीं दूसरी तरफ उसका दावा है कि प्रधानमंत्री मोदी के नेतृत्व में कभी ऐसा कुछ नहीं हुआ। हवाई हमले पर उनका रवैया और भी संदेहास्पद है। हवाई हमले के लिए

पहले दो दिनों तक वह भारतीय वायुसेना के साथ दिखावे की सहानुभूति जताती रही, फिर चौतरफा हमला बोल दिया। उसने हवाई हमले की सफलता पर सवाल खड़ा कर दिया। वे सबूत माँगने लगे कि बालाकोट में कितने आतंकी मारे गए हैं। उसका तो यह भी कहना था कि हवाई हमला आतंक के खिलाफ नहीं हुआ, बल्कि आनेवाले चुनावों में बीजेपी की जीत सुनिश्चित करने के लिए किया गया। घरेलू राजनीति में यह कांग्रेस की ओर से अपने ही पैर पर कुल्हाड़ी मारने जैसा था। वे पाकिस्तान के हाथों में भी खेल रहे थे, जहाँ राहुल गांधी समेत कांग्रेस नेताओं के बयान पाकिस्तान के टेलीविजन चैनलों पर दिखाए जा रहे थे। पाकिस्तान सरकार ने अपने झूठ को पुख्ता करने के लिए इन बयानों का उदाहरण दिया। शुरुआत में हवाई हमले का समर्थन करने के बाद, कुछ ही घंटे के भीतर उसने इसकी सत्यता पर सवाल खड़ा किया और सबूत माँगना शुरू कर दिया। जेटली ने अपनी बात यहाँ समाप्त की।

दस वर्षों तक भारतीय सेना को बुलेट प्रूफ और वायु सेना को उन्नत लड़ाकू विमान न देने के बाद, राफेल पर यू.पी.ए. का हमला गलत समय पर और स्वार्थ से प्रेरित दिखा। भारत में उनका खेल इस बात से बिगड़ा कि पाकिस्तान के नेताओं ने अपना बचाव करने के लिए विपक्ष द्वारा मोदी की ओलाचना का हवाला दिया।

पिछले पाँच वर्षों में मोदी की उपलब्धियों का रिकॉर्ड बेजोड़ है। उनकी कल्याणकारी योजनाओं ने बीजेपी के साथ एक नए मतदाता आधार को जोड़ दिया है। केवल विकास के मुद्दे पर वे मतदाताओं को लुभा सकते हैं, लेकिन हवाई हमले के बाद इस दौर ने चुनावी माहौल को पूरी तरह से बदलकर रख दिया है। भारत किसके हाथों में सुरक्षित है, पाकिस्तान और आतंकवादियों पर सबसे अधिक भय किसका है, भारतीय चुनावों में पाकिस्तान और इमरान खान किसे पराजित हुआ देखना चाहेंगे, कौन है, जो भारत को आगे ले जा सकता है, जिसके पीछे पूरा विश्व खड़ा होगा? ये ऐसे प्रश्न हैं, जिन पर बालाकोट के बाद बहस हो रही है।

आतंक के खिलाफ लड़ाई में बालाकोट ने एकदम से एक नए पहलू को शामिल कर दिया है। अब आतंक के निर्यात में पाकिस्तान को कोई लाभ मिलने वाला नहीं है। यह खेल अब पहले जैसा नहीं रह गया है। 1971 के युद्ध के बाद पहली बार ऐसा हुआ है, जब भारत ने पाकिस्तान की सीमा को पार किया और सैकड़ों मील अंदर घुसकर आतंकी कैंप को निशाना बनाया। इससे पहले साल 2016 में जब भारत ने सीमा पार के आतंकी कैंपों को नष्ट किया था, तब वे पाक अधिकृत कश्मीर में स्थित थे, जो एक विवादित क्षेत्र है। भारत ने अब यह दिखा दिया है कि पाकिस्तान यह नहीं सोच सकता कि आतंकी हमला कराने के बाद वह सुरक्षित रहेगा। सारी बातचीत को रोककर और सेना को उसकी चुनी जगह तथा समय पर बदला लेने की खुली छूट देकर मोदी ने दिखा

दिया कि इस राजनीतिक नेतृत्व के पास राष्ट्रीय सुरक्षा को पुख्ता रखने का साहस है और आत्मविश्वास भी। यह भारत की ओर से अब तक अपनाई गई नीति में एक बड़ा बदलाव है। मोदी ने पाकिस्तान के लिए भारतीय मीडिया में जगह मिलने और सुर्खियाँ बटोरने की सारी संभावना समाप्त कर दी और उसे भारतीय मानस से अलग-थलग कर दिया है। यह ऐसी कूटनीतिक सुखद स्थिति थी, जिसका लुत्फ पाकिस्तान जमकर उठाया करता था। इसने भारत में पाक-समर्थित लॉबी को भी चेतावनी दे दी है।

अगली बार जब पाकिस्तान भारत को छद्म युद्ध से हजारों जख्म देने की रणनीति बनाएगा तो उस पर इस खयाल का भारी दबाव होगा कि भारत के पास हवाई हमले का विकल्प मौजूद है। पाकिस्तान के आतंकवादियों के कारण भारत ने शांतिकाल में युद्ध के समय से कहीं अधिक सैनिकों और संपत्ति को गँवाया है। मोदी ने इसे समाप्त कर दिया है। उन्होंने यह संदेश दे दिया है कि पाकिस्तान ने यदि कोई बेजा हरकत की तो उसे भारी कीमत चुकानी पड़ेगी। दुश्मन के इलाके में घुसकर पलटवार करने के भारत के अधिकार को अमेरिका तथा अन्य महाशक्तियों की सहमति दिलाकर मोदी ने भारत को अमेरिका और इजरायल जैसे चुनिंदा देशों के साथ ला खड़ा किया है। यह एक बड़ा रणनीतिक संदेश है।

नया सिद्धांत है—पहले भारत, केंद्र में भारत। दुनिया के साथ संबंध में भारत के किसी अन्य नेता ने इस पहलू को कभी शामिल नहीं किया था। बीजेपी के वरिष्ठ नेता और वित्त मंत्री अरुण जेटली ने इसका विश्लेषण इस प्रकार किया है—हमारे सुरक्षा बलों और सरकार के पास खुफिया एजेंसियों के माध्यम से एक बार फिर यह जानकारी थी कि बालाकोट में जैश-ए-मोहम्मद का एक बड़ा आतंकी प्रशिक्षण कैंप है। 26 जनवरी, 2019 को वायु सेना ने हवाई हमले किए और उस कैंप को तबाह कर आतंकी ढाँचे को भारी नुकसान पहुँचाया, जिसमें इनसानी जान, माल और इमारतों को पहुँची क्षति शामिल थी।

इन दो कदमों से प्रधानमंत्री मोदी ने भारत के आंतरिक सुरक्षा सिद्धांत को नया रूप दे दिया। क्या हम आतंकियों से महज खुफिया जानकारी की क्षमता से लड़ सकते हैं, जिसमें हमलों को रोकना और कूटनीतिक रूप से पाकिस्तान को अलग-थलग किया जाना है ? ऐसे मामलों में क्या हम शत-प्रतिशत सफलता सुनिश्चित कर सकते हैं। इस आधार पर इस प्रकार की चुनौतियाँ हमारे सामने हैं। यदि आतंकवादी साल में एक बार भी सफल रहे, तो वे अपने उद्देश्य में कामयाब हो जाएँगे। हमारी खुफिया जानकारी और सुरक्षा को शत-प्रतिशत सफल होना पड़ेगा। यह एक बड़ी चुनौती है। इसके अलावा, सर्जिकल और एयर स्ट्राइक ने एक ऐसी नीति तैयार की, जिसमें हमें हर हाल में आतंक की जड़ पर हमला करना होगा। दोनों ही मामलों में हमें सफलता मिली। पाकिस्तान

को एहसास हो गया कि यदि उसका देश आतंक को पालता रहा तो उसे इसकी भारी कीमत चुकानी पड़ेगी। दुनिया के देशों ने हमारी सक्रियता का स्वागत गिया। पाकिस्तान कूटनीतिक दृष्टि से अलग-थलग पड़ गया। उसके पारंपरिक साथी उसके साथ खड़ा होने और बचाव करने के लिए तैयार नहीं थे।

बीजेपी का मानना है कि बालाकोट ने चुनावी लड़ाई को इस हद तक गरमा दिया है कि राष्ट्रीय हित के सबसे महत्त्वपूर्ण प्रश्न के आगे अन्य सभी मुद्दे गुम हो गए हैं। कैडर अब इकट्ठा हो गया है और हर कार्यकर्ता के कदम एक नए जोश के साथ बढ़ रहे हैं। पार्टी को पूरी उम्मीद है कि आतंक के खिलाफ लड़ाई में विपक्ष के असहयोग के रवैए ने जनमत को उसके खिलाफ कर दिया है, जिसे प्रधानमंत्री महा मिलावट गठबंधन कहते हैं। इस नई भावना को जेटलीजी ने बड़ी खूबसूरती से रखा है। वे कहते हैं—इससे अंतिम प्रश्न खड़ा हो गया है। भारत जब उग्र वामपंथियों और जेहादी आतंकियों से लड़ता है, जब यह सीमा पार के आतंकवाद के गंभीर खतरे का सामना करता है, तो भारत कैसा जवाब दे? 2019 के आम चुनावों में मतदाताओं को इस आधार पर चुनाव करना है। क्या वामपंथी उग्रवाद के खुलेआम घूमते सहयोगी को नई दिल्ली की सत्ता में बिठाया जा सकता है, क्या जिन लोगों ने वोट बैंक की राजनीति के लिए आतंक के खिलाफ लड़ाई को कमजोर किया है, उन पर भरोसा किया जा सकता है, क्या जो लोग पाकिस्तान के हाथों में खेलते रहे, उन्हें इन चुनावों में सबक नहीं सिखाया जाना चाहिए? बेहिचक उपरोक्त प्रश्नों का उत्तर दमदार हाँ है। यह देश प्रधानमंत्री मोदी के नेतृत्ववाली एन.डी.ए. सरकार में संरक्षित और सुरक्षित है।

□

संदर्भ-ग्रंथ-सूची

ए.एल. बाशम; द *वंडर दैट वॉज इंडिया;* प्रथम प्रकाशन सिद्विक ऐंड जैकसन द्वारा (1954), लंदन; पिकाडोर (पैन मैकमिलन लि. का इंप्रिंट), पुनर्प्रकाशन 2004

एजरा एफ. वोगेल; *डेंग जिओपिंग ऐंड द ट्रांसफॉरमेशन ऑफ चाइना;* बेल्कनैप प्रेस ऑफ हार्वर्ड यूनिवर्सिटी प्रेस, 2011

एन.आर. नारायण मूर्ति; *अ बैटर इंडिया अ बैटर वर्ल्ड;* ऐलन लेन, पेंगुइन बुक्स लि., 2009

कार्ल ई. वॉल्टर एवं फ्रेजर जे.टी. होवी; *रेड कैपिटलिज्म : द फ्रेजाइल फाइनेंशियल फाउंडेशन ऑफ चाइनास एक्स्ट्राऑर्डिनरी राइस;* जॉन विले ऐंड संस (एशिया), 2011

के. नागप्पा गौडा; द *भगवद्गीता इन द नेशनलिस्ट डिस्कोर्स;* ऑक्सफोर्ड यूनिवर्सिटी प्रेस, 2011

केनेथ क्लार्क; *सिविलाइजेशन : अ पर्सनल व्यू;* ब्रिटिश ब्रॉडकास्टिंग कॉरपोरेशन ऐंड जॉन मुमरे (पब्लिशर्स), 1971

गुरचरन दास; द *एलीफैंट पैराडाइम : इंडिया रेसल्स विद चेंज;* पेंगुइन बुक्स, 2002

जॉन केनेथ गैलब्रेथ; *मनी व्हैन्स इट केम, वेयर इट वैंट;* इंडियन बुक कंपनी, 1975

जॉर्ज ब्लिन; *एग्रीकल्चरल ट्रेंड्स इन इंडिया, 1891–1947 : आउटपुट, अवेलेबिलिटी ऐंड प्रोडक्टिविटी;* यूनिवर्सिटी ऑफ पेनसिलवेनिया प्रेस, 1966

जियोवानी विग्नाले; *द ब्यूटिफुल इनविजिबल : क्रिएटिविटी, इमैजीनेशन ऐंड थ्योरिटिकल फिजिक्स;* ऑक्सफोर्ड यूनिवर्सिटी प्रेस, 2011

जोसेफ ई. स्टिग्लिट्स; *ग्लोबलाइजेशन ऐंड इट्स डिसकंटेंट्स;* पेंगुइन बुक्स, 2002

टिम एवं वॉल्टर मैटली बुथ; *द न्यू ग्लोबल रुलर्स—द प्राइवेटाइजेशन ऑफ रेगुलेशन इन द वर्ल्ड इकोनॉमी;* प्रिंसटन यूनिवर्सिटी प्रेस, 2011

डॉ. आर. बालाशंकर; एन.डी.टी.वी., डेलीओ, इंडियन एक्सप्रेस, आउटलुक मैगजीन, आउटलुक ऑनलाइन, डी.एन.ए., इकोनॉमिक टाइम्स, हिंदुस्तान टाइम्स, एशियन एज, कलाकमुदी, मातृभूमि, मलय मनोरमा, केरल कौमुदी, डेक्कन हेराल्ड, टाइम्स ऑफ इंडिया, पी.बी.आई. में 2013 से सितंबर 2018 के बीच प्रकाशित विभिन्न आलेख।

डायना एल. एक; *इंडिया : ए सैक्रेड जिओग्राफी;* हारमोनी बुक्स; द क्राउन पब्लिशिंग ग्रुप का इंप्रिंट, 2012

डेमबिसा मोयो; *हाउ द वैस्ट वाज लॉस्ट : फिफ्टी इयर्स ऑफ इकोनॉमिक फॉली—ऐंड द स्टार्क च्वॉइस अहैड;* पेंगुइन यू.के., 2012

डैरेक बोक; *द पॉलिटिक्स ऑफ हैप्पीनेस : वॉट गवर्नमेंट कैन लर्न फ्रॉम द न्यू रिसर्च ऑन वैल-बींग;* प्रिंसटन यूनिवर्सिटी प्रेस, 2010

दया कृष्ण; *गोल्डन एज टू ग्लोबलाइजेशन : 7000 इयर्स ऑफ इंडियन इकोनॉमी;* प्रस्तावना दत्तोपंत ठेंगड़ी द्वारा, स्वदेशी जागरण प्रकाशन, 2002

दिपांकर गुप्ता; *द केज्ड फीनिक्स : कैन इंडिया फ्लाई ?;* पेंगुइन ग्रुप, 2009

पी. चिदंबरम; *अ व्यू फ्रॉम द आउटसाइड : वाय गुड इकोनॉमिक्स वर्क्स*

फॉर ऐवरीवन; पेंगुइन बुक्स इंडिया, 2007

माइकल चोसुदोवस्की; द *ग्लोबलाइजेशन ऑफ पॉवर्टी ऐंड न्यू वर्ल्ड ऑर्डर;* ग्लोबल रिसर्च, 2003

रवींद्र एच. ढोलकिया एवं समर के. दत्ता; *हाई ग्रोथ ट्रेजेक्टरी ऐंड स्ट्रक्चरल चेंजेस इन गुजरात एग्रीकल्चर,* मैकमिलन पब्लिशर्स इंडिया लि., 2010

रॉबर्ट जे. गॉर्डन; द *राइज ऐंड फॉल ऑफ अमेरिकन ग्रोथ;* प्रिंसटन यूनिवर्सिटी प्रेस, 2016

रुथ डब्ल्यू. ग्रांट; *स्ट्रिंग्स अटैच्ड : अनटैंगलिंग द ऐथिक्स ऑफ इंसेंटिव्स;* रसेल सेज फाउंडेशन एवं प्रिंसटन यूनिवर्सिटी प्रेस, 2012

विरोली मॉरीजियो; *हाउ टु चूज अ लीडर : मैकियावेली'ज एडवाइस टु सिटीजंस;* प्रिंसटन यूनिवर्सिटी प्रेस, 2016

विरोली मॉरीजियो; *रिडीमिंग द प्रिंस;* प्रिंसटन यूनिवर्सिटी प्रेस, 2014

विल डुरंत; द *केस फॉर इंडिया;* स्ट्रैंड बुक स्टॉल, 2007

विलियम एच. ऐवरी; *चाइनास नाइटमेयर, अमरीकास ड्रीम : इंडिया एस द नेक्स्ट ग्लोबल पावर;* एमैरीलिस, 2012

विलियम डी. कोहैन; *मनी ऐंड पावर;* हाउ गोल्डमैन सैश केम टू रूल द वर्ल्ड, पेंगुइन बुक्स, 2011

विल्हेम वॉन पोछामर; *इंडियाज रोड टू नेशनहुड : ए पॉलिटिकल हिस्ट्री ऑफ द सबकॉण्टीनेंट;* एलाइड पब्लिशर्स लिमिटेड, 1981; पुनर्मुद्रित, 1992

वी.एस. नायपॉल; *ए मिलियन म्यूटिनिस नाउ;* मिनर्वा, 1990

संजय बारू; *स्ट्रेटेजिक कॉन्सीकुऐंसेस ऑफ इंडियास इकोनॉमिक परफॉरमेंस;* एकेडमिक फाउंडेशन, 2006

सुहाष चक्रवर्ती; द *राज सिंड्रोम : अ स्टडी इन इंपीरियल परसेपशंस;* चाणक्य पब्लिकेशंस, 1989; रूपा ऐंड कं. (संशोधित एवं अद्यतन संस्करण), 2007

सैमुअल पी. हंटिंगटन; द *क्लैश ऑफ सिविलाइजेशंस ऐंड द रीमेकिंग ऑफ वर्ल्ड ऑर्डर;* पेंगुइन बुक्स इंडिया (प्रा.) लि., 1996

हार्म डि ब्लिज; द *पावर ऑफ प्लेस : जिओग्राफी, डेस्टिनी ऐंड ग्लोबलाइजेशंस रफ लैंडस्केप;* ऑक्सफोर्ड यूनिवर्सिटी प्रेस इंकॉरपोरेटिड, 2009

□

संदर्भिका

□□□